本辑出版得到"中国历史研究院2022年度学术性集刊资助项目"资助

中国历史研究院
Chinese Academy of History

学 术 性 集 刊 资 助

南方民族考古

第二十四辑

四 川 大 学 博 物 馆
四川大学考古文博学院　编
成 都 文 物 考 古 研 究 院

科学出版社
北　京

内 容 简 介

本辑刊发考古简报4篇，公布了重庆云阳塘坊新石器时代遗址、湖北随州王家台东周至宋代遗址、四川蒲江盐井沟唐宋盐业遗存和山西涑水流域仰韶至商时期植物考古遗存的新资料。收录研究论文8篇，分别对二里头遗址与南关遗址、河套地区东周装饰品的特点及其文化渊源、长江中下游出土"人"字形截面铜剑的功能与流传、云贵高原和中南半岛镂空牌形首剑的类型和工艺、荥经高山庙汉代木椁墓出土漆器铭文所见的漆器生产流通、后蜀宋王赵廷隐和明代监察御史李君墓志铭反映的历史信息、四川瓷业兴起的时间和早期瓷业技术来源等问题进行了探讨。收录译文1篇，分析狩猎采集者的栖居系统与考古遗址的形成。

本书可供考古学、历史学等领域的研究者阅读、参考。

图书在版编目（CIP）数据

南方民族考古. 第二十四辑 / 四川大学博物馆，四川大学考古文博学院，成都文物考古研究院编. —北京：科学出版社，2022. 12
ISBN 978-7-03-073364-1

Ⅰ.①南… Ⅱ.①四… ②四… ③成… Ⅲ.①民族考古学–中国–文集
Ⅳ.①K874.04-53

中国版本图书馆CIP数据核字（2022）第186608号

责任编辑：柴丽丽 / 责任校对：邹慧卿
责任印制：肖 兴 / 封面设计：美光设计

科 学 出 版 社 出版
北京东黄城根北街16号
邮政编码：100717
http://www.sciencep.com
中国科学院印刷厂 印刷
科学出版社发行 各地新华书店经销
*
2022年12月第 一 版 开本：787×1092 1/16
2022年12月第一次印刷 印张：21 1/4 插页：5
字数：503 000
定价：178.00元
（如有印装质量问题，我社负责调换）

Southern Ethnology and Archaeology

Volume XXIV

Edited by
Sichuan University Museum
School of Archaeology and Museology, Sichuan University
Chengdu Cultural Relics and Archaeology Research Institute

Science Press
Beijing

《南方民族考古》编辑委员会

李林辉　西藏自治区文物保护研究所

唐　飞　四川省文物考古研究院

蒋　成　成都文物考古研究院

傅罗文　哈佛大学人类学系

颜劲松　成都文物考古研究院

霍　巍　四川大学博物馆

Bai jiujiang	Chongqing Cultural Relics and Archaeology Research Institute, Chongqing
Chen Jian	Chengdu Cultural Relics and Archaeology Research Institute, Chengdu
Huo Wei	Sichuan University Museum, Chengdu
Jiang Cheng	Chengdu Cultural Relics and Archaeology Research Institute, Chengdu
Jiang Zhanghua	Chengdu Cultural Relics and Archaeology Research Institute, Chengdu
Li Linhui	Tibet Autonomous Region Institute of Archaeology, Lasha
Li Yingfu	School of Archaeology and Museology, Sichuan University, Chengdu
Li Yongxian	School of Archaeology and Museology, Sichuan University, Chengdu
Lin Qiang	Guangxi Institute of Cultural Relic Protection and Archaeology, Nanning
Liu Zhengxiong	Yunnan Provincial Cultural Relics and Archaeology Research Institute, Kunming
Lü Hongliang	School of Archaeology and Museology, Sichuan University, Chengdu
Rowan Flad	Department of Anthropology, Harvard University, Cambridge, MA
Sun Hua	School of Archaeology and Museology, Peking University, Beijing
Tang Chung	Institute of Cultural Heritage, Shandong University, Ji'nan
Tang Fei	Sichuan Provincial Cultural Relics and Archaeology Research Institute, Chengdu
Wang Renxiang	Institute of Archaeology, Chinese Academy of Social Sciences, Beijing
Wang Yi	Sichuan Provincial Culture Heritage Administration, Chengdu
Yan Jinsong	Chengdu Cultural Relics and Archaeology Research Institute, Chengdu
Zhou Bisu	Guizhou Provincial Cultural Relics and Archaeology Research Institute, Guiyang
Zhou Zhiqing	Chengdu Cultural Relics and Archaeology Research Institute, Chengdu

目 录

CONTENTS

重庆市云阳县塘坊新石器时代遗址发掘简报

四川大学考古学系

重庆市文化局

云阳县文物管理所

摘要： 塘坊遗址位于重庆云阳县长江北岸的小台地上。该遗址包含新石器时代至明清等多个时期的文化堆积。新石器时代的遗迹主要有2个灰坑。出土遗物主要为陶器和石器。陶器的器类有卷沿罐、盘口罐、折沿罐、敛口罐、尊形器、壶、折沿盆、折腹钵、曲腹钵、缸、盘、杯、器盖、圈足器、纺轮等。出土石器可分为打制石器和磨制石器两类。打制石器的器类有斧、锄形器、刮削器、切割器、敲砸器、砍砸器、钻等。磨制石器的器类有斧、锛、凿形器、小刀等。该遗址新石器时代文化遗存的年代为中国新石器时代末期，绝对年代为距今4500年前后。文化性质属于玉溪坪文化。

关键词： 三峡库区　塘坊遗址　新石器时代　玉溪坪文化

塘坊遗址位于重庆三峡库区云阳县长江北岸边的一个台地上，地理坐标为东经108°43′15″、北纬30°55′48″，海拔为139—147米，西距丝栗包遗址约2千米，行政区划过去属于重庆市云阳县双江镇塘坊村，与群益村紧邻，库区移民搬迁后现已纳入云阳新县城的城区范围之内（图一）。在20世纪90年代三峡库区和云阳新县城大规模建设之前，这里是一个较为平缓的斜坡状台地，东西两侧都为冲沟，遗址位于斜坡最平缓地带，坐北朝南，背靠山坡，面向长江（图二）。由于长江三峡库区二期工程水位的上涨，2003年这一台地遗址仅剩下地势较高的北部尚未被淹没，形成一个地势较为平坦的半岛（图三）。

2003年11月，四川大学历史文化学院考古学系（现考古文博学院）在对丝栗包遗址周边进行考古调查时发现了该遗址，并对遗址尚未被江水淹没的部分进行了全面调查，确定遗址现仅存于半岛靠长江一侧的东部和南部，现存部分面积很小。

2004年3—8月，对这处江边台地遗址的剩余部分进行了全面发掘，共布10米×10米探方25个，发掘面积为2500平方米（图四）。发掘工作由四川大学历史文化学院考古学系等单位承担。

该遗址存在着多个时期的文化堆积，本简报仅介绍新石器时代遗存。

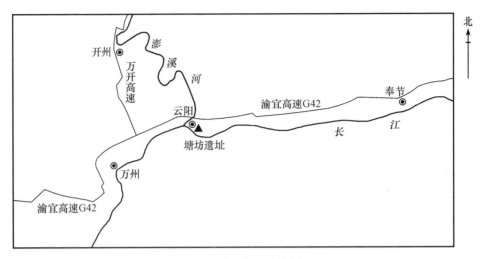

图一　遗址位置示意图

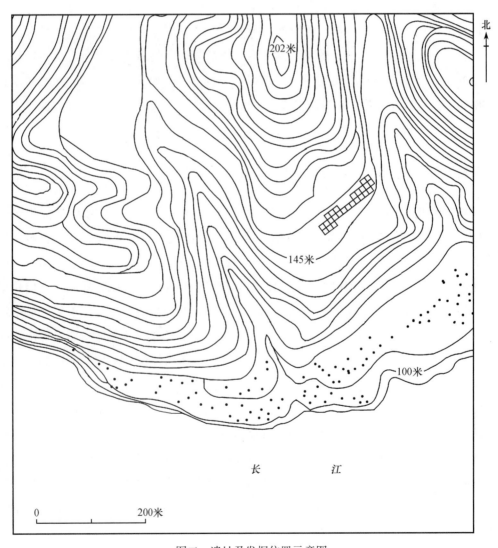

图二　遗址及发掘位置示意图

图三 遗址发掘前全景

一、地层堆积

新石器时代遗存主要分布在发掘区中南部的T7、T9、T11—T14、T17—T20等探方内。地层堆积情况可以T11南壁为例（图五）。

第1A层：耕土。厚0—0.11米。黑褐色，土质疏松，包含零星石渣、木炭、陶瓷片、瓦片。

第2A层：红褐色土。厚0.2—0.42米。分布于整个探方。土质紧密、坚硬，黏性大，有水稻根茎腐烂后的铁褐色斑点，包含少量青花瓷片、瓦片。为近现代地层堆积。

第2B层：灰褐色土。厚0.1—0.23米。分布于整个探方。土质紧密，为水稻田土，有水稻根茎腐烂后形成的铁褐色斑点，出土少量青瓷花片和瓦片。为近现代地层堆积。

第4层：黄褐色土。厚0—0.38米。分布于探方大部。土质较紧密，夹杂少量红烧土颗粒，出土少量青瓷片、影青瓷片和瓦片。为宋代地层堆积。

第6层：灰褐色土。厚0—0.28米。分布于探方东、北部。土质松软，夹杂木炭粒和红烧土颗粒，出土物有青瓷片、泥质灰陶片、瓦片等。为唐代地层堆积。

第7层：黄褐色土。厚0—0.34米。分布于探方南部。土质坚硬，夹杂较多红烧土颗

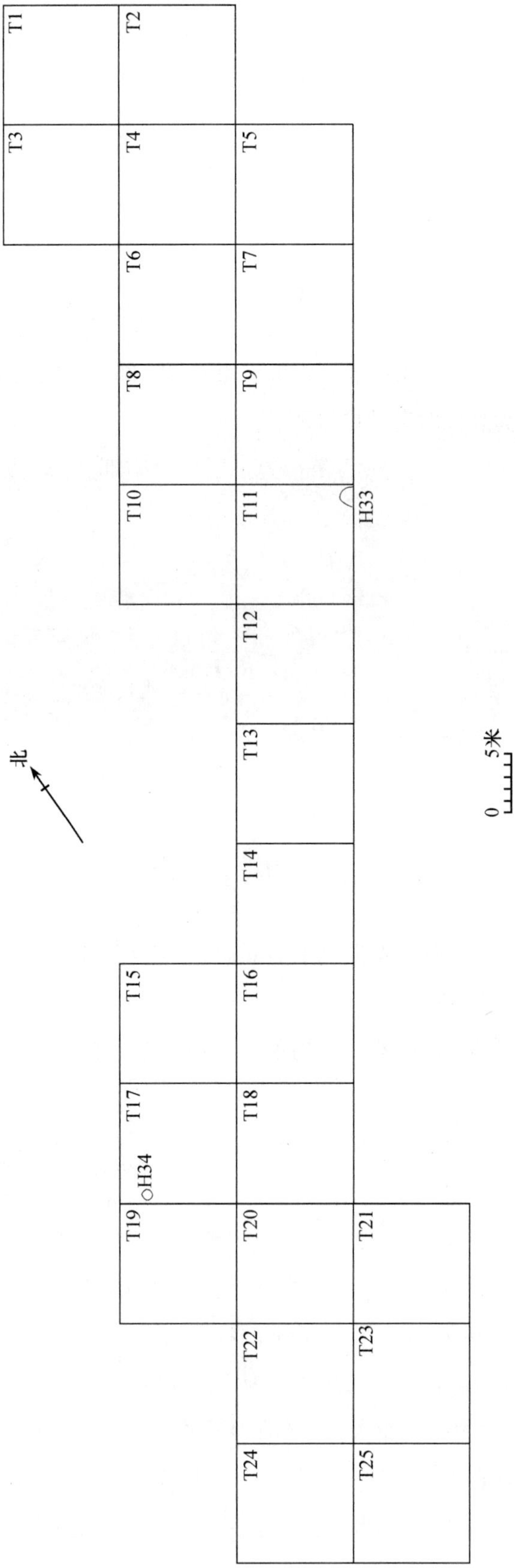

图四　探方及新石器器遗迹平面分布示意图

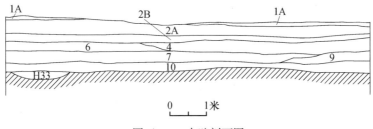

图五　T11南壁剖面图

粒，出土物仅有少量土瓷片、青瓷片等。约为南朝时期地层堆积。

第9层：黄灰色土。厚0—0.28米。分布于探方西南部。土质紧密，出土少量陶片，器形有小平底罐等。为夏商时期地层堆积。

第10层：红褐色土。厚0.1—0.3米。分布于探方南部。土质紧密，夹杂少量红烧土颗粒，出土物有陶片、打制石片、磨制石器和兽骨等。陶器可辨器形有罐、折腹钵等。为新石器时代地层堆积。H33、H34开口于此层下。

二、遗　迹

属于这一时期的遗迹仅有灰坑2个。

H33　位于T11东南角，延伸至探方南壁外。开口于第10层下，打破生土。清理部分呈半椭圆形，平底。坑口距地表深1.5、清理部分坑口长1.47、宽1.05米，坑底长1.4、宽1米，深0.2米。坑内填土呈黄灰色，土质疏松，包含细小红烧土颗粒。出土遗物有石器和陶器的残片等，可辨器形有卷沿罐、缸等（图六）。

H34　位于T17西北部。开口于第10层下，打破生土。圆形，坑壁基本垂直，平底。坑口距地表深1.35、口径0.9、深0.4

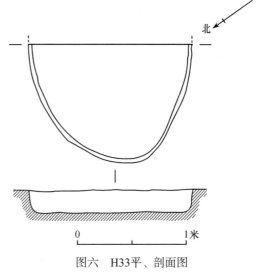

图六　H33平、剖面图

米。坑内填土呈灰褐色，土质较紧密。出土有磨制石斧、锛，打制石斧、砍砸器、刮削器，陶折沿罐、卷沿罐、折腹钵、尊形器、壶、缸、圈足器等（图七）。

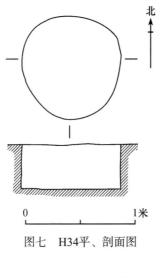

图七　H34平、剖面图

三、遗　物

1. 陶器

陶器主要分为夹砂陶和泥质陶。夹砂陶可分为夹细砂和夹粗砂两类。泥质陶的陶土经过淘洗较细腻，其中有部分为磨光陶。数量以夹细砂陶最多，泥质陶次之，磨光陶和夹粗砂陶的数量不多。陶色主要有褐陶、红褐陶、灰褐陶、灰陶、黑皮陶、红陶等，其中以各种褐陶数量最多。因为烧造时火候不均，部分陶器的表面略呈杂色，尤其是各种褐陶出现这种情况较多。

陶器装饰纹样较多，制作方法主要有戳印、压印、刻划、抹划、拍印、捏塑、贴塑、穿孔和彩绘，种类有瓦棱纹、点状戳印纹、条状戳印纹、新月戳印纹、条形压印纹、细绳纹、粗绳纹、凹弦纹、网格纹、抹划弦纹、划线纹、圆形镂孔、平行折线篦划纹、篮纹、附加堆纹（箍带纹）、镂孔等，一件器物上常有两三种纹饰组合。纹饰装饰的部位主要是肩部、上腹部和唇部，也有少量是通体装饰，甚至一直到器底。口沿一般饰竖条形压印纹和绳纹压印纹，各种戳印纹一般装饰在罐、钵、尊形器等器物肩部，各种绳纹和划纹多装饰在器物腹部或口沿以下至底部的器身，瓦棱纹通常装饰在钵、壶类器物的肩部或颈部，箍带纹多装饰在缸等器物的器身（图八、图九）。

器类有卷沿罐、盘口罐、折沿罐、敛口罐、尊形器、壶、折沿盆、折腹钵、曲腹钵、缸、盘、杯、器盖、圈足器、纺轮等。

卷沿罐　10件。其中6件根据卷沿宽窄的不同，可分二型。

A型　4件。宽沿。H33：1，夹砂红褐陶。溜肩，深腹，上腹微鼓，下腹内收，平底。唇部以下通饰菱形交错绳纹。口径28.8、底径14.6、高34.8厘米（图一〇，6；图版一，1）。T7⑩：1，泥质灰陶，表面磨光。尖唇，圆肩，下腹残。口径20.8、残高7.8

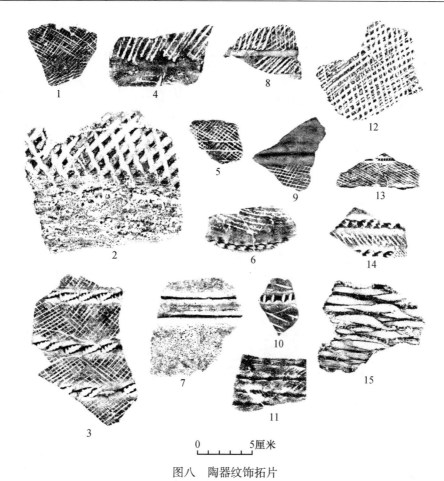

图八　陶器纹饰拓片

1、5、9. 刻划纹（H34：22、T9⑩：41、T9⑩：38）　2、12. 菱形拍印纹（T11⑩：15、H33：4）

3、10、11、13、14. 刻划纹与窄箍带纹（H34：33、T9⑩：44、T9⑩：37、T9⑩：39、T9⑩：35）

4. 细绳纹（T7⑩：8）　6. 细绳纹与窄箍带纹（T9⑩：49）　7. 宽箍带纹（T9⑩：33）　8. 绳纹与抹划弦纹

（H34：24）　15. 篮纹（T7⑩：7）

厘米（图一〇，9）。

B型　2件。窄沿。T11⑩：1，可复原。夹细砂红褐陶。圆唇，鼓腹，平底。唇部饰竖条压印纹，器表大部先饰斜线绳纹，局部再饰交错绳纹，肩部再饰两道抹划弦纹。口径18.8、底径9.1、高19.8厘米（图一〇，1；图版一，2）。T9⑩：33，泥质黄褐陶。圆唇，溜肩，腹以下残。口径30.2、残高5.1厘米（图一〇，10）。

盘口罐　4件。根据口部的不同，可分二型。

A型　3件。宽斜沿，圆唇。均仅存盘口部。T11⑩：9，夹砂黑褐陶。表面饰横向和斜向绳纹。口径25.3、残高4.7厘米（图一〇，3）。T14⑩：4，夹细砂红褐陶。表面饰中粗斜向绳纹。口径25.4、残高4.2厘米（图一〇，16）。

B型　1件。窄沿直立。T9⑩：13，泥质灰陶，表面磨光。圆唇，下部均残。口径12.4、残高2.9厘米（图一〇，15）。

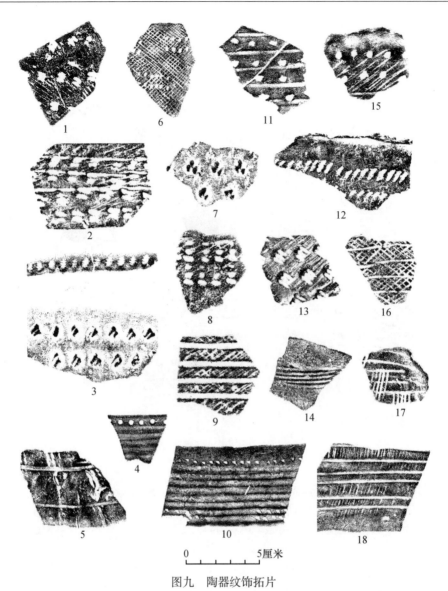

图九　陶器纹饰拓片

1. 条状戳印纹与细绳纹（T9⑩：36）　2. 条状戳印纹与绳纹、划纹（T7⑩：4）　3. 凸点戳印纹与花边口（H34：34）

4、10. 点状戳印纹与抹划纹（T7⑩：9、H34：3）　5. 凹弦纹（H34：27）　6、8、11. 点状戳印纹与刻划纹

（H34：29、T11⑩：14、T9⑩：46）　7. 凸点戳印纹（T9⑩：48）　9. 菱形刻划纹与凹弦纹（T11⑩：12）

12. 条状戳印纹（T9⑩：45）　13. 条状戳印纹与刻划纹（H34：26）　14. 平行刻划纹（T9⑩：43）

15. 点状戳印纹与细绳纹（T9⑩：40）　16. 菱形刻划纹与凹弦纹（T9⑩：47）　17. 刻划纹与细绳纹（H34：31）

18. 细绳纹与凹弦纹（T11⑩：13）

折沿罐　9件。根据沿部形制的不同，可分二型。

A型　5件。斜折沿。根据沿内折形制的不同，可分二亚型。

Aa型　3件。折沿处微弧，无折棱。T14⑨：16，粗泥红陶。仅存口肩部，圆唇，溜肩。唇上饰纵向压印纹，唇部以下饰较稀疏的多向绳纹，局部交错。口径31.8、残高7.2厘米（图一〇，4）。T9⑩：15，粗泥红褐陶。圆唇，溜肩，下腹残。唇以下沿

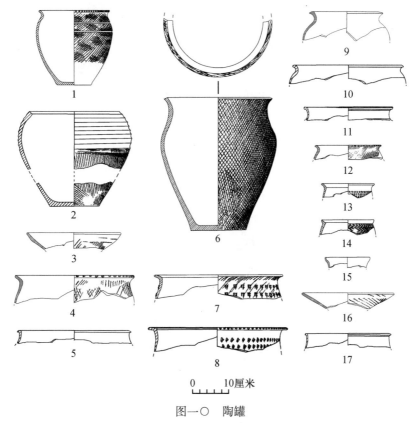

图一〇 陶罐

1、10. B型卷沿罐（T11⑩：1、T9⑩：33）　2. 敛口罐（T9⑩：32）　3、16. A型盘口罐（T11⑩：9、T14⑩：4）
4、7、12. Aa型折沿罐（T14⑨：16、T9⑩：15、T11⑩：5）　5、11、17. Ba型折沿罐（T9⑩：14、T9⑩：6、T9⑩：17）
6、9. A型卷沿罐（H33：1、T7⑩：1）　8. Bb型折沿罐（H34：7）　13、14. Ab型折沿罐（T9⑩：11、T9⑩：5）
15. B型盘口罐（T9⑩：13）

部饰斜线细绳纹，肩部饰两排两个一组的点状戳印纹。口径34.5、残高6.7厘米（图一
〇，7）。T11⑩：5，粗泥红褐陶。侈口，圆唇，溜肩，腹部以下残。唇部为捏塑花边
口，唇部以下通饰斜向细绳纹，局部交错。口径18.3、残高3.8厘米（图一〇，12）。

　　Ab型　2件。沿的折棱尖锐。T9⑩：5，粗泥黑褐陶。圆唇，腹微鼓，下腹残。器
身饰平行折线篦划纹。口径14.6、残高3.9厘米（图一〇，14）。T9⑩：11，粗泥红褐
陶。圆唇，腹微鼓。上腹饰两个一组的戳印纹，现残留3排。口径14.8、残高3.8厘米
（图一〇，13）。

　　B型　4件。平折沿。根据沿部宽窄，可分二亚型。

　　Ba型　3件。窄沿。T9⑩：6，泥质红陶。束颈，肩部以下残。口径24.5、残高3
厘米（图一〇，11）。T9⑩：17，泥质灰陶。沿极窄，肩部以下残。口径23.5、残高3
厘米（图一〇，17）。T9⑩：14，泥质红皮灰陶。沿极窄，尖唇，肩部以下残。口径
31、残高3.5厘米（图一〇，5）。

　　Bb型　1件。宽沿。H34：7，夹粗砂灰褐陶。肩部以下残。宽沿平折，圆唇，唇上

有纵向压印纹，颈部有两排两个一组的戳印纹。口径37.6、残高6.5厘米（图一〇，8）。

敛口罐　1件。T9⑩：32，泥质灰褐皮红陶。方唇，圆肩，下腹内收略残，平底。肩部饰九道瓦棱纹，下腹饰竖斜线绳纹，局部加交错绳纹。口径24、底径13.3、残高14厘米（图一〇，2；图版一，3）。

尊形器　7件。根据沿部宽窄，可分二型。

A型　3件。宽沿。根据沿部倾斜度的不同，可分二亚型。

Aa型　2件。斜折沿。T9⑩：18，泥质黄褐皮黑陶。圆唇，上腹向下斜收，下腹以下残。唇上有斜向压印纹，上腹饰稀疏的指压状横向戳印纹。口径21.6、残高6.2厘米（图一一，3）。T9⑩：4，夹粗砂红陶。圆唇，上腹较直，下腹略内收，底残。腹部饰交错细绳纹。口径15.6、残高7.5厘米（图一一，6）。

Ab型　1件。平折沿。T12⑩：3，粗泥灰褐陶。敞口，颈部以下残。唇上饰压印纹，颈部饰一排两个一组的点状戳印纹。口径25.4、残高2.9厘米（图一一，2）。

B型　4件。窄沿。根据沿部倾斜度的不同，可分二亚型。

Ba型　3件。斜折沿。T9⑩：2，夹细砂黑褐陶。敞口，上腹直。上腹先饰斜向粗绳纹，再饰两道抹划弦纹。口径23.8、残高6.8厘米（图一一，4）。T9⑩：3，粗泥红

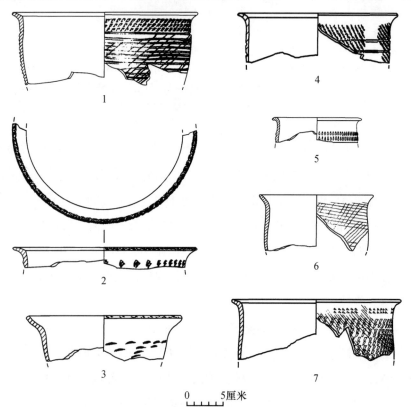

图一一　陶尊形器

1、4、7. Ba型（T12⑩：5、T9⑩：2、T9⑩：3）　2. Ab型（T12⑩：3）　3、6. Aa型（T9⑩：18、T9⑩：4）
5. Bb型（H34：18）

褐陶。圆唇，上腹较直。口沿下饰两排十二个一组的点状戳印纹，其下先拍印斜向细绳纹，再饰横排的连续戳印纹，现存九排。口径23.2、残高8.1厘米（图一一，7）。T12⑩：5，粗泥黑褐陶。圆唇，上腹较直，下腹微内收。颈部饰三排点状戳印纹，腹部先拍印稀疏斜向绳纹，再施十一道刻划凹弦纹。口径28.3、残高9.9厘米（图一一，1）。

Bb型　1件。反卷沿。H34：18，粗泥黑褐陶。圆唇，上腹较直。上腹饰两排点状戳印纹。口径12.3、残高3.4厘米（图一一，5；图版一，4）。

壶（瓶）　12件。根据口部的不同，可分四型。

A型　3件。大口，卷沿。根据沿部的不同，可分二亚型。

Aa型　2件。宽沿反卷。H34：6，泥质灰陶。圆唇。口径35.7、残高6.8厘米（图一二，2）。H34：1，泥质灰陶。圆唇。口径32.5、残高6.7厘米（图一二，1）。

Ab型　1件。窄沿反卷。H34：5，泥质灰陶。圆唇。口径32.5、残高6.6厘米（图一二，3）。

B型　7件。小口，卷沿。T9⑩：1，泥质灰陶。喇叭形敞口，圆唇，长颈，颈部以下均残。口径17.2、残高6.7厘米（图一二，5）。T9⑩：20，泥质灰皮红陶。反卷沿，圆唇，颈部以下残。口径28.9、残高4.1厘米（图一二，4）。

C型　1件。平折沿，双唇。T12⑩：4，泥质红陶。颈部以下残。口径14.8、残高3.5厘米（图一二，6）。

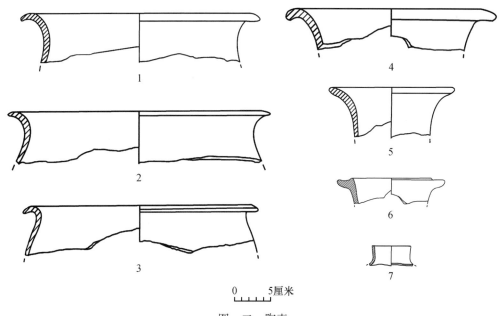

0　　5厘米

图一二　陶壶

1、2. Aa型（H34：1、H34：6）　3. Ab型（H34：5）　4、5. B型（T9⑩：20、T9⑩：1）　6. C型（T12⑩：4）
7. D型（H34：17）

D型 1件。直口。H34：17，泥质浅红陶，通体磨光，施红彩。高领，仅存口颈部。口径5.2、残高2.8厘米（图一二，7；图版一，5）。

折沿盆 3件。根据折沿形制的变化，可分二式。

Ⅰ式：2件。折沿较平。H34：2，夹细砂黑皮红陶。口径37.2、残高3.4厘米（图一三，6）。H34：19，泥质黑皮红陶，器内表磨光。口径37.7、残高5.2厘米（图一三，8）。

Ⅱ式：1件。折沿较斜。T17⑩：1，泥质灰陶。圆唇，腹部向内急收。口径33、残高3.6厘米（图一三，7）。

折腹钵 4件。其中1件残损严重，器形不辨，另外3件根据口部的变化，可分二式。

Ⅰ式：1件。口微敞。T11⑩：6，泥质黑皮红陶。圆唇，下腹向内急收，底部残。上腹饰八道瓦棱纹。口径28.6、残高5.2厘米（图一三，2）。

Ⅱ式：2件。敛口。H34：14，泥质黑皮灰陶。唇部较尖，腹部较深，下腹内收，下部残。上腹饰四道瓦棱纹。口径17.5、残高4.3厘米（图一三，5）。T9⑩：7，泥质灰陶。口微敛，圆唇，下腹内收，底部残。上腹饰两道瓦棱纹。口径24.7、残高3.6厘米（图一三，3）。

曲腹钵 4件。敛口，圆唇。T7⑩：6，泥质红褐陶。下腹残。口径19.6、残高3.9厘米（图一三，4）。T11⑩：7，泥质灰陶，表面均磨光。腹部以下残。肩部饰三道瓦棱纹。口径22.6、残高3.4厘米（图一三，1）。

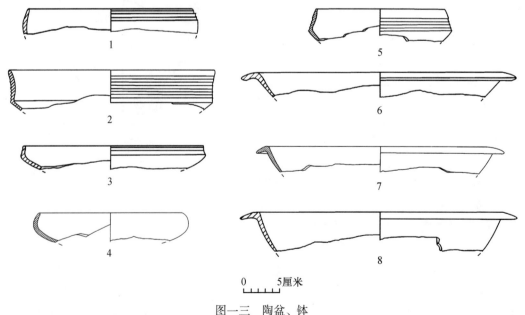

0　　5厘米

图一三 陶盆、钵

1、4.曲腹钵（T11⑩：7、T7⑩：6） 2. Ⅰ式折腹钵（T11⑩：6） 3、5. Ⅱ式折腹钵（T9⑩：7、H34：14）

6、8. Ⅰ式折沿盆（H34：2、H34：19） 7. Ⅱ式折沿盆（T17⑩：1）

缸　4件。T11⑩：8，夹砂红陶。敞口，折沿已残，上腹较直。器表饰篮纹。最大残径36.4、残高16.3、壁最厚3.5厘米（图一四）。

盘　1件。T12⑩：1，泥质黑皮灰褐陶。直口，圆唇，浅腹，平底。口径13.9、底径6.9、高3厘米（图一五，5；图版一，6）。

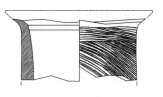

图一四　陶缸

（T11⑩：8）

杯　1件。H34：16，泥质红褐陶。曲腹，口、底均残。直径9.1、残高5.6厘米（图一五，4）。

器盖　1件。T9⑩：16，泥质红陶。圆唇，盖身微拱向上急收，顶部残。口径19.4、残高2.7厘米（图一五，7）。

圈足器（器座）　4件。H34：4，夹粗砂红皮灰陶。底大向上内收，厚沿。足径33.6、残高3.2厘米（图一五，2）。T7⑩：2，泥质灰陶。圈足外撇略呈喇叭形。足径5.2、残高2.4厘米（图一五，8）。H34：21，泥质灰陶。仅存圈足上部。饰一道抹划弦纹。最大残径11.3、残高4.3厘米（图一五，6）。H34：22，泥质灰陶。仅存高圈足。圈足上残存两个镂孔。最大残径11、残高7.5厘米（图一五，3）。

纺轮　1件。T11⑩：4，泥质灰陶。略呈算珠形，上部微残。直径4.5、残厚1.7厘米（图一六）。

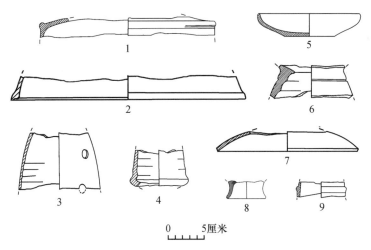

图一五　出土陶器

1、9.不明器（T7⑩：5、H34：37）　2、3、6、8.圈足器（器座）（H34：4、H34：22、H34：21、T7⑩：2）

4.杯（H34：16）　5.盘（T12⑩：1）　7.器盖（T9⑩：16）

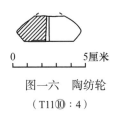

图一六　陶纺轮

（T11⑩：4）

不明器 2件。H34：37，泥质黑皮灰陶。有可能是一种高柄器，仅残存柄部一段。可见饰有一道箍带纹。最大直径6.8、残高2.1厘米（图一五，9）。T7⑩：5，泥质灰陶。仅存肩腹部，折肩，上腹直壁，口部及下腹残。肩部饰一道箍带纹。直径23.8、残高2.4厘米（图一五，1）。

2. 石器

80件。可分为打制和磨制两类。石材多选用海成岩、火山岩、砂岩等。

打制石器 62件。器类有斧、锄形器、刮削器、切割器、砍砸器、敲砸器、钻等。

斧 7件。多利用砾石的自然平面作为台面打击制取石片，但也有利用修整后的台面打击制取石片。石片都是一面为劈裂面，另一面仍保留石皮自然面。一般器身边缘部分多单面修整。这些石斧的斧身较厚重，刃部多有明显的使用痕迹。根据器身平面形制差异可将其中4件分为二型。

A型 3件。平面呈窄长方形。根据器身厚度的不同，可分二亚型。

Aa型 2件。器身较厚。形制较规范。H34：8，海成岩，红皮绿色。平面呈长方形，纵剖面呈梭形。刃缘采用单向加工，器身两侧为双向加工，其中刃缘和两侧加工细致。刃部局部磨制，有使用痕迹。长10.1、宽5.7、厚3厘米（图一七，3）。T9⑩：9，海成岩，绿色。头端较平，平刃。石片石器，利用修整后的台面打击制取石片，再进行修整。器身一侧为双面修整，其余周缘部分仅劈裂面经过修整，刃部有使用痕迹。长10.1、宽5.5、厚2.9厘米（图一七，4；图版二，1）。

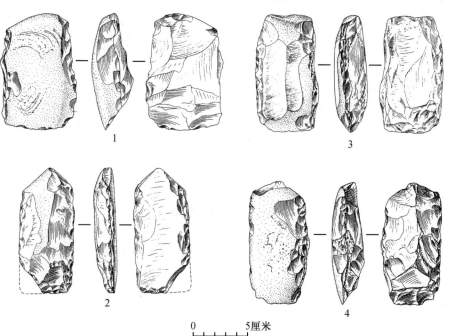

0 5厘米

图一七 打制石斧

1. B型（T9⑩：24） 2. Ab型（T12⑩：2） 3、4. Aa型（H34：8、T9⑩：9）

Ab型　1件。器身较薄。T12⑩：2，海成岩，灰白色。基本呈长方形，头端为三角形，刃部平。石片石器，两侧为双面修整，刃部略残，有使用痕迹。长10.9、宽5、厚1.9厘米（图一七，2；图版二，2）。

B型　1件。平面呈较宽长方形。T9⑩：24，海成岩，灰色。平头，平刃。石片石器，器身两侧为双面修整，两端为单面修整，刃部有使用痕迹。长10.1、宽7、厚3.3厘米（图一七，1）。

锄形器　3件。根据平面形制的不同，可分二型。

A型　2件。平面呈长条形。石核石器。T9⑩：8，海成岩，绿色。形制规范，平面略呈梯形，刃部一端略宽，刃部圆弧形，器身周缘都加以双面交互打击修整，刃部有使用痕迹。长15.1、宽5.8、厚3.5厘米（图一八，3；图版二，4）。T9⑩：10，砂岩，灰色。砾石石器。平面整体略呈长椭圆形，头端和刃部均略呈圆弧形。除头端外其余周缘均为双面交互打击修整。长14.7、宽5.7、厚2.4厘米（图一八，1；图版二，3）。

B型　1件。平面略呈椭圆形。石片石器。T9⑩：12，海成岩，红褐色。在整个器身的劈裂面周缘都再加以修整。长12.8、宽7.9、厚2.3厘米（图一八，2）。

刮削器　22件。均利用砾石的自然平面作为台面打击制取石片。石片都是一面为劈裂面，另一面仍保留石皮自然面。一般刃缘部分稍加修整即可使用，有的则利用石片劈裂时形成的锋利刃缘直接使用。这些石片刮削器的刃部大多有明显的使用痕迹。

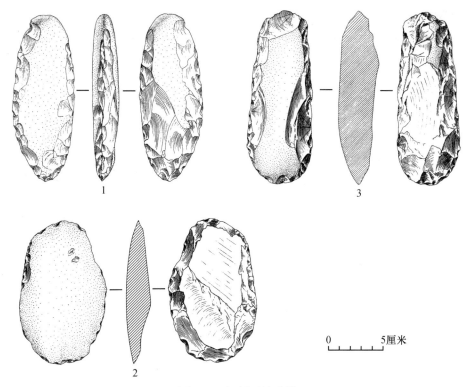

0 ————— 5厘米

图一八　打制石锄形器

1、3.A型（T9⑩：10、T9⑩：8）　2.B型（T9⑩：12）

其中5件根据器身平面形制的不同，可分二型。

A型 2件。盘状。H34：9，火山岩，灰褐色。整个器身为周缘向中心单面加工，另一面保留砾石面，整个周缘都可作为刃部，有使用痕迹。长9.7、宽11.5、厚3.7厘米（图一九，2；图版三，1）。

B型 3件。平面略呈椭圆形。T9⑩：29，火山岩，绿色。单面加工，刃部锋利，有使用痕迹。长5.8、宽9.7、厚1.2厘米（图一九，4）。T9⑩：30，火山岩，红褐色。器身为周缘向中心单面加工，另一面保留砾石面，刃部留有多次使用痕迹。长8.8、宽11.8、厚2.3厘米（图一九，3；图版三，2）。

切割器 12件。石片石器。器身薄。H34：12，海成岩，灰绿色。平面呈椭圆形。周缘单面加工，局部二次修整细致。刃部具有使用痕迹。长10.1、宽6.4、厚0.9厘米（图一九，5；图版三，3）。T9⑩：19，海成岩，灰色。平面呈椭圆形。单面加工，留有使用痕迹。长7.3、宽9.2、厚2厘米（图一九，1）。

砍砸器 1件。H34：11，海成岩，灰褐色。平面略呈长方梯形，整体略呈斧形。三侧边缘都有刃部，其中两端为双向加工，一侧为单向加工，局部二次修整。长11.3、宽7.5、厚3厘米（图二〇，2）。

敲砸器 15件。多为砾石石器，器身边缘局部经简单修整加工。平面形制不定或呈斧形，使用敲砸的一端较平，没有明显的刃部。T9⑩：28，海成岩，灰绿色。砾石石器。整体呈斧形，平面呈长方形，头端为圆弧形，砸击端较平。两侧为单面修整，

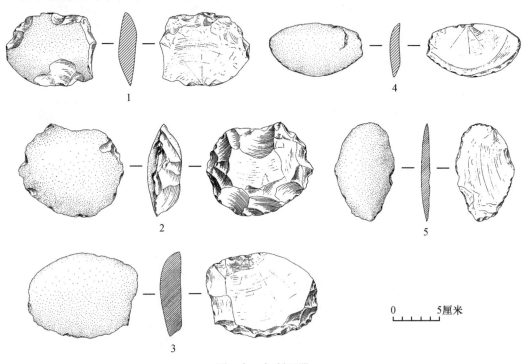

图一九 打制石器

1、5. 切割器（T9⑩：19、H34：12） 2. A型刮削器（H34：9） 3、4. B型刮削器（T9⑩：30、T9⑩：29）

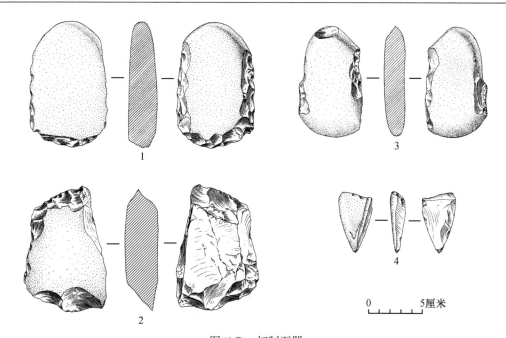

图二〇 打制石器

1、3.敲砸器（T9⑩：28、T13⑩：1） 2.砍砸器（H34：11） 4.钻（T9⑩：21）

砸击端为双面修整，并有使用痕迹。长11、宽6.9、厚2.5厘米（图二〇，1；图版三，4）。T13⑩：1，海成岩，黄绿色。砾石石器。平面基本呈长方形，周缘局部经双面打制修整。不排除为制作石斧的半成品。长9.8、宽5.6、厚1.9厘米（图二〇，3）。

钻 2件。T9⑩：21，海成岩，灰绿色。平面略呈三角形，砾石自然面有压剥痕迹，钻尖有明显使用痕迹。长5.3、宽2.9、厚1.3厘米（图二〇，4；图版三，5）。

磨制石器 18件。器类有斧、锛、凿形器、小刀等。

斧 4件。均为磨制，双面刃。T9⑩：25，海成岩，绿色。砾石石器。平面呈长方形，形制规范，弧顶，头端略平，平刃。器身大部磨制，刃部有明显多次使用痕迹。长10、宽5.1、厚2.9厘米（图二一，1；图版三，6）。

锛 11件。多双面刃。其中1件为粗玉锛残块。其中7件根据器身厚度的不同，可分二型。

A型 5件。器身较厚，均为双面刃。根据平面形制的不同，可分二亚型。

Aa型 3件。器身较宽，平面略呈梯形。头端弧形，均为双面刃。T14⑩：6，海成岩，绿色。砾石石器。大部分磨制，刃部有明显的使用痕迹。长9、宽6、厚1.8、刃宽2.3厘米（图二二，2）。T11⑩：2，海成岩，灰色。器身两面均保留打制加工痕迹，仅刃部和两侧磨制，其中刃部有使用痕迹。顶端略残。长6.3、宽6.1、厚1.5、刃宽2.2厘米（图二二，1；图版四，1）。T11⑩：3，海成岩，灰绿色。石片石器。刃部宽、头端窄，头端和刃部都微呈弧形。器身大部分磨制，仅头端留有砾石的自然面和打制修整痕迹。长7.5、宽6、厚1.9、刃宽3厘米（图二二，4；图版四，2）。

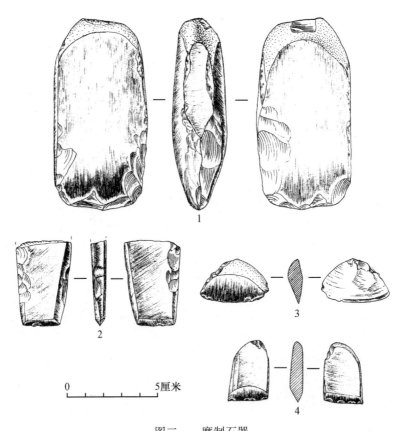

图二一　磨制石器

1. 斧（T9⑩：25）　2. 凿形器（T9⑩：31）　3、4. 小刀（T9⑩：22、T11⑩：11）

Ab型　2件。器身较窄，头端保留砾石自然面，形制不规则。T14⑩：7，海成岩，绿色。砾石石器。平面略呈长方梯形，刃部略宽呈弧形，头端略窄为不对称弧形。器身大部分磨制，刃部略残，有使用痕迹。长8.2、宽4.2、厚2.5、刃残宽3.3厘米（图二二，5）。T9⑩：26，海成岩，灰白色。砾石石器。大部分保留砾石面，局部磨制。刃部呈舌形双面磨制。长5.3、宽2.8、厚1.3、刃宽1.6厘米（图二二，3；图版四，3）。

B型　2件。器身较薄。平面略呈较窄梯形，头端平或呈弧形，单面刃和双面刃均有。T11⑩：10，海成岩，灰绿色。通体磨制，形制规范，刃部平且略宽于头端。单面刃，有使用痕迹。长7.6、宽3.9、厚0.9、刃残宽1.8厘米（图二二，6；图版四，4）。T9⑩：27，海成岩，灰色。通体磨制，双面刃，有使用痕迹。长7.7、宽3.7、厚1、刃残宽0.5厘米（图二二，7；图版五，1）。

凿形器　1件。T9⑩：31，海成岩，绿色。通体磨制。上部残，残存部分平面略呈梯形，刃部窄，上部略宽，双面刃，有使用痕迹。长4.5、宽3、厚0.8、刃宽0.3厘米（图二一，2；图版五，2）。

小刀　2件。T11⑩：11，海成岩，浅绿色。平面呈锛形，双面刃。通体双面磨制，仅头端保留砾石面。长3.2、宽2.2、厚0.7、刃宽0.7厘米（图二一，4；图版五，

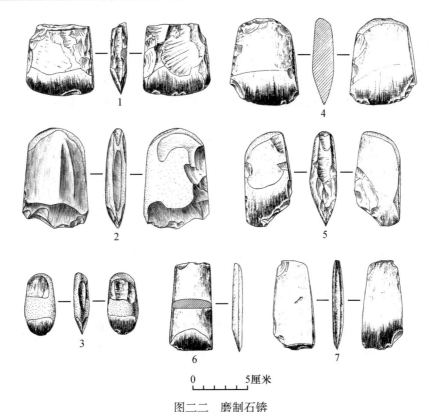

图二二　磨制石锛

1、2、4.Aa型（T11⑩：2、T14⑩：6、T11⑩：3）　3、5.Ab型（T9⑩：26、T14⑩：7）

6、7.B型（T11⑩：10、T9⑩：27）

3）。T9⑩：22，海成岩，青灰色。石片石器。在石片制成后一侧加工为平面略呈横三角形，在砾石自然面单面磨制刃部，留有明显使用痕迹。长2.3、宽3.7、厚0.7、刃宽1.4厘米（图二一，3；图版五，4）。

四、结　语

1. 意义

　　根据该遗址出土的遗物，尤其是陶器观察，第10层及该层下遗迹都应是新石器时代遗存。这一发现为进一步认识重庆三峡库区新石器时代文化的特点和发展演变情况提供了新资料。

2. 遗址的性质与范围

　　根据发现的新石器时代遗存的性质观察，这应该是一处当时人类居住的聚落，在发掘区内发现有人类居住生活时使用的废弃物，以及曾作为窖藏使用过的灰坑。但是没有直接发现居住建筑。根据遗址地理环境推测，该遗址人类居住的房屋等可能分布在发掘区外南面更低的台地上，由于库区江水上涨已被淹没。

3. 文化性质

与本遗址这些遗存文化面貌相近的遗址在重庆三峡库区长江沿岸还发现很多，目前已公布资料且较为重要的遗址有巫山魏家梁子[1]、锁龙[2]，奉节老关庙[3]，云阳丝栗包[4]，万州涪溪口[5]、苏和坪[6]、黄柏溪[7]，忠县中坝[8]、哨棚嘴[9]、杜家

[1]　中国社会科学院考古研究所长江三峡考古工作队：《四川巫山县魏家梁子遗址的发掘》，《考古》1996年第8期。

[2]　成都市文物考古工作队、巫山县文物管理所：《巫山锁龙遗址发掘简报》，重庆市文物局、重庆市移民局编：《重庆库区考古报告集》（1997卷），北京：科学出版社，2001年，第1—30页；成都市文物考古研究所、成都市文物考古工作队：《巫山锁龙遗址发掘简报》，重庆市文物局、重庆市移民局编：《重庆库区考古报告集》（1998卷），北京：科学出版社，2003年，第1—18页。

[3]　吉林大学考古学系：《四川奉节老关庙遗址第一、二次发掘》，《江汉考古》1999年第3期；吉林大学考古学系、四川省文物考古研究所：《奉节县老关庙遗址第三次发掘》，四川省文物考古研究所编：《四川考古报告集》，北京：文物出版社，1998年，第11—40页。

[4]　四川大学历史文化学院考古系、重庆市文物局、云阳县文物管理所：《重庆云阳丝栗包新石器时代遗址》，《考古学报》2016年第2期。

[5]　福建省博物馆考古队、万州区文物管理所：《万州涪溪口遗址发掘报告》，重庆市文物局、重庆市移民局编：《重庆库区考古报告集》（1997卷），第325—346页；福建省考古队、重庆万州区文物保管所：《万州涪溪口遗址发掘报告》，重庆市文物局、重庆市移民局编：《重庆库区考古报告集》（1998卷），第454—478页；福建省考古队、重庆万州区文保所：《万州涪溪口遗址第三期发掘报告》，重庆市文物局、重庆市移民局编：《重庆库区考古报告集》（1999卷），北京：科学出版社，2006年，第478—497页。

[6]　重庆市博物馆、万州区文管所：《万州苏和坪遗址发掘报告》，重庆市文物局、重庆市移民局编：《重庆库区考古报告集》（1999卷），第433—450页；重庆市文物考古所、重庆市文物局、重庆市万州区博物馆：《万州苏和坪遗址第二次发掘报告》，重庆市文物局、重庆市移民局编：《重庆库区考古报告集》（2000卷下），北京：科学出版社，2007年，第689—708页。

[7]　重庆市博物馆、益阳市文物管理处、重庆万州区文物管理所：《万州黄柏溪遗址发掘报告》，重庆市文物局、重庆市移民局编：《重庆库区考古报告集》（1998卷），第506—538页；重庆市文化局、重庆市博物馆、益阳市文物考古队：《万州黄柏溪遗址发掘报告》，重庆市文物局、重庆市移民局编：《重庆库区考古报告集》（1999卷），第402—432页。

[8]　四川省文物考古研究所、重庆市文物局三峡办、忠县文物保护管理所：《忠县中坝遗址Ⅱ区发掘简报》，重庆市文物局、重庆市移民局编：《重庆库区考古报告集》（1998卷），第607—648页；四川省文物考古研究所、北京大学考古文博学院、美国UCLA大学等：《忠县中坝遗址1999年度发掘简报》，重庆市文物局、重庆市移民局编：《重庆库区考古报告集》（2000卷下），第964—1042页。

[9]　北京大学考古文博院三峡考古队、重庆市三峡库区田野考古培训班、忠县文物管理所：《重庆忠县瓷井沟遗址群哨棚嘴遗址发掘简报》，重庆市文物局、重庆市移民局编：《重庆库区考古报告集》（1997卷），第610—657页；北京大学考古学研究中心、北京大学考古文博学院三峡考古队、重庆市忠县文物管理所：《忠县哨棚嘴遗址发掘报告》，重庆市文物局、重庆市移民局编：《重庆库区考古报告集》（1999卷），第530—643页；北京大学考古文博学院、成都文物考古研究所、重庆市文物局：《忠县哨棚嘴遗址2001年发掘报告》，重庆市文物局、重庆市移民局编：《重庆库区考古报告集》（2001卷），北京：科学出版社，2007年，第1530—1546页。

院子[1]，丰都玉溪坪[2]、秦家院子[3]等遗址。此外，本遗址与四川北部的通江县擂鼓寨新石器遗址的文化面貌也较为相似[4]。

一般认为这些遗址应属于中国新石器时代末期，但目前对于其文化性质以及年代早晚关系却存在着各种不同意见。笔者认为，虽然塘坊新石器时代遗址与上述这些遗址的文化面貌都有不同程度的相似之处，但是相比而言与云阳丝栗包遗址新石器时代遗存的文化面貌更为接近，应该同属于玉溪坪文化。

4. 与丝栗包遗址的关系

该遗址与丝栗包遗址距离很近，相隔仅约2千米。两遗址出土的石器种类和形制基本相同，制作工艺也相同。出土的陶器器类也大体相同，都有卷沿罐、盘口罐、折沿罐、敛口罐、尊形器、壶（瓶）、折沿盆、折腹钵、曲腹钵、厚壁尖底缸、圈足器等，造型特征也相似。因此两遗址的关系十分密切，其居民可能为同一群体。

但是两新石器时代遗址在时间方面却并未共存。塘坊遗址出土的陶器与丝栗包遗址最晚阶段的陶器最为接近，还出现了某些丝栗包遗址未见的陶器，如B型盘口罐、直口罐（壶）等。这些丝栗包遗址未见的陶器在年代稍晚的中坝遗址、哨棚嘴遗址以及白庙类型中较为常见，因此塘坊遗址的年代可能略晚于丝栗包遗址，但两者时间上紧密衔接，并无间隔。也不排除塘坊遗址新石器时代居民即从丝栗包遗址迁来的可能。

5. 年代

根据上述讨论可知，塘坊遗址的年代应略晚于丝栗包遗址。丝栗包遗址新石器遗存的绝对年代约为距今5000—4400年，可作为判断本遗址绝对年代的参考。

新石器时代遗存没有14C年代测定数据。在三峡库区其他大体同时期的遗址中，忠县中坝遗址公布了8个新石器时代14C年代测定数据，其年代范围大体距今4500—4000年。发掘者将该遗址的新石器时代遗存分为三期，这批14C测年数据属于第二期晚段和第三期[1]。

综合以上，可推测塘坊新石器时代遗址的绝对年代大体在距今4500年前后。

[1]　成都市文物考古研究所、重庆市忠县文物管理所：《重庆市忠县杜家院子遗址2001年度发掘简报》，成都市文物考古研究所：《成都考古发现》（2001），北京：科学出版社，2003年，第1567—1599页。

[2]　发掘报告尚未发表。资料见邹后曦、袁东山：《重庆峡江地区的新石器文化》，重庆市文物局、重庆市移民局编：《重庆·2001三峡文物保护学术研讨会论文集》，北京：科学出版社，2003年，第17—40页。

[3]　重庆市文物考古所、丰都县文物管理所：《丰都秦家院子发掘报告》，重庆市文物局、重庆市移民局编：《重庆库区考古报告集》（2002卷中），北京：科学出版社，2010年，第1239—1282页。

[4]　四川省文物考古研究所、通江县文物管理所：《通江县擂鼓寨遗址试掘报告》，四川省文物考古研究所编：《四川考古报告集》，第41—58页。

[1]　四川省文物考古研究所、北京大学考古文博学院、美国UCLA大学等：《忠县中坝遗址1999年度发掘简报》，重庆市文物局、重庆市移民局编：《重庆库区考古报告集》（2000卷下），第964—1042页。

后记：发掘领队为罗二虎。参加发掘工作的人员有罗二虎、伍秋鹏、陈果、王运甫、张麦平、孟晓玲、祁自立、陈昀、程红坤、湛红雁等。参加后期整理工作的人员有罗二虎、潘绍池等。绘图人员有张麦平、罗二虎、高金玉、王运甫，摄影为罗二虎。

执笔：罗二虎　吴闽莹　王　林　侯存龙

Preliminary Report on the Excavation of the Neolithic Site at Tangfang, Yunyang County, Chongqing

Department of Archaeology, Sichuan University

Chongqing Municipal Bureau of Cultural Relics

Yunyang County Cultural Relics Management Office

Abstract: The Tangfang site is located on the northern terrace of the Yangtze River to the south of Yunyang County seat, Chongqing. The site contains archaeological deposits from the Neolithic Age to the Ming and Qing Dynasties. The remains of the Neolithic Age are two ash pits. The unearthed objects are mainly pottery and stone implements. The main types of the pottery include jar with rolling rim, jar with open mouth, jar with folding rim, contracted-mouth jar, *zun* ware, pot, basin with folding rim, bowl with folding belly, bowl with curved belly, urn, plate, cup, lid, ring-footed pottery and spindle whorl. The stone implements are either chipped stone tools or polished stone tools. The chipped stone tools include axes, hoes, scrapers, choppers and drills. The polished stone tools include axes, adzes, chisel-shaped implements and knives. This site is dated to the terminal Neolithic Age, approximately 4500 BP, and it can be categorized into the Yuxiping culture.

Keywords: Three Gorge Reservoir Region, Tangfang Site, Neolithic Age, Yuxiping Culture

（责任编辑：黎海超）

湖北省随州市王家台遗址发掘简报

厦门大学历史系

湖北省文物考古研究所

随州博物馆

摘要： 2017年10月下旬至2017年11月中旬，厦门大学历史系考古专业、随州博物馆等单位对随州均川王家台遗址进行了抢救性考古发掘。本次发掘发现了东周、汉代及宋代遗存，其中汉代文化遗存最为丰富，发现了汉代灰坑、灰沟、灶、井、烧土遗迹等大量生活遗存，对于秦汉时期遗址较少发现的鄂北地区而言非常重要。同时，对于研究该地区汉代社会生活状况以及聚落变迁等也具有重要意义。

关键词： 随州　王家台遗址　汉代　东周

一、遗址概况

王家台遗址位于随州市随县均川镇均河口村，地处大洪山余脉以北，涢水河以南，地势平坦。西南距张家寨村约100米，东距随州市区约12千米。遗址中心地理坐标为东经113°15′48.06″、北纬31°43′39.78″，海拔64.5米（图一）。

2006年，随州市博物馆曾对该遗址进行过抢救性发掘，发现了以东周遗存为主、另有西汉和唐代共三个时期的文化遗存[1]。本次发掘对该遗址范围进行了重新界定。由勘探情况可知，该遗址平面近长方形，东西长约500、南北宽约430米，面积在20万平方米以上。

2017年，武汉至十堰的高铁路线从遗址正中部穿过，与随岳线将遗址分成三部分。同时一条从王家台子和张家寨中间穿过的乡村公路又将该遗址分为东、西两部分。据了解，20世纪七八十年代的农田改造、平整土地等活动对遗址造成了较大破坏，加之近现代村民居住等因素，现今乡村公路以北区域基本无文化层，高铁路线以北基本无文化层和遗迹，高铁路线以南发现了东周、汉代及宋代等时

---

[1]　随州市博物馆：《湖北随州市王家台遗址发掘简报》，《江汉考古》2011年第3期。

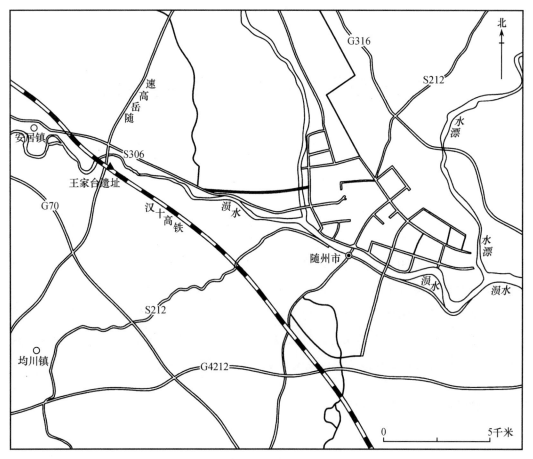

图一　遗址位置示意图

期遗迹和遗物，且遗物有增多趋势。因此本次发掘区域选择高铁路线以南王家台遗址东南区域。此次发掘面积达500平方米，共布设5米×5米探方20个，正南北方向，编号为2017SWET1641—2017SWET1643、2017SWET1737—2017SWET1743、2017SWET1837—2017SWET1843、2017SWET2943、2017SWET3349、2017SWET3449（以下省略"2017SWE"）（图二、图三）。

二、地层堆积

此次发掘区域地层堆积自上而下依次为现代耕土层、近现代扰土层、宋代文化层、汉代文化层。另外，汉代层下还发现了少量东周遗存，不过并未发现该时期的地层堆积。由于遗址区曾遭遇平整土地，地层受到不同程度破坏，因此各个探方地层分布情况也不尽相同，其中T3349、T3449内不见宋代文化层，T1837、T1838、T1737、T1743、T2943内均不见宋代文化层和汉代文化层。现以具有典型层位关系的T1842南壁剖面为例对该遗址地层堆积情况介绍如下（图四）。

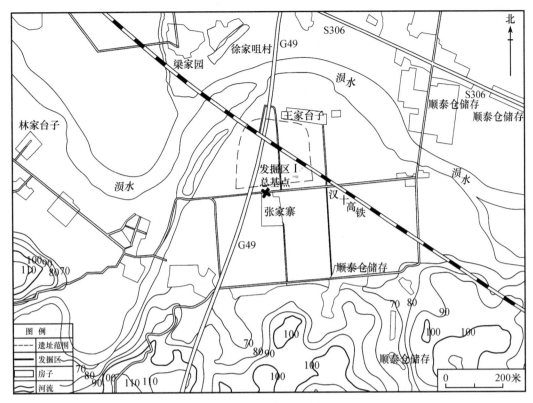

图二　发掘位置示意图

第1层：厚0.15—0.2米。浅褐色黏土，质地较软，结构较疏松。包含近现代砖瓦、陶瓷碎片。为现代耕土层。

第2层：深0.15—0.2、厚0.15—0.27米。全方分布，水平堆积。浅灰色黏土，土质松散，呈颗粒状，夹少量锈斑。包含物以近代砖瓦、瓷片为主，亦有少量被扰乱的汉代遗物。为近现代扰土层。

第3层：深0.3—0.47、厚0.15—0.35米。全方分布，水平堆积。灰色填土，质地较软，结构较疏松。包含较多陶片和零星瓷片。陶片以夹砂陶居多，泥质陶次之；纹饰见有绳纹、弦纹等；可辨器形有罐、瓮、盆等。瓷片制作粗糙，表面多施绿釉；可辨器形有瓷碗等。开口于该层下的遗迹仅有H5。

第4层：深0.45—0.82、厚0—0.23米。仅分布于探方西南部。深灰色土，土质较硬，结构较致密，夹杂大量褐斑、锈斑。包含少量草木灰和较多陶片。陶片多为夹砂陶，泥质陶次之；颜色多呈灰色，少量褐色，还有极少量的黑陶；器表素面居多，纹饰主要为绳纹，有少量弦纹；可辨器形有盆、罐、瓮等。开口于该层下的遗迹有G5、H8。

第4层以下为生土。

三、遗　　迹

王家台遗址本次发掘共发现遗迹19处，其中灰坑10座、灰沟6条、水井1座、灶1座、烧土遗迹1处。

（一）第3层下遗迹

开口于该层下的遗迹共计11处，其中灰坑5座、灰沟5条、烧土遗迹1处（未编号）。

1. 灰坑

5座。包括H3、H5、H6、H9和H10，平面多呈椭圆形或圆角长方形，弧壁，平底，底部边缘形态不明显。现以H5、H6为例介绍如下。

H5　位于T1742东北部，并延伸至T1842东南部和T1843西南部。开口于第3层下，上距地表0.7米，向下打破生土。平面呈圆角长方形，斜弧壁，底近平。坑口长5.5、宽3.9、深0.25米。坑内填土未分层，呈灰褐色，质地较软，结构较疏松。包含少量陶、瓷片。陶器器表多为素面，纹饰以绳纹为主；可辨器形有瓮、碗等（图五）。

H6　位于T1642西北部。开口于第3层下，上距地表约0.6米，向下打破生土。平面近长方形，弧壁，平底，底部边缘形态不明显。口部长1.5、宽0.48米，底部长1.2、宽0.4米，深0.3米。坑内填土未分层，呈灰褐色，质地较软，结构较疏松。包含少量锈斑、鹅卵石及陶片。陶片多为夹砂陶，部分施黄釉；器表多为素面，纹饰以绳纹为主；可辨器形有罐、板瓦、筒瓦等（图六）。

2. 灰沟

5条。包括G1—G4和G6。平面多呈长条形，斜弧壁，底近平，底部边缘形态不明显。以G4为例介绍如下。

G4　位于T1841中北部，部分叠压于北隔梁和东隔梁下。开口于第3层下，上距地表0.56米，向下打破第4层和G5至生土。发掘部分平面近长条形，斜弧壁，底南部微凹。口部长4.1、宽1.18—1.6米，底部长4、宽1.12米，残深0.46米。沟内填土未分层，呈深灰褐色，质地较软，结构较疏松。包含大量红褐色铁锈斑块、石块以及较多陶、瓷片。陶片以夹砂陶为主，泥质陶次之；器表多为素面，纹饰以绳纹为主，少量弦纹；可辨器形有筒瓦、板瓦、盆、罐、甑、瓮、豆等。瓷片多制作粗糙，器表多施绿釉，可辨器形有碗、壶等（图七）。

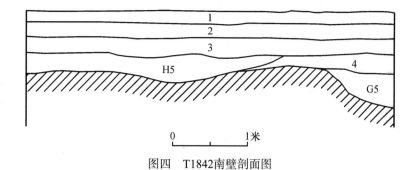

图四　T1842南壁剖面图

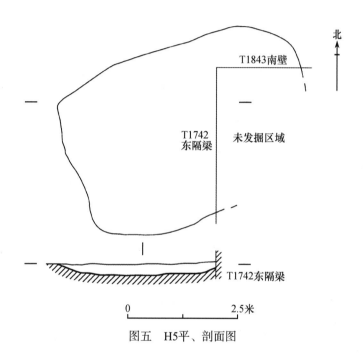

图五　H5平、剖面图

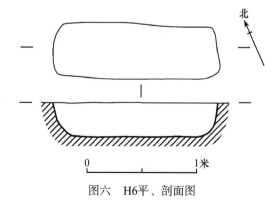

图六　H6平、剖面图

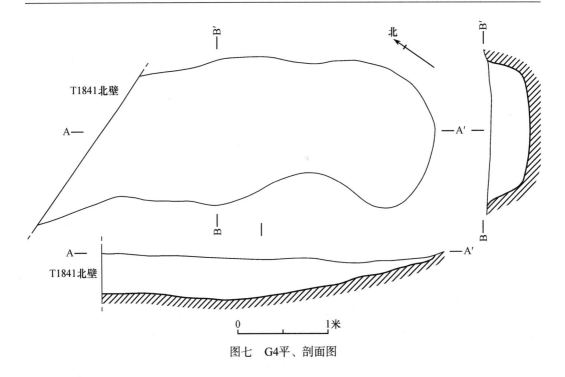

图七　G4平、剖面图

3. 烧土遗迹

1处。

烧土遗迹　位于T1839东部，东部叠压于东隔梁下。开口于第3层下，上距地表约0.6米，西部被一近代扰坑打破，向下打破生土。已发掘部分平面呈长条形，斜弧壁，坑底东高西低。东西残长1.39、南北宽0.37—0.45、残深0.14—0.23米。遗迹内堆积物以灰褐土为主，包含大量烧土颗粒。在烧土遗迹西北部近底处发现较多陶珠，单个直径约1.2厘米，共计30粒（图八）。

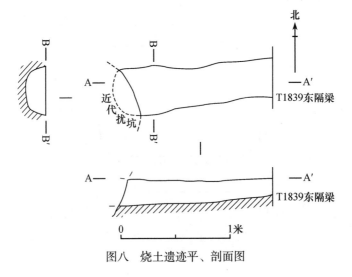

图八　烧土遗迹平、剖面图

（二）第4层下遗迹

开口于该层下的遗迹共计8处，其中灰坑5座，灰沟、水井、灶各1处。

1. 灰坑

5座。包括H1、H4、H7、H8和H11。平面多呈椭圆形，斜弧壁，底微弧。现以H1、H8为例介绍如下。

H1 位于T3349北部，部分叠压于北隔梁下。开口于第3层下（该探方第3层与其他探方第4层相对应），上距地表0.2—0.4米，向下打破生土。平面近椭圆形，斜壁微弧，坑底近平，边缘形态不明显。长径约2.15、短径0.8—1、残深0.18—0.4米。坑内填土未分层，呈浅黑色，质地较

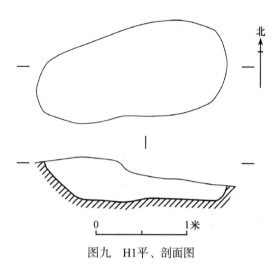

图九 H1平、剖面图

软，结构较疏松。包含大量草木灰和少量陶片。陶片以夹砂陶为主，泥质陶次之，多为褐胎黑皮陶；器表素面占多数，纹饰以绳纹为主；可辨器形有鬲、罐、豆等（图九）。

H8 位于T1842中部。开口于第4层下，上距地表0.65米，向下打破G5及生土。平面不规则形，斜弧壁，底部东高西低，边缘形态不明显。长径约4.7、短径1.3—2.3、残深0.4米。浅黑色填土，未分层，质地较软，结构较疏松。包含大量草木灰和陶片。陶片以夹砂灰陶为主，少量泥质黑陶和褐陶；器表素面较少，纹饰以绳纹为主，少量弦纹和方格纹，另外还有少量镂孔；可辨器形有罐、瓮、甗、盆、豆、陶拍、砖、筒瓦、板瓦等（图一○）。

2. 灰沟

1条。平面呈长条形，斜弧壁，底部高低不平。

G5 位于T1843内，并延伸至T1840—T1842、T1740、T1741内，整体呈东北—西南走向。开口于第4层下，上距地表0.4—0.65米，向下打破生土。已发掘部分东西长约17、南北宽2—3.1、残深0.15—0.9米。沟内填土未分层，呈深灰色，颜色斑驳不均，夹杂较多浅褐色斑块，质地较软，结构较疏松。包含大量陶片，分选度较差。陶片以夹砂陶为主，泥质陶较少；器表素面居多，纹饰以绳纹为主，少量弦纹；可辨器形有盆、罐、甗、瓮、豆、井圈、筒瓦等（图一一）。

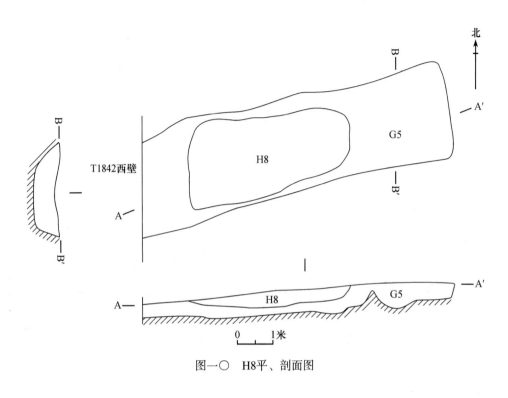

图一〇　H8平、剖面图

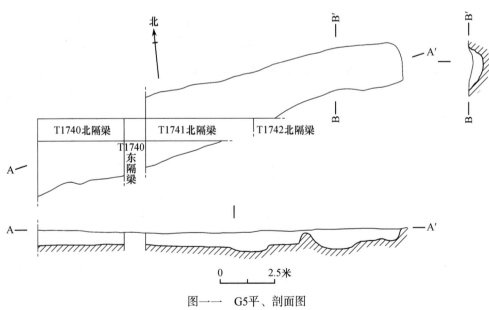

图一一　G5平、剖面图

3. 水井

1座。

J1 位于T2943中部。开口于第4层下，上距地表0.35米，向下打破生土。平面呈椭圆形，井壁近直，内壁采用砖砌加固，因底部出水，未发掘至底。口部长径约1.02、短径约0.94、发掘深度1.01米。井内堆积未分层，填土呈浅褐色，质地较软，结构较疏松。包含少量红褐色锈斑、草木灰和陶片。陶片以夹砂褐陶为主，泥质灰陶次之；器表多为素面，纹饰以绳纹为主；可辨器形有盆、鬲足等（图一二）。

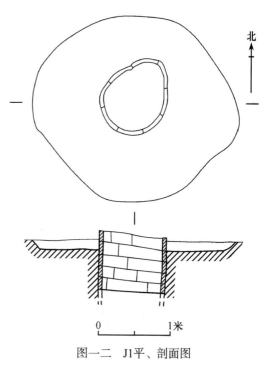

图一二 J1平、剖面图

4. 灶

1座。

Z1 位于T3449西部。开口于第3层下（该探方第3层与其他探方第4层相对应），上距地表0.4米，打破生土。保存极差，仅残存部分火膛。平面近椭圆形，长径1.8、短径0.75米。火膛位于灶的中部，宽约0.24、残深0.14米。灶壁残长约1.1、残宽0.18—0.28米。底部的烧结面相当完整且较厚。经解剖，烧结面残长1.29、宽约0.29、厚0.05—0.08米。灶内填土为灰褐色土，土质松散，包含少量草木灰和少量陶片，无可辨器形（图一三）。

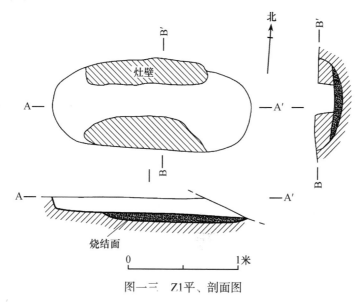

图一三 Z1平、剖面图

四、遗　物

（一）第3层出土遗物

第3层出土遗物较多，常见器形有陶罐、盆、瓮、钵、盘口壶与瓷罐、瓷碗、铜钱等。

陶罐　23件。T1739③：2，夹砂褐陶。直口，方唇，矮颈，弧肩，鼓腹，底残。器表饰小方格纹，腹表饰瓦棱弦纹。口径19、腹径26.5、残高16厘米（图一四，2）。T1642③：1，夹砂黑皮褐陶。敛口，折沿，尖唇，鼓腹。素面。口径22、残高4.8厘米（图一四，12）。T1843③：3，夹砂灰陶。斜唇，高颈下收，溜肩，肩以下残。肩部饰细绳纹。口径12、残高6厘米（图一四，13）。T1842③：8，夹砂褐陶。敛口，宽沿，沿面有两周凹槽，溜肩，腹部及底部残。素面。口径16、残高3.5厘米（图一四，10）。T1843③：2，夹砂灰陶。敛口，方唇，矮颈，溜肩，圆腹，下腹及底部残。素面。口径27.3、腹径40.8、残高15厘米（图一四，5）。

陶盆　13件。T1843③：5，泥质灰陶。敛口，宽凸沿，尖圆唇，斜弧腹，中腹至底部残。素面。口径48.7、残高4.8厘米（图一四，6）。T1741③：5，夹砂褐陶。口微敛，沿外翻，厚方唇，斜弧腹，下腹及以下残。素面。口径44.8、残高5.8厘米（图一四，7）。T1840③：2，夹砂褐陶。敛口，宽平沿，斜弧唇，上腹斜收，下腹及底残。素面。口径32、残高4.8厘米（图一四，11）。

陶瓮　10件。T1843③：6，夹砂灰陶。侈口，斜沿，圆唇，矮颈，广肩，肩部以下残。肩表饰绳纹。口径30、残高6.8厘米（图一四，8）。T1842③：5，夹砂黑皮褐陶，局部呈灰色。敛口，尖唇，窄溜肩，上腹微鼓，下腹及底残。上腹表饰瓦棱弦纹。口径28、残高9.5厘米（图一四，9）。T1840③：1，夹砂褐陶。方唇，小矮颈，广肩，最大腹径在肩下，斜腹下收，平底。肩部有两个对称牛鼻耳。素面。口径25.5、腹径37、底径12、复原高28厘米（图一四，15）。

陶钵　3件。T1843③：7，夹砂灰陶。底残。敞口，外翻沿，尖圆唇，上腹较直，下腹急收，底微凹。腹部饰三周凹弦纹。口径26.5、底径13、残高9.4厘米（图一四，1）。

陶盘口壶　1件。T1739③：1，泥质黑皮褐陶，局部呈褐色。盘口，方唇，唇面微凹，束颈，溜肩，鼓腹，底残。肩部有两个对称牛鼻耳，均残。肩、腹饰凹弦纹。口径14、腹径17.6、残高25.4厘米（图一四，14）。

瓷罐　1件。T1840③：7，酱釉粗瓷，内外施釉。侈口，圆唇，圆肩，腹和底残。肩部饰两周凹弦纹，弦纹上下均饰网格纹。口径16、残高4.5厘米（图一四，4）。

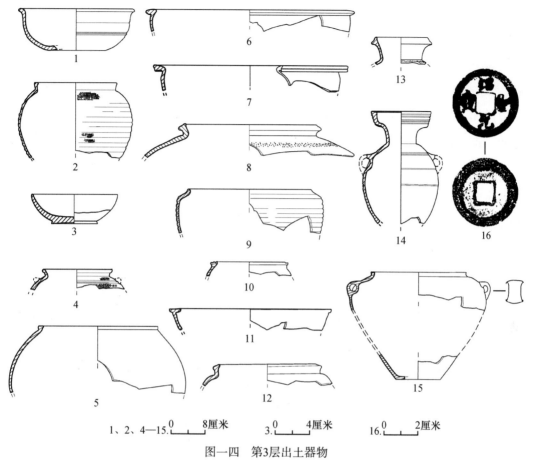

1、2、4—15. <u>0   8厘米</u>   3. <u>0   4厘米</u>   16. <u>0   2厘米</u>

图一四　第3层出土器物

1. 陶钵（T1843③∶7）　2、5、10、12、13. 陶罐（T1739③∶2、T1843③∶2、T1842③∶8、T1642③∶1、
T1843③∶3）　3. 瓷碗（T1841③∶1）　4. 瓷罐（T1840③∶7）　6、7、11. 陶盆（T1843③∶5、T1741③∶5、
T1840③∶2）　8、9、15. 陶瓮（T1843③∶6、T1842③∶5、T1840③∶1）　14. 陶盘口壶（T1739③∶1）
16. 绍圣元宝（T1742③∶1）

瓷碗　12件。T1841③∶1，胎质细腻，露胎处呈灰色，釉色绿中泛青，内壁施满釉，外壁施釉不到底。敞口，尖唇，浅弧腹，饼形实足内凹。素面。口径10、底径5.2、高3.3、壁厚0.3～0.5厘米（图一四，3）。

铜钱　1件。T1742③∶1，圆形方孔，正面为"绍圣元宝"，背面素面。直径3.8、穿宽1.2厘米（图一四，16）。

（二）第3层下典型遗迹出土遗物

第3层下遗迹出土器物相对较少，因此我们选取一些扰动较少，出土物特征明显的遗迹，对其所出土的遗物介绍如下。

1. H5、H6出土遗物

陶瓮　2件。H5：1，泥质灰陶。保存较差，仅残存口沿和肩部。敞口，圆唇，溜肩。素面。口径26、残高4.8厘米（图一五，1）。H6：1，夹砂灰陶。仅存小部分口沿和肩腹部。敛口，沿面外斜，尖唇，矮颈，广肩，腹及底残。肩表饰四周凹弦纹。口径28、残高4.6厘米（图一五，3）。

陶罐　1件。H6：2，夹砂灰陶。仅存小部分口沿及腹部。敛口，沿面外斜，尖唇，矮颈，广肩，鼓腹，腹部以下残。口径20、残高4.5厘米（图一五，4）。

瓷碗　1件。H5：2，粗瓷，器表呈褐色。保存极差，仅残存下腹和足部。弧腹下收至底，饼形实足。素面。底径8、残高4.9厘米（图一五，2）。

2. G4出土遗物

陶盆　2件。G4：1，泥质褐陶。残存小部分口沿和腹部。敛口，叠唇，鼓腹，底残。素面。口径36、残高4.8厘米（图一五，5）。

瓷罐　1件。G4：5，青褐釉，内外均有釉，釉层脱落严重。仅存小部分口沿和腹部。侈口，折沿，尖唇，鼓腹。素面。口径27.1、残高6.2厘米（图一五，6）。

瓷碗　1件。G4：4，胎质细腻，绿釉，灰胎。腹部缺失大部分，仅存底部和下腹。斜弧腹，平底，圆饼形足微凹。素面。底径9.8、残高4.9厘米（图一五，7）。

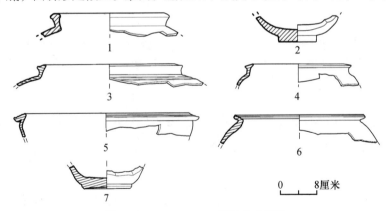

图一五　H5、H6、G4部分出土器物

1、3.陶瓮（H5：1、H6：1）　2、7.瓷碗（H5：2、G4：4）　4.陶罐（H6：2）　5.陶盆（G4：1）

6.瓷罐（G4：5）

（三）第4层出土遗物

第4层出土遗物也比较多，常见器形有陶罐、盆、瓮、碗、纺轮、砖、筒瓦、井圈及铁刀等。

陶罐　10件。T1843④：1，夹砂灰陶。侈口，外翻沿，宽直唇，高颈内束，溜肩，底残。素面。口径13.5、残高6.8厘米（图一六，6）。T1843④：2，夹砂灰陶。口和上腹残，最大腹径在中部，下腹弧收，底内凹。中腹表饰竖绳纹和两周间断绳纹，下腹部和底部饰横向绳纹。腹径24.5、底径8、残高13.5厘米（图一六，9）。T1843④：5，夹砂灰陶。残存喇叭状矮圈足，平底，内部呈一小浅盘状。素面。足径12、残高4厘米（图一六，7）。

陶盆　11件。T1841④：2，夹砂灰陶。敞口，宽平沿，方唇，斜弧腹下收，平底微内凹。上腹表饰瓦棱弦纹。口径31.5、底径10.8、残高14.5厘米（图一六，11）。T1841④：3，夹砂灰陶。敞口，宽平沿，小方唇，斜弧腹下收，平底微内凹。上腹表饰数周瓦棱弦纹。口径51.2、高22.5厘米（图一六，5）。

陶瓮　5件。T1841④：10，夹砂褐陶。直口，厚方唇微外斜，高颈，溜肩，最大腹径在上腹，下腹及底残。肩下腹表有三周划纹。口径52、腹径74.5、残高36厘米（图一六，1）。T1843④：6，泥质灰陶。仅残存口部和肩部。侈口，圆唇加厚，鼓肩，肩部以下残。肩部饰一周压印纹。口径30、残高11.7厘米（图一六，2）。T1841④：7，夹砂灰陶。敛口，宽平沿，斜方唇，折肩，最大腹径在肩下，斜弧腹，下腹和底残。腹表饰瓦棱弦纹。口径28、腹径33.5、残高9厘米（图一六，3）。T1843④：3，夹砂褐陶。仰折沿，沿面微凹，斜方唇，束颈，溜肩，腹及底残。肩表饰两周凹弦纹。口径28、残高6.5厘米（图一六，4）。T1740④：7，泥质灰陶。敛口，平唇内收，溜肩。素面。口径26、残高3.8、壁厚0.7厘米（图一六，12）。

陶碗　1件。T1740④：1，夹砂灰陶，内壁与上腹施釉。侈口，尖圆唇，斜弧腹，平底微凹。口径30.5、底径15、高12厘米（图一六，10）。

陶纺轮　1件。T1739④：1，泥质灰褐陶。圆形，轮沿较尖，上下呈圆锥状，并有数周凸弦轮痕。中间有一孔。直径7.1、孔径0.8、厚4.8厘米（图一六，8）。

陶砖　1件。T1841④：1，夹砂灰陶。正面饰凹陷叶脉纹。残长9、残宽6.2厘米（图一六，14）。

陶筒瓦　1件。T1842④：8，夹砂灰褐陶。瓦身平面呈长方形，截面呈半圆形，瓦舌尖唇，另一端残。瓦背饰竖粗绳纹。残长19.5、宽13.5、高7.3厘米（图一六，13）。

陶井圈　1件。T1843④：7，夹砂灰黄陶。残片较小，直径不详，上厚下薄，直壁。外壁饰粗绳纹，靠近上边沿处有一个螺旋状乳钉。残宽11、残高12厘米（图

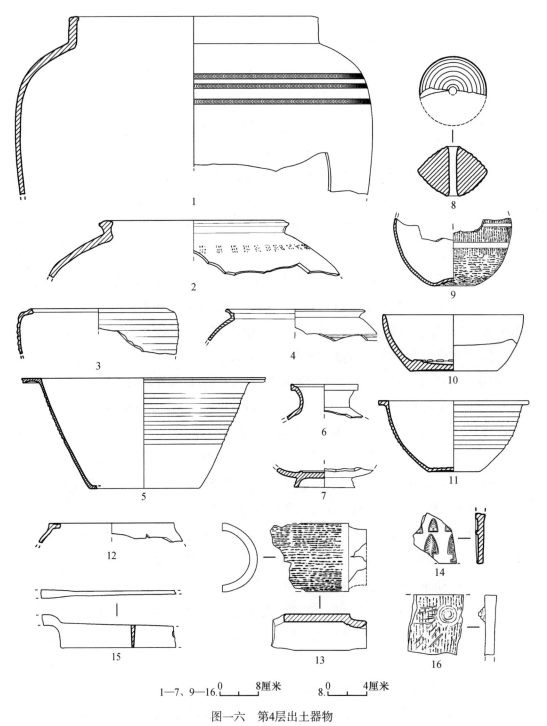

图一六 第4层出土器物

1—4、12.陶瓮（T1841④：10、T1843④：6、T1841④：7、T1843④：3、T1740④：7） 5、11.陶盆
（T1841④：3、T1841④：2） 6、7、9.陶罐（T1843④：1、T1843④：5、T1843④：2） 8.陶纺轮
（T1739④：1） 10.陶碗（T1740④：1） 13.陶筒瓦（T1842④：8） 14.陶砖（T1841④：1） 15.铁刀
（T1739④：2） 16.陶井圈（T1843④：7）

一六，16）。

铁刀　1件。T1739④：2，残。刃身扁平，刃部较薄，截面呈锐三角形，柄残，呈圆形。残长28、刃宽4.8厘米（图一六，15）。

（四）第4层下典型遗迹出土遗物

第4层下遗迹出土物丰富，常见器形有陶罐、盆、瓮、甑及石斧等。

1. H8出土遗物

陶罐　7件。H8：8，夹砂灰陶。敛口，厚方唇，矮直颈，圆肩，腹和底残。肩表有竖绳纹和两周凹弦纹。口径22、残高6.8厘米（图一七，5）。H8：12，泥质灰陶。直口，方唇，高直颈，溜肩，微鼓腹，底残。肩部有两个对称牛鼻耳。下腹表饰竖细绳纹。口径11.2、腹径17.5、残高11.5厘米（图一七，4）。H8：16，夹砂红陶。敛口，小窄唇，斜肩，腹及底残。口径21.5、残高2.2厘米（图一七，6）。

陶盆　3件。H8：3，夹砂灰陶。敞口，宽平沿，小方唇，斜弧腹下收，平底微内凹。上腹表饰几周瓦棱弦纹。口径28、底径10.5、残高12.5厘米（图一七，1）。H8：4，夹砂黑衣褐陶。敞口，宽平沿，方唇，斜弧腹下收，平底。腹表饰瓦棱弦纹。口径44、底径18、高23.3厘米（图一七，7）。

陶瓮　3件。H8：6，夹砂灰陶。侈口，仰折沿，沿面下凹，厚方唇，束颈，广

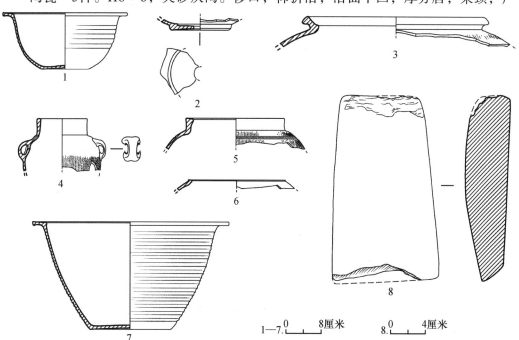

图一七　H8出土器物

1、7.陶盆（H8：3、H8：4）　2.陶甑（H8：17）　3.陶瓮（H8：6）　4—6.陶罐（H8：12、H8：8、H8：16）
8.石斧（H8：2）

肩，腹和底残。肩表有模糊粗绳纹。口径40、残高6.5厘米（图一七，3）。

陶甑　4件。H8：17，泥质灰陶。残剩底部，假圈足状底微内凹。中部有一个圆形镂孔。底径14、残高2.5厘米（图一七，2）。

石斧　1件。H8：2，红色石英岩。磨制，平面呈梯形，双面刃，部分顶和刃部残。残高21厘米（图一七，8）。

2. G5出土遗物

陶罐　5件。G5：1，夹砂灰陶。敛口，溜肩，圆腹，下腹和底残。肩部饰两周凹弦纹和两个对称牛鼻耳，腹表饰瓦棱弦纹和竖绳纹。口径21.5、腹径31、残高14.5厘米（图一八，7）。G5：10，泥质灰陶。直口，方唇，矮颈，弧肩，鼓腹，下腹和底残。腹表饰竖绳纹和间断弦纹。口径21.5、残高6厘米（图一八，5）。G5：11，夹砂黄陶。敛口，小窄沿内斜，溜肩，腹和底残。素面。口径24、残高5.8厘米（图一八，4）。

陶盆　2件。G5：4，夹砂灰陶。敞口，宽沿微内斜，斜方唇，弧腹下收，下腹及底残。腹表饰瓦棱弦纹。口径40、残高10.5厘米（图一八，6）。

陶瓮　4件。G5：5，泥质褐陶。敛口，厚方唇内斜，矮直颈，广肩，腹及底残。肩上有两组（每组两周）划纹。口径24、残高5.5厘米（图一八，2）。G5：6，夹砂灰陶。敛口，仰折沿，沿面微凹，厚方唇，束颈，广肩，腹和底残。素面。口径40、残高5.2厘米（图一八，1）。

陶钵　2件。G5：12，泥质灰陶。口和上腹残，下腹弧收，假圈足底微内凹。素面。底径7.2、残高3厘米（图一八，3）。

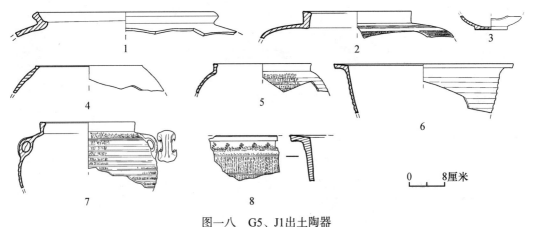

图一八　G5、J1出土陶器

1、2.瓮（G5：6、G5：5）　3.钵（G5：12）　4、5、7.罐（G5：11、G5：10、G5：1）
6、8.盆（G5：4、J1：1）

3. J1出土遗物

陶盆　1件。J1：1，夹砂灰褐陶。敞口，平折沿，方唇，唇面凹，斜弧腹。腹部饰绳纹与两周凹弦纹。残高9.6厘米（图一八，8）。

（五）H1出土遗物

H1出土较多陶豆和陶鬲残片，相比其他遗迹出土器物特征明显，故单独介绍如下。

陶豆　6件。H1：2，夹砂灰皮褐陶。直口，圆唇，弧壁，盘略深，平底，略粗柄中空至盘底，小喇叭座，座口方唇弧形内收。口径15、足径8.8、高11、壁厚0.4厘米（图一九，2）。H1：3，泥质灰陶。直口，圆唇，弧壁，浅盘，平底，瘦柄中空至盘底，小喇叭座，座口尖唇，座底略内凹。口径12.9、足径6.8、高10.6、壁厚0.3厘米（图一九，3）。H1：1，泥质褐陶。敞口，尖唇，弧壁，浅盘，平底，瘦柄中空至盘底，小喇叭座，座口尖唇微上翘，座底平。口径12.2、足径6.6、高9.4、壁厚0.3厘米（图一九，7）。H1：4，泥质灰陶。敞口，尖唇，弧壁，浅盘，平底，瘦柄中空至盘底，小喇叭座，座口尖唇微上翘，座底略内凹。口径12、足径6.4、高9.3、壁厚0.4厘米（图一九，8）。H1：7，泥质灰陶。略粗柄中空至盘底，小喇叭座，座口方唇弧形内收。足径9、残高7厘米（图一九，6）。

陶鬲　2件。H1：5，夹砂红陶。侈口，外翻沿，宽凸唇，束颈，上鼓腹，瘪裆，正裆部和三足皆残。器表饰斜绳纹，腹表饰一周间断弦纹。口径44、腹径39、残高27.5厘米（图一九，1）。H1：8，夹砂褐陶。侈口，卷沿外折，圆唇，束颈外翻，弧腹。

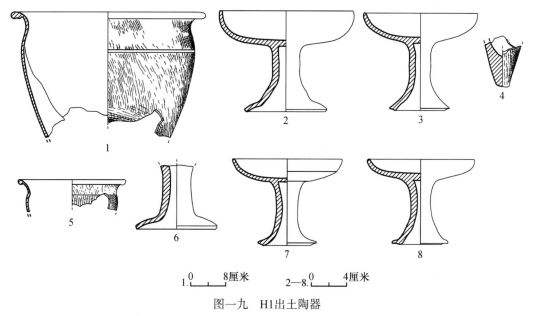

0　　8厘米
1、5.　　　　　2—8　0　　4厘米

图一九　H1出土陶器

1、5.鬲（H1：5、H1：8）　2、3、6—8.豆（H1：2、H1：3、H1：7、H1：1、H1：4）　4.鬲足（H1：9）

颈下饰粗绳纹。口径24.2、残高6.8厘米（图一九，5）。

陶鬲足　1件。H1：9，夹砂褐陶。足跟粗壮，足腔深陷。满饰粗绳纹。残高5.5厘米（图一九，4）。

五、结　语

（一）年代推断

本次发掘对王家台遗址范围和内涵进行了重新界定和探索。由勘探情况可知，该遗址大致呈长方形，面积在20万平方米以上。由发掘情况可知，该遗址包含东周、汉代和宋代三个时期的遗存。较以往发掘而言，本次发掘具有两大新收获，汉代遗存数量更多、器形更丰富；首次发现宋代遗存。不过东周遗存在本次发掘中发现较少，仅有H1一处。

结合该遗址层位关系和遗物特征情况，可将本次发掘所获分为三组。

第1组仅有H1一处。出土大量陶片，陶片以夹砂陶居多，泥质陶次之。颜色多呈红色或褐色，少量灰陶或灰皮褐陶。器表多为素面，纹饰以绳纹为主。可辨器形有豆、鬲、罐等，其中豆和鬲的数量最多，器形特征与周邻地区战国时期遗址出土器物非常接近。例如，陶豆H1：2、H1：3分别与襄阳王坡A型Ⅰ式豆（M38：4）[1]、邓城韩岗B型Ⅶ式豆（T2854④：1）[2]相似，陶鬲H1：5、H1：8分别与韩岗A型Ⅳ式鬲（T2672④：2）、A型Ⅴ式鬲（T2854④：3）相似[3]。综上所述，本组遗存年代相当于战国时期。

第2组以H8、G5为代表，包括H3、H4、H7、H9—H11、G2、G3、G6、J1、Z1、烧土遗迹，以及T1641、T1738～T1740、T1841～T1843第4层，T3349、T3449第3层等。出土遗物非常丰富，陶片以夹砂灰陶为主，器表多为素面，纹饰主要为绳纹，少量弦纹。可辨器形有陶罐、盆、瓮、甑、钵、砖、纺轮、井圈、板瓦、筒瓦及铁刀、石斧等。其中陶盆（T1841④：2、T1841④：3、G5：4）分别与云梦楚王城B型Ⅱ式（89H10：1）、B型Ⅰ式（89T5012⑦：1）、B型Ⅲ式盆（89H18：1）相

　　［1］　湖北省文物考古研究所、襄樊市考古队、襄阳区文物管理处：《襄阳王坡东周秦汉墓》，北京：科学出版社，2005年，第141页。

　　［2］　湖北省文物考古研究所、襄樊市博物馆：《湖北襄阳邓城韩岗遗址发掘报告》，《江汉考古》2002年第2期。

　　［3］　湖北省文物考古研究所、襄樊市博物馆：《湖北襄阳邓城韩岗遗址发掘报告》，《江汉考古》2002年第2期。

似[1]，瓮（G5：6、G5：5）分别与云梦楚王城B型Ⅲ式瓮（89H16：3）[2]、邓城韩岗C型Ⅱ式瓮（T0555③a：39）[3]相似，罐（H8：8）与云梦楚王城B型Ⅱ式罐（89T4910⑤：1）相似[4]，陶砖（T1841④：1）饰叶脉纹，与邓城韩岗Ⅰ式叶脉纹砖（T2247③a：13）相似[5]。综上所述，本组年代应相当于东汉时期。

第3组以H6、G4为代表，包括H5、G1、T1641～T1643、T1738～T1743、T1839～T1843第3层以及T1840第4层等。出土较多陶片和少量青瓷片。陶片以夹砂陶居多，泥质陶次之。颜色多呈灰色，少量褐色。纹饰以绳纹为主，少量弦纹等；瓷片制作粗糙，表面多施绿釉，有的局部露出胎体。可辨器形有陶罐、瓮、盆、壶、钵、筒瓦及瓷碗、铜钱（绍圣元宝）等。根据该组遗存中所出土的"绍圣元宝"推断其年代应为南宋时期。

（二）学术意义

本次发掘发现的汉代遗存类型丰富，包括灶、井、灰坑、灰沟等大量生活遗迹，并且出土了较多的陶罐、瓮、甑、盆等日用陶器以及板瓦、筒瓦、砖等建筑材料，对于目前秦汉遗址发现数量较少的鄂北地区而言非常重要，同时对于研究该地区汉代社会生活及聚落变迁具有重要价值。另外，发现的东周和宋代遗存虽然相对较少，但这些遗存的发现为探讨该地区聚落变迁提供了新的实物资料。

通过对此次发掘所清理的东周时期、汉代及宋代遗存的分析，我们认为，王家台遗址为东周时期普通居民的生活区域所在，且时间跨度较长，从东周时期经汉代一直延续至宋代，汉代人类在此遗址的社会活动最为频繁。

绘图、摄影：王仁浩

执　　笔：刘太远　张闻捷　王玉杰

[1]　湖北省文物考古研究所、云梦县博物馆：《湖北云梦楚王城遗址1988与1989年发掘报告》，《考古学报》2012年第1期。

[2]　湖北省文物考古研究所、云梦县博物馆：《湖北云梦楚王城遗址1988与1989年发掘报告》，《考古学报》2012年第1期。

[3]　湖北省文物考古研究所、襄樊市博物馆：《湖北襄阳邓城韩岗遗址发掘报告》，《江汉考古》2002年第2期。

[4]　湖北省文物考古研究所、云梦县博物馆：《湖北云梦楚王城遗址1988与1989年发掘报告》，《考古学报》2012年第1期。

[5]　湖北省文物考古研究所、襄樊市博物馆：《湖北襄阳邓城韩岗遗址发掘报告》，《江汉考古》2002年第2期。

Preliminary Report on the Excavation of the Wangjiatai Site, Suizhou

Department of History, Xiamen University

Hubei Provincial Cultural Relics and Archaeology Research Institute

Suizhou City Museum

Abstract: From the October to the November 2017, a rescue excavation was carried out at Wangjiatai, Junchuan, Suizhou City by the Archaeology Department of Xiamen University, Suizhou City Museum, and Hubei Provincial Cultural Relics and Archaeology Research Institute. The excavation has revealed remains from the Eastern Zhou Period to the Song Dynasty, especially remains of the Han Dynasty. The features of Han Dynasty include a large number of pits, trenches, hearths, and wells. It is an important discovery in northern Hubei where archaeological sites during the Qin and Han periods are seldom founded. It is also of great significance to the study of the social life conditions and settlement changes during the Han Dynasty in this area.

Keywords: Suizhou, Wangjiatai Site, Han Dynasty, Eastern Zhou Period

（责任编辑：黎海超）

四川省蒲江县盐井沟盐业遗存调查与研究

四川大学考古文博学院

成都文物考古研究院

摘要： 2021年3月，成都文物考古研究院联合四川大学考古文博学院对四川蒲江白云乡盐井沟盐业遗存开展了考古调查和试掘工作，并结合科技分析的手段，在1998年调查的基础上，对遗址内涵有了新的认识。盐业生产的相关遗迹和遗物，既有盐井、制盐作坊、输卤遗迹、煤矿洞、熬盐锅灶等，也有反映盐民宗教信仰的摩崖造像、盐神祠等，为复原唐宋时期井盐制作技术提供了珍贵的实物资料。本次调查工作还在盐井沟灰沙嘴遗址点清理断面1处，试掘探沟1条，出土了较多层位关系明确的生产、生活遗物，该遗址制盐业起始年代有可能上溯至战国时期，目前发现的多数遗存的时代主要为唐宋时期，与周边相关遗存共同构成了以盐井沟为中心的唐宋时期规模较大的制盐产业群，为研究中国井盐产区的大口井开凿及盐业生产技术、盐铁锅铸造技术以及使用煤炭作为煮盐燃料的历史提供了重要的实物资料。

关键词： 蒲江盐业 大口井 凿井技术 熬盐燃料 淋炭法

蒲江县位于成都平原的西南部，东临眉山、彭山，西临名山，南连丹棱，北接邛崃，距成都市区约80千米。蒲江境内拥有大量的矿藏资源，以盐、铁矿、煤矿尤为丰富，主要分布于长秋山脉一带，属熊坡—盐井沟雁行带。盐矿因受断层作用影响，地下盐卤在河床上即露头，地下卤水易于开发。蒲江有悠久的盐业开发史，并发现有丰富的盐业遗存，盐井沟盐业遗址就是其中较为重要的一处（图一、图二）。

盐井沟盐业遗址位于蒲江县城西南的白云乡，盐井遗址所在的盐井沟为一条呈东南—西北流向的蜿蜒狭窄的山间溪流，沟内高程差较大，沟口地势开阔平坦。盐业遗存主要分布于盐井沟的峡谷内及峡谷外较为平坦的台地上。1998年成都市文物考古研究所曾对该遗址开展调查，发现有盐井、煤矿洞、输卤遗迹、熬盐遗存、摩崖造像等。2020年11月、2021年3月，成都文物考古研究院、四川大学考古文博学院再次对该遗址开展调查和试掘工作，本次调查不仅复查了1998年调查发现的盐业遗存，而且还清理剖面1处，编号为2021PBYPM1（以下简写为"PM1"），试掘探沟1条，编号

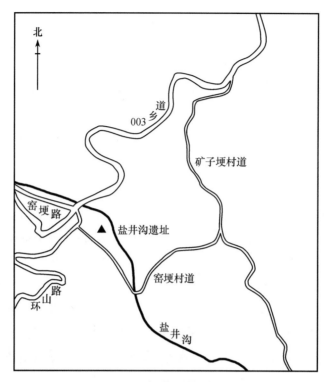

图一　遗址位置示意图

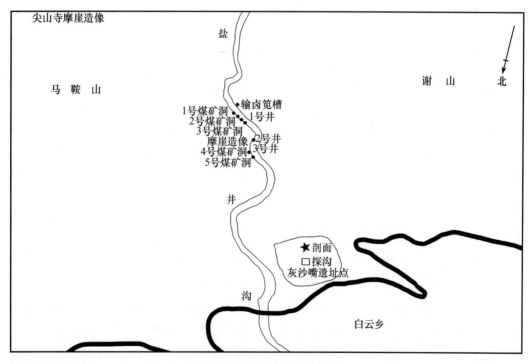

图二　盐井沟盐业遗存分布图

为2021PBYTG1（以下简写为"TG1"），探沟规格为3.8米×2.5米，探沟内发现黄泥坑、煤层踩踏面等遗迹，出土有瓷片、瓦片、煤块、耐火砖块等遗物。于盐井沟内新发现盐井一口，另在蒲江县鹤山镇蒲砚村的茅池井采集了地下卤水。同时，对出土的部分遗物开展了科技检测。现将本次调查、试掘的情况以及初步认识报告如下。

一、考古发现

制盐遗址位于盐井沟沟口较为平坦的台地上，小地名为灰沙嘴，西北距3号盐井约350米，分布范围约3万平方米，高出盐井沟沟底12—14米。本次清理的剖面和试掘的探沟均位于遗址北部。文化层的特点是堆积有很厚的炭渣，根据勘探和试掘探沟情况来看，炭渣堆积至5米深仍未到生土。

（一）PM1

PM1位于灰沙嘴中部村道南侧的水塔旁，地层堆积情况如下（图三）。

第1层：耕土层，灰褐色沙土，夹杂炭屑、耐火砖、煤炭渣。厚48—80厘米。

第2层：板结状深红烧土，较致密，夹杂红烧土颗粒。厚4—8厘米，距地表深48—80厘米。

第3层：深红褐色沙土，夹杂炭屑、煤渣。厚8—12厘米，距地表深52—88厘米。

第4层：黄褐色沙土，夹杂颗粒较大的石子。厚5—14厘米，距地表深60—92厘米。

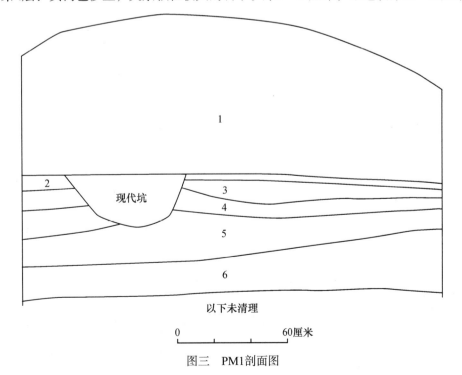

以下未清理

0   60厘米

图三　PM1剖面图

第5层：灰褐色沙土，土质较第4层更细。包含较多砾石、耐火砖、炭渣、少量煤块、陶片、瓷片。厚10—35厘米，距地表深60—100厘米。

第6层：灰黑色沙土，土质疏松，包含大量炭渣、煤渣、烧结物颗粒、煤块及少量瓷片。暴露部分厚16—32厘米，距地表深72—126厘米。

（二）TG1

TG1位于灰沙嘴北部村道的东侧，东南约25米处为PM1。探沟长3.8、宽2.5米，方向为301°。考虑到安全问题，发掘至深4.5米处改为钻探，钻探深度1.3米，总深度6米。发掘层位为第1—15层，钻探层位为第16—18层。

1. 地层堆积

TG1北壁堆积情况介绍如下（图四）。

第1层：耕土层，黑褐色沙土，疏松，包含大量石块、瓷片。水平状堆积。厚18—24厘米。

第2层：灰褐色沙土，较疏松，包含砖块、石块、烧土颗粒。水平状堆积。厚18—30厘米，距地表深18—24厘米。

第3层：黑褐色黏土，包含砖块、红烧土颗粒、瓷片、砂石。分布于探沟东南部。厚24—30厘米，距地表深48—50厘米。

第4层：灰褐色沙土，疏松，包含大块红烧土、瓷片、砂石。水平坡状堆积。厚6—24厘米，距地表深48—78厘米。

第5层：黑色黏土，包含少量红烧土、煤块。坡状堆积。厚12—24厘米，距地表深72—90厘米。

第6层：红褐色沙土，疏松，包含较多石块、碎陶片、耐火砖、煤炭渣。坡状堆积。厚6—24厘米，距地表深84—114厘米。

第7层：灰褐色黏土，包含较多板瓦残片、砖块、陶片、烧土块。坡状堆积。厚24—30厘米，距地表深108—120厘米。H1开口于第7层下。

第8层：褐色、灰黑色黏土混杂沙土，疏松，包含较多烧土、碎石块。水平堆积，被H1打破，厚48—50厘米，距地表深140—144厘米。

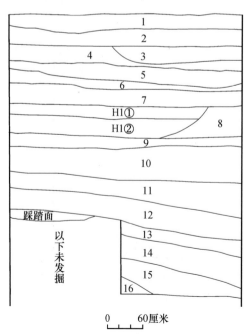

图四　TG1北壁剖面图

第9层：灰黑色沙土，疏松，包含物较少，有少量炭屑、炭渣、烧土颗粒、煤块。坡状堆积。厚12—24厘米，距地表深180—186厘米。

第10层：灰褐色沙土，包含大量砾石、炭渣，少量炭屑、煤块、陶片、圈足瓷碗残片。坡状堆积。厚42—54厘米，距地表深198—200厘米。

第11层：黑褐色黏土，包含较多炭屑、砂岩、瓦片、瓷片，少量煤块。坡状堆积。厚24—54厘米，距地表深240—258厘米。

第12层：灰黑色沙土，土质疏松，包含较多烧土块、炭渣、煤渣、煤块、烧结物颗粒，少量瓷器、陶器。坡状堆积。厚30—42厘米，距地表深264—312厘米。踩踏面开口于第12层下。

第13层：黄褐色硬面，致密，夹灰黑色粉状物。坡状堆积。厚18—24厘米，距地表深324—348厘米。

第14层：灰褐色夹团块状红褐色黏土，包含大量炉渣、烧土块、煤炭颗粒、较小的煤块、瓷片。坡状堆积。厚36—48厘米，距地表深336—372厘米。

第15层：黄褐色沙土，土质较疏松，包含炭渣、砾石、烧土颗粒、圈足瓷碗残片，少量煤块。坡状堆积。厚18—48厘米，距地表深372—430厘米。

第16层：灰白色灰烬土，土质疏松。坡状堆积。厚约24—40厘米，距地表深470—480厘米。

第17层：黄褐色灰烬土，土质疏松。坡状堆积。厚0—20厘米，距地表深480—510厘米。

第18层：灰白色灰烬土，土质较疏松，含少量砂岩石块。坡状堆积。厚105—145厘米，距地表深510—520厘米。

2. 遗迹

TG1内清理灰坑1处，编号为H1；踩踏面1处，编号为CTM1。

H1　位于TG1西部。开口于第7层下，打破第8层，开口距地表深约1.5米。平面呈不规则多边形，坑壁为坡状，近平底。长约3.2、最宽约2、深0.16—0.5米。坑内堆积分2层：第1层为灰黑色黏土，包含少量团块状红色黏土，厚16—20厘米。第2层为黄褐色黏土，较纯净、致密，呈明显块状，黏土块中夹杂有植物根系，厚约30厘米（图五）。

CTM1　主要分布于TG1西部和南部以及南壁下。开口于第12层下，打破第13层，距地表深约3.2米。已暴露并清理部分平面呈不规则形，为黑褐色粉质土，初步推测为煤灰。长2.4、宽1—1.2、厚0.1—0.3米。黑褐色粉质土层下为较致密的黄褐色黏土，东侧有成排较大石块规则地排列（图六）。

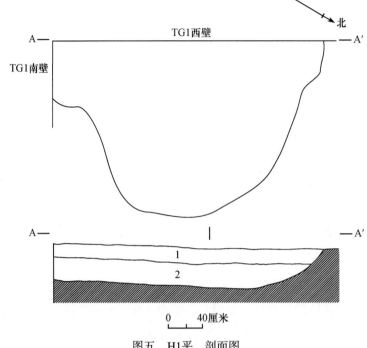

图五　H1平、剖面图

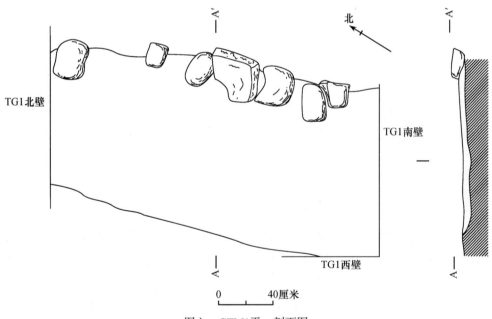

图六　CTM1平、剖面图

3. 遗物

试掘出土的遗物包括生产遗物和生活遗物，生产遗物包括耐火砖、炭渣、煤块、铁锅残片等；生活遗物主要为陶罐、瓷壶、瓷碗等。另外还采集有铁锅残片1件、磨制石斧1件。

（1）生产遗物

耐火砖 3块。形状多为长方体，均残断。均由黏土混砂制成，砖体呈红褐色，表面有灼烧痕迹。TG1⑥：1，表面呈红褐色，局部呈黑褐色。砖体残长10、宽11.6、厚6.3厘米（图七，1）。

炭渣 若干。呈不规则形，表面凹凸不平，黏结有大量沙土，断面可见较多气孔，呈蜂窝状。多为黑褐色，部分局部呈灰白色或灰绿色，质地较轻。TG1⑥：10，长8.2、宽7.1、厚3.5厘米，重188克。TG1⑬：1，较坚硬，呈不规则形，表面凹凸不平，黏结有大量沙土，断面可见较多气孔，呈蜂窝状，可分为3层，上下两层较薄，呈灰褐偏红色，较疏松，中间一层较厚，呈灰黑色，有一定玻璃光泽。长7.3、宽5.1、厚4.5厘米，重150克（图七，2）。TG1⑪：4，较坚硬，呈不规则形，表面灰白色，凹凸不平，内有大量孔洞，玻璃光泽不明显。长6.3、宽5.3、厚3厘米，重76克（图七，3）。

煤块 若干。多为黑色或灰黑色，表面具有不同程度的金属光泽，横截面可见层

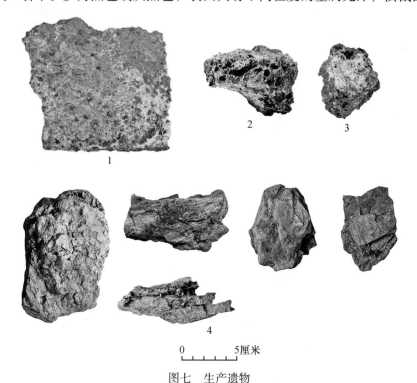

图七 生产遗物

1.耐火砖（TG1⑥：1） 2、3.炭渣（TG1⑬：1、TG1⑪：4） 4.煤块（矿洞K4采集）

片状（条带状）结构。TG1⑤：2，较坚硬，呈不规则形，黑色，表面有金属光泽。长4.1、宽3.8、厚2厘米，重29.51克。TG1⑨：1，较坚硬，呈长方形，黑色，表面有明显的金属光泽。长10.2、宽7.1、厚2.1厘米，重56.16克（图一四）。TG1⑫：1，较坚硬，呈不规则形，黑色，表面无金属光泽。长3、宽2.7、厚0.5厘米，重5.26克。

铁锅残片　2件。采：1，系当地村民于白云乡盐井沟灰沙嘴断坎附近采集，为铁锅腹壁残片，内壁黏附较多的白色垢状物。长23.3、宽9、厚1.5厘米（图八，4）。TG1⑩：7，铁锅底部残片。长18、宽13.4、厚1.1厘米（图八，5）。

（2）生活遗物

陶罐　1件。残片。TG1⑫：2，夹砂褐陶，烧制温度较高，器表呈黑褐色。束颈，折肩，肩部有錾，已残断。残长5.5、宽8.6、胎厚0.6厘米。

瓷碗　5件。均残。TG1⑩：1，圈足碗。褐胎，内壁施白釉，外壁上部施褐釉，唇下部有一圈不规则的白釉，器表凹凸不平，圈足粗细不均，底部支钉痕明显，周围粘连较多沙石，制作较为粗糙。口残长6.5、足径5.6、高3.6、胎厚0.5厘米（图八，

图八　生产、生活遗物

1. 瓷壶（TG1⑭：1）　2、3. 瓷碗（TG1⑩：1、TG1⑮：1）　4、5. 铁锅残片（采：1、TG1⑩：7）

6. 石斧（采：2）

2）。TG1⑩：2，假圈足碗。红胎，内壁施褐釉，外壁下部未见施釉，上部不详，器表较粗糙，有较多气孔和划痕。底残长5、残高2.9、胎厚0.7厘米。TG1⑫：3，口部残片。红胎，外壁施褐釉，局部釉层脱落，内壁施黄白釉，唇部釉色较深。残长5、宽3、胎厚0.4厘米。TG1⑮：1，圈足碗。红胎，内壁和外壁上部施酱黄釉，外壁下腹部和底部素面，内底有长方形支钉痕。残长8、宽7、胎厚0.5厘米（图八，3）。

瓷壶　1件。TG1⑭：1，泥质红陶，红胎，内壁未施釉呈深褐色，外壁上部施酱黄釉，有流釉现象，下腹部和底部未施釉，呈粉白色。平底内凹。底径8.6、残高7、胎厚0.4厘米（图八，1）。

瓦片　若干。板瓦残块多片，均出土于第7层。TG1⑦：5，泥质红陶，表面呈黑色。内壁饰细密篮纹。残长9.2、残宽5.8、厚0.7厘米。TG1⑦：6，泥质灰陶，表面呈灰白色。制作较红陶瓦片粗糙，瓦面凹凸不平，内面有较多气孔和裂纹。内壁饰篮纹。残长8.5、残宽11.6、厚0.65厘米。

（3）其他

磨制石斧　1件。采：2，青灰色石料。残。平面呈长条形，上部残断，弧刃，粗略打制成型后进行磨制。器身和刃部可见人工磨光面。残长14.4、宽6.7、厚1.9厘米（图八，6）。

二、其他盐业相关遗存

本次调查还复查了成都市文物考古研究所1998年调查时发现的盐业遗存，包括盐井、输卤笕槽、矿洞等，另新发现盐井1口、矿洞1处。由于这批遗存的资料此前已发表，现将新发现的遗迹和复查的遗迹情况简要叙述如下。

（一）盐井

盐井均位于盐井沟内，距沟口最近的盐井距灰沙嘴制盐遗址约350米。此前已发现2口盐井，编号为1、2号井，本次新发现的盐井编号为3号井。

3号井　井口呈圆形，直径2.5米。开凿于岩体中，井口西部受损，现已垮塌形成断崖，东部地表距开凿井壁的基岩深度约为3.1米。岩石井壁上可见纵向条带状凿痕，有深浅不一的凿窝和跳凿痕，多为宽约5厘米的长条形方槽（图九）。

根据1998年调查报告和本次复查的现状，将1、2号井的情况列为表一。

图九　3号盐井

表一　1、2号盐井统计表

编号	位置	形制	尺寸	现状
1号井	盐井沟北侧台地上，开凿于露出地表的岩石中	圆形	直径1.74米，井圈厚10—15厘米	自井口向下1.5米东部井壁保存相对完整，其余已损毁严重。在1998年度发掘中，对1号井进行了清理，发掘深度4.5米，残存井壁上开凿痕迹明显，多为宽约5厘米的长条形方槽
2号井	盐井沟河滩内，北距1号井200米	圆形	直径1.7米	西壁破坏严重，仅存东壁，地势较低，常年受到河水侵蚀，井内现已填满乱石、碎石块及河沙。东部井壁上可见清晰的条带状凿痕及深浅不一的凿窝，凿痕大致可分为两种：第一种长6—10、宽约1厘米，每道凿痕深0.5—1厘米；第二种长4—7、宽约2厘米，每道凿痕深1—2厘米（图一〇）

（二）输卤笕槽

输卤笕槽分布于1号井以南65米处盐井沟南岸的基岩上，西端为一陡壁，其下为水潭。主要为各类基槽遗迹。沟槽均为长方形，共14条，分布范围长16.4、宽0.8—1.2米（图一一）。其中，大致与沟走向垂直的纵向基槽5条、横向基槽9条。基槽长36—95、宽10—17、深7—16厘米。

图一〇　2号盐井现状（西—东）

图一一　输卤笕槽现状

（航拍图，左为西南，右为东北）

（三）矿洞

矿洞共5处，1998年发现有4处[1]。本次调查新发现1处，均位于盐井沟内北侧岩体上，自沟内向沟外分别编号K1—K5（图一二）。其中，K3为新发现，下面将本次新发现的K3介绍如下。

K3　洞口略近梯形，矿洞内两壁较直，平顶，平底。蜿蜒曲折向内延伸，洞内岩壁上有宽约1厘米的方形凿痕，较为规整，岩壁可见煤层断续分布，略带金属光泽。洞口宽1.55、高1.3米，洞口朝向169°，洞内深约20.54米。

图一二　K1—K3（西—东）

根据1998年调查和本次复查的现状，将1—5号矿洞的情况列为表二。

---

[1]　成都市文物考古研究所：《成都市蒲江县古代盐业遗址考古调查简报》，李水城、罗泰主编：《中国盐业考古——长江上游古代盐业与景观考古的初步研究》（第一集），北京：科学出版社，2006年，第132页。

表二 K1—K5具体情况

编号	位置	洞口形制	洞口尺寸	洞口朝向	煤层情况
K1	东经103°25′21″、北纬30°7′44″；与K2相通，洞口水平相距4.41米	洞口为带弧度的梯形	洞口宽1、高0.45米	洞口朝向159°	
K2	东经103°25′21″、北纬30°7′44″；洞内与K1相通	洞口为梯形	洞口宽1、高约0.7米	洞口朝向165°	
K3	东经103°25′21″、北纬30°7′44″	洞口为带弧度的梯形	洞口宽1.55、高1米	洞口朝向169°	洞内可见少量表面金属光泽度较差的层片状煤层
K4	东经103°25′30″、北纬30°7′29″；与K5相通，水平相距3米	洞口为不规则四边形	洞口宽2、高0.6米	洞口朝向250°	洞内可见少量片状煤层（图一三）
K5	东经103°25′30″、北纬30°7′29″；洞内与K4相通	洞口为不规则四边形	洞口宽2.3、高0.5米	洞口朝向263°	洞内可见少量片状煤层

图一三 K4中现可见煤层（南—北）

三、科技分析

为进一步确认盐井沟遗存的年代及其盐业生产的技术特点，我们选取探沟地层中出土的木炭、煤块、炭渣、铁锅残片以及调查中在矿洞中采集的原煤和盐泉等开展科技检测分析。其中，对探沟中出土的木炭进行了^{14}C测年，对炭渣、煤块、附着在铁锅残片上的白色垢状物进行了X射线粉晶衍射测试（XRD）分析，为进一步确认煤块及白垢的性质，又做了扫描能谱分析（EDS）；对于探沟地层中出土和采集的铁锅残片做了金相分析。此外，我们对鹤山镇蒲砚村现存茅池盐井采集的卤水做了成分分析。

（一）木炭的^{14}C测年

测年标本为灰沙嘴遗址TG1第10、12层出土的木炭，经过Beta实验室^{14}C测年，结果为1116—1218AD、1117—1222AD（南宋早期）（表三）。

表三　^{14}C测年数据表

样品编号	种类	出土地点	^{14}C（BP）	校准（95%）	
Beta-578537	木炭	TG1	890 ± 30	1116AD	1218AD
Beta-578539	木炭	TG1	880 ± 30	1117AD	1222AD

（二）煤块的X射线粉晶衍射测试和扫描能谱分析

本次调查与试掘均发现有煤块，除TG1中出土煤块外，在调查的K4中也采集到若干煤块（图一四、图一五）。

TG1第9—15层出土的煤块较多，形制、大小不一。煤块多为黑褐色，表面具有不同程度光泽，横截面可见层片状结构，煤块长2—8、宽1—5、厚约2厘米。对地层中出土的煤块（TG1⑨：1）进行了X射线粉晶衍射测试，结果显示主要为非晶相，与煤的XRD图谱相似（图版六）。EDS面扫和点扫描确定其非晶相以无定形碳为主，可确认此类遗物均为原煤（表四）。

表四　煤块EDS扫描数据表

序号	样本	元素/Wt%											
		C	O	Mg	Al	Si	S	K	Ca	Ti	Fe	Na	P
1	TG1⑨：1（面扫）	32.67	40.80	0.40	6.63	15.04	0.13	2.24	0.57	0.38	1.14	—	—
2	TG1⑨：1（点扫）	88.09	9.81	—	0.23	0.28	1.14	—	0.16	—	0.29	—	—
3	K4采集（面扫）	14.77	46.76	1.07	4.25	14.08	—	1.31	10.94	0.23	5.71	0.42	0.47

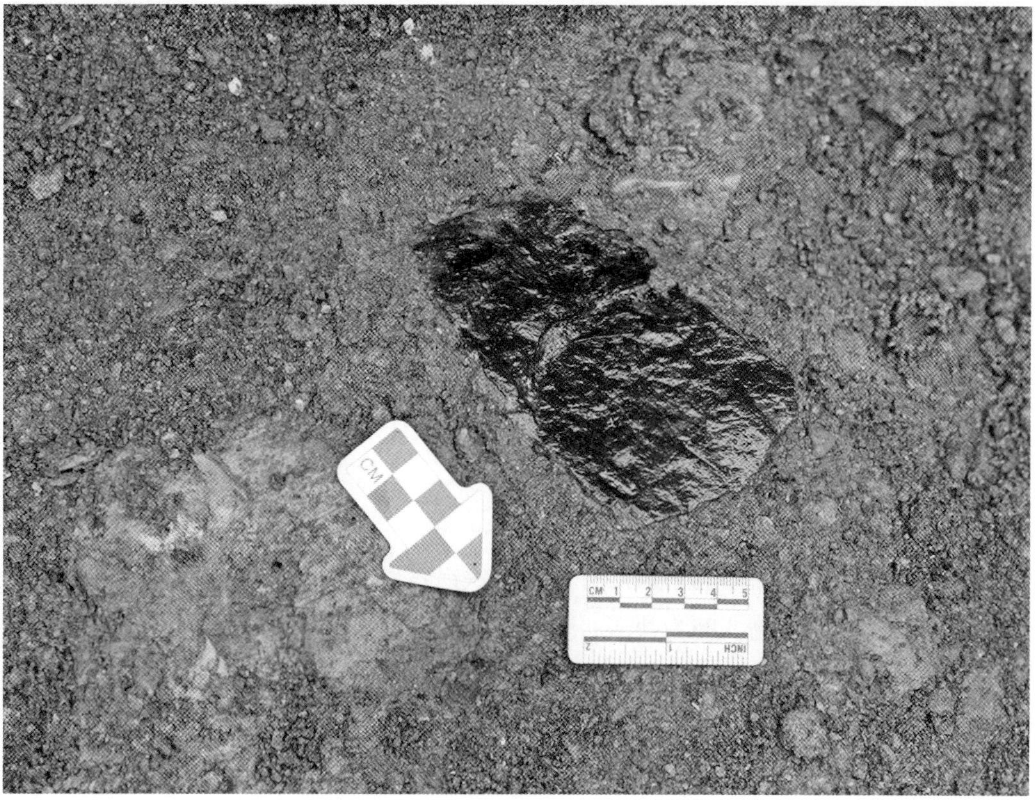

图一四　煤块（TG1⑨：1，西南—东北）

盐井沟发现的五处矿洞内现仍可见少量煤层，但煤含量较少。于K4中采集的煤块，外表呈黑褐色，基本无光泽，呈层片状分布，为褐煤（图七，4；图一五），对其进行X射线粉晶衍射测试，结果显示主要为非晶相，与煤的XRD图谱相似。EDS面扫结果确定其非晶相以无定形碳为主。综合上述讨论，可以确认此类遗物均为煤。

图一五　K4采集的煤块

（三）炭渣的X射线粉晶衍射测试

TG1第6—15层均出土有大量炭渣，可分为灰白色、灰黑色、灰褐色偏红三种，以灰白色炭渣为主。多数灰白色炭渣横截面可分为三层，上下两层较薄，呈灰白色，较疏松；中间一层较厚，呈灰黑色，有一定玻璃光泽，内有大量孔洞，较坚硬。各类炭渣质量均较轻，从物理结构上看属于煤炭渣。

炭渣的XRD分析结果显示，上下两层灰白色物质以大量非晶相为主，含有大量石英（SiO_2）及一定比例的方解石（$CaCO_3$）、硅铝酸盐的化合物等。方解石含量TG1⑬：1为26%、TG1⑪：4为16%（图版七）。

（四）铁锅残片的金相分析

本次调查和试掘共获得残铁器2件，均为铁锅残片。采：1，铁锅腹壁残片，内壁黏附较多的白色垢状物，疑为盐渣，金相结构中可见大量灰口铁组织，为生铁制品（图版八，1）。TG1⑩：7，参考此前蒲江出土的汉代铁牢盆以及蒲江县文物管理所所藏的1件残铁锅，可以推断其为铁锅底部，且外壁有烧结的炭渣。金相结构中有大量灰口铁组织，为生铁制品（图版八，2）。

（五）铁锅内壁白色结晶的X射线粉晶衍射测试

铁锅残块（采：1）内壁附着有白色垢状物（图一六），为进一步确定其性质，由四川大学分析测试中心对其进行XRD定性与半定量分析（图版八，3）。物相鉴定结果显示，白色垢状物含有大量石英（62%）和一定数量的方解石（24%）。

0　　　　　5厘米

图一六　铁锅残块（采：1）内壁白垢

（六）茅池井的卤水成分分析

除蒲江白云乡盐井沟外，鹤山镇蒲砚村现存的茅池井保存相对较好，其位于蒲江县城东南，盐井距沟口约400米，沟口曾出土过战国时期的船棺[1]。茅池井位于沟内东部台地上，高于沟底约3米，井口为圆形，石质井圈，井内现仍有黄色卤水流出，井周边岩石、沟内卵石上均可见深黄褐色侵蚀痕迹，调查中采集了茅池井的卤水样品送至四川大学分析测试中心进行盐泉成分分析。

结果显示阴离子含量为Cl^- 6.69mg/mL、NO_3^-<0.02mg/mL、SO_4^{2-}<0.02mg/mL。阳离子含量为：Na^+3820mg/L、Ca^+326mg/L、K^+36.6mg/L。由此可判断该井所出为以氯化钠为主的卤水。

四、初步认识

（一）遗存年代与蒲江盐业开发史

1. 年代

本次试掘TG1第10—15层出土大量宋代瓷片，包括有圈足瓷碗、假圈足瓷碗等，瓷器釉面不光洁、玻璃质感较差，均为素面，与成都琉璃厂出土瓷器较为相似，具有北宋至南宋早期流行瓷器的主要特征。

TG1第10、12层出土大量的木炭，测年数据显示为公元1116—1218、1117—1222年，即南宋早期，这与地层中出土的瓷片年代吻合。因此，推测盐井沟灰沙嘴遗址的年代应不晚于南宋早期。

2号盐井东侧高28米处的岩壁上有一龛唐代造像，其上有"元和八年"（813年）的题记一处，记有"勾当盐井人"之内容。1998年的调查于1号井、2号井中发现唐宋时期的瓦片[2]。本次调查新发现的3号井，井圈形制、井壁上的凿痕与1、2号井基本相似，使用年代至少可上溯至唐宋时期。

盐井沟沟口曾发现过战国中晚期船棺一具，极有可能是蜀人为控制盐井沟一带盐业资源的证据，盐井沟的盐业生产或可上溯至战国时期。1982年盐井沟附近出土磨制石斧1件[3]。本次调查在距TG1北约200米处也采集到石斧1件，表明该区域自新石器时

[1]　龙腾：《四川蒲江县巴族武士船棺》，《考古》1983年第12期。

[2]　成都市文物考古研究所：《成都市蒲江县古代盐业遗址考古调查简报》，李水城、罗泰主编：《中国盐业考古——长江上游古代盐业与景观考古的初步研究》（第一集），第140页。

[3]　龙腾、李平：《蒲江朝阳乡发现古代巴蜀船棺》，《四川文物》1991年第3期。

代起就已经开始有人类活动，石器的发现是否与盐业生产有关仍有待进一步考古发现给予证实。

本次调查发现的多数生产遗存主体年代为唐宋时期，由此判断这一区域盐业生产的兴盛时期为唐宋时期。

2. 蒲江盐业开发史

成都平原盐业开发生产可追溯至战国时期，《华阳国志》记李冰"识察水脉，穿广都盐井诸陂池，蜀于是盛有养生之饶焉"[1]。秦汉统一后，井盐生产得到较大发展，"孝宣帝地节三年，罢汶山郡，置北部都尉。时又穿临邛、蒲江盐井二十所，增置盐、铁官"[2]。汉宣帝时蒲江曾广开盐井，并设有盐官。唐时有"邛、眉、嘉有井十三，剑南西川院领之"[3]的记载。

《建炎以来朝野杂记》"蜀中官盐，有隆州之仙井，邛州之蒲江，荣州之公井，大宁、富顺之井监，西和州之盐官，长宁军之淯井，皆大井也"[4]的记载，表明宋代蒲江盐产量达到高峰，居宋代四川第二位，仅次于陵井。

自汉代至宋，先后有金釜、金丝、琉璃、八卦、茅池、大王、小王、百家等8处盐井[5]，为当时成都平原乃至四川地区非常重要的井盐产地。宋代以后因小口井的兴盛，盐业生产中心转移至川南的乐山、川东的自贡等地，成都平原的盐业生产趋于衰落。

（二）遗迹和遗物所反映的制盐技术

1. 大口井的开凿技术

四川盆地古代的盐井可大致分为大口浅井和小口深井两大类。自战国末至北宋中晚期基本为大口浅井，北宋中晚期至清代多为小口深井。

白云乡盐井沟发现的3处盐井均为大口井，其主要是围绕自然盐泉察识卤脉，人力开凿。井口直径在1.7—2.5米，本次调查分别对1、2、3号井进行了细致的观察，发现三口井现存的井壁上依然可见清晰的凿痕和修整痕迹。1、3号井的井壁上凿痕基本相似，多为宽约5厘米的纵向长条形方槽，或为使用方头凿具自上而下用力向岩壁内侧凿刻而成；2号井残存的井壁上，可见宽度不同的两种纵向凿痕以及深浅不一的凿窝，深

[1] （晋）常璩撰，任乃强校注：《华阳国志校补图注》卷三《蜀志》，上海：上海古籍出版社，1987年，第134页。

[2] （晋）常璩撰，任乃强校注：《华阳国志校补图注》卷三《蜀志》，第142页。

[3] 《新唐书》卷十四《食货志四》，北京：中华书局，1975年，第1377页。

[4] （宋）李心传撰，徐规点校：《建炎以来朝野杂记》甲集卷十四《财赋一·蜀中官盐》，北京：中华书局，2000年，第301页。

[5] 四川省蒲江县志编纂委员会：《蒲江县志》，成都：四川人民出版社，1992年，第139页。

者2—3厘米（图一七），浅者0.5厘米，推测可能使用两种刃宽不同的开凿工具进行凿挖、修整。

铁器的大规模使用为凿井提供了高效的工具，盐井沟所处的临邛故地蕴含丰富的铁矿资源，为成都平原盐业生产提供了大量的铁质生产工具。近年来，这一区域也发现有多处汉至唐宋时期的冶铁遗址[1]，印证了文献中此地大量产铁的记载。自战国末至北宋中期1300余年一直使用的是大口浅井。邛崃花牌坊、成都羊子山出土的东汉画像砖[2]，表现有大口井开凿于山壁之上、井边搭建井架汲卤及盐业生产的内容。四川仁寿境内的陵井系我国古代大口盐井中最具代表性的盐井，《元和郡县图志》记："陵井纵广三十丈，深八十余丈，益部盐井甚多，此井最大。"[3]关于小口深井，《东坡志林》中有"自庆历、皇祐以来，蜀始创筒井，用圜刀凿如碗大，深者数十丈"[4]的记载，宋代中期后逐渐推广至整个四川盆地。

图一七　2号井井壁上凿窝（西—东）

[1]　成都文物考古研究所、蒲江县文物管理所：《2007年四川蒲江冶铁遗址试掘简报》，《四川文物》2008年第4期；成都文物考古研究所、日本爱媛大学东亚古铁研究中心、蒲江县文物管理所等：《2007年度蒲江县铁牛村冶铁遗址发掘简报》，《成都考古发现》（2009），北京：科学出版社，2011年，第302—328页。

[2]　于豪亮：《记成都扬子山一号墓》，《文物参考资料》1955年第9期；高文：《四川汉代画像砖》，上海：上海人民美术出版社，1987年，图一二、图一三。

[3]　（唐）李吉甫：《元和郡县图志》卷三十一，《景印文渊阁四库全书》，台北：台湾商务印书馆，1986年，第468册，第562页。

[4]　（宋）祝穆：《方舆胜览》卷五十六"邛州"条下引苏轼《志林》，《景印文渊阁四库全书》，第471册，第976页。

2. 相关遗迹的性质

（1）H1

H1第2层填土为较纯净的黄褐色黏土，夹杂有植物根系，这类黄褐色黏土在盐业遗址中较为常见，忠县中坝遗址发现各类坑壁面涂抹黄黏土以及灰白色钙化物，彭水中井坝遗址发现的卤水沟以及炉底也有黄黏土[1]。这类黏土多涂抹于盐灶内壁，或堆砌于盐灶底部，主要作用为防渗、防漏、防腐蚀。H1填土中并未发现钙化物及煤灰等包含物，因此推测该灰坑的性质可能为黄黏土堆积坑。

（2）CTM1

重庆彭水中井坝制盐遗址盐灶火塘外发现有煤炭踩踏面，其形成原因为在长期盐业生产过程中，生产者于盐灶前清理灶灰而产生废弃堆积，并反复踩踏形成煤粉残留面，试掘中发现的黑褐色煤炭层踩踏面可能与重庆彭水中井坝遗址发现的煤灰踩踏面成因相近（图一八）。因此，推测该踩踏面应与制盐作坊内盐灶或其他生产遗迹有关。

图一八　TG1煤层踩踏面细部（北—南）

3. 铁锅熬盐

本次调查和试掘获得铁锅腹壁残片和底部残片共2件，金相分析的结果显示其为生铁制品，就发现铁锅残片的形制来看，底部残片厚1.1厘米，腹壁残片厚1.5厘米，推测

［1］　白九江：《考古学视野下的四川盆地古代制盐技术——以出土遗迹、遗物为中心》，《盐业史研究》2014年第3期。

2件铁锅器形较大。腹壁残片（采：1）内壁附着较多白色垢状物，白色垢状物的XRD定性与半定量分析及物相鉴定结果显示钙镁碳酸盐类占据一定比例。1998年成都市文物考古工作队对盐井沟1号井采集的盐泉分析结果确认了Na$^+$、K$^+$、Cl$^-$的含量[1]，本次调查于茅池井采集的卤水的测试结果除确认其中Na$^+$和Cl$^-$的含量外，还检测出硫酸根离子。在古代熬盐过程中上述主要成分会产生极微溶于水的钙镁碳酸盐，为制盐生产过程中形成的类似水垢的物质，因此推测两件铁锅残片为熬盐用的盐锅。

4. 制盐燃料

TG1的宋代地层中出土了较多黑色的煤块，将其XRD测试结果与煤的XRD图谱对比并结合能谱扫描结果，确认了其为原煤，出土的煤块可分为烟煤和无烟煤两大类，无烟煤中碳含量达88.09%，为品质较好的无烟煤，具有发热量高、燃烧时间长等特点，且TG1中出土有含方解石（CaCO$_3$）的炭渣，这类物质的形成需要1000℃的高温，只有品质较好的煤才能保证熬盐温度的稳定，因而该遗址熬盐的温度当不低于此。盐井沟中发现有5处古矿洞，洞口基本为梯形或不规则四边形，高度为0.45—1米，与同时期其他类型古矿洞相似，无晚期爆破开采痕迹，矿洞内岩壁上有少量凿痕，岩层中仍可见黑褐色煤层及少量金属光泽较差的煤块，通过XRD测试结合能谱扫描结果，确认其为碳含量较低的褐煤。矿洞中发现的褐煤与宋代地层中出土的烟煤不同，因此推测盐井沟盐业生产所用的煤或有其他来源，这仍需进一步的调查给予证实。

四川盆地的盐业遗址熬盐过程中使用的燃料一般为草木、天然气、煤炭，早期多使用草木、柴草等植物，忠县中坝遗址商周时期制盐遗迹中发现有大量草木灰。文献记载四川盆地使用天然气煮盐不晚于魏晋时期，"临邛（四川邛崃）火井一所，纵广五尺，深二、三丈，井在县南百里，昔时人以竹木投以取火……执盆盖井上煮盐，得盐"[2]。关于将煤炭作为燃料，此前考古发现较少，普遍认为四川盆地使用煤炭作为熬盐燃料的时间不早于明代[3]，如重庆中井坝遗址清代的盐灶即使用煤炭熬盐[4]。灰沙嘴制盐遗址出土的煤块为目前发现的中国古代井盐产区最早使用煤炭作为熬盐燃料的实物证据。

[1] 成都市文物考古研究所：《成都市蒲江县古代盐业遗址考古调查简报》，李水城、罗泰主编：《中国盐业考古——长江上游古代盐业与景观考古的初步研究》（第一集），第140页。

[2] （晋）张华等撰，王根林等校点：《博物志》卷九，上海：上海古籍出版社，2012年，第36页。

[3] 白九江：《考古学视野下的四川盆地古代制盐技术——以出土遗迹、遗物为中心》，《盐业史研究》2014年第3期。

[4] 牛英彬、白九江：《重庆彭水县郁山镇盐业考古发现与研究》，四川大学博物馆、四川大学考古学系、成都文物考古研究所编：《南方民族考古》（第十辑），北京：科学出版社，2014年，第145页。

5. 炭渣所反映的浓卤技术中的淋炭法

本次试掘中，TG1第6—15层中发现大量以灰白色为主的炭渣表面包裹白色碳酸钙，可推测其成因与卤水中含有的杂质有关，结合中国古代浓卤技术中淋灰法、淋土法的原理，它们极有可能是利用煤炭渣的余热，通过用卤水浸泡或泼淋的方式来提高卤水浓度，在这一过程中，卤水中的碳酸钙应先于氯化钠结晶，从而形成表面包裹碳酸钙的形态，这应当为淋炭法的表现。重庆中井坝遗址在一些淋卤池的前池内也堆积有大量炭渣，这也应该是淋炭技术的表现[1]。在民国时期的重庆彭水郁山盐场的口述史中，老盐工称有时也会将火塘内燃尽的温度高的煤渣倒入前池，利用煤渣的余热浓缩卤水[2]。

五、结　　语

成都平原的井盐生产始于战国末期，自汉至唐宋时期大口井盐业生产繁盛，宋代以后因小口井的兴盛，盐业生产中心转移至川南、川东等地，成都平原的盐业生产逐渐衰落。位于临邛故地的蒲江发现有丰富的盐业遗存，是开展成都平原盐业考古的重要区域。

结合清理的遗存及文献，目前蒲江白云乡盐井沟的盐业生产起始年代可上溯至战国，生产遗存主体年代为唐宋时期，既有盐业生产的相关遗迹和遗物，包括大口盐井、输卤遗迹、熬盐铁锅、煤炭矿洞等，也有反映盐民宗教信仰的摩崖造像、盐神祠等，构成了以灰沙嘴遗址为中心的唐宋时期四川盆地内规模最大的制盐遗址，这在中国古代井盐产区极为少见，为复原该时期井盐生产提供了珍贵的实物资料。

三口盐井的年代为唐宋时期，井壁开凿痕明显，对于研究大口井的开凿及修整技术具有重要意义。出土的盐锅残片反映出这一时期使用的盐锅体量大、器形厚实，该盐锅与蒲江以往出土的残铁锅、汉代铁牢盆均为汉至唐宋时期煮盐器具使用的实物证据，也从侧面反映出临邛故地成熟的冶铁及铁器制作技术。

宋代地层中出土的煤块，证实了该遗址为目前中国井盐产区最早用煤作为煮盐燃料的制盐遗址。大量包裹碳酸钙的炭渣，应为利用煤炭渣的余热浓卤过程中形成的结晶物，为淋炭法的表现，丰富了中国古代制盐浓卤的技术类型。

综上，蒲江盐井沟盐业遗存的调查和试掘对于完善中国古代井盐生产的研究具有

---

[1]　牛英彬、白九江：《中国古代淋土法制盐技术的发展与演变》，《盐业史研究》2019年第3期。

[2]　牛英彬、白九江：《重庆彭水县郁山镇盐业考古发现与研究》，四川大学博物馆、四川大学考古学系、成都文物考古研究所编：《南方民族考古》（第十辑），第144页。

重要价值。由于试掘面积和深度的限制，对于白云乡盐井沟制盐遗址的布局、分区、功能等的认识仍然是不充分的，尚需做进一步的发掘与研究。

后记：参与本次考古调查的人员有四川大学考古文博学院李映福、牛英彬、刘芳、曾宇、韩冬与成都文物考古研究院马春燕，室内整理由牛英彬、刘芳、曾宇、韩冬完成。本次工作得到蒲江县文物管理所的大力协助和支持，特此致谢！

执笔：刘　芳　牛英彬　马春燕　李映福

Archaeological Investigation and Study of the Salt Industrial Remains in Yanjinggou, Pujiang, Sichuan Province

School of Archaeology and Museology, Sichuan University

Chengdu Cultural Relics and Archaeology Research Institute

Abstract: In the March of 2021, Chengdu Cultural Relics and Archaeology Research Institute and School of Archaeology and Museology, Sichuan University have carried out an archaeological investigation and trial excavation of the salt industrial remains at Yanjinggou, Baiyun Town, Pujiang County, Sichuan Province. On the basis of the survey in 1998 and scientific analysis, a new understanding of the site has been obtained. Related remains include salt wells, salt making workshops, brine transport features, coal mine caves, salt boiling pans, as well as cliff statues and memorial temple for salt god that reflect people's religious beliefs. It provides precious physical materials for recovering the salt making technology dated from the Tang Dynasty to the Song Dynasty. During the investigation, one section and one trench was excavated, and numbers of production and living artifacts were unearthed. The local salt production may be dated back to the Warring States Period; however, the remains discovered so far are mainly dated from the Tang Dynasty to the Song Dynasty, when a large salt production industry centered at Yanjinggou was formed. It provides important physical materials for the study of the use of large open well, the salt production technology, the casting technology of iron boiling pot, and the use of coal as fuel in the well.

Keywords: Pujiang Salt Production, Large Open Well, Technology of Digging Well, Fuel of Boiling Salt, Splashing Charcoal Technique

（责任编辑：张亮）

山西涑水流域植物考古调查报告

宋吉香　王力之　傅稻镰[*]

摘要： 山西涑水流域植物考古调查项目共计调查25个遗址，采集浮选样品62份。浮选结果显示该区域自仰韶时期到商代，农业结构均以粟、黍为主；龙山时代出现小麦，但非常稀少；稻自仰韶时期开始一直存在，但数量不多，且自龙山时期之后数量显著减少。作物加工研究显示，与仰韶和庙底沟二期相比，龙山时期的作物加工模式出现分化，这种变化可能与农业生产的组织结构变化有关。

关键词： 植物考古　粟作农业　稻　作物加工　社会复杂化

涑水流域位于山西省西南部，是探索中国文明起源与国家形成的一个重要区域。为考察涑水流域不同时期聚落分布特点以及发展演变过程、社会复杂化进程，由中国国家博物馆田野考古研究中心、山西省考古研究所和运城市相关文物单位联合组成的考古队在这一流域进行了系统的考古调查。调查范围主要涉及涑水上游地区的绛县、闻喜、夏县、临猗和运城市，共5个行政区县，在此范围内进行了全覆盖拉网式调查，调查面积约1500平方千米。调查发现了大量聚落或遗址，年代上涵盖了仰韶文化、庙底沟二期文化、龙山文化、二里头文化和二里冈文化时期[1]。

调查结果显示，各时期聚落发展演变脉络比较清晰[2]，根据聚落分布、大型中心聚落的出现等特点，推测自仰韶中期开始该区域已开始出现社会复杂化趋势，但每个聚落群都是大致平等的，不存在区域性的政体。到龙山时期，这种情况发生了根本性变化，这一区域首次形成了一个区域性政体，其性质至少可能是一个复杂的酋邦社会。周家庄遗址是这一时期的一个超大型遗址，是该时期的区域性中心聚落，可能已经控制了整个区域。二里头和二里冈时期，聚落数量和规模出现了急剧缩减，社会结构似乎也变得更为简单。尽管这一时期仍然存在大型聚落，但是没有类似于龙山时期

* 作者：宋吉香，成都，四川大学考古文博学院（jx-song@126.com）；王力之，北京，中国国家博物馆；傅稻镰，伦敦，伦敦大学学院考古研究所。

[1] 中国国家博物馆田野考古研究中心、山西省考古研究所、运城市文物保护研究所：《运城盆地东部聚落考古调查与研究》，北京：文物出版社，2011年，第1、2页。

[2] 中国国家博物馆田野考古研究中心、山西省考古研究所、运城市文物保护研究所：《运城盆地东部聚落考古调查与研究》，第451—472页。

周家庄遗址那样的超大型聚落，可能说明这一时期该区域已经被纳入了夏商王朝的统治范围，失去了其独立性。

考古队在开展考古调查的同时，也系统采集了植物考古浮选样品。类似的植物考古调查在伊洛河流域和颍河上游也进行过，这两个区域都是文明探源研究的关键区域。涑水流域的浮选数据可以与这两个区域性调查结果以及诸如陶寺[1]、王城岗[2]、灰嘴[3]、新砦[4]、南交口[5]等遗址相对比。颍河上游、伊洛河流域调查以及上述遗址浮选结果都显示，自仰韶到龙山时期，两地均坚持以粟、黍为主的农业结构，部分遗址发现有稻，但数量都比较少。涑水流域的浮选结果有助于了解上述中原地区以北的地区是否存在类似的模式。此外，涑水流域的数据也有助于探讨类似于颍河流域的作物加工模式是否也存在于涑水流域。根据颍河流域作物加工研究的推断，仰韶时期作物加工模式较为一致，可能是在较大规模集体性活动的基础上进行的；而在随后的龙山时期，不同遗址的作物加工模式出现分化，许多遗址可能是在个体家庭基础上进行的小规模的作物加工。涑水流域的植物考古调查数据有助于我们探讨在社会复杂化兴起过程中，上述作物加工模式的变化是区域性特点，还是具有跨区域的一般性特点。

一、采样与浮选

在调查过程中，考古队主要使用剖面采样法[6]在自然裸露的剖面采集了浮选土样。采集土样时，先对自然裸露的剖面进行清理，划出遗迹范围，以确保采集的土样无晚期污染。从自然裸露的剖面上采集的土样均采自灰坑。此外，在西荆遗址和新庄遗址的试掘过程中，也在发掘的遗迹单位，如灰坑和沟中，采集了部分土样。调查结束后共计采集浮选土样62份，其中每份样品的土样量为10升或15升，总计采集土样量835升。采集的样品来自25个遗址的33个不同聚落，时代上包括仰韶到晚商时期[7]（表一），地域分布空间涉及整个涑水上游地区（图一）。

[1] 赵志军、何驽：《陶寺城址2002年度浮选结果及分析》，《考古》2006年第5期。

[2] 赵志军、方燕明：《登封王城岗遗址浮选结果及分析》，《华夏考古》2007年第2期。

[3] Gyoung-Ah Lee, Gary W. Crawford, Li Liu, et al., Plants and people from the Early Neolithic to Shang periods in North China, *Proceedings of the National Academy of Sciences USA*, Vol.104: 3 (2007), pp.1087-1092.

[4] 钟华、赵春青、魏继印等：《河南新密新砦遗址2014年浮选结果及分析》，《农业考古》2016年第1期。

[5] 河南省文物考古研究所：《三门峡南交口》，北京：科学出版社，2009年，第427—434页。

[6] 赵志军：《植物考古学的田野工作方法——浮选法》，《考古》2004年第3期。

[7] 发掘土样分别来自西荆遗址和新庄遗址，其中西荆遗址发掘资料待发，新庄遗址发掘资料已发表（山西省考古研究所、国家博物馆考古部、运城市文物局：《山西绛县柳庄夏商遗址发掘报告》，《华夏考古》2010年第2期）。调查采集土样中，刘家庄晚商聚落相关资料待发表。

表一 各遗址采样情况及时代表

图编号	土样编号	所在聚落	所在遗址	土样量/升	时代	土样来源
1	LQ I 1N	柳泉 I 1号聚落	柳泉 I 号遗址	10	仰韶	采集
2	LQ I 1S	柳泉 I 1号聚落	柳泉 I 号遗址	15	仰韶	采集
3	CD3N	仓底3号聚落	仓底遗址	15	仰韶	采集
4	CD3M	仓底3号聚落	仓底遗址	10	仰韶	采集
5	CD4S	仓底4号聚落	仓底遗址	15	仰韶	采集
6	DD1M	丁店1号聚落	丁店遗址	15	仰韶	采集
7	DD1S	丁店1号聚落	丁店遗址	10	仰韶	采集
8	SSW1W	上邵王1号聚落	上邵王遗址	15	仰韶	采集
9	SSW1E	上邵王1号聚落	上邵王遗址	10	仰韶	采集
10	DTB1N	店头堡1号聚落	店头堡遗址	15	仰韶	采集
11	DTB1M	店头堡1号聚落	店头堡遗址	10	仰韶	采集
12	DTB1S	店头堡1号聚落	店头堡遗址	15	仰韶	采集
13	ZJZ5A	周家庄5号聚落	周家庄遗址	15	庙底沟二期	采集
14	ZJZ5B	周家庄5号聚落	周家庄遗址	10	庙底沟二期	采集
15	DD2N	丁店2号聚落	丁店遗址	10	庙底沟二期	采集
16	SC I W	孙村 I 号聚落	孙村 I 号遗址	15	庙底沟二期	采集
17	SC I E	孙村 I 号聚落	孙村 I 号遗址	15	庙底沟二期	采集
18	SC V 2W	孙村 V 2号聚落	孙村 V 号遗址	15	庙底沟二期	采集
19	SC V 2E	孙村 V 2号聚落	孙村 V 号遗址	15	庙底沟二期	采集
20	DTB6	店头堡6号聚落	店头堡遗址	15	庙底沟二期	采集
21	HG II 2W	后宫 II 2号聚落	后宫 II 号遗址	15	庙底沟二期	采集
22	HG II 2E	后宫 II 2号聚落	后宫 II 号遗址	15	庙底沟二期	采集
23	HG II 2S	后宫 II 2号聚落	后宫 II 号遗址	15	庙底沟二期	采集
24	05JXH3	西荆3号聚落	西荆遗址	15	龙山	发掘
25	05JXG②	西荆3号聚落	西荆遗址	15	龙山	发掘
26	05JXG①	西荆3号聚落	西荆遗址	15	龙山	发掘
27	05JXH4	西荆3号聚落	西荆遗址	15	龙山	发掘
28	05JXG③	西荆3号聚落	西荆遗址	15	龙山	发掘
29	ZJZ11N	周家庄11号聚落	周家庄遗址	10	龙山	采集
30	ZJZ11S	周家庄11号聚落	周家庄遗址	15	龙山	采集
31	JJB3	贾家堡3号聚落	贾家堡遗址	15	龙山	采集
32	SYK3	上峪口3号聚落	上峪口遗址	10	龙山	采集
33	HC4W	湖村4号聚落	湖村遗址	15	龙山	采集
34	HC4N	湖村4号聚落	湖村遗址	15	龙山	采集
35	HC4S	湖村4号聚落	湖村遗址	15	龙山	采集

续表

图编号	土样编号	所在聚落	所在遗址	土样量/升	时代	土样来源
36	HC4E	湖村4号聚落	湖村遗址	15	龙山	采集
37	ZJZE	张家庄聚落	张家庄遗址	15	龙山	采集
38	ZJZW	张家庄聚落	张家庄遗址	10	龙山	采集
39	CJZ2E	程家庄2号聚落	程家庄遗址	10	龙山	采集
40	CJZ2W	程家庄2号聚落	程家庄遗址	10	龙山	采集
41	NBS3	南白石3号聚落	南白石遗址	15	龙山	采集
42	SN3H1	水南3号聚落	水南遗址	15	龙山	采集
43	SN3H2	水南3号聚落	水南遗址	15	龙山	采集
44	GXⅠ4	沟西Ⅰ4号聚落	沟西Ⅰ号遗址	15	二里头	采集
45	BY4E	北杨4号聚落	北杨遗址	15	二里头	采集
46	BY4W	北杨4号聚落	北杨遗址	15	二里头	采集
47	JJB5	贾家堡5号聚落	贾家堡遗址	10	二里头	采集
48	XXH24	新庄1号聚落	新庄遗址	15	二里头	发掘
49	XXH30	新庄1号聚落	新庄遗址	15	二里头	发掘
50	DZⅡ2W	大泽Ⅱ2号聚落	大泽Ⅱ遗址	10	二里头	采集
51	DZⅡ2M	大泽Ⅱ2号聚落	大泽Ⅱ遗址	10	二里头	采集
52	DZⅡ2E	大泽Ⅱ2号聚落	大泽Ⅱ遗址	10	二里头	采集
53	NW4	南王4号聚落	南王遗址	15	二里头	采集
54	GJZ1E	郭家庄1号聚落	郭家庄遗址	15	二里头	采集
55	GJZ1W	郭家庄1号聚落	郭家庄遗址	10	二里头	采集
56	YYBⅠ1	月芽堡Ⅰ1号聚落	月芽堡Ⅰ号遗址	15	二里头	采集
57	XZ3N	小张3号聚落	小张遗址	15	二里冈	采集
58	XZ3S	小张3号聚落	小张遗址	15	二里冈	采集
59	GJZ2	郭家庄2号聚落	郭家庄遗址	15	二里冈	采集
60	YYBⅠ2N	月芽堡Ⅰ2号聚落	月芽堡Ⅰ号遗址	10	二里冈	采集
61	YYBⅠ2S	月芽堡Ⅰ2号聚落	月芽堡Ⅰ号遗址	10	二里冈	采集
62	LJZ	刘家庄晚商聚落	刘家庄遗址	15	晚商	采集

　　样品浮选在当地进行，采用小水桶浮选法提取炭化植物遗存，收集植物遗存的筛网孔径为60目。炭化植物遗存在当地阴干后被带到伦敦大学学院植物考古实验室进行分类和鉴定。

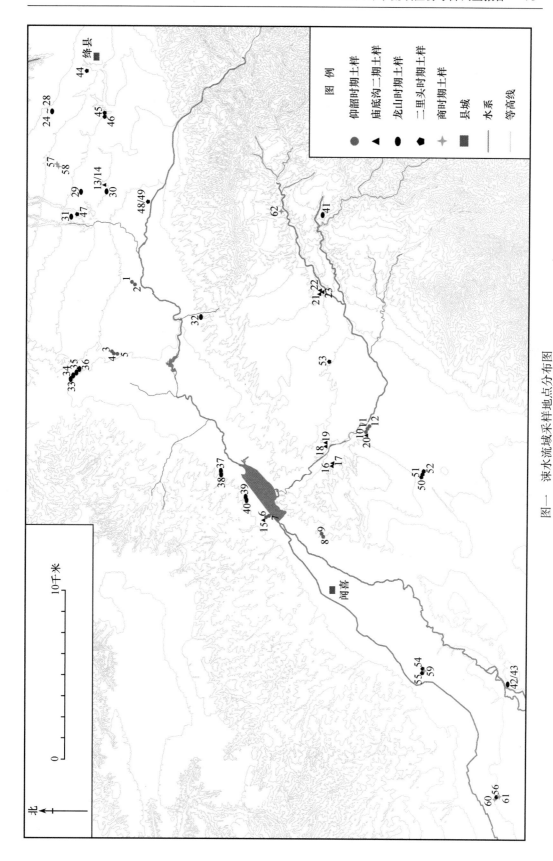

图一 涑水流域采样地点分布图

（图中商时期土样包含二里冈时期所有土样和一份晚商时期商时期的土样，遗址编号对应的遗址名字详见表一）

二、浮选结果

浮选样品的分类和鉴定是在低倍双筒显微镜下进行的。炭化植物遗存被区分为炭化种子、炭屑和非木炭化物三大类。未炭化的植物种子被视为现代混入而未包含到统计数据中。

此次浮选样品中出土了大量炭化植物种子，共计40000余粒（表二；图二）。其中绝大多数属于农作物种子或种子残块，包括粟（*Setaria italica*）、黍（*Panicum miliaceum*）、稻（*Oryza sativa*）、小麦（*Triticum aestivum*）、疑似大豆（*Glycine cf. max*）、粟黍残块，共计39519粒，占出土炭化遗存总数的90.13%。杂草类植物种子也相对较多，有狗尾草属（*Setaria* sp.）、野稷（*Panicum ruderale*）、马唐属（*Digitaria*）、藜属（*Chenopodium*）、苋属（*Amaranthus*）、蔗草属（*Scirpus*）等不同科属的植物种子30余种，共计4063粒。果实类植物遗存数量最少，仅有13粒。除炭化植物种子外，还出土有稻谷基盘、小麦穗轴等植物遗存。另有少量特征不明显的或因炭化过甚而失去了特征部位的未知种属的植物种子。

表二　涑水流域各时期出土各类植物遗存统计表

时代	仰韶时期	庙底沟二期	龙山时期	二里头时期	二里冈/商	总计
平均密度/（粒/升）	14.46	157.1	10.15	74.85	21.76	52.51
稻粒/粒	17	108	1	1	1	128
稻谷基盘/粒	73	297	5	7		382
粟/粒	445	13558	1109	6046	833	21991
黍/粒	84	1543	158	325	34	2144
粟黍残块/粒	1373	7377	956	4896	643	15245
小麦/粒			2			2
小麦/穗轴			3			3
大豆？	6			3		9
紫苏				1		1
杂草类/粒	299	1706	496	1355	207	4063
果实类/粒	1		1	11		13
未知/粒	16	59	68	86	23	252
总计	2241	24351	2791	12724	1741	43848

注：商时期的样品只有一份，因此在统计和分析讨论中，将商时期和二里冈时期的样品合并在一起；总计数量仅计算了各类炭化植物种子的数量，未计入稻谷基盘和小麦穗轴的数量

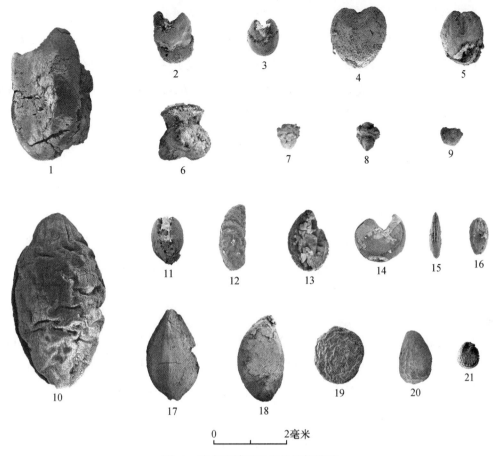

图二　涑水流域浮选出的植物种子

1. 稻　2. 粟　3. 未成熟粟　4. 黍　5. 未成熟黍　6. 小麦穗轴　7. 驯化类型稻谷基盘　8. 未成熟类型稻谷基盘
9. 野生类型稻谷基盘　10. 苍耳　11. 狗尾草　12. 菊科　13. 豆科　14. 锦葵科　15. 虎耳草属　16. 马唐属
17. 莎草科　18. 蔷薇科　19. 茄科　20. 水棘针　21. 石竹科

（一）农作物

在出土的农作物遗存中，粟的数量占绝对优势，共计21991粒，占出土农作物总数的55.65%。从形态上看，这些炭化粟粒大致可以分为两种类型，一种呈圆球状，表面较光滑，胚部呈沟状，占种子长度的5/6左右；另一种较之前者，整体上呈长圆形，其他特征与前者一致。两者之间的主要不同之处在于长宽比例的差异。

相对于粟而言，涑水流域出土的黍的数量较少，共计2144粒，占出土农作物总数的5.4%。这些炭化黍粒呈圆球状，个体较大，表面较粗糙，胚部呈"V"形，约占种子长度的1/3。

在已有的形态学标准的基础上[1]，我们将狗尾草属分别区分为几个种类。在狗尾草属植物种子中，除了狗尾草（*Setaria viridis*）、倒刺狗尾草（*Setaria verticillata*）、狗尾草属未知种（*Setaria* sp.）外，成熟与未成熟粟也被区分开来；而在黍属植物种子中则区分出成熟黍、未成熟黍、野稷和黍属未知种（*Panicum* sp.）。这些种类之间的明确区分可能还存在问题，需要进一步的形态学研究来确定和提高黍属特别是狗尾草属不同种类的区分，我们在这里仅进行了初步的尝试。

与粟、黍相比，稻的数量很少，共计出土128粒稻谷、382颗稻谷基盘。参照已有的鉴定标准[2]，我们将稻谷穗轴基部分为三种类型，即驯化类型、未成熟类型和野生类型，其中以驯化类型为主。

小麦的数量最少，仅在龙山时期的样品中发现2粒小麦和3颗小麦穗轴。这些麦粒呈长圆形，腹沟较深，种子形态比较对称，上下两端钝圆，背部胚区明显。

（二）杂草类

此次鉴定的样品中发现40多种野生植物种子，其中大多数可能是与农作物伴生的杂草。这些杂草类植物种子以黍亚科（Panicoideae）为主，共计2456粒，占出土植物种子总数的5.6%。根据形态特征的不同，可以将这些黍亚科植物种子分为几个大类，包括狗尾草属、黍属、马唐属和稗属（*Echinochloa*），其中以狗尾草属为大宗。此外，藜属和豆科（Leguminosae）种子的数量也相对较多，分别出土783粒和537粒。其他杂草类植物种子数量都比较少，多者几十粒，少者仅为一粒或者几粒。这些杂草种子可能是伴随农作物一起被收获，并作为作物加工的废弃物保存在遗址当中[3]。

（三）果实类

样品中还发现了少量果实类植物遗存，可能说明当时还存在着对某些野生果实的采集活动。对这些果实类遗存的鉴定还需要进一步确认，但目前可以确认有酸枣（*Ziziphus jujube* var. *spinosa*）的存在。在二里头时期的一份样品中发现一个完整的表

---

[1]　M. Nesbitt, G. O. Summers, Some recent discoveries of millet［*Panicum miliacerum* L. and *Setaria italica* (L.) P. Beauv］at excavations in Turkey and Iran, *Anatolian Studies*, Vol.38 (1988), pp.85-97; 刘长江、孔昭宸：《粟、黍籽粒的形态比较及其在考古鉴定中的意义》，《考古》2004年第8期；北京大学考古文博学院、河南省文物考古研究所：《登封王城岗考古发现与研究（2002-2005）》，郑州：大象出版社，2007年，上册，第916—922页。

[2]　Dorian Q. Fuller, Ling Qin, YunFei Zheng, et al., The domestication process and domestication rate in rice: spikelet bases from the Lower Yangtze, *Science*, Vol.323: 5921 (2009), pp.1607-1610; Dorian Q. Fuller, Ling Qin, Immature rice and its archaeobotanical recognition: A reply to Pan, *Antiquity*, Vol. 82:316 (2008), online-project gallery, http://antiquity.ac.uk/projgall/ fuller2/AN20080075.pdf.

[3]　北京大学考古文博学院、河南省文物考古研究所：《登封王城岗考古发现与研究（2002-2005）》，上册，第916—922页。

面多皱的酸枣果核，果核形状短圆形，说明可能是野生酸枣，因为栽培种类的果核为细长形[1]。另外发现5粒有可能是梨属（cf. *Pyrus*）植物的种子。其他可能属于采集野生果实的种子有苹果属/山楂属（*Malus/Crataegus*）、蔷薇属/花楸属（*Rosa/Sorbus*）、悬钩子属（*Rubus*）和木瓜属（*Chaenomeles*）植物种子。

三、分析和讨论

此次分析的样品出土背景比较一致，主要采自背景明确的灰坑，且时代上延续性比较强，涵盖了仰韶时期、庙底沟二期、龙山时期、二里头时期、二里冈/商时期几个不同的时代，为了解涑水流域生业模式及作物加工等方面的历时性变化提供了很好的材料。

（一）绝对数量和密度的差异

从总体上看，此次出土的植物种子绝对数量在不同的样品和不同的年代之间都存在很大差异。不同样品中出土的植物种子绝对数量少者仅有8粒，多者甚至达17000多粒。同样，不同时期的样品中出土的植物种子绝对数量总数则在不足2000粒至24000多粒之间变化（图三）。值得注意的是，庙底沟二期样品出土的植物种子绝对数量非常大，通过观察数据发现，这主要是因为其中一份样品出土的种子数量很多（*n*=17908）。另外，二里头时期的种子数量也较多，同样也是归因于几份数量较大的

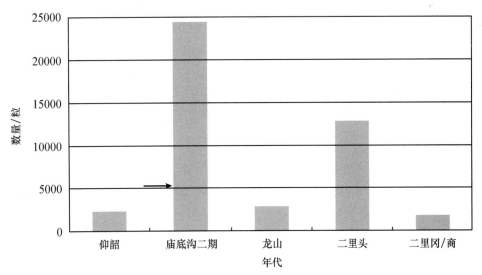

图三　各时期样品中可鉴定种子总数

（箭头所示处为去掉最大一份样品后庙底沟二期种子总数）

---

[1]　北京大学考古文博学院、河南省文物考古研究所：《登封王城岗考古发现与研究（2002-2005）》，上册，第916—922页。

样品，这种种子数量十分突出的情况可能说明其埋藏背景比较特殊。如果将这些数量十分突出的样品作为异常值剔除，则各时期种子的绝对数量就会变得相对比较均匀。

与绝对数量类似，植物种子密度在不同时期和不同样品之间也呈现出同样的情况（图四）。所有样品的平均种子密度为52.51粒/升，而单个样品的种子密度则在不到1粒/升至1000多粒/升之间变化。不同时期的种子密度则在10粒/升到100多粒/升之间变化。同样，这种不同样品与不同时期之间植物种子密度的显著差异可能是由庙底沟二期和二里头时期的几个较大的样品造成的。密度可以在一定程度上反映植物遗存在遗址内的堆积速率，有助于辨识植物遗存是经过一段时间在遗址内逐渐累积起来，还是在储藏过程中由于一些意外情况的发生而导致植物遗存被炭化并集中废弃[1]。一般情况下考古遗址中地层样品中的密度偏低，灰坑样品的密度经常高于地层样品的密度，但是像庙底沟二期和二里头时期，特别是庙底沟二期这份样品密度高达近2000粒/升的情况还是比较少见的，说明这几份样品可能来自特殊的埋藏背景。

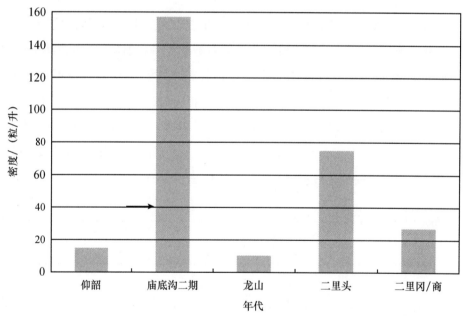

图四　不同时期植物种子密度

（箭头所示处为去掉最大一份样品后庙底沟二期的种子密度）

此外，不同样品之间样品大小也存在很大差别（图五）。通常认为样品大小对种属多样性有影响。样品越大，样品中可能存在的植物种属种类数越多，但植物种属的种类数不会无限增长，根据样品大小与种属数量变化曲线，植物种属数量的增长早晚

[1] Glynis Jones, A statistical approach to the archaeological identification of crop processing, *Journal of Archaeological Science*, Vol.14: 3(1987), pp. 311-323.

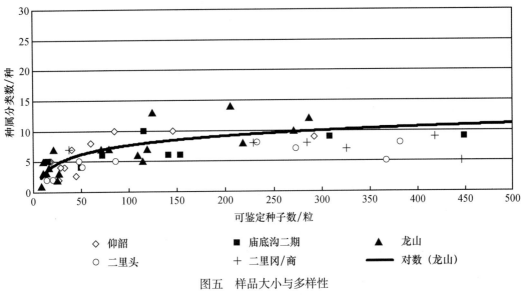

图五　样品大小与多样性

［最大样品出土植物种子数量超过17000粒，所有样品出土植物种子数量的平均值为425粒（不包括最大样品），中值为117粒］

会达到一个顶峰，然后形成一个稳定的趋势[1]。这一趋势在涞水流域的数据中得到了体现。

（二）农作物遗存的分析

通过计算各种农作物以及杂草种子的百分比和出土概率（图六、图七），可以看出从仰韶时期到二里冈/商，粟在各个时期都是主要的粮食作物，其次为黍，说明粟作农业自始至终都是涞水流域农业的主体。与粟、黍有关的杂草在植物组合中也占有重要位置，如狗尾草属、黍属和马唐属。这种以粟、黍为主，伴有常见杂草种类的植物组合模式在中国北方的很多遗址都见诸报道，如周原、王城岗、新砦、陶寺等，说明这些杂草种类可能与粟、黍栽培关系密切，很可能是当时常见的农田杂草，伴随着农作物的栽培和收获进入并保存在遗址中。

稻的数量在各个时期都比粟、黍少得多，共计出土128粒稻粒和382颗稻谷基盘。庙底沟二期的稻的数量最多，显示出从仰韶到庙底沟二期逐渐增加的趋势，但是这种变化趋势主要是建立在仰韶（$n=65$）和庙底沟（$n=365$）时期两份出土稻数量多的样品基础之上，有可能不具有代表性；庙底沟二期之后的龙山时期和二里头、二里冈/商时期，稻谷的数量显著下降，仅发现3粒稻粒、12颗稻谷基盘。在山西南部龙山时期的陶寺遗址中，也有稻谷的发现，但数量很少，仅有30粒（陶寺遗址出土植物种子13070

［1］　Clive Orton, *Sampling in Archaeology*, Cambridge: Cambridge University Press, 2000, p.172.

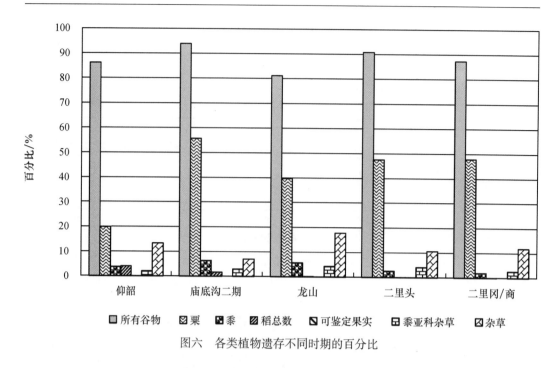

图六　各类植物遗存不同时期的百分比

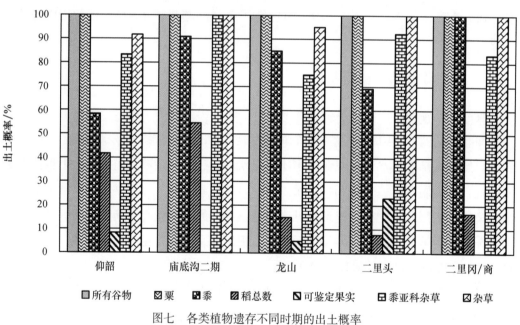

图七　各类植物遗存不同时期的出土概率

粒）[1]，可能说明龙山时期山西地区的稻谷确实非常稀少。

　　稻谷基盘的发现说明稻谷是在当地脱壳加工的，即作物加工的最后一个阶段是在当地进行的。至于这意味着稻谷属于当地种植还是外来的，是一个比较模棱两可的问题，但我们推测小规模的种植应该是有可能的。仰韶至庙底沟二期处于全新世大暖

　　[1]　赵志军、何驽：《陶寺城址2002年度浮选结果及分析》，《考古》2006年第5期。

期，气候较现在温暖湿润，在距水源比较近的河谷地带小规模种植稻谷也不无可能。另外，据文献记载，晋南地区历史时期一直有关于种稻的记载，只是受气候变化、农民好恶等因素的影响，种植规模经常有所波动[1]。这也从侧面说明仰韶至二里冈时期涑水流域的稻谷种植是有可能的，并且稻谷生产规模很可能也会由于气候等因素的变化而出现波动。

这一地区种植稻谷面临的挑战是稻在最初阶段可能不能很好地适应温带气候条件。现代温带粳稻品种有很强的光周期反映（photoperiod response），伴随着夏末日长的逐渐缩短而开花，因此其栽培季节在最温暖、阳光最充足的月份。这一特征可能与多种遗传适应性有关，但其中一个主要因素是DTH-A4基因突变，而这种基因突变在野生稻和中国南方以及东南亚的稻中并不存在[2]。因此，这种基因突变应该是在更靠北的环境中，在选择压力下发展出来的，而我们也可以推测这一突变可能在此之前就已经发生了。没有这种基因突变的稻在北方环境中产量比较低，约有20%—40%的秕谷[3]。基于这种考虑，我们可以参照已有的形态学标准，根据稻谷基盘的形态差别，将其分为三种类型：驯化类型、未成熟类型和野生类型[4]。

稻谷基盘中未成熟类型的数量相对较多（图八）。尽管未成熟类型的存在可能说明稻的驯化仍在进行中[5]，但涑水流域未成熟稻的比例比较高这种情况，也有可能是由于稻生长在更靠北、更边缘的环境中，小穗难以全部成熟。在距离涑水流域不远的颍河流域程窑遗址中也出土了类似的比例较高的未成熟类型稻谷基盘。涑水流域与程窑遗址的证据似乎可以说明中国北方地区早期（仰韶和龙山时期）的稻谷栽培在DTH-A4基因突变之前就已经开始了[6]。因此，稻在最初传入北方地区的几百年间，伴随着龙山时期的气温下降，一直处于比较边缘的地位。庙底沟二期未成熟稻的比例下降，可能说明稻谷种植技术的提高或者气候条件的改善。

---

［1］　游修龄：《中国稻作史》，北京：中国农业出版社，1995年，第266—299页。

［2］　Weixun Wu, Xiao-ming Zheng, Guangwen Lu, et al., Association of functional nucleotide polymorphisms at DTH2 with the northward expansion of rice cultivation in Asia, *Proceedings of the National Academy of Sciences USA*, Vol.110:8 (2013), pp.2775-2780.

［3］　Weixun Wu, Xiao-ming Zheng, Guangwen Lu, et al., Association of functional nucleotide polymorphisms at DTH2 with the northward expansion of rice cultivation in Asia, *Proceedings of the National Academy of Sciences USA*, Vol.110:8 (2013), pp.2775-2780.

［4］　Dorian Q. Fuller, Ling Qin, Yunfei Zheng, et al., The domestication process and domestication rate in rice: spikelet bases from the Lower Yangtze, *Science*, Vol.323 :5921 (2009), pp.1607-1610.

［5］　Dorian Q. Fuller, Yo-Ichiro Sato, Cristina Castillo, et al., Consilience of genetics and archaeobotany in the entangled history of rice, *Archaeological and Anthropological Sciecnes*, Vol.2 (2010), pp.115-131.

［6］　Dorian Q. Fuller, Alison Weisskopf, Cristina Cobo Castillo, Pathways of rice diversification across Asia, *Archaeology International*, Vol.19:1 (2016) , pp.84-96.

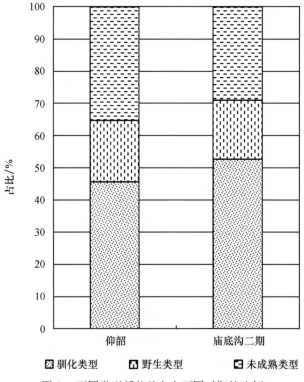

图八　不同类型稻谷基盘在不同时期的比例

稻谷基盘中野生类型的比例也比较高，从仰韶到庙底沟二期野生类型的比例基本上保持在19%左右。这一比例可能与杂草稻（*Oryza sativa* cf. *spontanea*）的存在有关，杂草稻伴随稻谷向外传播，并侵入农田中。长江流域良渚遗址（校正后年代为公元前2200年）曾经出土过稍高于这一比例的野生类型，提供了一个关于早期稻作中野生类型潜在比例的估值上界[1]。野生类型的比例高于20%，可能说明此地早期稻正如河姆渡文化中的稻一样，仍处在驯化进程中[2]。而野生类型的比例较低，则可能处于驯化稻范围内，野生稻数量的变化在一定程度上反映了耕种过程中对杂草的控制情况。涑水流域未成熟类型和野生类型比例都较高的情况，可能说明史前时期这一地区的稻作生产的产量比较低。因此，历史时期这一区域的稻作生产不稳定的情况应该在史前时期就已经开始了。这似乎也可以从一定程度上说明，与更容易生产的粟类作物相比，这一地区稻作生产的动力可能是出于这样一种原因，即稻这一作物本身被看作更值得

［1］　Weixun Wu, Xiao-ming Zheng, Guangwen Lu, et al., Association of functional nucleotide polymorphisms at DTH2 with the northward expansion of rice cultivation in Asia, *Proceedings of the National Academy of Sciences USA*, Vol.110:8 (2013), pp.2775-2780.

［2］　Weixun Wu, Xiao-ming Zheng, Guangwen Lu, et al., Association of functional nucleotide polymorphisms at DTH2 with the northward expansion of rice cultivation in Asia, *Proceedings of the National Academy of Sciences USA*, Vol.110:8 (2013), pp.2775-2780.

拥有或者是地位更高的作物。

在龙山时期的两份样品中发现2粒小麦和3颗小麦穗轴。目前为止，龙山时期的小麦发现不多，包括赵家庄[1]、丁公[2]、两城镇[3]、教场铺[4]、禹会村[5]、西金城[6]、瓦店[7]、八里岗[8]和西山坪[9]等遗址。其中通过对炭化小麦种子进行直接测年得到的测年数据比较少，年代最早的是来自赵家庄遗址的小麦遗存，校正年代为距今4500—4270年。其他遗址出土小麦的年代或者是根据其出土背景的年代或是通过剖面沉积速率推测得出[10]。有学者对赵家庄遗址的小麦年代持怀疑态度，指出根据目前发现的有可靠测年的小麦年代来推断，小麦传入中国的最可能年代当在距今2200—1800年[11]，也有学者提出小麦至迟在距今4000年前已传入中国[12]。最新研究根据已发表的小麦测年数据和山东、大连地区的新的小麦测年数据比较，提出小麦传入中国各地区的时间存在差异，最早在距今4600年传入山东地区[13]。也有学者根据对中原地区新寨遗址出土小麦的测年数据，结合中原地区已发表小麦测年数据指出中原地区新石器时期很多小麦为后期混入，新石器晚期和青铜时代早期小麦在人类生计模式中的

---

　　[1]　靳桂云、燕东生、刘长江：《山东胶州赵家庄遗址发现龙山文化小麦遗存》，《中国文物报》2008年2月22日第7版。

　　[2]　Tengwen Long, Christian Leipe, Guiyun Jin, et al., The early history of wheat in China from ^{14}C dating and Bayesian chronological modelling, *Nature Plants*, Vol.4 (2018), pp.272-279 .

　　[3]　凯利·克劳福德、赵志军、栾丰实等：《山东日照市两城镇遗址龙山文化植物遗存的初步分析》，《考古》2004年第9期。

　　[4]　赵志军：《两城镇与教场铺龙山时代农业生产特点的对比分析》，山东大学东方考古研究中心：《东方考古》（第1集），北京：科学出版社，2004年，第210—224页。

　　[5]　尹达：《禹会村遗址浮选结果分析报告》，中国社会科学院考古研究所、安徽省蚌埠市博物馆：《蚌埠禹会村》，北京：科学出版社，2013年，第250—268页。

　　[6]　陈雪香、王良智、王青：《河南博爱县西金城遗址2006～2007浮选结果分析》，《华夏考古》2010年第3期。

　　[7]　刘昶、方燕明：《河南禹州瓦店遗址出土植物遗存分析》，《南方文物》2010年第4期。

　　[8]　Zhenhua Deng, Ling Qin, Yu Gao, et al., From early domesticated rice of the Middle Yangtze Basin to millet, rice and wheat agriculture: archaeobotanical macro-remains from Baligang, Nanyang Basin, Central China (6700-500 BC) , *PLoS ONE*, Vol.10:10 (2015), e0139885. https://doi.org/10.1371/journal.pone.0139885.

　　[9]　Xiaoqiang Li, Xinying Zhou, John Dodson, et al., Early cultivated wheat and broadening of agriculture in Neolithic China, *Holocene*, Vol.17:5 (2007), pp.555-560.

　　[10]　赵志军：《小麦传入中国的研究——植物考古资料》，《南方文物》2015年第3期。

　　[11]　Chris J. Stevens, Charlene Murphy, Rebecca Roberts, et al., Between China and South Asia: A Middle Asian corridor of crop dispersal and agricultural innovation in the Bronze Age, *Holocene*, Vol.26:10 (2016), pp.1541-1555.

　　[12]　赵志军：《小麦传入中国的研究——植物考古资料》，《南方文物》2015年第3期。

　　[13]　Tengwen Long, Christian Leipe, Guiyun Jin, et al., The early history of wheat in China from ^{14}C dating and Bayesian chronological modelling, *Nature Plants*, Vol.4 (2018), pp.272-279.

作用微乎其微，直到青铜时代后期（周代）小麦的作用才开始增长[1]。因此，从现有研究来看，有必要对早期小麦进行系统测年，以便确认小麦传入中国不同地区的时间节点及其在生业模式中的历时性发展变化和区域性差异。

（三）作物加工活动的探讨

考古遗址中发现的植物遗存大多都在被炭化之前和之后经历过混合、移动以及重新堆积的过程，因此它们是一系列人类活动产物的混合体。这就意味着整体上来说，我们采集土样进行浮选的大多数考古单位并不能解释植物考古遗存的形成过程。然而，我们可以推测植物遗存组合存在一个不断重复出现的模式。正如大多数植物考古学家可能体验过的那样，来自某一个考古遗址或者某一文化和时期的考古遗址中的植物遗存组合通常都是相似的。这些植物遗存组合的大部分是农作物（尤其是谷物类）以及相关的杂草，有时还有一些可食用的野生植物遗存，如水果和坚果。这种植物组合的相似性可能源于类似的形成过程，而这又常常被归因于作物加工废弃物的燃烧[2]。进一步讲，这些植物遗存组合中的大多数可能来自农作物被储存后日常作物加工过程中产生的废弃物。因此通过鉴定日常作物加工废弃物的构成，有可能推断作物被储藏之前所经历的作物加工阶段。

由于涑水流域样品中出土的农作物以粟为主，因此这里的讨论对象为粟。为了探讨作物加工的需要，粟被区分成不同的类型。参照现有的划分标准[3]以及作物加工实验的结果[4]，未成熟粟、成熟粟、带壳粟、不带壳粟被区分开来分别计数。在这里

[1] Zhenhua Deng, Ling Qin, Yu Gao, et al., From early domesticated rice of the Middle Yangtze Basin to millet, rice and wheat agriculture: archaeobotanical macro-remains from Baligang, Nanyang Basin, Central China (6700-500 BC), *PLoS ONE*, Vol.10:10 (2015), e0139885. https://doi.org/10.1371/journal.pone.0139885.

[2] Gordon C. Hillman, Reconstructing crop husbandry practices from charred remains of crops, in Roger Mercer ed., *Farming Practice in British Prehistory*, Edinburgh: Edinburgh University Press, 1981, pp.123-161; Gordon C. Hillman, Interpretation of archaeological plant remains: The application of ethnographic models from Turkey, in W. Van. Zeist and W.A. Casperie, eds., *Plants and Ancient Man*: *Studies in Paleoethnobotany*, Rotterdam: Balkema, 1984, pp.1-41; Glynis Jones, Interpretation of archaeological plant remains: ethnographic models from Greece, in W.van Zeist, W. A. Casparie, eds., *Plants and Ancient Man: Studies in Palaeoethnobotany*, Rotterdam: Balkema, 1984, pp.42-61; Chris J. Stevens, An investigation of agricultural consumption and production models for prehistoric and Roman Brian, *Environmental Archaeology*, Vol.8:1 (2003), pp.61-76; Marijke Van der Veen, *Crop Husbandry Regimes*: *An archaeobotanical Study of Farming in Northern England 1000BC-AD500*, Sheffield: J.R. Collis Publications, Sheffield Archaeological Monograph 3, 1992, pp.81-82.

[3] 北京大学考古文博学院、河南省文物考古研究所：《登封王城岗考古发现与研究（2002-2005）》，上册，第916—942页。

[4] 宋吉香、赵志军、傅稻镰：《不成熟粟、黍的植物考古学意义——粟的作物加工实验》，《南方文物》2014年第3期。

主要考虑了两种不同的比例：杂草与谷物的比例、带壳粟+未成熟粟与不带壳粟的比例[1]。从理论上讲，在粟/黍加工早期阶段产生的废弃物中，未成熟粟/黍和带壳粟/黍的比例可能高于成熟粟/黍和不带壳粟/黍的比例。相反，在作物加工晚期阶段的废弃物中，成熟粟/黍的比例可能高于未成熟粟/黍的比例。粟的作物加工实验结果也显示，未成熟类型大部分在作物加工早期阶段即被去除[2]。此外，尽管谷壳可能在炭化过程中受到不同程度的破坏，但只要有谷壳碎片的存在，这些谷物就有可能来自脱壳前，也就是早期阶段的废弃物。至于杂草，有些可能在作物加工的早期阶段被去除，有些则可能在作物加工后期阶段被去除。从理论上讲，尺寸上与粟类作物接近且重量比较重的杂草种子可能到作物加工的后期阶段才被去除，而尺寸小且重量轻的杂草种子则可能在作物加工的早期阶段被去除，因此可以预期在作物加工早期阶段废弃物中杂草与谷物的比例相对较高，而后期阶段二者比例相对较低。

从不同时期各类型粟的变化情况看（图九），从仰韶到龙山及其以后的青铜时代，未成熟粟与成熟粟的比例基本处于稳定增长的趋势，可能说明龙山及其以后的时代扬场废弃物（作物加工早期阶段的产物）的增加。不同的是，带壳粟与不带壳粟的比例在庙底沟二期和二里头时期稍稍有所下降，可能说明早期作物加工的废弃物有所减少，但需要注意的是带壳粟与不带壳粟的比例容易受炭化条件的影响，即粟壳可能由于受炭化条件的影响而没能保存下来，从而增加了不带壳粟的比例。未成熟粟与成

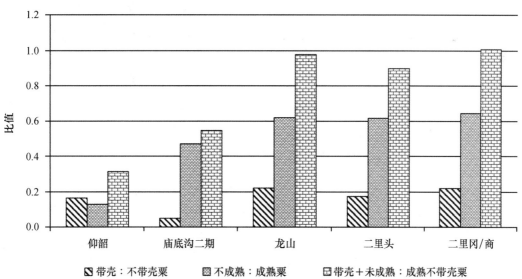

图九　各时期不同类型粟的比例变化

［1］　北京大学考古文博学院、河南省文物考古研究所：《登封王城岗考古发现与研究（2002-2005）》，上册，第916—942页。

［2］　宋吉香、赵志军、傅稻镰：《不成熟粟、黍的植物考古学意义——粟的作物加工实验》，《南方文物》2014年第3期。

熟粟的比例也存在类似的问题，如果农业生产条件不好（干旱、收割过早等）也会使未成熟粟的比例增加。就谷物与杂草的比例而言（图一〇），龙山时期有所增加，但是最大的变化发生在二里头时期，可能说明二里头时期脱壳阶段（作物加工后期阶段）废弃物的增加。到二里冈/商时期，二者之间的比例又急剧下降，可能说明作物加工后期阶段废弃物的减少。从总体上来看，基本可以认为从龙山时期开始出现了一个变化，即未成熟粟+带壳粟的比例增加，这一变化在单个样品中也有所体现（图一一）。

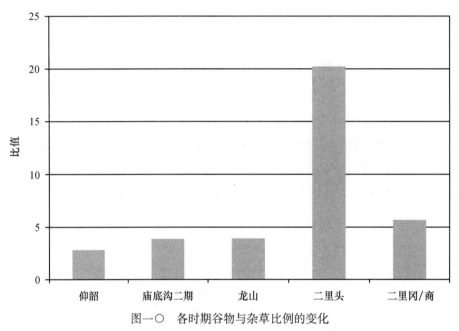

图一〇　各时期谷物与杂草比例的变化

从图一一中可见，仰韶和庙底沟二期的样品中，未成熟粟和带壳粟的比例相对较低，而龙山及其之后的青铜时代样品则出现了分化，有些样品类似于仰韶和庙底沟二期的样品，带壳和未成熟粟的比例相对较低（05JXH4、05JXG①、05JXG③、NBS3、ZJZ11S、CJZ2W、CJZ2E、HC4E、SN3H1、BY4W、XXH24、DZⅡ2W、DZⅡ2E、DZⅡ2M、GJZ1W、YYBⅠ1、YYBⅠ2N、YYBⅠ2S、XZ3S、LJZ），而有些样品中带壳和未成熟粟的比例相对较高（JJB3、SYK3、HC4S、GXⅠ4、XZ3N），可能代表早期作物加工的废弃物。值得注意的是，有些采自同一遗址同一时代的样品表现出不同的特征，如样品HC4S和HC4E均采自湖村遗址，时代上都属于龙山时期，但相对而言HC4S表现出更多早期作物加工的特点。二里头和二里冈/商时期的样品中也存在类似现象，如小张遗址的XZ3N和XZ3S，月芽堡Ⅰ号遗址的YYBⅠ1、YYBⅠ2N。这意味着龙山时期以后个别遗址内部作物加工模式开始出现分化，还是遗址内部不同区域的功能差异，还需要更多的材料来加以验证，但基本上可以说明龙山时期不同遗址之间

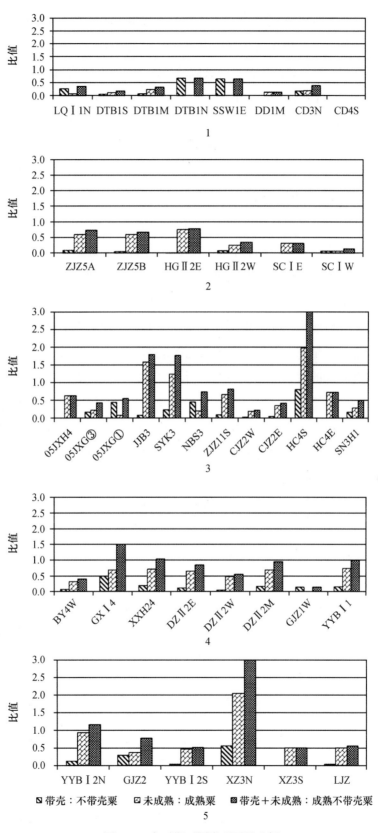

图一一 各时期不同类型粟的比例

1. 仰韶 2. 庙底沟二期 3. 龙山 4. 二里头 5. 二里冈/商

在作物加工模式上出现了分化，有的样品类似于仰韶和庙底沟二期的样品，未成熟和带壳粟的比例较低，有些样品则具有更高比例的未成熟粟和带壳粟，即更多作物加工早期阶段的废弃物。类似的模式在颍河流域的植物考古报告中也有体现[1]。

就谷物与杂草的比例而言（图一二），龙山时期的变化不是很明显，仅有一份样品（ZJZ11S）比例相对较高（大于15），其他龙山时期的样品与仰韶和庙底沟二期的样品特点类似，谷物与杂草的比例均小于15。最大的变化出现在二里头时代，GXⅠ4、XXH24、DZⅡ2E、DZⅡ2M几份样品都表现出很高比例的谷物，其他样品则类似于仰韶和庙底沟二期的样品。同样，在同一时代同一遗址的不同样品中也显示出不同的特点，如大泽Ⅱ遗址中DZⅡ2E、DZⅡ2M、DZⅡ2W三份样品的差异，这一点在后续研究中可以结合杂草组合特点以及其他考古信息进一步探讨。总体来看，似乎可以说明自龙山时期开始，不同遗址间已经出现分化，到二里头时代这一分化得到了进一步强化。这一模式可能反映了作物加工过程中农业劳动力组织利用策略的多样化。在仰韶时期和庙底沟二期，作物加工可能采取了一种更为集体化的形式，作物在储藏之前已经进行了早期加工，食用前再进行后期加工，因此反映在考古遗存上主要上作物加工后期阶段的遗存。相反在龙山时期之后，有些群体的作物加工可能在小规模的基础上进行，由于个体家庭可供利用的劳动力等因素的限制，作物在储藏之前可能只进行了扬场之前的简单加工，因此在考古遗址中可能表现出较明显的早期作物加工阶段的特征。颍河流域的研究显示，关系更密切的遗址更可能具有相似的作物加工模式[2]。这一点似乎也可以反过来表明，作物加工模式的多样化的出现伴随着日益增长的社会复杂化。世界其他地区也有类似的例子说明作物加工模式多样化与社会发展演化有关[3]。

为了进一步探讨上述作物加工模式，在未成熟粟+带壳粟：成熟不带壳粟和谷物：杂草两个比例的基础上，将单个样品置于散点图中，可以显示出不同样品所反映的作物加工模式的差异（图一三）。从图一三中可见，不同时期的样品之间出现了一个分化，即主要代表早期作物加工遗存的样品（趋于图的左上部）和主要代表后期作物加工遗存的样品（趋于图的右下部）之间的分化，其中图一三的左上角的样品可能只代

---

[1] 北京大学考古文博学院、河南省文物考古研究所：《登封王城岗考古发现与研究（2002-2005）》，上册，第916—942页。

[2] Hai Zhang, Andrew Bevan, Dorian Q. Fuller, et al., Archaeobotanical and GIS-based approaches to prehistoric agriculture in the upper Ying valley, Henan, China, *Journal of Archaeological Science*, Vol.37 (2010), pp.1480-1489.

[3] Dorian Q. Fuller, Chris Stevens, Agriculture and the development of complex societies: An Archaeobotanial agenda, in Faribairn A. S. and Weiss E., eds., *From Foragers to Farmers Papers in Honour of Gordon C. Hillman*, Oxford: Oxbow Books, 2009, pp. 190-265.

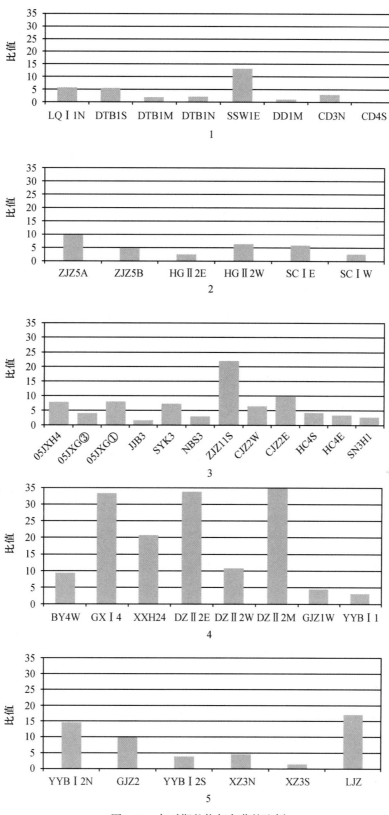

图一二　各时期谷物与杂草的比例

1.仰韶　2.庙底沟二期　3.龙山　4.二里头　5.二里冈/商

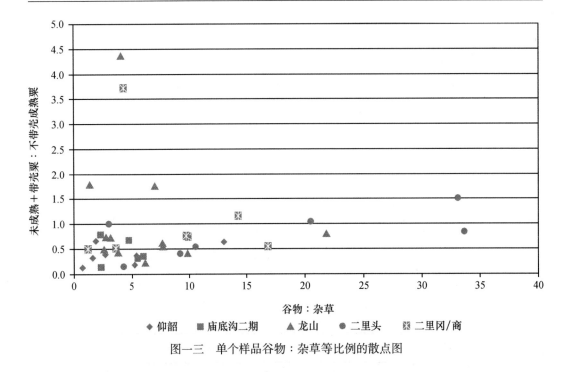

图一三　单个样品谷物：杂草等比例的散点图

表脱粒、扬场阶段的废弃物，而右下角的样品有可能只代表了脱壳阶段的废弃物。仰韶和庙底沟二期的样品模式比较单一化，主要集中于图一三的左下角，谷物与杂草的比例均低于15，带壳粟和未成熟与不带壳粟的比例均小于1；而龙山及其之后的青铜时代样品出现了很大的分化，有些样品类似于仰韶和庙底沟二期的样品，有些样品显出很高比例的未成熟粟和带壳粟，可能主要代表了早期作物加工的废弃物，还有些样品则具有很高比例的谷物，显示出作物加工后期阶段的特征。总体看来，仰韶和庙底沟二期的样品显示出一致性，具有相对较低比例的带壳粟和未成熟粟，谷物与杂草的比例也相对较低；龙山和二里头、二里冈/商时期的样品则在遗址间出现了较大的分化，有些遗址有很高比例的早期作物加工废弃物，有的则没有，而有的比较突出的则可能代表了比较纯净的扬场或脱壳阶段的废弃物，如左上角龙山时期的样品和右下角二里头时期的样品，但也有可能是未成熟粟比例很高的左上角样品意味着收成不好，即由于某种原因使得谷物没有饱满。

　　如果将这些样品再进一步置于对数标尺中（图一四），就可以更清晰地看出这种变化。仰韶和庙底沟二期的样品主要集中于图一四的右下部靠左，显示出谷物比例较高，未成熟粟和带壳粟比例较低的特点，可能说明这些样品主要代表了后期作物加工的遗存；而龙山及其之后的青铜时代样品则出现了明显分化，一部分样品类似于仰韶和庙底沟二期，具有后期作物加工的特点，一部分样品中谷物比例很高，可能只代表了后期作物加工的遗存，还有一部分样品未成熟粟和带壳粟比例以及谷物的比例都很高，可能是早期和后期作物加工遗存的混合。另外，还需要指出的是，仰韶时期的有

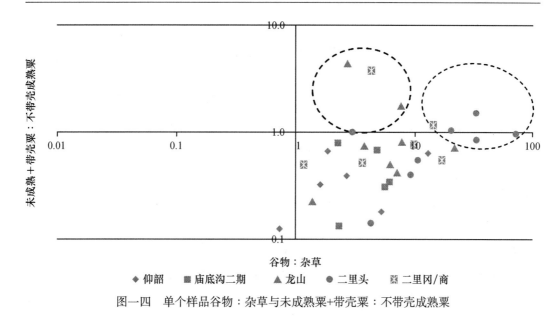

图一四　单个样品谷物：杂草与未成熟粟+带壳粟：不带壳成熟粟

一个样品比较例外，分布于图一四的左下部，这可能与这份样品的构成情况有关。在仰韶时期这份样品中，大部分种子都是藜属和马齿苋科，这两类植物的种子尺寸小，产量很大，因此这个样品的例外可能是这两种植物种子含量较高导致的。至于龙山和青铜时代的特殊样品，可以分为两组，一组趋向于左上角，另外一组趋向于右下角。左上角的样品包含大量未成熟谷物和杂草，说明这些样品可能包含了较多的作物加工早期阶段的遗存；右下角的样品显示出包含更多成熟谷物和更少杂草的特点，可能代表了脱壳阶段的废弃物。从总体上来看，图一四显示的模式可能说明在不同家庭储藏的谷物中，包含的未成熟谷物的比例存在差别，如右下角和左下角的样品可能都代表了作物加工后期阶段的废弃物，但其中所包含的未成熟谷物的比例不同。龙山和青铜时代样品显示出较大差异，可能说明不同个体家庭之间在处理未成熟谷物方面的差异。有些家庭可能通过多次处理作物加工副产品的方式，而在储存的粮食中保留了更高比例的未成熟类型。有些家庭可能只进行了一次简单加工，因此大部分未成熟类型都成为作物加工的副产品。另一种可能性是，不同家庭或群体农田质量存在差异，即有些农田更易于产生未成熟谷物，因此有更高比例的未成熟类型。随着龙山时期人口的扩张[1]，我们可以推测，土地资源压力增大，有些家庭可能开始使用条件较差的土地。相反，仰韶和庙底沟二期作物加工可能在集体层面进行，土地条件可能相差不大，因此体现在不同家庭之间的差异也不大。

　　[1]　Mayke L. Wagner, Pavel Tarasov, Dominic Hosner, et al., Mapping of the spatial and temporal distribution of archaeological sites of northern China during the Neolithic and Bronze Age, *Quaternary International*, Vol.290-291 (2013), pp.344-357.

四、结　语

综上所述，涞水流域自仰韶至青铜时代以来，以粟、黍为代表的粟类作物一直占主导地位。稻作可能也是涞水流域农业的一个组成部分，但相较于粟、黍，稻的数量则少得多，可能仅限于小规模种植，并且到龙山之后迅速衰落。小麦在龙山时期的样品中有发现，但仅有为数不多的几粒。

对作物加工模式的初步分析显示，农业劳动力的组织利用模式可能自龙山时期以后出现了分化。总体看来，仰韶和庙底沟二期时作物加工模式比较一致，而到龙山和青铜时代，不同遗址之间出现了多样化的作物加工模式，与颍河流域的模式相似[1]。我们推测这种变化可能反映了可支配劳动力的差异。仰韶和庙底沟二期，作物被储藏前的初步加工是在大规模的基础上进行的，后期阶段的作物加工（脱壳）是在个体家庭的基础上日常进行的。相反，在龙山和青铜时代，情况更加复杂，不同遗址之间甚至同一遗址内在农作物收获后的劳动力利用以及农作物如何储藏、作物加工到何种程度等方面均存在差异。有些遗址作物可能在收获后被进行了大规模早期加工后储藏起来，因此日常食用加工时只留下少数几个作物加工阶段的副产品。仰韶和庙底沟二期可能属于这种作物加工模式，说明其组织模式是公共的（communal）或者半公共的（semi-communal）。在龙山和青铜时代的一些遗址中，劳动力组织利用似乎是小规模的形式，农作物收获后只进行少部分加工即被储藏，可能说明作物加工是在个体家庭的基础上小规模进行的，在这种情况下，可利用劳动力较少，因此只进行了少部分储藏前加工，大部分加工是食用前日常进行的。这种作物加工模式的差异说明在龙山和青铜时代农作物收获时对大规模劳动力的组织利用比较有限。这一点又反过来说明个体家庭之间财产方面可能存在着差异。有些差异，特别是很高比例的未成熟类型的存在，可能说明有些家庭或社群的土地条件不理想，也可能说明有些土地至少在一定程度上存在土壤条件较差的问题，说明土壤肥力的管理和维护（例如通过施肥）不充分。因此，从仰韶和庙底沟二期到龙山和青铜时代，作物加工模式的转变似乎与社会组织和劳动力利用的变化是相对应的。

考虑到同样的模式也发现于中原其他地区[2]，我们认为植物考古数据不仅可以探讨农业经济结构，也可以探讨农业经济的社会组织模式。涞水流域的植物考古数据是

---

[1]　北京大学考古文博学院、河南省文物考古研究所：《登封王城岗考古发现与研究（2002-2005）》，上册，第916—942页。

[2]　北京大学考古文博学院、河南省文物考古研究所：《登封王城岗考古发现与研究（2002-2005）》，上册，第916—942页。

对其他考古证据的补充，包括日益增长的人口数量[1]、遗址等级（site hierachy）和手工业专门化（craft specialization）[2]。通过考虑作物加工与储藏的变化模式以及推测在土壤肥力方面的投入，植物考古可以为社会变化研究做出更多贡献。

致谢：本文研究得到"四川大学中央高校基本科研业务费研究专项项目——海外优秀博士科研资助计划项目（skyb201206）""四川大学引进人才科研启动经费资助项目""四川大学创新火花库项目（人文社科类）（2018hhs-46）"共同资助。本文图版编辑得到四川大学考古文博学院郭星仪、甘肃省文物考古研究所周懋的帮助，在此表示诚挚的感谢。

Archaeobotanical Investigation Report of the Sushui River Valley in Shanxi Province

Song Jixiang[1]   Wang Lizhi[2]   Dorian Q. Fuller[3]

(1. School of Archaeology and Museology, Sichuan University; 2. National Museum of China; 3. Institute of Archaeology, UCL)

Abstract: This paper presents the results of 62 flotation samples collected from 26 sites during the archaeobotanical survey of the Sushui River valley in Shanxi Province. It demonstrates that foxtail millet was the major crop followed by broomcorn millet throughout the period from Yangshao to the Shang Dynasty. Wheat appeared in the Longshan period but very rare. Rice was present since the Yangshao period; however, its quantity declined dramatically from the Longshan period. Crop processing analysis indicates diversified crop processing patterns in the Longshan period compared to the uniformed pattern in the Yangshao and the Miaodigou II periods.

Keywords: Archaeobotany, Millet, Rice, Crop Processing, Social Complexity

（责任编辑：马永超）

[1]　Mayke L. Wagner, Pavel Tarasov, Dominic Hosner, et al., Mapping of the spatial and temporal distribution of archaeological sites of northern China during the Neolithic and Bronze Age, *Quaternary International*, Vol.290-291 (2013), pp.344-357.

[2]　Gina L. Barnes, *Archaeology of East Asia: The Rise of Civilization in China, Korea and Japan*, Oxford: Oxbow Books, 2015; Li Liu, *The Chinese Neolithic: Trajectories to Early States*, Cambridge: Cambridge University Press, 2004; Li Liu, Xingcan Chen, *The Archaeology of China: From the Late Paleolithic to the Early Bronze Age*, Cambridge: Cambridge University Press, 2012.

考古遗存的多样性

——以二里头与南关为例

李修平*

摘要： 考古遗存的多样性，是研究者分析遗址内涵时经常需要面对的现象。本文以青铜时代早期的二里头与古城为例，尝试探索此现象的分类、意义与应用。根据现有的考古证据，这两处遗址均展现复杂的文化面貌。然而，二里头与南关所呈现的考古遗存多样性的性质却不相同。二里头体现的是"中心式"的多样性，意指作为政治、社会、经济或文化中心的遗址，一方面，吸引周边地区，甚至远方异域各式各样的日常用具与威望物品，以及外来人口，进入其中；另一方面，本地精英也企图通过独一无二的物质文化展现拥有者的与众不同，于是出现同类器物多元风格并存的现象。南关代表的则是"中介式"的多样性，意指位于不同考古学体系中间地带的遗址，因其特殊的地理位置，出现邻近地区的物质文化（特别是日用器物）高度混杂地分布于遗址之中。这也间接暗示，不同邻近地区的人群在中间地带的遗址内的频繁互动。借由分辨"中心式"与"中介式"的多样性，一方面可以厘清特定遗址的可能属性，并推测该遗址在考古学文化谱系中的空间位置；另一方面也可以根据特定遗址的可能属性与空间位置，进一步探索该遗址与周边地区复杂的互动关系。

关键词： 考古遗存的多样性　二里头　南关　区域互动

一、引　　言

当比较不同遗址的内涵时，研究者经常碰到以下状况：有些遗址内涵单纯，以本地遗存为主；另一些遗址面貌复杂，不但本地遗存种类丰富，风格多变，更有许多不同材质、种类与来源的外来遗存，包括日用器物与威望物品。针对后者，研究者大多根据不同个案，特别是重点遗址——如二里头——进行诠释[1]。然而，除了少数案

---

* 作者：李修平，台北，"中央研究院"历史语言研究所（lhp@asihp.net）。

[1] 例如，郑光：《二里头陶器文化论略》，中国社会科学院考古研究所：《二里头陶器集粹》，北京：中国社会科学出版社，1995年，第21—23页；许宏、袁靖主编：《二里头考古六十年》，北京：中国社会科学出版社，2019年，第301—303、363、364页。

例，中国学界鲜少对考古遗存多样性（以下简称"遗存多样性"）进行系统性的观察与解释。换言之，遗存多样性的现象，除了因时空情境的差异而有不同的解释外，是否蕴含普遍性的意义？这个现象是否存在不同类型？我们又该如何运用遗存多样性的概念分析考古学的重要课题？

自1980年到2000年前后，西方考古学界兴起一股讨论多样性（diversity）的热潮。一方面，许多西方学者尝试利用各种统计方法，比较不同遗址内出土遗存的繁简程度。而这些统计数据便成为分析遗存多样性的基本素材[1]。在这一系列的讨论中，除了展示如何运用统计方法进行分析外，也着重比较不同统计方法的优劣得失[2]。另一方面，部分学者则以达尔文的演化论与"新达尔文主义"（neo-Darwinism）为基础，探讨特定考古遗存在造型与风格上由简化繁的发展历程。简言之，遗存的演变经过与生物的演变机制类似。随着时代更迭，单一种类的器物逐渐发展出不同的造型与风格，而此发展历程则有迹可循。不过，演化论强调外在环境对于演化过程的决定性力量（即物竞天择、适者生存），但"新达尔文主义"则强调内在的固有特性（即基因遗传）在演化过程中所扮演的重要角色[3]。

若将这两种研究遗存多样性的方法放回西方考古学史的脉络，则均可将其归入"新考古学"（New Archaeology）或过程主义学派（Processualism）的范畴，即强调考古学应如自然科学，重视客观和量化，并寻找普遍性的通则。时至今日，尽管西方学界已不再强调区分过程主义学派与后过程主义学派，也鲜少利用统计方法或演化论来探讨遗存多样性，不过，回顾这段学术史可以启发我们利用中国的考古材料，另辟

---

[1]　Robert C. Dunnell, Diversity in archaeology: A group of measures in search of application, in Robert D. Leonard and George T. Jones, eds., *Quantifying Diversity in Archaeology*, Cambridge: Cambridge University Press, 1989, pp.142-149.

[2]　例如，George T. Jones, D. K. Grayson and C. Beck, Artifact class richness and sample size in archaeological surface assemblage, in R. C. Dunnell and D. K. Grayson, eds., *Lulu Linear Punctated*: *Essays in Honor of George Irving Quimby*, Ann Arbor: Museum of Anthropology, University of Michigan, 1983, pp.55-73; Keith W. Kintigh, Measuring archaeological diversity by comparison with simulated assemblages, *American Antiquity*, Vol.49: 1 (1984), pp.44-54; David Rhode, Measurement of archaeological diversity and the sample-size effect, *American Antiquity*, Vol.53: 4 (1988), pp.708-716; Robert D. Leonard and George T. Jones, eds., *Quantifying Diversity in Archaeology*; Peter H. McCartney and Margaret F. Glass, Simlation models and the interpretation of archaeological diversity, *American Antiquity*, Vol.55: 3 (1990), pp.521-536; Daniel Kaufman, Measuring archaeological diversity: An application of the Jackknife technique, *American Antiquity*, Vol.63: 1 (1998), pp.73-85; M. J. Baxter, Methodological issues in the study of assemblage diversity, *American Antiquity*, Vol.66: 4 (2001), pp.715-725.

[3]　例如，Fraser D. Neiman, Stylistic variation in evolutionary perspective: Inferences from decorative diversity and interassemblage distance in Illinois Woodland ceramic assemblages, *American Antiquity*, Vol.60: 1 (1995), pp.7-36; R. Lee Lyman and Michael J. O'Brien, Measuring and explaining change in artifact variation with clade-diversity diagrams, *Journal of Anthropological Archaeology*, Vol.19:1 (2000), pp.39-74.

蹊径地探索遗存多样性这个考古学中普遍的现象。

本文将以青铜时代早期的二里头与南关为例（图一），分析遗存多样性的特征。二里头位于豫西的洛阳盆地，是二里头文化的中心聚落，也是当时古代中国规模最大的聚落之一。20世纪60年代的发掘发现了种类丰富、材质多元、功能各异、来源庞杂的考古遗存，出土文物的多样性与复杂性有目共睹。南关位于晋南的垣曲盆地，地处二里头文化与东下冯文化的中间地带。因其特殊的地理位置，南关出土的遗存，杂糅了二里头文化、东下冯文化、下七垣文化、忻定盆地因素与本地因素。尽管二里头与南关的遗存均呈现多元复杂的面貌，但形式与内涵却截然不同。以下将分别讨论二里头与南关遗存多样性的不同模式，并总结这两种模式所体现的意义。

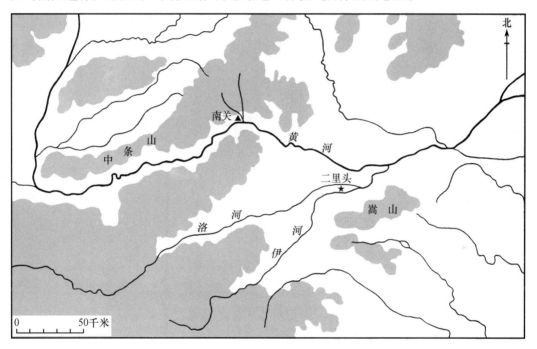

图一　二里头与南关的地理位置

二、二　里　头

二里头位于豫西的洛阳盆地（图一），地处华北西部高地与东部低地的过渡地带，战略意义与交通位置极为重要。该盆地群山环绕，易守难攻，北为广武山，东、南两侧为嵩山，西为崤山。黄河为盆地北方的天然屏障，流经广武山北侧。伊河与洛河源于西南部山地，向东北流入洛阳盆地，其后汇流形成伊洛河，最终在盆地东北部汇入黄河。上述河流除了提供丰沛的水利资源外，其所形成的山间谷地更是洛阳盆地联系周边地区的交通要道。

青铜时代早期，二里头所处洛阳盆地的聚落分级现象已经非常复杂。根据历年调查与发掘的结果，洛阳盆地至少发现205处与二里头同时期的遗址[1]。依据遗址规模，可粗分为四级。其中以二里头的面积最大，达300万平方米[2]。其次，至少发现6处大型遗址（50万～80万平方米）环绕二里头，包括高崖西、南寨上村东、古城东北、稍柴、黑王与景阳冈。另有许多中型（10万～50万平方米）与小型遗址（10万平方米以下）。可见，青铜时代早期的洛阳盆地，聚落形态呈金字塔状，分层明显[3]。此外，当时洛阳盆地内各个遗址的物质遗存，特别是陶器群高度相似，因此可能属于同一个社会组织甚至政治实体[4]。规模最大的二里头应是这个政治实体的中心聚落。根据地层学与陶器类型学的研究，以二里头遗址为代表的考古学文化——二里头文化可分为四期八段[5]。此外，最新的14C测年结果显示，二里头遗址属于二里头文化的绝对年代为公元前1750～前1520年[6]，不过有些学者仍对这个数据有所疑虑[7]。由于在这个时期，二里头是古代中国中原地区的中心聚落，因此从中原的视角而论，可称为"二里头时代"[8]。

就微观而论，二里头是一座布局清晰、设计精良的遗址（图二）。二里头文化一期，遗址规模较小，仅有100万平方米，考古遗存分布于整个遗址地势最高的中部与东南部。由于一期的文化层受到后期人类活动严重破坏，因此布局不清，也无从得知当时的二里头是一处完整的聚落还是由数个小聚落组合而成[9]。不过，从二期开始，二里头迅速扩张至300万平方米，布局清晰且结构完整，直到四期结束。二里头的聚落布局主要包括：①宫城。位于遗址地势最高的中部偏东南，始建不晚于二期，其内大型

---

[1]　中国社会科学院考古研究所、中澳美伊洛河流域联合考古队：《洛阳盆地中东部先秦时期遗址：1997—2007年区域系统调查报告》，北京：科学出版社，2019年。

[2]　中国社会科学院考古研究所：《二里头：1999～2006》，北京：文物出版社，2014年，第17页。

[3]　必须指出的是，除非对每个遗址进行系统性的钻探调查与发掘，否则不易确定遗址的实际面积。尽管如此，调查结果对于遗址面积的估算与总体趋势的呈现仍具参考意义。

[4]　Li Liu and Xingcan Chen, *State Formation in Early China*, London: Duckworth, 2003; Li Liu and Xingcan Chen, *The Archaeology of China*: *From the Late Paleolithic to the Early Bronze Age*, Cambridge: Cambridge University Press, 2012；许宏：《从二里头遗址看华夏早期国家的特质》，《中原文物》2006年第3期，第39、40、51页。

[5]　中国社会科学院考古研究所：《二里头：1999～2006》，第25页。

[6]　中国社会科学院考古研究所：《二里头：1999～2006》，第1229—1238页；仇士华：《14C测年与中国考古年代学研究》，北京：中国社会科学出版社，2015年，第101页。

[7]　例如，刘绪：《夏文化探讨的现状与任务》，《中原文化研究》2018年第5期，第5—13页。刘莉的意见，见中国社会科学院考古研究所、中澳美伊洛河流域联合考古队：《洛阳盆地中东部先秦时期遗址：1997—2007年区域系统调查报告》，第1228页。

[8]　许宏：《略论二里头时代》，中国殷商文化学会编：《2004年安阳殷商文明国际学术研讨会论文集》，北京：社会科学文献出版社，2004年，第366—371页。

[9]　中国社会科学院考古研究所：《二里头：1999～2006》，第1657页。

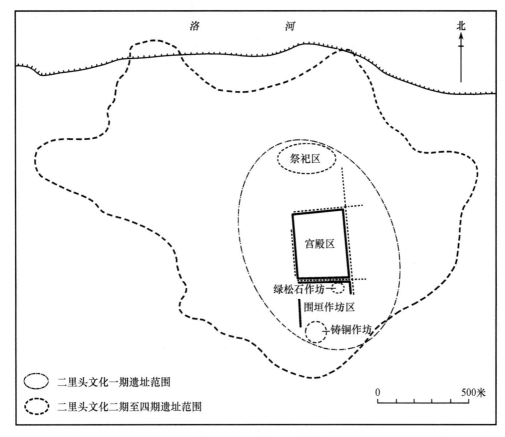

图二　二里头遗址平面图

（改绘自中国社会科学院考古研究所：《二里头：1999～2006》，第1656页，图11-2-1-1；许宏、陈国梁、赵海涛：
《二里头遗址聚落形态的初步考察》，《考古》2004年第11期，第24页，图一）

夯土基址林立。整个宫城由四条大道与夯土城墙所包围，总面积为10.8万平方米[1]。
②围垣作坊区。位于宫城以南，东、北、西三面由夯土围墙环绕，南侧可能为一大
沟。自二期起，围垣作坊区出现制作威望物品的作坊，包括北边的绿松石作坊与南边
的铸铜作坊[2]。此外，虽然尚未找到直接证据，但在围垣作坊区内可能也存在玉器作
坊[3]。③贵族居住区。在宫城周围，发现许多中小型的夯土基址与随葬威望物品的高
等级墓葬，因此推测其为本地贵族的居住区[4]。④"祭祀区"。在宫城北部与西北部
占地东西长300、南北宽约200米的范围内发现许多长方形与圆形遗迹，在其中或其附

[1]　中国社会科学院考古研究所：《二里头：1999～2006》，第574页。

[2]　郑光：《二里头遗址的发掘——中国考古学上的一个里程碑》，中国先秦史学会、洛阳市第二文物
工作队编：《夏文化研究论集》，北京：中华书局，1996年，第67页；中国社会科学院考古研究所：《二里头：
1999～2006》，第1662、1663页。

[3]　中国社会科学院考古研究所二里头工作队：《河南偃师市二里头遗址墙垣和道路2012～2013年发掘
简报》，《考古》2015年第1期，第57页。

[4]　中国社会科学院考古研究所：《二里头：1999～2006》，第1662页。

近区域发现许多墓葬，包括随葬威望物品等级较高的墓葬。学者推测这些遗迹可能与祭祀有关，因此认定是"祭祀区"[1]。不过，笔者以为，这些遗迹的实际功能仍有待厘清。⑤平民居住区。在遗址的西部与西北部，零散发现小型房址与低等级墓葬，推测为平民生活区[2]。⑥制陶与制骨作坊[3]。

由上可见，二里头的规模宏大、设计完善、层次分明，无疑是洛阳盆地乃至整个二里头文化分布范围的中心聚落。二里头出土种类繁多的考古遗存，包括陶器、玉器、绿松石器、铜器、朱砂、漆器及海贝等。下文将按照不同材质依序分析。

（一）陶器

陶器（特别是容器）是二里头最常见的考古遗存，清楚地展现了该遗址的遗存多样性。就功能而言，包括日用陶器与可能用于仪式或宴飨的礼器。就材质而言，除了本地常见的灰陶外，还出土了白陶、磨光灰黑陶、原始瓷与印纹硬陶。就来源而言，以本地的二里头文化为主，另发现许多外来因素，包括北边的下七垣文化、东下冯文化与忻定盆地因素，东边的岳石文化，以及南边的后石家河文化与马桥文化。以下将根据不同的文化因素逐一讨论。

1. 二里头文化

依据不同的造型、特征与功能，二里头文化的本地陶器可分为二十多种，诸如深腹罐、圆腹罐、鼎、甗等炊器，豆、三足盘、深腹盆、平底盆、刻槽盆、捏口罐、大口尊、缸、罍等盛储器，以及爵、鬶、盉、觚等礼器（图三）。这些陶器大多源于本地的龙山时代传统，即王湾三期文化[4]，与新砦期也有密不可分的关系[5]。其中部

[1]　中国社会科学院考古研究所：《中国考古学·夏商卷》，北京：中国社会科学出版社，2003年，第129页；杜金鹏：《偃师二里头遗址祭祀遗存的发现与研究》，《中原文物》2019年第4期。

[2]　中国社会科学院考古研究所：《二里头：1999～2006》，第1663页。

[3]　陈国梁、李志鹏：《二里头遗址制骨遗存的考察》，《考古》2016年第5期，第59—70页。

[4]　中国社会科学院考古研究所：《中国考古学·新石器时代卷》，北京：中国社会科学出版社，2010年，第535—537页。

[5]　关于二里头文化一期与新砦期的关系，学界仍有不同意见。有些学者认为新砦期早于二里头文化一期，且二里头文化源于新砦期。例如，北京大学震旦古代文明研究中心、郑州市文物考古研究院：《新密新砦：1999～2000年田野考古发掘报告》，北京：文物出版社，2008年；魏继印：《论新砦文化的源流及性质》，《考古学报》2018年第1期，第1—24页。但有些学者则认为，二里头文化一期与新砦期时代相同，相互竞争。例如，李维明：《二里头文化一期遗存与夏文化初始》，《中原文物》2002年第1期，第33—42页；许宏：《"新砦文化"研究历程述评》，中国社会科学院考古研究所夏商周考古研究室编：《三代考古》（二），北京：科学出版社，2006年，第146—158页；张海：《公元前4000至前1500年中原腹地的文化演进与社会复杂化》，北京大学博士学位论文，2007年；张莉：《从龙山到二里头：以嵩山南北为中心》，北京大学博士学位论文，2012年。就陶器类型学的分析而论，尽管二里头文化一期与新砦期仍有所区别，但两者的陶器群相似性颇高。因此，至少可以肯定的是，二里头文化一期与新砦期的陶器存在紧密的关系。

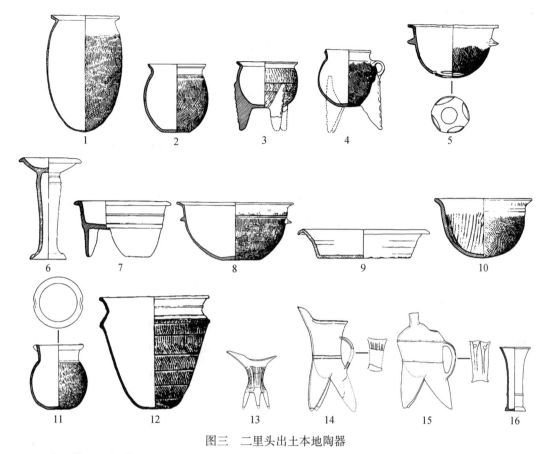

图三 二里头出土本地陶器

1.深腹罐 2.圆腹罐 3.鼎 4.单耳罐形鼎 5.甑 6.豆 7.三足盘 8.深腹盆 9.平底盆 10.刻槽盆
11.捏口罐 12.大口尊 13.爵 14.鬶 15.盉 16.觚

（分别采自中国社会科学院考古研究所：《偃师二里头：1959年～1978年考古发掘报告》，北京：中国大百科全书出版社，1999年，第97页，图53-2；第100页，图55-3；第52页，图25-8；第127页，图75-11；第209页，图132-1；第114页，图65-10；第224页，图141-1；第104页，图58-3；第107页，图60-6；第214页，图135-8；第219页，图138-2；第221页，图139-6；第254页，图166-4；第134页，图80-1；第254页，图166-2；第133页，图79-8）

分陶器，包括鬶、盉、觚、三足盘与圆腹罐及其不同亚型（如花边罐、双耳罐与双鋬罐）原来流行于其他地区。例如，前四者皆源于新石器时代的山东地区[1]，而圆腹罐则可能源于西部的甘青地区[2]。然而到了龙山时代与新砦期，上述陶器皆已出现于豫西并被二里头文化所继承。此外，还有少量陶器可能是本地的新发明，如爵[3]、单耳

[1] 中国社会科学院考古研究所：《中国考古学·新石器时代卷》，第282—285、595—598页。

[2] 韩建业：《论二里头青铜文明的兴起》，《中国历史文物》2009年第1期，第40、41页。

[3] 关于爵的起源，众说纷纭。有的学者认为，爵乃演变自新石器时代山东地区的鬶。石璋如：《殷墟最近之重要发现附论小屯地层》，《中国考古学报》1947年第2册，第145页，脚注5。有的学者认为，爵乃演变自龙山时代晚期开始出现于豫西的另一种三足陶器，即所谓"原始爵"。杜金鹏：《陶爵：中国古代酒器研究之一》，《考古》1990年第6期，第519—530、564页。有的学者则推测，爵可能与觚一同从近东传入中原。Louisa G. Fitzgerald-Huber, Qijia and Erlitou: The question of contacts with distant cultures, *Early China*, Vol. 20 (1995), pp.59-63. 无论如何，可以肯定的是，二里头已经大量制作并使用陶爵。

罐形鼎与捏口罐等。

除了常见的灰陶外，二里头还发现了两种数量相对较少但特征鲜明的陶类。第一类是白陶。白陶的原料是高岭土，但由于原料的颜色不纯，白陶的色调略有不同，或偏红、橙、黄。在二里头时代的豫西，白陶主要用来制作爵、鬶、盉等礼器（图四），以及少量特殊物品，如在现今所见二里头规格最高的墓葬2002ⅤM3中，即发现3件白陶质的斗笠形器[1]，可能是头部饰品。除了二里头，在豫西其他二里头文化的遗址中也出土不少白陶，如登封南洼遗址即为一例[2]。根据相关研究，南洼可能是二里头白陶的产地之一，不过二里头出土的白陶仍有其他产地[3]。值得注意的是，豫西

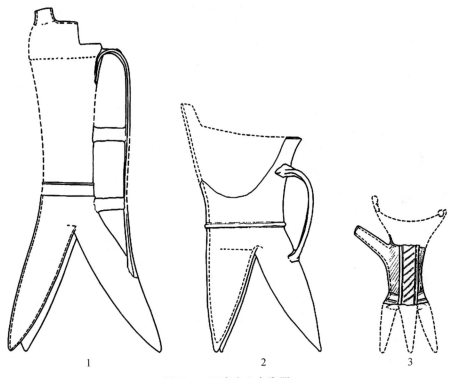

图四　二里头出土白陶器

1.盉　2.鬶　3.管流爵

（分别采自中国社会科学院考古研究所：《二里头：1999～2006》，第996页，图6-4-3-2-2C.7；第104页，
图3-2-1-23；第107页，图3-2-1-25）

[1]　中国社会科学院考古研究所：《二里头：1999～2006》，第1002页。

[2]　郑州大学历史文化遗产保护研究中心：《登封南洼：2004～2006年田野考古报告》，北京：科学出版社，2014年，第963—964页。

[3]　韩国河、赵维娟、张继华等：《用中子活化分析研究南洼白陶的原料产地》，《中原文物》2007年第6期，第83—86、90页；Li Liu, Xingcan Chen, and Baoping Li, Non-state crafts in the early Chinese state: An archaeological view from the Erlitou hinterland, *Bulletin of the Indo-Pacific Prehistory Association*, Vol. 27 (2007), pp. 93-102；李宝平、刘莉、陈星灿等：《偃师二里头遗址出土白陶产地的初步探讨及锶同位素分析的重要意义》，罗宏杰、郑欣淼主编：《'09古陶瓷科学技术7国际讨论会论文集》，上海：上海科学技术文献出版社，2009年，第65—70页；Bao-Ping Li, Li Liu, Xing-Can Chen, et al., Chemical comparison of rare Chinese white pottery from four sites of the Erlitou state: Results and archaeological implications, *Archaeometry*, Vol. 52: 5 (2010), pp. 760-776.

制作白陶的工艺并非本地起源，而可能引自山东地区。栾丰实指出，古代中国白陶的产地可分为南、北两大独立系统，即长江中游的湘西地区与黄淮下游的山东地区。山东地区的白陶最早见于大汶口文化晚期（约前3000—前2600年），然后由山东龙山文化（约前2600—前2000年）继承。在山东地区，白陶不仅被用来制作礼器，特别是造型特殊的鬶，也被用来制作日用陶器。自大汶口晚期开始，白陶就已向西传入中原。此后，中原在龙山与二里头时代一直有少量白陶[1]。在豫西地区，除了从山东地区引入白陶鬶等礼器外，二里头时期的本地陶匠已经采用这种技艺制作精致的爵、鬶、盉等礼器，并可能将其使用于本地的仪式活动之中。

除了白陶，第二类比较特殊的陶器是磨光灰黑陶。这种制法的陶器常见于特定的器类，包括折肩罐、高领罐、平底盆、三足盘、大口尊与豆，装饰风格相同，特别是在罐或尊等容器肩部大多饰一两周鱼刺纹（图五）。此外，在一些"微型化"的陶器上，也采用这种制作工艺。例如，一般的大口尊高40—50厘米；然而，在二里头则发现微型化的大口尊，高度约为一般大口尊的一半，但为磨光灰黑陶，且肩部也带有鱼刺纹[2]。由上可见，灰黑色、器表磨光、肩部饰鱼刺纹是这类陶器的主要特征。相对于常见的灰陶，磨光灰黑陶在制作上更加精细。这类陶器不仅用于日常生活，也可能用于特殊活动。其实，灰黑色、磨光等陶器特征也源于山东地区。虽然豫西在龙山时代已经出现了磨光灰黑陶，但直到二里头时代，特别是在二里头遗址内，此类陶器才相对比较流行。

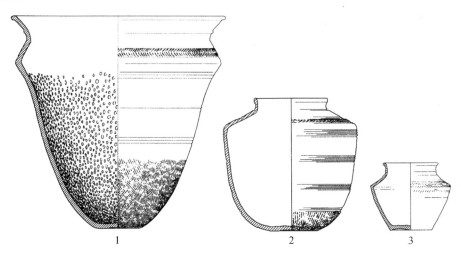

图五　二里头出土磨光灰黑陶器

1.大口尊　2.高领罐　3.折肩罐

（分别采自中国社会科学院考古研究所：《二里头：1999～2006》，第943页，图6-4-2-76-2D；第1009页，图6-4-3-5-2A；第1020页，图6-4-3-10-2）

[1]　栾丰实：《海岱地区史前白陶初论》，《考古》2010年第4期，第58—70页。

[2]　中国社会科学院考古研究所：《偃师二里头：1959年～1978年考古发掘报告》，第252、253页。

除了上述三类陶器外，在二里头还出现器类相同但风格多变的现象，如二里头最具代表性的礼器陶爵（图六）。在二里头文化一期时，二里头已经发现陶爵，但数量稀少。到了二期，陶爵不但数量大增，而且风格多变。第一，就器类而论，除了前有流、后有尾的一般陶爵外，还出现管流爵。第二，就陶质而论，除了灰陶爵外，还出现精致的白陶与黑陶爵，甚至也发现岳石文化风格的陶爵，即饰篦纹的红褐陶爵（详下）。第三，就造型而论，除了有高矮、胖瘦、平底和圜底之别外，有的流尾等高，有的流高尾矮。第四，就装饰而论，有的器身仅饰数周凸弦纹；有的则在器身饰斜向的刻划细线纹。此外，有的鋬上饰刻划细线纹，但有纵向与斜向之别。再者，有的在鋬的上侧附加两个乳钉，有的则在流口接器身处或尾部接器身处附加乳钉。自三期以后更出现了青铜爵。尽管可能由于青铜爵的发明，陶爵在二里头社会的重要性下降，也连带促使陶爵的风格与特征不如二期复杂，但总体而言，仍呈现多元面貌。德留大辅指出，二里头陶爵风格多变的现象，应该是同时存在不同系统各自发展的结果[1]。

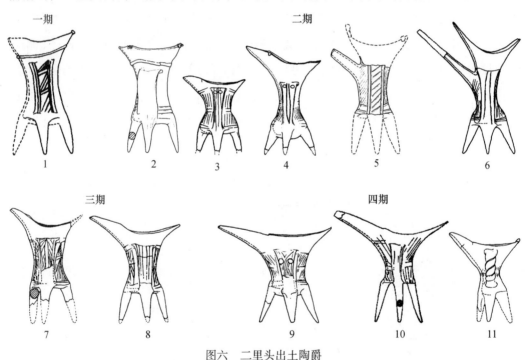

图六　二里头出土陶爵

1. Ⅱ·ⅤM54∶7　2. 2001ⅤM1∶8　3. ⅤM22∶1　4. ⅥM8∶2　5. 2001ⅤM1∶10　6. ⅣM11∶5
7. ⅣM17∶2　8. ⅣM7∶5　9. ⅣT3②下∶13　10. 84M11∶20　11. ⅥKM6上∶3

（1、3、4、6—9、11. 采自中国社会科学院考古研究所：《偃师二里头：1959年～1978年考古发掘报告》，第72页，图38-5；第136页，图81-5；第136页，图81-7；第136页，图81-9；第254页，图166-3；第254页，图166-4；第325页，图215-15；第325页，图215-16　2、5. 采自中国社会科学院考古研究所：《二里头：1999～2006》，第996页，图6-4-3-2-2C.8；第107页，图3-2-1-25　10. 采自《考古》1986年第4期，第322页，图八，11）

［1］〔日〕德留大辅著，刘海宇译：《从礼器看二里头文化各地区之间的关系》，中国社会科学院考古研究所夏商周考古研究室编：《三代考古》（六），北京：科学出版社，2015年，第133—136页。

根据类型学的分析，二里头的陶爵风格的确出现由简变繁的过程。二里头陶爵造型、风格多变的因素，则可能体现了拥有者的心态，即为突显拥有者与众不同的品位与身份，因此对于在公开、仪式场合使用的特殊容器，在造型与风格上力求创新。当然，以上的推论仍需要进一步检证。

由上可知，二里头所见的本地陶器，内涵复杂，功能各异，造型不同。追溯二里头陶器的源流，大部分沿袭豫西的新石器时代传统，不过有些则是外来因素本地化的结果，有些则可能是二里头时期的新发明。除了常见的灰陶外，还发现了精致的白陶与磨光灰黑陶。再者，有些陶器或许因为使用者的个别需求（特别是反映社会地位的礼器）而出现风格多变的现象。

除了内涵复杂的本地陶器外，二里头还发现许多来源各异的外来陶器，其源流、特征、数量与考古脉络，笔者已详论于另外一篇文章，兹不赘述[1]。以下仅择要呈现二里头所见外来陶器的遗存多样性。

2. 下七垣文化

下七垣文化分布于太行山与黄河故道之间的狭长地带[2]，其下可细分为三个地方类型，包括西南部的辉卫型、中部与东南部的漳河型，与北部的保北型[3]。由于地缘关系，二里头所见的外来陶器又与辉卫型及漳河型的关系较为密切。主要为日常用品，包括细腰鬲、鼎、橄榄形深腹罐等炊器，以及束颈盆等储存器（图七，1—4）。

---

[1]　李修平：《外来遗存的考古脉络：论周边地区对二里头遗址的影响》，四川大学博物馆、四川大学考古学系、成都文物考古研究院编：《南方民族考古》（第十九辑），北京：科学出版社，2021年，第141—173页。

[2]　关于二里头时代太行山以东的考古学文化属性，其实学者看法分歧。参见刘绪：《论卫怀地区的夏商文化》，北京大学考古系编：《纪念北京大学考古专业三十周年论文集：1952—1982》，北京：文物出版社，1990年，第171—210页；张立东：《论辉卫文化》，考古编辑部编：《考古学集刊》（10），北京：地质出版社，1996年，第206—256页；张翠莲：《论冀中北部地区的下岳各庄文化》，《文博》2002年第3期，第16—20页；徐海峰：《太行山东麓北部地区夏时期考古学文化述论》，北京大学震旦古代文明研究中心、河南省文物考古研究所、河北省文物研究所等：《早期夏文化与先商文化研究论文集》，北京：科学出版社，2012年，第272—282页；张渭莲：《再论下岳各庄文化》，北京大学震旦古代文明研究中心、河南省文物考古研究所、河北省文物研究所等：《早期夏文化与先商文化研究论文集》，第283—290页；张渭莲：《夏代时期的太行山东麓地区》，中国社会科学院考古研究所编：《夏商都邑与文化（二）："纪念二里头遗址发现55周年学术研讨会"论文集》，北京：中国社会科学出版社，2014年，第437—455页；张渭莲、段宏振：《中原与北方之间的文化走廊：太行山东麓地区先秦文化的演进格局》，北京：文物出版社，2015年；王迅：《论先商文化补要类型》，北京大学震旦古代文明研究中心、河南省文物考古研究所、河北省文物研究所等：《早期夏文化与先商文化研究论文集》，第291—295页。

[3]　胡保华、王立新：《试论下七垣文化的类型与分期》，北京大学震旦古代文明研究中心、河南省文物考古研究所、河北省文物研究所等：《早期夏文化与先商文化研究论文集》，第296—322页。

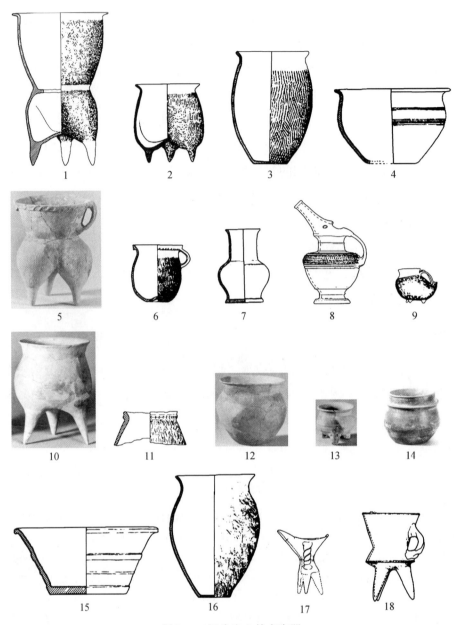

图七　二里头出土外来陶器

1. 细腰甗　2、10. 鬲　3. 橄榄形深腹罐　4. 束颈盆　5. 单把鬲　6. 单耳罐　7. 长颈壶　8. 壶形盉　9. 鸭形器

11. 甗腰　12. 圆腹罐　13. 鼎　14. 子母口罐　15. 敞口平底盆　16. 深腹罐　17. 爵　18. 高领罕

（1、8、11. 采自中国社会科学院考古研究所：《二里头：1999～2006》，第879页，图 6-4-2-56-2D.25；
第1003页，图6-4-3-4-2B.9；第260页，图4-4-1-17-2.17　2—4、6、7、9、15—18. 采自中国社会科学院考古研究
所：《偃师二里头：1959年～1978年考古发掘报告》，第312页，图206-3；第306页，图202-9；第315页，
图209-1；第127页，图75-5；第72页，图38-10；第72页，图38-8；第315页，图209-9；第306页，图203-10；
第325页，图215-16；第211页，图133-9　5、10、12—14. 采自中国社会科学院考古研究所：《二里头陶器集
粹》，第257页，图311；第252页，图305右；第285页，图351；第299页，图369；第84页，图50）

在二里头一期时，太行山以东仍属于从后冈二期文化进入下七垣文化的过渡阶段[1]。在这个时期，二里头已经受到太行山以东地区的影响，不过程度较轻。自二期起，二里头出土越来越多与下七垣文化因素有关的陶器，特别是到了四期晚段数量剧增，分布于二里头各处，尤其是宫城内外。对于这个引人注目的现象，学者提出了不同看法。一种看法认为，在四期晚段，二里头突然出现大量的外来遗存，特别是太行山以东的下七垣文化与黄淮下游的岳石文化，说明二里头受到这两群境外势力的入侵[2]。但另一种看法认为，尽管二里头在四期晚段出现外来遗存突然剧增的现象，但遗址本身却持续繁荣到四期结束[3]。因此，这个现象应该是其他因素造成。无论如何，随着时代更迭，下七垣文化对于二里头的影响逐渐增强，应无疑义。

3. 东下冯文化

东下冯文化分布于晋西南，包括太行山以西、黄河以北的运城盆地与临汾盆地。一般认为，晋西南在二里头时代属于豫西二里头文化的地方类型，即东下冯类型[4]。不过，有些学者指出，因为当地的文化面貌特征鲜明，应该独立于二里头文化之外，故称为东下冯文化[5]。笔者以为，由于在二里头时期，晋西南的炊器系统明显与豫西不同，因此就饮食习惯而言，两地应分属于不同的文化体系[6]。二里头所见东下冯文

[1]　张渭莲、段宏振：《中原与北方之间的文化走廊：太行山东麓地区先秦文化的演进格局》，第117、118页。

[2]　杜金鹏：《"偃师商城界标说"解析》，河南省文物考古研究所编：《华夏文明的形成与发展》，郑州：大象出版社，2003年，第252—264页；高炜、杨锡璋、王巍等：《偃师商城与夏商文化分界》，《考古》1998年第10期，第66—79页；赵海涛：《二里头遗址二里头文化四期晚段遗存探析》，《南方文物》2016年第4期，第115—123页；中国社会科学院考古研究所：《中国考古学·夏商卷》，第81页。

[3]　许宏：《二里头1号宫殿基址使用年代刍议》，杜金鹏、许宏主编：《二里头遗址与二里头文化研究》，北京：科学出版社，2006年，第64—77页；许宏、刘莉：《关于二里头遗址的省思》，《文物》2008年第1期，第42—52页；许宏、陈国梁、赵海涛：《二里头遗址聚落形态的初步考察》，《考古》2004年第11期，第23—31页；中国社会科学院考古研究所：《二里头：1999～2006》，第1658、1661、1662页；邹衡：《试论夏文化》，氏著：《夏商周考古学论文集》，北京：文物出版社，1980年，第95—182页。

[4]　例如，邹衡：《试论夏文化》，氏著：《夏商周考古学论文集》，第95—182页；李伯谦：《东下冯类型的初步分析》，《中原文物》1981年第1期，第25—29页；刘绪：《东下冯类型及其相关问题》，《中原文物》1992年第2期，第66—71页；李维明：《再议东下冯类型》，《中原文物》1997年第2期，第22—31页；中国社会科学院考古研究所、中国历史博物馆、山西省考古研究所：《夏县东下冯》，北京：文物出版社，1988年。

[5]　张忠培、杨晶：《客省庄与三里桥文化的单把鬲及其相关问题》，《宿白先生八秩华诞纪念文集》编辑委员会：《宿白先生八秩华诞纪念文集》，北京：文物出版社，2002年，第1—49页；郑杰祥：《夏史初探》，郑州：中州古籍出版社，1988年，第246—254页；张立东：《论辉卫文化》，考古编辑部编：《考古学集刊》（10），第206—256页；段天璟：《二里头文化时期的中国》，北京：社会科学文献出版社，2014年，第176—177页。

[6]　李修平：《外来遗存的考古脉络：论周边地区对二里头遗址的影响》，四川大学博物馆、四川大学考古学系、成都文物考古研究院编：《南方民族考古》（第十九辑），第156页。

化的陶器，主要为单耳罐，另有少量单把鬲（图七，5、6）。自不晚于二里头文化二期开始，东下冯文化因素的陶器就已经出现于二里头，数量相对较多，并出土于等级相对较高的墓葬中。不过，随着时代发展，东下冯文化因素的陶器数量逐渐减少，至四期似乎只发现1件带有东下冯文化因素的陶器。整体而言，东下冯文化对于二里头的影响逐渐式微。

4. 忻定盆地因素

忻定盆地位于山西省中部偏北，其南为太原盆地，北为大同盆地。由于二里头时代忻定盆地的考古学文化属性名称众多，诸如游邀晚期遗存[1]、尹村类型[2]等，因此本文暂用地理区名称，即"忻定盆地因素"，泛称二里头时代当地的考古遗存。二里头曾经出土少量带有忻定盆地因素的外来遗存，高领斝（图七，18）即为一例。虽然数量极少，但意义特殊。在二里头文化三期，二里头仅出土1件高领斝。值得注意的是，这件高领斝为红褐色，并饰篦纹[3]，显然为典型的岳石风格（详下）。因此，这件高领斝其实混合忻定盆地因素与岳石文化因素，且极可能由岳石文化的陶匠所制，而非直接自忻定盆地输入。更甚者，在二里头文化四期时，二里头还出现2件青铜高领斝，均随葬于高等级的贵族墓葬[4]。学者认为，这2件青铜高领斝应为二里头本地的青铜作坊所铸造[5]。由于在二里头文化四期时，这种源于忻定盆地的特殊容器由当时最先进的青铜铸造技术制造而成，且随葬于贵族墓葬中，因此可知，最晚于这个时期，高领斝已经使用于二里头贵族的仪式，甚至宴飨等活动之中，成为二里头社会礼器的一部分。

5. 岳石文化

岳石文化分布于山东半岛及其周边地区，东至于海，西至鲁西南与豫东，南至江

［1］　段天璟：《二里头文化时期的中国》，第189—200页。

［2］　常怀颖：《夏时期太行山西麓考古学文化谱系研究》，中国社会科学院考古研究所编：《夏商都邑与文化（二）："纪念二里头遗址发现55周年学术研讨会"论文集》，第494页。

［3］　中国社会科学院考古研究所：《偃师二里头：1959年～1978年考古发掘报告》，第201页。

［4］　中国社会科学院考古研究所二里头工作队：《1984年秋河南偃师二里头遗址发现的几座墓葬》，《考古》1986年第4期，第319页；中国社会科学院考古研究所二里头工作队：《河南偃师二里头遗址发现新的铜器》，《考古》1991年第12期，第1138、1139页。

［5］　例如，陈国梁：《二里头文化铜器研究》，中国社会科学院考古研究所编：《中国早期青铜文化——二里头文化专题研究》，北京：科学出版社，2008年，第137页；张昌平：《也论二里头青铜器的生产技术》，中国社会科学院考古研究所编：《夏商都邑与文化（二）："纪念二里头遗址发现55周年学术研讨会"论文集》，第126—137页。

淮，北至辽东半岛南端[1]。相对于其他地区，岳石文化的陶器风格独树一帜，常见饰篦纹的红褐色陶与子母口作风[2]。二里头所见岳石文化因素的陶器至少包括三类（图七，10—18）：第一类为篦纹红褐陶，如深腹罐、鬲、甗、圆腹罐；第二类为灰陶，如鼎、子母口罐、敞口平底盆；第三类为融和作风，包括前述的爵与高领斝。自不晚于二期起，岳石文化因素的陶器就已经出现于二里头遗址。不过值得注意的是，跟下七垣文化的情况类似，在四期晚段，大量岳石文化因素的陶器，特别是深腹罐与鬲突然广布于遗址全境，尤其是在宫城内外与围垣作坊区。关于这个现象，除了前述二里头在四期晚段是否发生外来者入侵的争辩之外，也有学者指出，在这个阶段，二里头的铜料来源转移到山东半岛，因此，围垣作坊区才会发现许多岳石文化因素的陶器[3]。假如铜矿转移说的论点成立，即表示山东半岛铜矿的输入，连带促使较多属于岳石文化的人口进入并散布于二里头遗址全境。无论如何，可以肯定的是，在四期晚段，岳石文化对二里头遗址带来比较深刻的影响。

6. 后石家河文化

除了受到黄河流域不同考古学文化的影响外，二里头也发现了少量来自长江流域的外来陶器，如长江中游的后石家河文化因素[4]，包括长颈壶与壶形盉（图七，7、8）。长颈壶是长江中游两湖地区石家河文化常见的日用陶器[5]。然而到了后石家河文化时期，主要流行于长江中游的北部地区[6]。至于壶形盉，根据学者研究[7]，最

---

[1]　中国社会科学院考古研究所：《中国考古学·夏商卷》，第447页。

[2]　中国社会科学院考古研究所：《中国考古学·夏商卷》，第442页。

[3]　金正耀：《二里头青铜器的自然科学研究与夏文明探索》，《文物》2000年第1期，第56—64、69页；李清临、朱君孝：《二里头文化研究的新视角：从青铜器的铅同位素比值看二里头四期的文化性质》，《江汉考古》2007年第4期，第21、67—71页；中国社会科学院考古研究所二里头工作队：《河南偃师市二里头遗址墙垣和道路2012～2013年发掘简报》，《考古》2015年第1期，第57页。

[4]　不同学者对于长江中游最末期的考古遗存有不同名称，如孟华平称"后石家河文化"、何驽称"肖家屋脊文化"、王劲称"三房湾文化"，本文采孟华平之说。孟华平：《长江中游史前文化结构》，武汉：长江文艺出版社，1997年，第134页；何驽：《试论肖家屋脊文化及其相关问题》，中国社会科学院考古研究所夏商周考古研究室编：《三代考古》（二），第98—145页；王劲：《后石家河文化定名的思考》，《江汉考古》2007年第1期，第60—72页。

[5]　湖南省文物考古研究所：《澧县城头山：新石器时代遗址发掘报告》，北京：文物出版社，2007年，第618—620页；湖北省荆州博物馆、湖北省文物考古研究所、北京大学考古系：《肖家屋脊》，北京：文物出版社，1999年，第152—154页；湖北省文物考古研究所、随州市博物馆：《随州金鸡岭》，北京：科学出版社，2011年，第269页。

[6]　湖北省文物考古研究所、随州市博物馆：《随州金鸡岭》，第269—270页。

[7]　庞小霞、高江涛：《先秦时期封顶壶形盉初步研究》，《考古》2012年第9期，第45—52页。

早出现于后石家河文化[1]，其后，向北传入南阳盆地的西南部[2]。自二里头文化一期起，这两类后石家河文化因素的陶器已经出现于二里头。不过，跟黄河流域的外来陶器相比，长颈壶与壶形盉在二里头遗址的出现时代、考古背景与材质风格，明显有别。首先，长颈壶均属一期，壶形盉均属二期[3]。换言之，这两种陶器集中出现于二里头文化的早期。其次，这两类陶器均出土于等级较高的墓葬，或者宫城内，应为威望物品。最后，以壶形盉为例，除了磨光灰黑陶所制外，还发现至少3件原始瓷壶形盉，材质特殊。由上可见，后石家河文化在二里头文化的早期通过制作精致的陶器影响二里头的精英阶层。

7. 马桥文化

此外，分布于长江下游的马桥文化因素亦出现于二里头，不过十分少见，其中又以鸭形器最具代表性（图七，9）。根据学者研究[4]，鸭形器最早见于良渚文化[5]。在二里头时代，鸭形器则流行于马桥文化，为印纹硬陶或原始瓷所制[6]。在二里头，仅发现1件定为一期的鸭形器，出土于等级较高的墓葬之中[7]。学者已经指出，由于二里头所见的鸭形器为印纹硬陶，应非本地制作，而可能来自长江下游[8]。如果与前述带有后石家河文化因素的陶器合而观之，长江中下游地区对于二里头的影响，特别是陶器，均集中于二里头文化一、二期，且多见于等级较高的墓葬，或在宫城内外，

---

[1] 湖北省文物考古研究所、中国社会科学院考古研究所：《湖北天门市石家河三处新石器时代遗址发掘》，考古编辑部编：《考古学集刊》（10），第56页；湖北省荆州博物馆、湖北省文物考古研究所、北京大学考古系：《肖家屋脊》，第258页。

[2] 河南省文物研究所、长江流域规划办公室考古队河南分队：《淅川下王冈》，北京：文物出版社，1989年，第261页；庞小霞、高江涛：《先秦时期封顶壶形盉初步研究》，《考古》2012年第9期，第45页。

[3] 其实，在二里头曾发现2件定为四期的原始瓷壶形盉残片，但因为发现于宫城六号基址的夯土与路土，而且目前二里头所见的原始瓷壶形盉均属二期，因此，这2件原始瓷壶形盉的残片可能应属二期，但在修筑六号基址时，扰入四期的夯土与路土。中国社会科学院考古研究所：《二里头：1999～2006》，第682、690页。

[4] 安志敏：《记二里头的鸭形陶器》，河南博物院编：《河南博物院落成暨河南省博物馆建馆70周年纪念论文集》，郑州：中州古籍出版社，1998年，第65—68页；陈国庆：《中原地区和东南沿海地区鸭形壶》，《东南文化》1991年第5期，第226—229页。

[5] 南京博物院、吴县文管会：《江苏吴县澄湖古井群的发掘》，文物编辑委员会编：《文物资料丛刊》（9），北京：文物出版社，1985年，第1—22页；陆跃华：《嘉兴市古遗址调查》，浙江省文物考古研究所：《浙江省文物考古研究所学刊》，北京：文物出版社，1981年，第201页。

[6] 上海市文物管理委员会：《马桥：1993—1997年发掘报告》，上海：上海书画出版社，2002年，第216—223页。

[7] 中国社会科学院考古研究所：《偃师二里头：1959年～1978年考古发掘报告》，第71页。

[8] 安志敏：《记二里头的鸭形陶器》，河南博物院编：《河南博物院落成暨河南省博物馆建馆70周年纪念论文集》，第65—68页。

显示这些与南方有关的精致陶器可能在当时的二里头被视为威望物品，用于贵族的日常生活与仪式活动。值得注意的是，进入二里头文化三期后，二里头似乎不再从长江中下游引入材质特殊的陶器。这个现象令人玩味。或许与二里头的工匠在这个阶段已能开始利用块范法自行铸造青铜容器，特别是具备特殊意涵的爵有某种程度的关系。

（二）玉器

除了陶器外，二里头出土的玉器也清楚地展现了该遗址的遗存多样性。根据矿物学的定义，玉可分为两类，即辉玉（或称硬玉、翡翠，jadeite）与闪玉（或称软玉，nephrite）。不过，在古代中国，玉的基本定义即为美石。若以今日矿物学的分类观之，古代中国的"玉"实际上品相复杂。无论如何，在青铜礼器发明以前，玉是古代中国最为贵重的威望物品，应无疑义。

在新石器时代晚期[1]，古代中国境内已经发现大量玉器。若以中原视角观之，绝大多数的玉器均出土于黄河中游以外的周边地区。这个趋势延续至新石器时代末期，玉器仍主要分布于周边地区，包括东北的红山文化、陕北的石峁文化、西北的齐家文化、山东半岛的山东龙山文化、长江下游的良渚文化，与长江中游的后石家河文化[2]。不过在这个阶段，玉器也开始出现于黄河中游地区，如晋南的芮城清凉寺[3]与襄汾陶寺[4]。值得注意的是，大多数的玉器均随葬于高等级的墓葬中。换言之，玉器是反映拥有者的财富与权力的物质象征。此外，学者也相信，某些玉器，如璧与琮，蕴含特殊的宗教或仪式功能，用以沟通天地与祭祀鬼神[5]。

在二里头时代，特别是典型二里头文化主要分布的豫西地区，已经发现超过120件玉器，大多集中于二里头[6]。依据功能区分，豫西出土的玉器可分为武器、礼器、工具与装饰品[7]。其中，以武器最为重要，包括璧戚、钺、牙璋、刀与戈（图八）。大

---

[1]　本文对于新石器时代早、中、晚、末期的分期定义，乃根据中国社会科学院考古研究所《中国考古学·新石器时代卷》，第802页。

[2]　邓淑苹：《万邦玉帛：夏王朝的文化底蕴》，中国社会科学院考古研究所编：《夏商都邑与文化（二）："纪念二里头遗址发现55周年学术研讨会"论文集》，第146—248页。

[3]　山西省考古研究所、运城市文物工作站、芮城县旅游文物局：《清凉寺史前墓地》，北京：文物出版社，2016年。

[4]　中国社会科学院考古研究所、山西省临汾市文物局：《襄汾陶寺：1978～1985年考古发掘报告》，北京：文物出版社，2015年，第667—796页。

[5]　Kwang-Chih Chang, An essay on *cong*, *Orientation*, Vol. 20: 6 (1989), pp. 37-43.

[6]　郝炎峰：《二里头文化玉器的考古学研究》，中国社会科学院考古研究所编：《中国早期青铜文化——二里头文化专题研究》，第275—354页；中国社会科学院考古研究所：《二里头：1999～2006》，第125页。

[7]　郝炎峰：《二里头文化玉器的考古学研究》，中国社会科学院考古研究所编：《中国早期青铜文化——二里头文化专题研究》，第277—292页。

部分武器均出土于高等级的墓葬中。根据微痕分析，这些玉质武器一般用绳子绑于木柄上，可能作为仪仗，用于仪式活动[1]。柄形器（图八，3）是另一种常见于二里头的玉器，已经发现近30件。学者推测，柄形器可能用于宗教活动，象征祖先的神灵受到子孙祭祀[2]。

现有材料表明，二里头的玉器具备明显共性。第一，正如邓淑苹所说，二里头玉器的原型及其纹饰均源自周边地区，包括东方的山东龙山文化，北方的陶寺文化、石峁文化，西方的齐家文化与南方的后石家河文化。有些二里头的玉器，如2002ⅤM3出

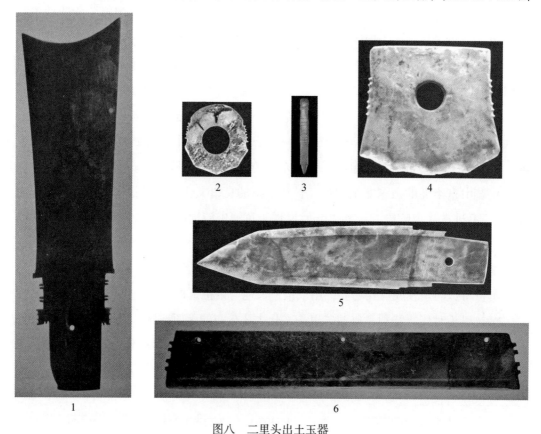

图八　二里头出土玉器

1. 牙璋　2. 璧戚　3. 柄形器　4. 钺　5. 戈　6. 刀

（1、6. 采自中国社会科学院考古研究所：《考古精华》，北京：科学出版社，1993年，第122页，图95-2；第123页，图96-2　2、4、5. 采自许宏、袁靖主编：《二里头考古六十年》，彩版10-14、彩版9-2、彩版9-3　3. 采自中国社会科学院考古研究所：《二里头：1999～2006》，彩版110-2）

---

[1]　郝炎峰：《二里头文化玉器的考古学研究》，中国社会科学院考古研究所编：《中国早期青铜文化——二里头文化专题研究》，第298、310页；郑光：《二里头斧类玉礼器的安柄及相关问题》，杨伯达主编：《出土玉器鉴定与研究》，北京：紫禁城出版社，2001年，第100—127页。

[2]　邓淑苹：《万邦玉帛：夏王朝的文化底蕴》，中国社会科学院考古研究所编：《夏商都邑与文化（二）："纪念二里头遗址发现55周年学术研讨会"论文集》，第178—179页；林巳奈夫：《圭について（上）》，《泉屋博古馆纪要》12，京都：泉屋博古馆，1996年，第1—56页。

土的鸟纹笄（图九）[1]，甚至可能直接输入自长江中游的后石家河文化[2]。第二，虽然二里头玉器的原型均源于周边地区，但仍具备鲜明的本地风格。一方面，二里头玉器（特别是武器）的尺寸较大，厚度较薄。另一方面，二里头玉器常饰细线刻痕（如牙璋、刀与戈），或饰扉棱（如牙璋、刀、钺、璧戚与戈）。第三，二里头的精英阶层喜好的可能是作为仪仗的玉质武器，而非可能用于祭祀天地或作为饰品的璧与琮[3]。因此，玉器在二里头的社会中应被使用于政治性的仪式、祖先崇拜与丧葬仪式，用以突显其拥有者的政治权力与社会地位。

　　由于大部分出土于二里头的玉器风格相近，因此极有可能为本地工匠制作。不过，时至今日，在二里头甚至整个豫西地区，尚未发现二里头时代的玉器作坊。值得一提的是，如前所述，二里头已经发现绿松石作坊。笔者推测，这个现象或许暗示二里头的工匠可能具备制作玉器的能力，也间接说明二里头可能存在玉器作坊。另外，也有学者推测玉器作坊的位置就在围垣作坊之内[4]。

　　尽管二里头的工匠应有能力制作玉器，然而，玉料来自何方至今仍是未解之谜。学者已经指出，由于二里头与豫西地区似无玉料产地，因此二里头的玉料应由境外输入[5]。而且其实二里头的"玉器"乃由不同石材制成[6]。此外，二

图九　二里头出土
玉鸟纹笄（残）
（采自中国社会科学院
考古研究所：《二里头：
1999～2006》，彩版125-3）

　　[1]　中国社会科学院考古研究所：《二里头：1999～2006》，第1004、1005页。

　　[2]　邓淑苹：《万邦玉帛：夏王朝的文化底蕴》，中国社会科学院考古研究所编：《夏商都邑与文化（二）："纪念二里头遗址发现55周年学术研讨会"论文集》，第146—248页。

　　[3]　邓淑苹：《万邦玉帛：夏王朝的文化底蕴》，中国社会科学院考古研究所编：《夏商都邑与文化（二）："纪念二里头遗址发现55周年学术研讨会"论文集》，第234—241页；郝炎峰：《二里头文化玉器的考古学研究》，中国社会科学院考古研究所编：《中国早期青铜文化——二里头文化专题研究》，第299—301页。

　　[4]　郝炎峰：《二里头文化玉器的考古学研究》，中国社会科学院考古研究所编：《中国早期青铜文化——二里头文化专题研究》，第315、316页；中国社会科学院考古研究所二里头工作队：《河南偃师市二里头遗址墙垣和道路2012～2013年发掘简报》，《考古》2015年第1期，第57页。

　　[5]　邓淑苹：《万邦玉帛：夏王朝的文化底蕴》，中国社会科学院考古研究所编：《夏商都邑与文化（二）："纪念二里头遗址发现55周年学术研讨会"论文集》，第246页；郝炎峰：《二里头文化玉器的考古学研究》，中国社会科学院考古研究所编：《中国早期青铜文化——二里头文化专题研究》，第316页。

　　[6]　邓淑苹：《万邦玉帛：夏王朝的文化底蕴》，中国社会科学院考古研究所编：《夏商都邑与文化（二）："纪念二里头遗址发现55周年学术研讨会"论文集》，第246页。

里头的部分玉器，如璧戚，乃由新石器时代的玉璧改制而成[1]。可见，关于二里头的玉器，其实仍有许多复杂的谜题值得仔细探究。

（三）绿松石器

绿松石器也是二里头常见的考古遗存。自新石器时代起，绿松石器已经发现于古代中国，但数量较少且分布零星[2]。到了二里头时代，大量的绿松石器突然出现于二里头，更成为该遗址颇具代表性的威望物品之一。

在二里头，绿松石器主要随葬于高等级的墓葬中。除了绿松石珠与绿松石管，最引人注目的是镶嵌绿松石牌饰，以马赛克技术拼接细小的绿松石片，组成兽面或动物母题。目前，二里头已经出土至少5件镶嵌绿松石的兽面铜牌饰（图一〇）[3]，长14—16厘米，牌饰四角各带有一个小穿孔。王青认为，由于镶嵌绿松石铜牌饰均发现于墓主的上半身，因此其应该是绑于上臂的饰品[4]。此外，二里头还出土至少4件或5件非镶嵌于青铜边框的绿松石牌饰[5]。王青推测，这些绿松石片原本可能镶嵌于木

[1] 邓淑苹：《万邦玉帛：夏王朝的文化底蕴》，中国社会科学院考古研究所编：《夏商都邑与文化（二）："纪念二里头遗址发现55周年学术研讨会"论文集》，第234—235、246页。

[2] 陈星灿：《裴李岗文化绿松石初探》，中国社会科学院考古研究所编：《新世纪的中国考古学：王仲殊先生八十华诞纪念论文集》，北京：科学出版社，2005年，第57—73页；孔德安：《浅谈我国新石器时代绿松石器及制作工艺》，《考古》2002年第5期，第74—80页；栾秉璈：《古代绿松石释名、史前出土物分布特征及原料来源研究》，钱宪和主编：《海峡两岸古玉学会议论文集》，台北："国立"台湾大学出版委员会，2001年，第531—536页；庞小霞：《中国出土的新石器时代绿松石器研究》，《考古学报》2014年第2期，第139—168页；秦小丽：《中国古代镶嵌工艺与绿松石装饰品》，中国社会科学院考古研究所编：《夏商都邑与文化（二）："纪念二里头遗址发现55周年学术研讨会"论文集》，第296—326页；Tao Shi, Mining, trade, and state formation in early China, PhD. diss. UCLA, 2018.

[3] 陈国梁：《二里头文化铜器研究》，中国社会科学院考古研究所编：《中国早期青铜文化——二里头文化专题研究》，第139—141页；王青：《二里头遗址出土镶嵌绿松石牌饰的初步研究》，中国社会科学院考古研究所编：《夏商都邑与文化（二）："纪念二里头遗址发现55周年学术研讨会"论文集》，第249—277页；郑光：《偃师二里头遗址》，《中国考古学年鉴1996》，北京：文物出版社，1998年，第167、168页；中国社会科学院考古研究所二里头队：《1980年秋河南偃师二里头遗址发掘简报》，《考古》1983年第3期，第201页；中国社会科学院考古研究所二里头工作队：《1981年河南偃师二里头墓葬发掘简报》，《考古》1984年第1期，第37页；中国社会科学院考古研究所二里头工作队：《1984年秋河南偃师二里头遗址发现的几座墓葬》，《考古》1986年第4期，第320页；中国社会科学院考古研究所二里头工作队：《1987年偃师二里头遗址墓葬发掘简报》，《考古》1992年第4期，第295页。

[4] 王青：《二里头遗址出土镶嵌绿松石牌饰的初步研究》，中国社会科学院考古研究所编：《夏商都邑与文化（二）："纪念二里头遗址发现55周年学术研讨会"论文集》，第263—264页。

[5] 王青：《二里头遗址出土镶嵌绿松石牌饰的初步研究》，中国社会科学院考古研究所编：《夏商都邑与文化（二）："纪念二里头遗址发现55周年学术研讨会"论文集》，第257—260页；偃师县文化馆：《二里头遗址出土的铜器和玉器》，《考古》1978年第4期，第270页；中国社会科学院考古研究所：《偃师二里头：1959～1978年考古发掘报告》，第241、256、258页；中国科学院考古研究所二里头工作队：《偃师二里头遗址新发现的铜器和玉器》，《考古》1976年第4期，第262页。

质或皮革等有机质上[1]。其中，最具代表性的绿松石牌饰，莫过于2002 V M3所出土的龙形器（图一一），长约60厘米，叠压于墓主上半身。可见，绿松石器在二里头具备特殊含义。学者推测，绿松石铜牌饰的功能或作为帮助亡者升天的礼器[2]，或作为沟通天人的中介[3]。由于在二里头的围垣作坊区北侧已经发现绿松石作坊以及大量废料，因此，二里头的绿松石器应该都是本地制造的。

图一〇　二里头出土镶嵌绿松石铜牌饰

[采自中国社会科学院考古研究所编：《夏商都邑与文化（二）："纪念二里头遗址发现55周年学术研讨会"论文集》，彩版]

（南—北）

图一一　二里头出土绿松石龙形器

（采自中国社会科学院考古研究所：《二里头：1999～2006》，彩版120）

　　值得注意的是，二里头所在的豫西地区似无绿松石矿。因此，二里头的绿松石原料应该来自其他地区。科技分析的结果显示，位于今鄂豫陕交界的秦岭东段应是二里头绿松石原料的产地[4]。然而，也不能排除其他矿源的可能性。此外，关于绿松石原

---

[1]　王青：《二里头遗址出土镶嵌绿松石牌饰的初步研究》，中国社会科学院考古研究所编：《夏商都邑与文化（二）："纪念二里头遗址发现55周年学术研讨会"论文集》，第257—260页。

[2]　冯时：《二里头文化"常鄘"及相关诸问题》，刘庆柱主编：《考古学集刊》（17），北京：科学出版社，2010年，第150—162页。

[3]　王青：《二里头遗址出土镶嵌绿松石牌饰的初步研究》，中国社会科学院考古研究所编：《夏商都邑与文化（二）："纪念二里头遗址发现55周年学术研讨会"论文集》，第269页。

[4]　科技分析方法包括：扫描电子显微镜（SEM）、X射线衍射（XRD）、电子探针（EP-MA）、红外光谱（FTIR）与高分辨多接收电感耦合等离子质谱（MC-ICP-MS）。中国社会科学院考古研究所：《二里头——1999～2006》，第1414—1427页。

料的运送路径、交换机制等课题，仍值得进一步研究。无论如何，二里头是古代中国青铜时代早期重要的绿松石器产地之一应无疑义。

（四）铜器

前已提及，在新石器时代，玉器应是最为尊贵的威望物品。不过，进入二里头时代，铜器特别是青铜礼器逐渐取代玉器的地位，成为古代中国最具身份性的物质象征，用以彰显其拥有者的政治、社会与经济的权力与地位。根据现存数据，这个新的价值体系即源自二里头。在二里头衰亡后，以青铜礼器为核心的价值体系逐渐扩散至古代中国各地，并持续一千余年，直到秦帝国的建立（前221年）。在这段悠远的岁月里，青铜礼器标志着古代中国政治与社会的阶级秩序。因此，二里头是古代中国青铜时代的开端。

在二里头时代以前，古代中国已经存在金属工业。一些小型的金属器，如工具与饰品已经出现。这些金属制品由红铜、黄铜与青铜所制。在新石器时代晚期，金属器已经发现于甘肃、青海、内蒙古、陕西、山西与山东，特别集中于古代中国的西北部。到了新石器时代末期，金属器主要分布于西北的齐家文化、晋南的陶寺文化与山东的龙山文化。此外，少量的铜器与铸铜遗存也发现于南方的湖北与安徽[1]。这些金属器大多由原始的单范或双范铸造而成。相对于二里头时代，新石器时代的金属工业并非专业化生产。

根据目前的考古证据，青铜器的专业化生产始于二里头。二里头的青铜器作坊，占地1.5万—2万平方米[2]。由于青铜器作坊坐落于宫城以南的围垣作坊区南侧，因此，青铜工业应受到二里头精英阶层的管控。除了青铜器外，二里头还出土了一些红铜器[3]，或许也是本地作坊的产品。

截至目前，二里头遗址在二里头时期出土的铜器约有200件[4]。陈国梁根据不同的功能将二里头的铜器分为五类[5]。第一类为工具，包括刀、锥、锛、凿、锯、纺轮、鱼钩、钻等。第二类为武器，包括戈、钺、戚与箭镞。第三类为饰品，包括镶嵌

[1] 陈国梁：《二里头文化铜器研究》，中国社会科学院考古研究所编：《中国早期青铜文化——二里头文化专题研究》，第194—196页；梅建军：《中国的早期铜器及其区域特征》，黄铭崇主编：《中国史新论：古代文明的形成分册》，台北：联经出版事业公司，2016年，第61—109页。

[2] 许宏、袁靖主编：《二里头考古六十年》，第121页。

[3] 陈国梁：《二里头文化铜器研究》，中国社会科学院考古研究所编：《中国早期青铜文化——二里头文化专题研究》，第164—166页。

[4] 陈国梁：《二里头文化铜器研究》，中国社会科学院考古研究所编：《中国早期青铜文化——二里头文化专题研究》，第127页；中国社会科学院考古研究所：《二里头：1999～2006》，第122—124页。

[5] 陈国梁：《二里头文化铜器研究》，中国社会科学院考古研究所编：《中国早期青铜文化——二里头文化专题研究》，第134—151页。

绿松石铜牌饰，或许也包括圆形器。第四类为乐器，包括铃。第五类为容器，包括爵、盉、斝与鼎[1]（图一二）。可见，二里头的铜器功能多元，种类繁多。

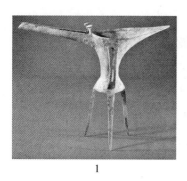

1　　　　　　　　2　　　　　　　　3　　　　　　　　4

图一二　二里头出土青铜容器
1. 爵　2. 高领斝　3. 盉　4. 鼎
（分别采自中国青铜器全集编辑委员会编：《中国青铜器全集1》，北京：文物出版社，1993年，图7、图13、图19、图1）

如前所述，在二里头的围垣作坊区南部已经发现铜器作坊，表明该遗址已具备独立生产铜器的能力。因此，上述列举二里头所出土的铜器应有相对较高的比例为本地铜匠所制。然而，制作铜器的金属原料（包括铜、铅、锡）究竟来自何方，则是亟待厘清的重要议题。中国境内的铜矿，主要分布于中条山脉、长江中游地区、云贵高原与甘肃。其他地区虽也发现铜矿，诸如河南西部山区与山东地区，但蕴藏量较少。至于铅与锡则主要分布于内蒙古以及华北、华南与西南等地，黄河中游地区也有少量发现。根据铜、铅、锡这些金属矿物的产地与其他考古证据，学者推测，二里头铸造铜器的金属原料可能来自中条山脉、长江中游地区，也可能包括豫西山地[2]。值得注意的是，金正耀的研究指出，根据二里头出土青铜器的铅同位素分析，在二里头二、三期时，二里头的铜矿应来自相同地区。不过，四期的铜矿来源与之前不同，可能转移

[1]　在二里头遗址中只发现1件铜鼎，不过具体的性质仍有争议。陈国梁认为属于二里头文化；不过，宫本一夫、袁广阔、秦小丽与高江涛均认为属于二里冈文化。陈国梁：《二里头文化铜器研究》，中国社会科学院考古研究所编：《中国早期青铜文化——二里头文化专题研究》，第136页；宫本一夫：《二里头文化青铜彝的演变及意义》，杜金鹏、许宏主编：《二里头遗址与二里头文化研究》，第205—221页；袁广阔、秦小丽：《早商城市文明的形成与发展》，北京：科学出版社，2017年，第63页；高江涛：《二里头遗址出土青铜鼎及相关问题探讨》，中国社会科学院考古研究所编：《夏商都邑与文化（二）："纪念二里头遗址发现55周年学术研讨会"论文集》，第138—145页。

[2]　陈国梁：《二里头文化铜器研究》，中国社会科学院考古研究所编：《中国早期青铜文化——二里头文化专题研究》，第156、157页；刘莉、陈星灿：《中国早期国家的形成：从二里头和二里岗时期的中心和边缘之间的关系谈起》，北京大学中国考古学研究中心、北京大学古代文明研究中心编：《古代文明》（第1卷），北京：文物出版社，2002年，第83—88页。

至山东地区[1]。换言之，二里头的金属原料应该存在不同产地，也可能因时代不同出现产地转移的现象。

如前所述，尽管学者尝试利用科技手段（如分析铅同位素的比值）来探索二里头铸铜工业的金属原料的来源，不过这个问题仍有待深入研究。其次，根据现有证据，学者推测，二里头的金属原料可能大多来自豫西以外地区。在此前提之下，学者试图探索二里头从周边地区获得金属原料的机制，与金属原料从周边地区运送至二里头的通道[2]。期待新方法的运用与新材料的发现，能对二里头的金属原料的来源与相关问题带来新的认识。

（五）朱砂

朱砂也是二里头常见的特殊物品，大多发现于墓葬内，并铺于墓底。学者称这种墓葬形式为"朱砂墓"[3]或"朱砂奠基葬"[4]。对于古代中国朱砂的使用情况，方辉已经进行比较全面的研究[5]。根据现有证据，朱砂最早使用于新石器时代中期长江中游的城背溪文化[6]。在新石器时代晚期，长江下游的河姆渡文化[7]、黄河中游的仰韶文化[8]均发现使用朱砂的现象。至于将朱砂用于丧葬活动则始于新石器时代晚期，包括在填土中加入朱砂、在棺椁上涂抹朱砂、将朱砂涂抹在随葬品或尸骨上，以

[1] 金正耀：《二里头青铜器的自然科学研究与夏文明探索》，《文物》2000年第1期，第56—64、69页。

[2] 刘莉、陈星灿：《中国早期国家的形成：从二里头和二里岗时期的中心和边缘之间的关系谈起》，北京大学中国考古学研究中心、北京大学古代文明研究中心编：《古代文明》（第1卷），第90—93、98—101页；Li Liu and Xingcan Chen, *State Formation in Early China*, pp. 69-84, 131-148.

[3] 方辉：《论史前及夏时期的朱砂葬——兼论帝尧与丹朱传说》，《文史哲》2015年第2期，第65页。

[4] 张国硕、贺俊：《试析夏商时期的朱砂奠基葬》，《考古》2018年第5期，第79—89页。

[5] 方辉：《论史前及夏时期的朱砂葬——兼论帝尧与丹朱传说》，《文史哲》2015年第2期，第56—72页。

[6] 陈振宇、杨权喜：《宜都县城背溪遗址》，《中国考古学年鉴1984》，北京：文物出版社，1984年，第139、140页；湖北省文物考古研究所：《宜都城背溪》，北京：文物出版社，2001年，第41页。

[7] 王进玉、王进聪：《中国古代朱砂的应用之调查》，《文物保护与考古科学》1999年第1期，第40—45页。

[8] 这里所指的仰韶文化，采用的是《中国考古学·新石器时代卷》的"仰韶文化群"的概念。参见中国社会科学院考古研究所：《中国考古学·新石器时代卷》，第206—269页。在仰韶文化中发现可能使用朱砂的遗址，包括河南灵宝西坡、陕西白水下河与甘肃秦安大地湾。河南省文物考古研究所、中国社会科学院考古研究所河南一队、三门峡市文物考古研究所等：《河南灵宝西坡遗址105号仰韶文化房址》，《文物》2003年第8期，第4—17页；李新伟、马萧林：《河南灵宝西坡遗址发现仰韶文化中期特大房址》，国家文物局主编：《2004中国重要考古发现》，北京：文物出版社，2005年，第13—16页；中国社会科学院考古研究所河南一队、河南省文物考古研究所、三门峡市文物考古研究所等：《河南灵宝市西坡遗址发现一座仰韶文化中期特大房址》，《考古》2005年第3期，第3—6页；陕西省考古研究院、白水县文物旅游局：《陕西白水县下河遗址仰韶文化房址发掘简报》，《考古》2011年第12期，第47—57页；甘肃省文物考古研究所：《秦安大地湾：新石器时代遗址发掘报告》，北京：文物出版社，2006年，第82—105页。

及将朱砂铺设于墓底[1]。第四种做法延续到新石器时代末期，但似乎集中于黄河中游地区，包括晋南的芮城清凉寺[2]与襄汾陶寺[3]。张国硕与贺俊推测，二里头文化在墓底铺设一层朱砂的习俗可能就来自晋南地区[4]。

根据现有材料，二里头在至少47座墓葬中发现与朱砂相关的遗存，包括器物涂朱、人骨涂朱与墓底铺朱，其中以墓底铺朱最为常见，至少有44例[5]。学者已经指出，二里头自二期开始，朱砂多使用于长2米以上的大、中型墓葬，有的墓底铺设5—6厘米，甚至厚达8厘米[6]。在这些大、中型墓葬内，通常也随葬许多威望物品，包括玉器、青铜器、绿松石器等，显示墓主均为精英阶层。可见，在二里头，朱砂乃珍贵物资，反映墓主的政治与社会地位。至于为何在墓葬使用朱砂，则有不同解释，包括对红色的信仰[7]、美化棺椁[8]、用于辟邪[9]，又或者作为统治阶层维持统治正当性

[1]　方辉：《论史前及夏时期的朱砂葬——兼论帝尧与丹朱传说》，《文史哲》2015年第2期，第58、59页。

[2]　薛新明：《山西芮城清凉寺庙底沟二期墓地》，国家文物局主编：《2004中国重要考古发现》，第17页；山西省考古研究所、山西运城市文物局、芮城县文物旅游局：《山西芮城清凉寺史前墓地》，《考古学报》2011年第4期，第525—560页；山西省考古研究所、运城市文物工作站、芮城县旅游文物局：《清凉寺史前墓地》。

[3]　中国社会科学院考古研究所山西工作队、临汾地区文化局：《山西襄汾县陶寺遗址发掘简报》，《考古》1980年第1期，第27—31页；中国社会科学院考古研究所山西工作队、临汾地区文化局：《1978—1980年山西襄汾陶寺墓地发掘简报》，《考古》1983年第1期，第32—35页；中国社会科学院考古研究所山西工作队、山西省临汾地区文化局：《陶寺遗址1983～1984年Ⅲ区居住址发掘的主要收获》，《考古》1986年第9期，第777页；中国社会科学院考古研究所、山西省临汾市文物局：《襄汾陶寺：1978～1985年考古发掘报告》。

[4]　张国硕、贺俊：《试析夏商时期的朱砂奠基葬》，《考古》2018年第5期，第79—89页。

[5]　中国社会科学院考古研究所：《偃师二里头：1959年～1978年考古发掘报告》，第123—125、241—244、335、397—398页；中国社会科学院考古研究所：《二里头：1999～2006》，第991页；中国科学院考古研究所二里头工作队：《偃师二里头遗址新发现的铜器和玉器》，《考古》1976年第4期，第259页；中国社会科学院考古研究所二里头队：《1980年秋河南偃师二里头遗址发掘简报》，《考古》1983年第3期，第201、202页；中国社会科学院考古研究所二里头队：《1982年秋偃师二里头遗址九区发掘简报》，《考古》1985年第12期，第1089、1094页；中国社会科学院考古研究所二里头工作队：《1981年河南偃师二里头墓葬发掘简报》，《考古》1984年第1期，第37页；中国社会科学院考古研究所二里头工作队：《偃师二里头遗址1980—1981年Ⅲ区发掘简报》，《考古》1984年第7期，第584页；中国社会科学院考古研究所二里头工作队：《1984年秋河南偃师二里头遗址发现的几座墓葬》，《考古》1986年第4期，第319页；中国社会科学院考古研究所二里头工作队：《1987年偃师二里头遗址墓葬发掘简报》，《考古》1992年第4期，第294、302、303页。

[6]　张国硕、贺俊：《试析夏商时期的朱砂奠基葬》，《考古》2018年第5期，第80页。

[7]　任式楠：《薛家岗文化葬俗述要》，安徽省文物考古研究院、安徽省考古学会：《文物研究》（第5辑），安徽：黄山书社，1989年，第53页；王文清：《陶寺遗存可能是陶唐氏文化遗存》，田昌五主编：《华夏文明》（第一集），北京：北京大学出版社，1987年，第121、122页。

[8]　邮向平：《商系墓葬研究》，北京：科学出版社，2011年，第115页。

[9]　任式楠：《薛家岗文化葬俗述要》，安徽省文物考古研究院、安徽省考古学会：《文物研究》（第5辑），第53页；王文清：《陶寺遗存可能是陶唐氏文化遗存》，田昌五主编：《华夏文明》（第一集），第121页；张国硕、贺俊：《试析夏商时期的朱砂奠基葬》，《考古》2018年第5期，第86—87页。

的手段[1]。尽管仍无法确定二里头等级较高的墓葬使用朱砂的原因，不过这个特殊葬俗可能与晋南有关，而且在当地的丧葬仪式中扮演重要角色。

值得注意的是，二里头所在的豫西地区似乎不产朱砂。朱砂的化学成分是硫化汞（HgS）。根据地质学的研究指出，中国境内有四处主要的汞矿成矿区，包括昆仑-秦岭成矿区，三江成矿区（川西和云南中西部）、武陵成矿区（湘西黔东、川东南、鄂西南）与右江成矿区（滇东南、黔西南、广西）[2]。其中又以贵州的储量最丰，其次为陕西，再次为四川[3]。一般认为，由于华中与华南是朱砂的主要产地，因此古代的朱砂应该来自南方[4]。此外，也有学者开始试图运用化学分析方法，特别是硫同位素与汞同位素的分析，探索二里头朱砂的来源。不过，由于化学分析方法尚未普及，因此仍无法厘清二里头朱砂的来源[5]。然而除了华中与华南，我们也无法排除二里头的朱砂来自陕西的可能性。因此，作为一种珍贵物资，二里头在等级较高的墓葬所使用的朱砂应该来自周边地区。

（六）漆器

漆器是二里头所见另一类比较特殊的考古遗存。陈振裕曾概述漆器在先秦时期的发展历程[6]，并指出在新石器时代晚期，漆器就已经出现于古代中国，特别是长江下游的河姆渡文化[7]与马家浜文化[8]，以及长江中游的大溪文化与屈家岭文化[9]。其后，漆器也发现于新石器时代末期长江下游的良渚文化[10]。至于在黄河流域，最早发

---

[1]　方辉：《论史前及夏时期的朱砂葬——兼论帝尧与丹朱传说》，《文史哲》2015年第2期，第66页。

[2]　《汞矿地质与普查勘探》编写组：《汞矿地质与普查勘探》，北京：地质出版社，1978年，第18页。

[3]　孙传尧主编：《选矿工程师手册（第3册）下卷：选矿工业实践》，北京：冶金工业出版社，2015年，第912页。

[4]　方辉：《论史前及夏时期的朱砂葬——兼论帝尧与丹朱传说》，《文史哲》2015年第2期，第61、62页；张国硕、贺俊：《试析夏商时期的朱砂奠基葬》，《考古》2018年第5期，第82、83页。

[5]　董豫、方辉：《先秦遗址出土朱砂的化学鉴定和产地判断方法评述》，《东南文化》2017年第5期，第89—95页。

[6]　陈振裕：《先秦漆器概述》，氏著：《楚文化与漆器研究》，北京：科学出版社，2003年，第282—302页。

[7]　浙江省文物管理委员会、浙江省博物馆：《河姆渡遗址第一期发掘报告》，《考古学报》1978年第1期，第62、71页；河姆渡遗址考古队：《浙江河姆渡遗址第二期发掘的主要收获》，《文物》1980年第5期，第5页；浙江省文物考古研究所：《河姆渡——新石器时代遗址考古发掘报告》，北京：文物出版社，2003年，第144—147、291页。

[8]　吴苏：《圩墩新石器时代遗址发掘简报》，《考古》1978年第4期，第233页。

[9]　均发现于江陵阴湘城，不过分属大溪文化时期与屈家岭文化时期。贾汉清、张正发：《阴湘城发掘又获重大成果》，《中国文物报》1998年7月1日第1版。

[10]　江苏省文物工作队：《江苏吴江梅堰新石器时代遗址》，《考古》1963年第6期，第314页；浙江省文物考古研究所：《余杭瑶山良渚文化祭坛遗址发掘简报》，《文物》1988年第1期，第35页；浙江省文物考古研究所：《瑶山》，北京：文物出版社，2003年，第105、129页。

现漆器的是新石器时代末期的陶寺文化[1]。整体而言，新石器时代的漆器多为木胎，少见陶胎，并以容器为主。

　　二里头则密集出土许多漆器，至少有60件，大多为木胎，也包括十余件陶胎漆器[2]（图一三）。若根据器类区分，木胎漆器包括容器、乐器与葬具。容器有豆、盒、钵、觚、勺、匣，乐器有鼓，葬具有棺；陶胎漆器则以容器为主，包括觚、豆、簋、大口罐、圆陶片，另在2002ⅤM3出土的2件白陶斗笠形器上也发现红色漆痕。这些漆器大多出土于等级较高的墓葬中，其内另随葬玉器、铜器、绿松石器等威望物品，并且常见朱砂铺底。换言之，漆器在二里头的社会内也属于威望物品。相对于新石器时代，二里头是古代中国第一处大量且密集使用漆器的遗址。这个现象是否也是受到陶寺的影响[3]？还是与其他遗址或地区，如长江下游的江浙一带[4]有关？关于二里头漆器的源头，仍有待进一步研究。

图一三　二里头出土漆器
（采自中国社会科学院考古研究所：
《二里头：1999~2006》，彩版118）

　　关于二里头漆器的产地，过去学者大多主张为二里头本地制作[5]。不过由于二里头尚未发现漆器作坊，因此有学者认为，二里头的漆器并非本地生产，并根据传世文

　　[1]　高炜：《陶寺龙山文化木器的初步研究——兼论北方漆器起源问题》，《中国考古学研究》编委会编：《中国考古学研究——夏鼐先生考古五十年纪念论文集（二）》，北京：科学出版社，1986年，第24—36页；中国社会科学院考古研究所山西工作队、临汾地区文化局：《1978~1980年山西襄汾陶寺墓地发掘简报》，《考古》1983年第1期，第37—39页；中国社会科学院考古研究所、山西省临汾市文物局：《襄汾陶寺：1978~1985年考古发掘报告》，第632—666页。

　　[2]　中国社会科学院考古研究所：《偃师二里头：1959年~1978年考古发掘报告》，第123、124、157、241、397、398页；中国社会科学院考古研究所：《二里头：1999~2006》，第516、683、684、729、889、927、942、995、1002、1003、1005、1006、1015页；中国社会科学院考古研究所二里头队：《1980年秋河南偃师二里头遗址发掘简报》，《考古》1983年第3期，第201、204页；中国社会科学院考古研究所二里头工作队：《1981年河南偃师二里头墓葬发掘简报》，《考古》1984年第1期，第37、39、40页；中国社会科学院考古研究所二里头工作队：《偃师二里头遗址1980—1981年Ⅲ区发掘简报》，《考古》1984年第7期，第584页；中国社会科学院考古研究所二里头工作队：《1984年秋河南偃师二里头遗址发现的几座墓葬》，《考古》1986年第4期，第319、323页；中国社会科学院考古研究所二里头工作队：《1987年偃师二里头遗址墓葬发掘简报》，《考古》1992年第4期，第294、302、303页。

　　[3]　郑若葵：《论二里头文化类型墓葬》，《华夏考古》1994年第4期，第69页。

　　[4]　王明利：《从考古发现看商代和西周时期的漆器》，《文博》1996年第5期，第35页。

　　[5]　郑若葵：《论二里头文化类型墓葬》，《华夏考古》1994年第4期，第69页；方酉生：《偃师二里头遗址第三期遗存与桀都斟鄩》，《考古》1995年第2期，第164、165页。

献的记载与漆树分布的区域推测，位于黄河以北、太行山东南部的焦作与沁阳一带可能是距离二里头最近的漆器产地[1]。而在二里头时代，这个地区也属于典型二里头文化的分布范围[2]。当然，以上论点是否可靠，或二里头的漆器另有产地，仍然值得探究。不过，大量使用漆器的确是二里头的特殊现象。

图一四　二里头出土海贝

（采自中国社会科学院考古研究所：《二里头：1999～2006》，彩版116-1）

（七）海贝

除了人工制品与自然矿产外，二里头还发现不少生物遗存，特别是贝类。根据《二里头：1999～2006》，在这八年的考古发掘中，二里头至少出土10406件贝类。不过，绝大多数都是淡水贝，只有1件是文蛤[3]，可能来自淡水与海水汇集的潮间带，亦即远方的沿海地区。在之前的发掘工作中，也曾零星出土一些海生贝类，不过相对于淡水贝类数量稀少。二里头的海贝，大多出土于等级较高的墓葬，从二期至四期均见，包括二期的2002ⅤM3在墓主的头部发现1组贝饰[4]（图一四），1962ⅤM22在墓主头部发现1枚[5]；三期的1975ⅥKM3在墓主的头部至少发现3枚[6]，1981ⅤM1出土4枚[7]，1987ⅥM28在墓主的头部发现2枚[8]；四期的1984ⅥM9在墓

---

[1]　杨远：《二里头遗址出土漆器及其制作产地蠡测》，《文博》2018年第4期，第43—48页。

[2]　刘绪：《论卫怀地区的夏商文化》，北京大学考古系编：《纪念北京大学考古专业三十周年论文集：1952—1982》，第171—210页；杨贵金：《沁水下游的夏文化与先商文化》，《中原文物》1997年第2期，第33—39页。

[3]　中国社会科学院考古研究所：《二里头：1999～2006》，第1325页。

[4]　中国社会科学院考古研究所：《二里头：1999～2006》，第1006页。

[5]　中国社会科学院考古研究所：《偃师二里头：1959～1978年考古发掘报告》，第125、137页。在发掘报告中，该墓定为二期，不过李志鹏定为三期早段。参见李志鹏：《二里头文化墓葬研究》，中国社会科学院考古研究所编：《中国早期青铜文化——二里头文化专题研究》，第93页。

[6]　中国社会科学院考古研究所：《偃师二里头：1959年～1978年考古发掘报告》，第241、259页。不过，根据发掘简报，该墓出土海贝12枚。中国科学院考古研究所二里头工作队：《偃师二里头遗址新发现的铜器和玉器》，《考古》1976年第4期，第263页。

[7]　中国社会科学院考古研究所二里头工作队：《1981年河南偃师二里头墓葬发掘简报》，《考古》1984年第1期，第37页。

[8]　中国社会科学院考古研究所二里头工作队：《1987年偃师二里头遗址墓葬发掘简报》，《考古》1992年第4期，第301、302页。

主的腰处出土高达70枚[1]，1984ⅥM11在墓主的头部与下半身分别发现1件大扇贝与58枚海贝[2]，1987ⅥM57也在墓主的头部发现5枚穿孔海贝[3]。这些墓葬除了随葬海贝，同时也出土铜器、玉器、漆器、绿松石、朱砂等威望物品。此外，少量海贝（包括文蛤）亦发现于二里头内其他区域，包括宫城内东北六号宫殿的地层与夯土层，以及宫城东墙外的G14内，均属于二里头四期晚段[4]。从考古脉络可知，在二里头的社会中，海贝（包括大扇贝与文蛤）也应是一种威望物品。

关于海贝的功能，学界一般认为作为交换物资的媒介，亦即货币[5]。然而，由于二里头出现的海贝大多有穿孔，且在墓葬中经常出现于墓主的头颈部，因此笔者推测，二里头所出土的海贝极有可能作为饰品[6]。

最后，二里头出土的海贝多为生活于印度洋与太平洋暖海区的宝螺属，因此学者推测其应该来自南方沿海地区[7]。不过，海贝的原产地、交换机制与输入路线，仍有待进一步厘清。

（八）小结

二里头遗址考古遗存的内涵十分丰富。依材质区分，除本文所分析的陶器、玉器、绿松石器、铜器、朱砂、漆器与海贝外，还至少包含石器、骨器、蚌器与各种动植物遗存。依功能区分，除了常见的生活用具，如陶质炊器与盛储器外，另见大量出土于墓葬的威望物品，体现拥有者特殊的政治、社会与经济地位。依来源区分，除了大量本地的二里头文化遗存外，来自其他地区的物质文化也出现于二里头。第一，就陶器而言，二里头发现许多外来因素，包括北方的下七垣文化、东下冯文化与忻定盆

---

[1]　中国社会科学院考古研究所二里头工作队：《1984年秋河南偃师二里头遗址发现的几座墓葬》，《考古》1986年第4期，第319、323页。

[2]　中国社会科学院考古研究所二里头工作队：《1984年秋河南偃师二里头遗址发现的几座墓葬》，《考古》1986年第4期，第319、323页。

[3]　中国社会科学院考古研究所二里头工作队：《1987年偃师二里头遗址墓葬发掘简报》，《考古》1992年第4期，第294、301页。

[4]　中国社会科学院考古研究所：《二里头：1999～2006》，第146、527、688、689、950页。

[5]　例如，李维明：《二里头文化动物资源的利用》，《中原文物》2004年第2期，第43页；李志鹏、〔日〕江田真毅：《二里头遗址的野生动物资源获取与利用》，《南方文物》2016年第3期，第163页。

[6]　李永迪指出，其实在商代与西周时期发现的海贝更多是作为饰品，或于丧葬等其他仪式的场合使用。李志鹏也认为，出土于商代遗址的海贝，特别是在殷墟时期，应该是作为饰品，而非货币。二里头出土的情况其实与李永迪及李志鹏所论的海贝使用方式相似，因此，也应该是作为饰品。Li Yung-ti, On the function of cowries in Shang and Western Zhou China, *Journal of East Asian Archaeology*, Vol. 5 (2005), pp. 1-26；李志鹏：《商代海贝性质分析》，《华北水利水电学院学报（社科版）》2013年第1期，第169—171页。

[7]　Li Yung-li, On the function of cowries in Shang and Western Zhou China, *Journal of East Asian Archaeology*, Vol. 5 (2005), pp. 1-26.

地因素，东方的岳石文化，以及南方的后石家河文化与马桥文化。值得注意的是，源自北方与东方的多为日用陶器，来自南方的多是材质特殊、制作精致的陶器。可见二里头的北方与东方与二里头的南方，可能以不同的形式，对该遗址物质文化的发展，甚至社会组织的内涵，带来不同层次的影响[1]。第二，就玉器、绿松石器与铜器而言，这些二里头所见的贵重物品，可能有一定的数量是在该遗址的作坊中制作的。然而，制作这些贵重物品的原料却非源自二里头所在的洛阳盆地，而是来自外地。第三，就朱砂、漆器与海贝而言，皆可能非二里头本地生产，而是在外地制成后输入。

总体而论，二里头的物质遗存呈现"大同大异"的面貌。所谓的"大同"，意指二里头的物质遗存仍以本地的二里头文化为最大宗，至少占所有出土遗存的九成。所谓的"大异"则可分为两个层面。一方面，就本地的二里头文化遗存而言，不仅器类复杂、材质丰富、工艺多元，就连同类器物特别是威望物品的风格也求新求变。另一方面，尽管外来遗存（包括原料与成品）仅占二里头出土遗存总量的一小部分，但器类、材质与来源均十分复杂，特别是制作精细的威望物品。二里头的遗存多样性，除了体现二里头社会组织与人群结构的高度复杂性外，也显示二里头与周边地区应该存在长距离、大范围的互动网络。

三、古城南关

古城南关所在的垣曲盆地，位于晋南中条山脉的东南部。垣曲盆地由数条河谷组成，由西向东，分别为五福涧河、板涧河、亳清河、沇河、韩家河与西阳河。这些河流均源于中条山，并向南流入黄河，是连接豫西的二里头文化与晋南的东下冯文化的交通要道。垣曲盆地曾经过系统调查，加上历年的调查材料，目前至少已发现48处二里头时代的遗址，大多分布于河谷沿岸[2]。根据系统调查报告，垣曲盆地在二里头时代的聚落形态分为早、晚两期。在二里头早期至少存在6处遗址，可细分为两群，

---

[1] 李修平：《外来遗存的考古脉络：论周边地区对二里头遗址的影响》，四川大学博物馆、四川大学考古学系、成都文物考古研究院编：《南方民族考古》（第十九辑），第169—171页。

[2] 国家文物局：《中国文物地图集·山西分册》，北京：北京地图出版社，2006年；中国国家博物馆考古部：《垣曲盆地聚落考古研究》，北京：科学出版社，2007年；中国历史博物馆考古部、山西省考古研究所、垣曲县博物馆：《垣曲商城（一）：1985—1986年度勘察报告》，北京：科学出版社，1996年；中国国家博物馆田野考古研究中心、山西省考古研究所、垣曲县博物馆：《垣曲商城（二）：1988～2003年度考古发掘报告》，北京：科学出版社，2014年；中国社会科学院考古研究所山西工作队：《山西垣曲古文化遗址的调查》，《考古》1985年第10期，第875—884页；中国社会科学院考古研究所山西工作队：《山西垣曲丰村新石器时代遗址的发掘》，《考古》编辑部编：《考古学集刊》（5），北京：中国社会科学出版社，1987年，第27—60页；中国社会科学院考古研究所山西工作队：《山西垣曲小赵遗址1996年发掘报告》，《考古学报》2001年第2期，第189—226页。

即北边的口头聚落群与南边的古城西关聚落群。遗址面积均不大于6万平方米，南北两个聚落群则通过亳清河河谷相互连接。在二里头晚期，遗址数量暴增至41处，散布于黄河、亳清河、沇河、韩家河与西阳河流域，可细分为四个群，包括西北的龙王崖聚落群、中部的丰村聚落群、南部的南关聚落群与东南的芮村聚落群，而龙王崖、丰村、南关与芮村规模较大，均大于6万平方米，应分别是这四个聚落群的中心聚落。前三个聚落群更与亳清河关系密切[1]。值得注意的是，在二里头晚期的部分遗址中，如亳清河上游的口头与下游的南关，均发现冶铜与铸铜的考古证据，包括坩埚、铜渣、石范与铜器残片[2]；此外，中条山东段是中原地区主要的铜矿产地，也蕴藏铅矿与锡矿[3]。因此，垣曲盆地在二里头晚期突然出现大量遗址，极有可能与当时的"淘金热"有关，包括金属矿物的开采与冶炼、铜器的制作，以及铜料与铜器的运送。南关的出现与其遗存所呈现的多样性面貌，可以放在此一背景下理解。

南关遗址坐落于垣曲盆地南缘的台地上，北侧与东侧为亳清河与沇河，南侧为黄河。就整个垣曲盆地而言，地处海拔最低之处。越过黄河，即达豫西。自仰韶时代晚期起，人类已生活于此。在二里头时代，南关是一处环壕聚落（图一五）。遗址的东缘与南缘为断崖，另有人工挖筑的北壕与西壕，总面积约10万平方米。从聚落的选址与环壕的设计推测，修筑人工壕沟的目的，除了排除来自中、上游的洪患外，也可防御外来入侵[4]。此外，在遗址内，至少发现152处二里头时代的灰坑，包括3座祭祀坑与3座灰坑葬。另外还发现4间房址与1座墓葬[5]。尽管这些遗迹的分布缺乏规律，但大多均集中于遗址的东南部。换言之，在二里头时代，遗址的东南部是人类的活动中心。南关出土大量属于二里头时代的遗物，以陶器为主，不过来源复杂。此外，南关还发现铸造铜器的石范、少量的青铜箭镞与玉器。以下，将根据材质分述南关的遗存多样性。

[1]　中国国家博物馆考古部：《垣曲盆地聚落考古研究》，第343—358页，"垣曲盆地二里头时代聚落群演变示意图"见图版七六。

[2]　中国国家博物馆考古部：《垣曲盆地聚落考古研究》，第69、358页；中国历史博物馆考古部、山西省考古研究所、垣曲县博物馆：《垣曲商城（一）：1985—1986年度勘察报告》，第146、147页。

[3]　中国国家博物馆田野考古研究中心、山西省考古研究所、垣曲县博物馆：《垣曲商城（二）：1988～2003年度考古发掘报告》，第17、667—669页。

[4]　中国国家博物馆田野考古研究中心、山西省考古研究所、垣曲县博物馆：《垣曲商城（二）：1988～2003年度考古发掘报告》，第616、617页。

[5]　中国历史博物馆考古部、山西省考古研究所、垣曲县博物馆：《垣曲商城（一）：1985—1986年度勘察报告》，第89—101页；中国国家博物馆田野考古研究中心、山西省考古研究所、垣曲县博物馆：《垣曲商城（二）：1988～2003年度考古发掘报告》，第140—165页。

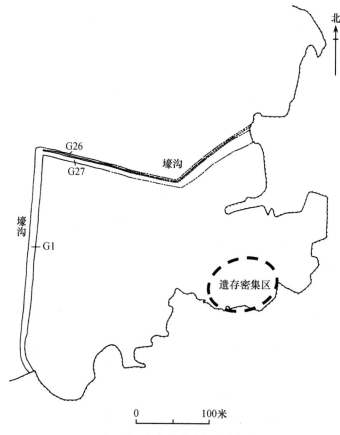

图一五　南关聚落布局示意图

[依据中国国家博物馆田野考古研究中心、山西省考古研究所、垣曲县博物馆：《垣曲商城（二）：
1988～2003年度考古发掘报告》，第141页，图98修改]

（一）陶器

陶器是南关出土最主要的物质遗存，不过来源各异，包括南边的二里头文化、西北的东下冯文化、东北的下七垣文化、北边的忻定盆地因素与本地因素。根据类型学分析，南关的陶器，大多属于二里头文化三期，只有少量属于四期[1]。以下将依不同的考古学文化因素分析该遗址的陶器内涵。

1. 二里头文化

二里头文化是南关最常见的文化因素。在该遗址中与二里头文化相关的陶器包括深腹罐、罐形鼎、甗、深腹盆、刻槽盆、大口尊、盉与爵（图一六）。这群陶器的造型与风格基本与豫西的二里头文化近似。不过，两者之间仍有差别。

---

[1]　中国历史博物馆考古部、山西省考古研究所、垣曲博物馆：《垣曲商城（一）：1985—1986年度勘察报告》，第288页。

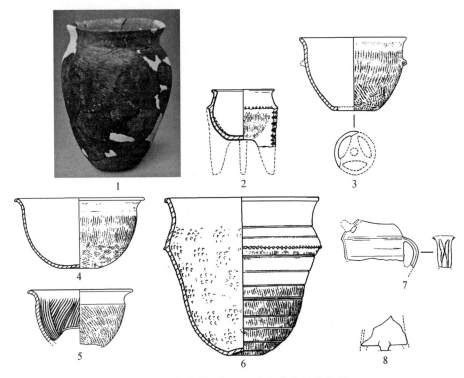

图一六　南关所见与二里头文化有关的陶器

1. 深腹罐　2. 罐形鼎　3. 甑　4. 深腹盆　5. 刻槽盆　6. 大口尊　7. 盉　8. 爵

［1、4、6. 采自中国国家博物馆田野考古研究中心、山西省考古研究所、垣曲县博物馆：《垣曲商城（二）：1988～2003年度考古发掘报告》，图版96-4；第119页，图137-15；第210页，图144-3　2、3、5、7、8. 采自中国历史博物馆考古部、山西省考古研究所、垣曲县博物馆：《垣曲商城（一）：1985—1986年度勘察报告》，第114页，图71-5；第113页，图70-3；第132页，图84-10；第132页，图84-1；第132页，图84-5］

首先，虽然与豫西的二里头文化相同，深腹罐是南关最常见的炊器，不过南关的深腹罐风格多变。例如，豫西绝大多数为饰竖向绳纹、颈部抹平的灰陶深腹罐（图一七，1）；然而在南关，甚至整个垣曲盆地，却出现不少制作粗糙、饰横向绳纹的红褐色深腹罐（图一七，2）。参与垣曲盆地系统调查的考古工作者表示，这种红褐色深腹罐的陶片常见于垣曲盆地内二里头时代的遗址之中。因此，饰横向绳纹的红褐色深腹罐应为垣曲盆地的本地因素。另外，南关还发现带有东下冯文化作风的深腹罐，亦即口沿加厚并自口沿处以下通体饰绳纹的深腹罐（图一七，3）。换言之，南关至少存在三种风格明显不同的深腹罐。

再者，虽然罐形鼎是另一种豫西二里头文化常见的炊器，也出现于南关，然而，鼎在南关十分少见，可修复的标本也似乎只有1件[1]。

除了以上个别器物的比较之外，南关与豫西二里头文化的陶器群也有其他区别。其

————————

　　［1］　中国历史博物馆考古部、山西省考古研究所、垣曲县博物馆：《垣曲商城（一）：1985—1986年度勘察报告》，第115页。

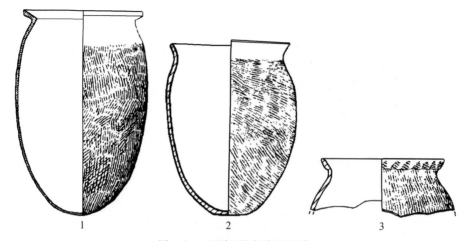

图一七　不同风格的陶深腹罐

1.二里头文化风格　2.南关本地风格　3.东下冯文化风格

[1.采自中国社会科学院考古研究所：《偃师二里头：1959年～1978年考古发掘报告》，第97页，图53-2；
2.采自中国历史博物馆考古部、山西省考古研究所、垣曲县博物馆：《垣曲商城（一）：1985—1986年度勘察报告》，第106页，图64-6；3.采自中国国家博物馆田野考古研究中心、山西省考古研究所、垣曲县博物馆：《垣曲商城（二）：1988～2003年度考古发掘报告》，第188页，图131-2]

一，并非豫西二里头文化所有常见的陶器都发现于南关，如二里头文化常见的捏口罐、三足盘与鬶就不见于南关。其二，豫西二里头文化常见圜底器，但南关多为平底器。这种制作平底陶器的作风源于本地龙山时代的传统，如古城东关即以平底器为主[1]。

　　整体而言，在二里头时代，南关的陶器与豫西二里头文化的关系比较紧密。尽管如此，南关与二里头文化相关的陶器仍具备鲜明的本地风格，饰横向绳纹的红褐色深腹罐与流行平底器便是最好的例证。

2. 东下冯文化

　　南关也出土带有东下冯文化因素的陶器。首先，部分陶器的口沿加厚、在口沿饰绳纹（如深腹罐、深腹盆、细腰甗）便是典型的东下冯文化陶器作风。其次，东下冯文化颇具代表性的陶器也发现于南关，包括单耳罐与三袋足蛋形瓮（图一八）。然而，总体而言，相较于二里头文化，东下冯文化对于南关陶器的影响明显较弱。

　　除了明显受到东下冯文化影响的陶器外，南关与东下冯也出土类似器形与风格的陶器，但由于材料有限，目前还很难确定是何处的文化因素，其中一例是通体饰绳纹的浅腹盘（图一九）。

---

[1] 　中国历史博物馆考古部、山西省考古研究所、垣曲县博物馆：《垣曲古城东关》，北京：科学出版社，2001年。

图一八　南关所见与东下冯文化有关的陶器

1. 单耳罐　2. 三袋足蛋形瓮

［采自中国历史博物馆考古部、山西省考古研究所、垣曲县博物馆：《垣曲商城（一）：1985—1986年度
勘察报告》，第110页，图68-6；第117页，图73-5］

图一九　南关出土绳纹浅腹平底盘

［采自中国历史博物馆考古部、山西省考古研究所、垣曲县博物馆：《垣曲商城（一）：1985—1986年度
勘察报告》，第132页，图84-4］

3. 下七垣文化

位于豫西与晋南之间的南关，除了受到南边二里头文化与西北东下冯文化的影响外，也受到来自太行山东麓下七垣文化的影响。最明显的例子包括鬲、细腰瓢、束颈盆（图二〇）。

就鬲而言，在二里头时代，这种炊器首先流行于太行山东西两侧，包括下七垣文化与东下冯文化；其后，约于二里头文化三期才南传进入豫西的二里头文化。不过，下七垣文化与东下冯文化的鬲明显不同，其最大的区别在于后者常附加单把。由于南关所见陶鬲均无单把，而且整体作风与下七垣文化接近，因此这应该是受到下七垣文化的影响。

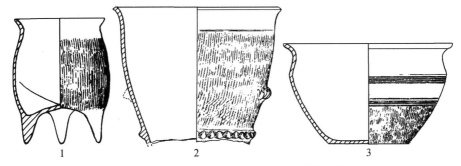

图二〇　南关所见与下七垣文化有关的陶器

1. 鬲　2. 细腰瓢　3. 束颈盆

［1、3.采自中国国家博物馆田野考古研究中心、山西省考古研究所、垣曲县博物馆：《垣曲商城（二）：
1988～2003年度发掘报告》，第214页，图147-14；第203页，图139-13　2.采自中国历史博物馆考古部、
山西省考古研究所、垣曲县博物馆：《垣曲商城（一）：1985—1986年度勘察报告》，第114页，图71-1］

就细腰甗而言，在新石器时代末期的太行山东麓（后冈二期文化）便已经出现。在二里头时代，细腰甗则从太行山东麓的下七垣文化向西传入东下冯文化，也成为东下冯文化常见的炊器。值得注意的是，南关所见的部分细腰甗出现典型的东下冯文化作风，即口沿加厚并在口沿外饰绳纹。因此，尽管细腰甗应源自太行山东麓，不过南关所见的细腰甗可能是受到东下冯文化影响的结果。当然，也不排除其直接受到下七垣文化影响的可能性。

4. 忻定盆地因素

在南关还发现1件与忻定盆地因素有关的高领罕（图二一）。在忻定盆地的游邀出土的高领罕通体饰绳纹。然而，南关所见的高领罕器表磨光，风格显然与前者不同。因此，南关所发现的高领罕可能并非直接源自忻定盆地。或许是本地仿制品，又或许受到其他区域的影响。

5. 本地因素

除了外来因素的陶器外，在南关亦出土了一些只发现于该遗址或垣曲盆地的陶器。这些陶器或可视为本地因素。最好的例子即为前述饰横向绳纹的红褐色深腹罐。另外，南关还出土一种风格特殊的直壁鬲（图二二），似乎未见于同时期其他的邻近地区与遗址，因此也暂且归为本地因素。

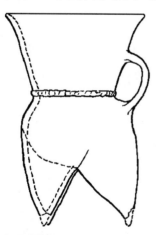

图二一　南关所见与忻定盆地因素有关的高领罕
［采自中国历史博物馆考古部、山西省考古研究所、
垣曲县博物馆：《垣曲商城（一）：1985—1986年度
勘察报告》，第132页，图84-12］

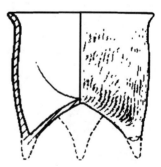

图二二　南关出土直壁鬲
［采自中国历史博物馆考古部、山西省考古研究所、
垣曲县博物馆：《垣曲商城（一）：1985—1986年度
勘察报告》，第114页，图71-10］

（二）石范

除了大量陶器，南关还出土1件铸造铜器的石范[1]（图二三，1）。类似的石范也发现于同时期晋西南的东下冯与西吴壁[2]（图二三，2、3）。根据韩金秋的研究，这种石范应该用于铸造竖銎斧（韩文称为"空首斧"），但竖銎斧并非古代中国固有的工具。不过，在北欧与南欧，铜斧的形制有清楚的演变轨迹，即从模仿石斧的扁平铜斧逐渐发展出竖銎斧。相对之下，欧亚草原的铜斧却未见类似的演变过程，但凿、锛与矛三类铜器也出现柄部从扁平到竖銎的发展趋势。尽管欧洲与欧亚草原竖銎铜器的发展过程仍存许多模糊之处，并有待未来深入研究，但上述两个地区的确是竖銎铜质工具与武器的原生地。值得注意的是，约在公元前两千纪的上半叶，竖銎斧传入中国西北（如天山北路文化、四坝文化与齐家文化），并最终进入中原[3]。因此，如果南关所发现的石范的确是用于铸造竖銎斧的，那么根据目前的线索，这件石范的来源可能有二：一是直接来自中国西北；二则是间接来自晋西南，如东下冯或西吴壁。

关于二里头时代晋西南与豫西青铜铸造业的关系，许多学者已论及这个议题。一般认为，由于晋西南属于二里头文化东下冯类型，因此晋西南的铸铜技术来自二里

 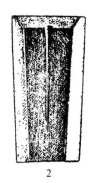 

1　　　　　　　　2　　　　　　　　3

图二三　南关、东下冯、西吴壁出土铸造青铜束銎斧石范
1. 南关石范　2. 东下冯石范　3. 西吴壁石范

[1. 采自中国历史博物馆考古部、山西省考古研究所、垣曲县博物馆：《垣曲商城（一）：1985—1986年度勘察报告》，图版49-6　2. 采自中国社会科学院考古研究所、中国历史博物馆、山西省考古研究所：《夏县东下冯》，第75页，图78-11　3. 采自国家文物局主编：《2018中国重要考古发现》，第63页]

---

[1]　中国历史博物馆考古部、山西省考古研究所、垣曲县博物馆：《垣曲商城（一）：1985—1986年度勘察报告》，第146、147页。

[2]　中国社会科学院考古研究所、中国历史博物馆、山西省考古研究所：《夏县东下冯》，第75、76页；戴向明、田伟、崔春鹏：《山西绛县西吴壁遗址夏商时期冶铜遗存》，国家文物局主编：《2018中国重要考古发现》，北京：文物出版社，2019年，第60—63页。

[3]　韩金秋：《夏商西周中原的北方系青铜器研究》，上海：上海古籍出版社，2015年，第56—60页。

头，且晋西南的青铜铸造业也受到二里头国家的控制[1]。然而，除了上述观点，或许还存在另一种模式，即在二里头时代，豫西与晋西南的青铜铸造业可能分属两个不同的系统。

众所周知，古代中国铸铜技术的起源仍是个极具争议的课题，学者或支持本地起源说，或同意西来说[2]。不过至少就晋西南的例子，笔者认为这个地区的铸铜技术——或者更保守的说，铸造竖銎斧的概念与技术——应该与中国西北有关，而非受到二里头的影响。如果这个假说可以成立，南关的铸铜技术可能与以东下冯与西吴壁为代表的晋西南属于相同系统；又或者至少可以说，南关从晋西南或中国西北引入铸造竖銎斧的技术。

其次，分析铸造铜器的种类，在二里头时代，晋西南与豫西的用铜概念显然有别。学者已经指出，晋西南与豫西制作不同类别的铜器，前者只生产小件的青铜工具与箭镞；然而后者除了小件铜器外，二里头的工匠更致力于研发高度复杂的技术，以铸造反映拥有者的政治权力、社会地位与财富象征的威望物品，如铜爵、镶嵌绿松石铜牌饰与铜铃。一般认为，由于二里头垄断铸造青铜礼器与威望物品的先进技术，因此造成了上述差异[3]。然而，另外一种可能则是：二里头重视铸造展现强烈政治意涵的铜器；但以东下冯与西吴壁为代表的晋西南，由于临近金属原料产地，因此重视生产便于交换的小件铜器以发展当地经济。因此，不论是铸铜技术还是用铜概念，豫西与晋西南可能分属两个不同的系统。换言之，前者强调铜器的政治意义，后者强调铜器的交换价值。

当然，上述假说仍需要更多的材料验证。值得一提的是，近年新发表的材料似乎支持笔者的推测。在晋西南邻近中条山的运城盆地，除了20世纪已发掘的东下冯外，系统调查的数据显示，在西吴壁与柿树林均发现铸铜迹象[4]。西吴壁更在2018年进行正式的考古发掘，并发现二里头时代铸造小件铜器的石范，包括前述铸造竖銎斧的石范[5]。此外，如前所述，在南关与口头也都发现铸铜遗迹与竖銎斧的石范。如果我们

[1]　例如，陈国梁：《二里头文化铜器研究》，中国社会科学院考古研究所编：《中国早期青铜文化——二里头文化专题研究》，第161页；Li Liu and Xingcan Chen, *State Formation in Early China*, pp.69-73; Li Liu and Xingcan Chen, *The Archaeology of China: From the Late Paleolithic to the Early Bronze Age*, p. 271.

[2]　梅建军：《中国的早期铜器及其区域特征》，黄铭崇主编：《中国史新论：古代文明的形成分册》，第61—109页。

[3]　陈国梁：《二里头文化铜器研究》，中国社会科学院考古研究所编：《中国早期青铜文化——二里头文化专题研究》，第206页。

[4]　中国国家博物馆田野考古研究中心、山西省考古研究所、运城市文物保护研究所：《运城盆地东部聚落考古调查与研究》，北京：文物出版社，2011年，第39、47页。

[5]　戴向明、田伟、崔春鹏：《山西绛县西吴壁遗址夏商时期冶铜遗存》，国家文物局主编：《2018中国重要考古发现》，第60—63页。

可以发现更多遗址分布于中条山矿区附近，并且生产便于交换的小件铜器，那么，这些重要的材料将支持本文提出的假说。如果上述的假说可以成立，则至少就青铜铸造业而言，相较于豫西的二里头文化，南关与晋西南东下冯文化的关系应该比较紧密。

（三）铜器

虽然在二里头时代的南关曾经发现石范与铜渣，显示该遗址可能存在铸铜作坊。不过，目前仅发现1件铜镞，出土于H161。值得注意的是，此件铜镞嵌入人类的颈椎骨（图二四）[1]，暗示在二里头时代南关曾经发生暴力冲突事件。虽然无法确知此件铜镞于何地制作，然而，或许因其关键的地理位置——一方面，位于二里头文化与东下冯文化的中间地带；另一方面，则可能作为中条山铜料甚至是铜器的转运枢纽——所以南关的局势紧张。再者，该遗址在二里头时代所修筑的人工壕沟似乎也反映了此特殊情况。

（四）玉器

南关还出土2件玉器，均发现于H406，不过皆已残缺。1件是柄形器，另1件是穿孔玉器（图二五），但后者具体形制与功能不明[2]。如前所述，在二里头时代，二里头是这个时期出土玉器最多的遗址，玉柄形器更是常见，玉器也大多发现于等级较高的

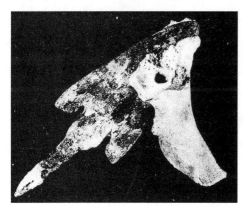

图二四　南关出土嵌入人脊椎骨的青铜箭镞

［采自中国历史博物馆考古部、山西省考古研究所、垣曲县博物馆：《垣曲商城（一）：1985—1986年度勘察报告》，图版53-4］

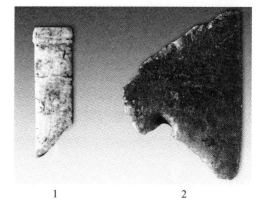

1　　　　　　　2

图二五　南关出土玉器

1. 玉柄形器　2. 穿孔玉器

［分别采自中国国家博物馆田野考古研究中心、山西省考古研究所、垣曲县博物馆：《垣曲商城（二）：1988～2003年度发掘报告》，图版95-4、图版95-5］

---

［1］　中国历史博物馆考古部、山西省考古研究所、垣曲县博物馆：《垣曲商城（一）：1985—1986年度勘察报告》，第155页。

［2］　中国国家博物馆田野考古研究中心、山西省考古研究所、垣曲县博物馆：《垣曲商城（二）：1988～2003年度考古发掘报告》，第178页。

墓葬。此外，尽管二里头玉料的来源与交换机制仍有待深入研究，不过，如前所述，二里头的围垣作坊区内有可能存在玉器作坊。因此，南关出土的2件残玉器可能由二里头输入，或许跟交换金属原料及小件铜器有关。当然，这个推测有待未来验证。由于南关是铜器的铸造地，也是铜料与铜器的转运点，因此玉器出现在该遗址必有其特殊意涵。

（五）小结

南关的考古遗存亦呈现复杂多样的面貌。就材质而言，包含本文分析的陶器、石范、铜器与玉器。此外，该遗址还发现石器、骨器、角器、牙器、蚌器、卜骨与其他动植物遗存。就来源而言，以陶器为例，虽然以南方的二里头文化为大宗，但也出土与西北的东下冯文化与忻定盆地因素，以及与东北的下七垣文化有关的陶器。另外，也发现或可视为本地因素的陶器。换言之，在二里头时代，南关所见多为周边邻近地区的日用陶器。更值得注意的是，该遗址还出土一定数量带有融合作风的陶器，体现南关出现杂糅不同文化因素于一物的现象。

根据以上分析，笔者认为，二里头时代南关的考古遗存，呈现鲜明的中介性或边界性特征。第一，冲突。南关极具战略价值的地理位置（即位于黄河北岸、亳清河与沇河汇流处的台地上，掌控联系豫西与晋西南的交通要道）、由环壕与悬崖包围的防御工事，以及发现青铜箭镞嵌于人脊椎骨等，皆暗示此处局势紧张，甚至不时发生暴力冲突。第二，交换。由于南关所在的垣曲盆地位于中条山东南，邻近金属矿源，且该遗址掌握生产小件青铜器的技术，又扼守运送金属原料自中条山至豫西的特殊位置，因此南关极有可能已经开始与周边地区交换金属原料与小件青铜器。南关出土的2件残玉器，也可能随着铜料与铜器的交换从豫西输入当地。第三，共享。来源各异的日用陶器高度混杂地分布于该遗址的东南部，即当时人类活动最频繁之处；此外，部分日用陶器也出现融合风格。以上现象暗示周边地区不同的物质文化传统、甚至不同背景的人群在南关内交流互动，并彼此共享以饮食习惯为代表的经验与知识，显示该遗址的人群结构来源复杂却又兼容并蓄。

总体来说，南关的物质遗存，其内涵可说是"小同大异"。所谓的"小同"，即南关物质遗存的文化因素，虽然有主次之别，以豫西的二里头文化为大宗，但源自周边地区甚至是本地的考古学文化因素仍占有一定比例。所谓的"大异"，指南关出土的考古遗存来源复杂。必须指出的是，若与二里头相比，虽然这两处遗址出土的遗存来源均十分复杂，但南关的外来遗存皆集中于周遭的邻近地区，且多为日用陶器，罕见威望物品。换言之，南关与其周边地区的相互关系可能多属短距离、底层人群的互动。

四、多样性的两种模式

二里头与南关的考古遗存均展现复杂的多样性，然而两者的形态却大不相同。笔者认为，二里头体现的是"中心式"的多样性，而南关则反映"中介式"的多样性。

所谓"中心式"的多样性，指作为政治、社会、经济或文化中心的遗址，一方面透过多元的方式（如物品或观念的交换或传播、甚至战争等手段）吸引周边地区、甚至远方异域不同价值与种类的物质文化（包括日常用具与威望物品，乃至外来人口）进入其中；另一方面，本地精英由于对威望物品的偏好，也企图透过追求独一无二的器物风格展现拥有者的与众不同，于是出现器类相同但风格多元的现象。就本文所论的二里头而言，该遗址是二里头文化的中心聚落，也是学界探索古代中国国家起源的重点遗址。首先，二里头发现来源各异的外来遗存包括生活用品与贵重器物。例如，陶器可见北方的下七垣文化、东下冯文化与忻定盆地因素，东方的岳石文化，以及南方的后石家河文化与马桥文化等外来影响；而玉器、绿松石器、铜器、朱砂、漆器与海贝的原料大致上均非产自二里头所在的洛阳盆地，而是来自周边地区，甚至是如南方沿海等远方异域。再者，虽然二里头的物质遗存仍以本地的二里头文化为大宗，并广布遗址全境，却存在相同器类制作成不同作风的情况，反映了拥有者的政治与社会地位，而用于仪式活动的爵与绿松石铜牌饰便是最好的例子。因此，二里头高度复杂的物质文化内涵正好体现"中心式"的多样性。

所谓"中介式"的多样性，指位于不同考古学体系中间地带的遗址，因其特殊的地理位置，而出现邻近地区的物质文化（特别是日用器物）高度混杂地分布于遗址内的现象。这也间接暗示，不同邻近地区的人群在中间地带的遗址内频繁互动。本文讨论的南关，位于黄河中游北岸的垣曲盆地，地处二里头文化与东下冯文化的中间地带。虽然南关的考古遗存（特别是陶器）大部分与其南方的二里头文化近似，但同时也有多元的外来因素，诸如西北方的东下冯文化与忻定盆地因素，以及东北方的下七垣文化。此外，南关也发现特征鲜明的本地因素，更出土融合上述不同区域风格的陶器。除了陶器外，南关还发现可能用于铸造竖銎斧的石范，说明位于金属原料产地的南关，不仅其工匠具备自行铸造青铜器的能力，而且铸造技术可能与西北的东下冯文化属于相同系统。此外，南关还发现嵌入人颈椎骨的青铜箭镞，暗示当地的局势紧张，曾出现暴力冲突事件。最后，南关还发现少量残破的玉器，其可能与金属原料或产品的交换有关。值得注意的是，相较于二里头，南关的考古遗存大多为日常用具，少见威望物品。由上可见，首先，虽然南关的考古遗存以二里头文化为主体，但源自不同区域的物质文化却在该遗址内分布重叠、紧密交融。其次，遗址环壕的设计与武装冲突的迹象也暗示该遗址坐落于不同人群组织之间的中间地带。因此南关的物质文化清楚反映"中介式"的多样性。

　　分辨"中心式"或"中介式"的多样性，主要意义至少包括两个层面。首先，可以帮助我们厘清特定遗址在考古学文化中的可能属性与空间位置。例如，如果特定遗址的考古遗存呈现"中心式"的多样性，亦即发现各式来自不同邻近地区，甚至远方异域的物质文化，尤其是威望物品，则该遗址可能是某一考古学文化的"中心聚落"。虽然"中心聚落"在空间上并不一定恰好位于特定考古学文化分布范围的地理中心，却极有可能是该考古学文化在社会、政治、经济或文化等功能上级别较高的聚落[1]。如果特定遗址的考古遗存呈现"中介式"的多样性，即发现许多来自邻近地区的物质文化（尤其是日用物品）并且出现不同来源的考古遗存混杂分布的状况，则该遗址在地理位置上可能坐落于不同考古学文化群的中间地带。因此，简言之，"中心式"的多样性反映特定遗址在考古学文化内的核心地位；然而，"中介式"的多样性则显示特定遗址可能位于不同考古学文化群的中间地带，可视为不同考古学文化群之间的边界。

　　其次，确定特定遗址的多样性形态也可以帮助我们进一步探索该遗址与周边遗址或区域之间复杂的互动关系。例如，呈现"中心式"多样性的遗址，其上层社会可能为了追求反映政治、社会、经济地位的威望物品，而透过不同的方式与媒介，设法取得周边邻近地区乃至远方异域的珍稀物资。此外，由于该遗址特殊的中心性质，也可以吸收不同文化因素的物品甚至人群进入其中。然而，呈现"中介式"多样性的遗址则反映来自周边地区不同文化因素的物品，甚至不同的人群组织透过复杂的方式彼此交流。因此，在区分"中心式"或"中介式"多样性的基础上，我们可以根据考古材料进一步探索特定遗址与其邻近遗址、周边地区，甚至是遥远异域之间多元复杂的互动网络，并借此重新认识古代世界的社会、政治与文化结构。

五、余　论

　　本文的焦点在于通过考古材料探索考古遗存多样性这一考古学中常见的现象，以及这个现象背后所可能反映的普遍意义。首先本文以二里头与南关为例，提出了"中心式"与"中介式"两种遗存多样性的模式，并解释其各自代表的意义。不过必须指

---

　　[1]　所谓的"中心聚落"，至少包含两种形态。第一种是"单中心"形态，即在特定考古学文化中，单一中心聚落同时兼备不同功能；第二种是"多中心"形态，即在特定考古学文化中，由数个不同的聚落分别扮演社会、政治、经济或文化的中心聚落。因此，在实际的研究中，仍必须审慎区别特定考古学文化的"中心聚落"属于何种形态。

出的是，本文主要的分析对象为出土遗物，如陶器、玉器与铜器。其实，遗存多样性的研究也可以包含遗迹现象，诸如墓葬、房址等。纳入遗迹现象的分析将丰富我们对于考古遗存多样性的认识。其次，虽然本文尝试提出遗存多样性"中心式"与"中介式"的区别，不过，令人好奇的是，是否还存在不同形态的遗存多样性？而不同形态的遗存多样性又各自有哪些意义？最后，除了利用考古遗存多样性的概念，探讨不同遗址或区域之间的互动关系外，此一概念是否还可以运用在其他的研究议题，如社会复杂化？当然，上述列举的问题，都是未来可以持续探索的方向。

正如本文的前言所论，过去西方考古学界利用统计学的方法与演化论的概念试图探讨遗存多样性这个议题。然而，笔者认为，探讨遗存多样性此一概念更重要的意义，在于帮助我们厘清遗址的性质，并据此探索不同遗址、区域之间的互动关系。因此，如能系统性地分析古代中国在不同时期的遗存多样性现象，并借此定位各个考古学文化群的中心与边缘，将可能对古代中国的历史格局及其发展流变带来新的认识。

后记：本文的主要论点曾以"考古遗存的多样性——以二里头与古城南关为例"为题，于2019年10月20日在"第二届世界古都论坛暨纪念二里头遗址科学发掘60周年国际学术研讨会"上口头发表。初稿完成后，承蒙许宏教授指正，以及学友庄诗盈与王慧中建议；投稿后，又蒙匿名评审专家提出修改意见。在此对以上诸位专家与朋友的帮助致上最诚挚的谢意。文中一切疏漏与不足由作者负责。

Diversity in Archaeology: Case Studies from Erlitou and Guchengnanguan

Lee Hsiu-ping

(Institute of History and Philology, Academia Sinica, Taipei, China)

Abstract: When analyzing archaeological data collected from sites, diversity is one of the most popular phenomena which researchers usually confront. This article attempts to investigate the classification, meaning, and application of diversity in archaeology through the case studies from Erlitou and Guchengnanguan, two Early Bronze Age sites in the middle Yellow River valley in ancient China. The archaeological evidence shows that the remains collected from Erlitou and Guchengnanguan are highly diverse, but their patterns are different. First, the remains of Erlitou reflect a "central type diversity" referring to that as a site of political, social, economic, or cultural center, various kinds of utilitarian items, prestige goods, and population from neighboring regions and even distant areas were introduced to this site. Moreover, for displaying their differences from each other, local elites attempt to pursue the uniqueness of some specific prestige goods, so we can see that these elite items usually have various styles. Second, the remains of Guchengnanguan reflect a "intermediary type diversity" referring to that as a site situated in the contact zone of different archaeological units, due to its particular geographic location, artifacts, especially utilitarian items, from various neighboring regions were used together and distributed throughout the site. This situation implies that the populations from different neighboring regions frequently interact with each other within the site in the contact zone. By identifying "central type diversity" and "intermediary type diversity," the nature of a site and its spatial location within the framework of archaeological units can be clarified. Furthermore, it also sets a basis for inquiring various patterns of interregional interaction between the site and its neighboring regions and distant areas.

Keywords: Diversity in Archaeology, Erlitou, Guchengnanguan, Interregional Interaction

（责任编辑：石涛）

河套东部地区东周时期装饰品综合研究

蒋　刚　陈星语[*]

摘要： 河套东部地区东周墓葬装饰品中最具特色的是腰带装饰，其中装饰腰带的饰牌和联泡饰具有人群表征迹象。构成项饰的器物组合和项饰风俗在各墓地流行程度也有差异。

忻州窑子墓地、崞县窑子墓地腰带的主要装饰风俗是用鸟纹（形）动物饰牌和饰之字纹或者素面的之字腰联泡饰；水泉墓地、小双古城墓地腰带的主要装饰风俗是用卷云纹饰牌，毛庆沟墓地腰带的主要装饰风俗是用卷云纹饰牌和鸟纹（形）动物饰牌；新店子墓地腰带的主要装饰风俗是用单泡饰、卷云纹三联泡饰和饰连珠纹的之字腰联泡饰。绿松石是所有墓地项饰的重要组成部分，但是在忻州窑子墓地和崞县窑子墓地中最盛行用绿松石。毛庆沟墓地流行用骨串珠、玛瑙珠饰装饰项饰是其他墓地不见或少见的。新店子墓地用铜珠装饰项饰是其他墓地不见或少见的。忻州窑子墓地和崞县窑子墓地总体来说项饰和耳环都不盛行，毛庆沟墓地、小双古城墓地项饰较为盛行，但是耳环却不盛行，新店子墓地项饰和耳环都盛行。

河套东部地区东周墓葬可以分成甲、乙、丙、丁四种文化传统。从装饰品的角度来看，甲文化传统与河套西部地区、甘宁地区、冀北地区的联系均较少；乙文化传统与河套西部地区、甘宁地区联系较多，而与冀北地区没什么联系；丙文化传统跨出河套东部地区，分布达河套西部地区，与冀北地区的联系较多，与甘宁地区也有一定的联系；丁文化传统是典型的中原文化传统。

关键词： 河套东部地区　东周时期　装饰品　组合

"河套东部地区"包括现在行政区划的凉城地区、和林格尔县以及清水河县偏东北地区，该地区位于内蒙古中部偏南。据古代相关文献记载，东周时期生活在该地区的人群错综复杂，文献记载却不甚清楚。现有的考古材料也表明，东周时期该地区存在着一些与中原文化面貌迥异的文化。但是其文化遗存与宁夏固原地区、内蒙古鄂尔

---

* 作者：蒋刚，重庆，重庆师范大学山地考古与文化遗产保护研究中心（382447120@qq.com）；陈星语，重庆，重庆师范大学历史与社会学院。

多斯地区和河北张家口地区同时期的文化遗存却又有着较多的相似性[1]，从而共同构成了"中国北方文化带"[2]。装饰品是中国北方地区东周时期诸遗存中最为重要的遗物，对装饰品的研究一直都是学界重要的学术课题。尤其是毛庆沟墓地[3]、崞县窑子墓地[4]的发掘引起了学界的重视。其中田广金、郭素新编著的《鄂尔多斯式青铜器》[5]第一次对各类装饰品进行了系统讨论，在该书中他们对河套地区出土的青铜装饰品进行了较为详细的分类，并做了功能等方面研究。此外，就是对一些单类装饰品或者纹饰进行的研究，如乌恩对带饰和动物纹饰的分期、起源和流向等问题进行了讨论[6]。杜正胜[7]、郑绍宗[8]、乔梁[9]、潘玲[10]、单月英和卢岩[11]、罗丰[12]等对装饰品中的青铜牌饰也进行了分类研究，豆海锋和丁利娜[13]等对青铜带扣进行了分类研究。总体来看，目前学界对装饰品的研究主要集中在对单一饰品尤其是青铜牌饰的讨论。只有《鄂尔多斯式青铜器》对装饰品进行了全面讨论，但是由于当时材料的局限，一些研究结论有待重新讨论，尤其是近年在河套东部地区新发现了忻州窑

[1]　林沄：《中国北方长城地带游牧文化带的形成过程》，燕京研究院：《燕京学报》（新十四期），北京：北京大学出版社，2003年，第95—146页。

[2]　杨建华：《春秋战国时期中国北方文化带的形成》，北京：文物出版社，2004年，第1页。

[3]　内蒙古文物工作队：《毛庆沟墓地》，田广金、郭素新编著：《鄂尔多斯式青铜器》，北京：文物出版社，1986年，第227—315页。

[4]　内蒙古文物考古研究所：《凉城崞县窑子墓地》，《考古学报》1989年第1期。

[5]　田广金、郭素新编著：《鄂尔多斯式青铜器》，第64—142页。

[6]　乌恩：《我国北方古代动物纹饰》，《考古学报》1981年第1期；乌恩：《中国北方青铜透雕带饰》，《考古学报》1983年第1期。

[7]　杜正胜：《欧亚草原动物纹饰与中国古代北方民族之考察》，《"中央研究院"历史语言研究所集刊》第六十四本，第二分册，1993年，第231—408页。

[8]　郑绍宗：《略论中国北部长城地带发现的动物纹青铜饰牌》，《文物春秋》1991年第4期。

[9]　乔梁：《中国北方动物饰牌研究》，教育部人文社会科学重点研究基地吉林大学边疆考古研究中心编：《边疆考古研究》（第1辑），北京：科学出版社，2002年，第13—33页。

[10]　潘玲：《矩形动物纹牌饰的相关问题研究》，教育部人文社会科学重点研究基地吉林大学边疆考古研究中心编：《边疆考古研究》（第3辑），北京：科学出版社，2005年，第126—146页；潘玲：《透雕网格纹牌饰及相关问题的初步研究》，教育部人文社会科学重点研究基地吉林大学边疆考古研究中心编：《边疆考古研究》（第7辑)，北京：科学出版社，2008年，第184—201页。

[11]　单月英、卢岩：《匈奴腰饰牌及相关问题研究》，《故宫博物院院刊》2008年第2期。

[12]　罗丰：《中原制造——关于北方动物纹金属牌饰》，《文物》2010年第3期。

[13]　豆海锋、丁利娜：《北方地区东周时期环状青铜带扣研究》，教育部人文社会科学重点研究基地吉林大学边疆考古研究中心编：《边疆考古研究》（第6辑），北京：科学出版社，2007年，第198—213页。

子[1]、凉城饮牛沟[2]、凉城水泉[3]、凉城小双古城[4]、凉城草号沟[5]、和林格尔新店子[6]、清水河阳畔墓地[7]、和林格尔范家窑子[8]等诸多墓地遗存，发掘报告[9]对相关材料也进行了一定程度的公布，所以有必要重新对这些装饰品进行深入研究。

一、装饰品的分类及功能

田广金、郭素新在《鄂尔多斯式青铜器》一书中将装饰品分为头饰、项饰、带饰和配饰四种，这种分类大体能反映出各种装饰品的用途，但是本文的讨论将会发现同一类器物可能有多种用途，比如泡饰，有的从出土位置可以看出可能是装饰在腰带上的，有的就不是装饰在腰带上的。所以，本文依据材质分为金属器、骨贝蚌、玉石琉璃玛瑙器三种，分别对每种器物下的各类器物进行类型学划分和分期研究，然后根据他们在墓葬中的出土位置与组合搭配对它们的功能进行讨论。

（一）金属装饰品的分类及功能

1. 金属饰牌

饰牌是东周时期中国北方文化带诸考古学文化最具特色的器物之一。所以，饰牌的研究受到众多学者的关注。但是，已有的研究一般都集中在下文所说的非鸟纹（形）动物饰牌上，对其他饰牌关注较少。

河套东部地区东周时期墓葬出土饰牌种类繁多，根据装饰题材可将其分成动物饰牌、非动物饰牌两个大类。其中动物饰牌又可以分为鸟纹（形）饰牌和非鸟纹（形）饰牌两小类。为了行文的方便，就把饰牌分为鸟纹（形）动物饰牌、非鸟纹（形）动

---

［1］　内蒙古文物考古研究所：《内蒙古凉城县忻州窑子墓地发掘简报》，《考古》2009年第3期。

［2］　内蒙古自治区文物工作队：《凉城饮牛沟墓葬清理简报》，《内蒙古文物考古》1984年第3期；内蒙古文物考古研究所、日本京都中国考古学研究会岱海地区考察队：《饮牛沟墓地1997年发掘报告》，内蒙古文物考古研究会、日本京都中国考古学研究会：《岱海考古（二）——中日岱海地区考察研究报告集》，北京：科学出版社，2001年。

［3］　内蒙古自治区文物考古研究所：《凉城县水泉东周墓地发掘简报》，《草原文物》2012年第1期。

［4］　内蒙古文物考古研究所：《内蒙古凉城县小双古城墓地发掘简报》，《考古》2009年第3期。

［5］　内蒙古文物考古研究所：《凉城县草号沟墓地调查简报》，《内蒙古文物考古》2010年第2期。

［6］　内蒙古文物考古研究所：《内蒙古和林格尔县新店子墓地发掘简报》，《考古》2009年第3期。

［7］　曹建恩：《内蒙古中南部商周考古研究的新进展》，《内蒙古文物考古》2006年第2期。

［8］　李逸友：《内蒙古和林格尔县出土的铜器》，《文物》1959年第6期。

［9］　内蒙古自治区文物考古研究所、内蒙古自治区文物保护中心：《岱海地区东周墓群发掘报告》，北京：科学出版社，2016年。

物饰牌和非动物饰牌三类。

第一类：鸟纹（形）动物饰牌。

A型　单鸟头饰牌，整个饰牌为一个鸟头的侧面，重点表现眼睛和鸟喙。背有桥形纽。根据鸟头的不同形状，可分为四亚型。

Aa型　侧面鸟头比较写实，呈长条形。可分为二式。

Ⅰ式：忻州窑子M27∶2（图一，1），鸟纹很逼真，线条清楚明了，整个饰牌就是鸟头形状，鸟头显得匀称，鸟喙与颈处的缺口明显。

Ⅱ式：崞县窑子M12∶4-5（图一，2），整个饰牌基本变成了近长方形，线条模糊不清，鸟头的边缘线基本消失，鸟喙与颈处已经看不出明显的缺口。

Ab型　侧面鸟头不写实，呈扁圆形。可分为二式。

Ⅰ式：毛庆沟M61∶3·②（图一，3），鸟纹逼真，鸟头边缘轮廓清楚。

Ⅱ式：毛庆沟M65∶6（图一，4），鸟纹简化，整体变得扁长，鸟头边缘轮廓已

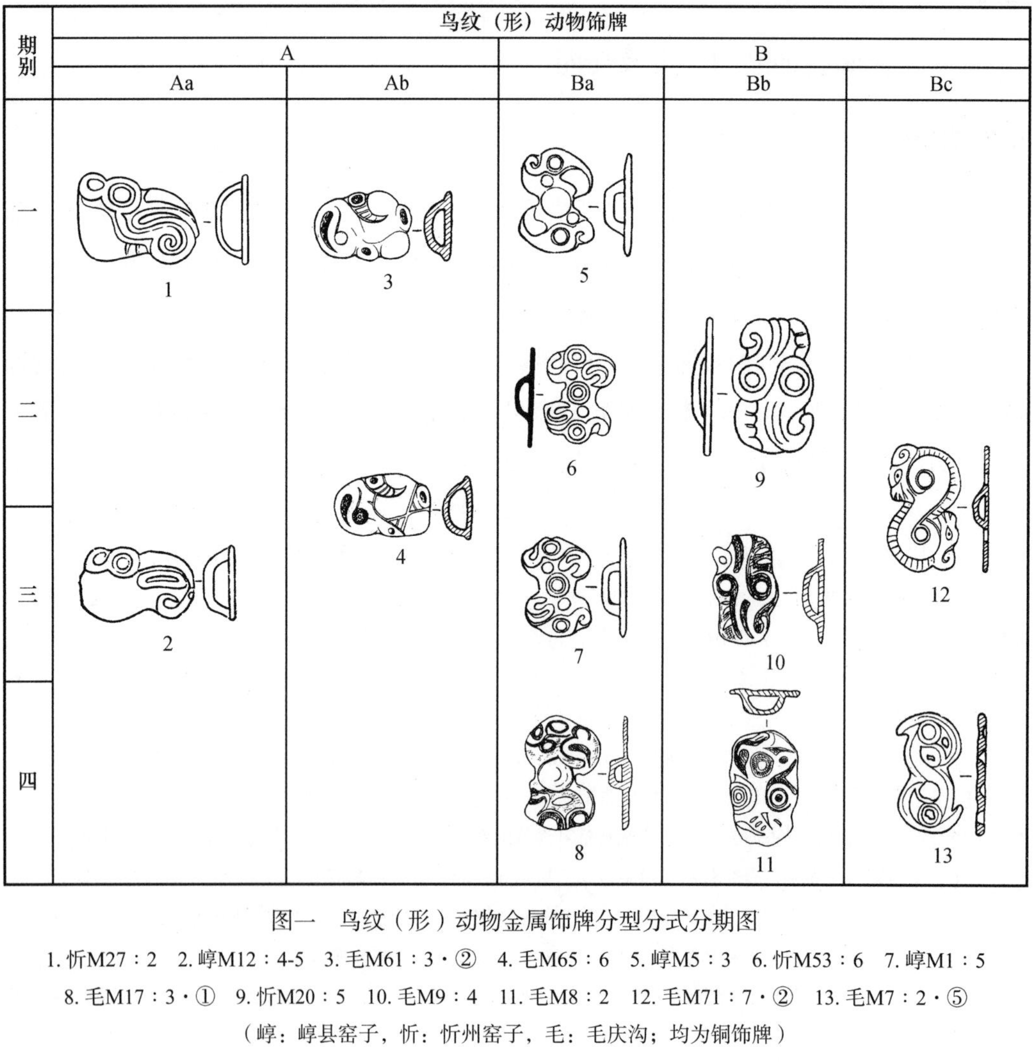

期别	鸟纹（形）动物饰牌				
	A		Ba	B Bb	Bc
	Aa	Ab			
一	1	3	5		
二			6	9	
三	2	4	7	10	12
四			8	11	13

图一　鸟纹（形）动物金属饰牌分型分式分期图

1. 忻M27∶2　2. 崞M12∶4-5　3. 毛M61∶3·②　4. 毛M65∶6　5. 崞M5∶3　6. 忻M53∶6　7. 崞M1∶5
8. 毛M17∶3·①　9. 忻M20∶5　10. 毛M9∶4　11. 毛M8∶2　12. 毛M71∶7·②　13. 毛M7∶2·⑤
（崞：崞县窑子，忻：忻州窑子，毛：毛庆沟；均为铜饰牌）

不清楚。

Ac型　忻州窑子M28：5（图二，1），整个鸟头逼真，鸟喙下端明显有一个缺口。

Ad型　侧面鸟头十分写实，呈长条形。如崞县窑子M8：3（图二，2），总体形状与Ac型相似，鸟喙为侧面，但是眼睛处的构图方法与Ac型区别较大，Ac型是一个大圆圈表现眼睛，而Ad型此处的构图就比较复杂。

B型　双鸟头饰牌。根据构图方式的不同，可分为三亚型。

Ba型　由两个单鸟头饰牌（Aa型）呈中心对称构成，中间束腰，束腰处有圆圈纹。背有桥形纽。根据鸟纹以及饰牌边缘随鸟头形的轮廓的变化，可分为四式。

Ⅰ式：崞县窑子M5：3（图一，5），鸟纹清楚，写实性强，边缘鸟头形轮廓清楚，束腰处圆圈较大。

Ⅱ式：忻州窑子M53：6（图一，6），鸟纹比较清楚，边缘鸟头形轮廓较为清楚，束腰处圆圈变小。

Ⅲ式：崞县窑子M1：5（图一，7），鸟纹不很清楚，鸟头变扁长，边缘鸟头形轮廓不清楚，束腰处圆圈变得更小。

Ⅳ式：毛庆沟M17：3·①（图一，8），鸟纹变得非常简化，边缘鸟头形轮廓很不清楚。

Bb型　整体呈花生壳形，两个鸟头为中心对称构图。背有桥形纽。根据鸟纹以及饰牌边缘随鸟头形的轮廓的变化，可分为三式。

Ⅰ式：忻州窑子M20：5（图一，9），鸟纹清楚，花生壳形轮廓明显。

Ⅱ式：毛庆沟M9：4（图一，10），鸟纹简化，花生壳形轮廓不太明显。

Ⅲ式：毛庆沟M8：2（图一，11），鸟纹更简化，花生壳形轮廓基本消失，变成近长方形。

Bc型　整体呈"S"形。根据鸟纹以及饰牌边缘随鸟头形的轮廓的变化，可分为二式。

Ⅰ式：毛庆沟M71：7·②（图一，12），双鸟头清晰可见。

Ⅱ式：毛庆沟M7：2·⑤（图一，13），双鸟头简化。

另外，还有几件鸟纹（形）或变体鸟纹（形）饰牌。忻州窑子M20：4（图二，3），整体为近菱形，饰牌上的鸟纹与Aa型相似，但是是双鸟构图，其构图方式与Bb型相同。忻州窑子M62：2（图二，4），整体呈椭圆形，器壁很薄，其上的纹饰可能是鸟纹。这个饰牌正面凸出的背面就凹入，正面凹入的背面就凸出。忻州窑子M36：5（图二，5），器身由多条对称弧线纹饰构成，上下有对称的圆圈，似眼睛，可能是Ba型双鸟头饰牌的变体。长3.8、宽1.7厘米。毛庆沟M2：13·⑤（图二，6），整体

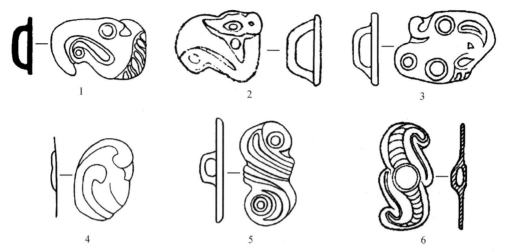

图二　其他鸟纹（形）动物金属饰牌

1.忻M28：5　2.崞M8：3　3.忻M20：4　4.忻M62：2　5.忻M36：5　6.毛M2：13·⑤
（崞：崞县窑子，忻：忻州窑子，毛：毛庆沟；均为铜饰牌）

呈"S"形，中间有一圆泡，田广金认为这种饰牌是双鸟纹的变体[1]。但从目前的资料来看，这种饰牌是否真是双鸟纹的变体不得而知，即使是，又是哪种双鸟纹变化而来、是怎样变化的等，诸问题都还不清楚，所以此处单独列出，有待新资料的发现以探索。这几种饰牌的形制都较为特殊，数量特别少，除最后一种呈"S"形的在毛庆沟M2发现5件外，其他每种目前均只发现1件。

第二类：非鸟纹（形）动物饰牌。

如前面所说，学界已经对这类饰牌有很多较好的研究，本文采用乔梁的分类方法[2]，将这几个墓地出土的这类饰牌分为二型。

A型　动物形饰牌，这种饰牌多取动物整体造型为轮廓，采用透雕的技法来表现。根据饰牌种类的不同，可分为二亚型。

Aa型　单体动物饰牌。根据动物形状，可分为二亚型。

Aa1型　单种动物侧面构图。毛庆沟M55：4（图三，1），伫立虎形，嘴部宽厚，耳朵明显，虎爪部趾纹清晰，尾下垂。背有桥形纽。饮牛沟82M9：3（图三，2），整体透雕似鹿形。

Aa2型　单种动物对称构图。小双古城M13：2（图三，3），双虎形，主题图案为上下中心对称的两只浮雕虎，虎首较长并有重圈状穿孔，张嘴露牙，两耳由多重圆圈表示，虎身为顾首卷曲状，身体瘦长呈"S"形，虎的形体抽象化，正面弧凸，背面凹

[1]　田广金、郭素新编著：《鄂尔多斯式青铜器》，第271页。

[2]　乔梁：《中国北方动物饰牌研究》，教育部人文社会科学重点研究基地吉林大学边疆考古研究中心编：《边疆考古研究》（第1辑），第13—33页。

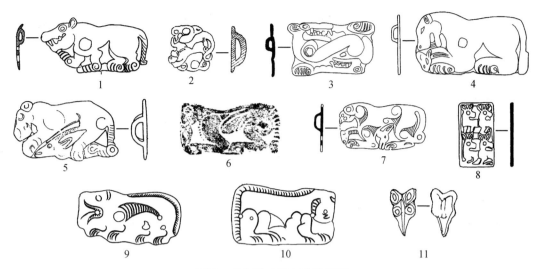

图三　非鸟纹（形）动物饰牌

1. 毛M55：4　2. 饮82M9：3　3. 小M13：2　4. 小M11：2　5. 崞M12：2-2　6. 范家窑子　7. 小M9：2
8. 忻M59：1　9. 毛M74：5　10. 毛M5：6·①　11. 毛M66：1
（毛：毛庆沟，饮：饮牛沟，小：小双古城，崞：崞县窑子，忻：忻州窑子）

入。背有双拱纽。长7.7、宽4.7厘米。

Ab型　多体动物饰牌。根据动物形状，可分为二亚型。

Ab1型　表现为猛兽噬食草动物的场景。比如小双古城M11：2（图三，4），猛虎站立，低头，前脚踩在一只鹿身上，张大嘴作噬咬状，尾下垂。背有双拱纽。崞县窑子M12：2-2（图三，5），上端为一虎，低头垂尾，作噬咬状。下端虎爪下有一羊，做挣扎状。背有双拱纽。范家窑子出土8件（图三，6），为一猛兽，前腿匍匐，后腿蹲踞，尾巴下垂，嘴里咬着一东西。背有双拱纽。

Ab2型　表现为鸟头虎身噬食草动物场景，与Ab1型的区别就是猛兽的造型为鸟头虎身。小双古城M9：2（图三，7），鸟头肥大，兽身刚劲有力，兽身上还有线刻纹饰，尾部下垂，在猛兽两腿之间有一鹿头。背有纽。

B型　动物纹饰牌。根据表现动物的方式，可分为二亚型。

Ba型　透雕动物纹饰牌，纵长方形，器身的宽度小于通高，边缘有明显的矩形方框，表现的题材是数兽相叠情景。忻州窑子M59：1（图三，8），四个形态一样的回首鹿相叠。

Bb型　在饰牌表面用线刻的方式表现动物形象。毛庆沟M74：5（图三，9），整个饰牌接近长方形，其上用线条描绘了一只张大嘴的老虎。背无纽。毛庆沟M5：6·①（图三，10），整体形状更接近长方形，虎纹更加简化，虎的头部基本看不清楚。背无纽。水泉墓地M23出土的铁饰牌可能属于这一种类型。

另外，还有一种小型的非猛兽兽头饰件。比如毛庆沟M66：1（图三，11），兽头尖耳，尖嘴，耳、眼均镂空，颇似狼头，正面弧凸，背面凹入。背有竖纽。

第三类：非动物饰牌。

A型 卷云纹饰牌。根据饰牌形状，可分为二亚型。

Aa型 中间有一个大圆泡饰。可分为三式。

Ⅰ式：毛庆沟M61∶2·②（图四，1），整体窄长，中间泡饰较小，边缘凹凸轮廓明显。

Ⅱ式：毛庆沟M43∶1·⑤（图四，2），整体变宽，中间圆泡变大，边缘凹凸轮廓较为明显。

Ⅲ式：毛庆沟M37∶2·②（图四，3），整体更变宽，泡饰两边的纹饰连成一

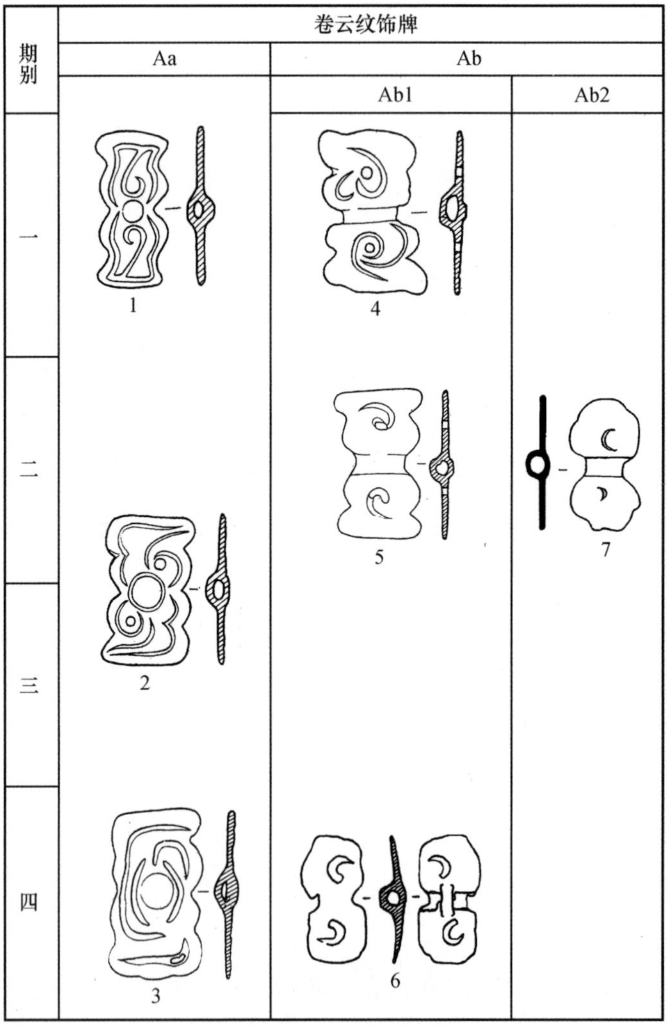

图四 卷云纹饰牌分型分式分期图

1.毛M61∶2·② 2.毛M43∶1·⑤ 3.毛M37∶2·② 4.毛M61∶1·⑩ 5.毛M45∶1 6.水M19∶2

7.忻M20∶7

（忻：忻州窑子，毛：毛庆沟，水：水泉）

片，边缘凹凸轮廓不明显。

Ab型　束腰，逗号形卷云纹。根据束腰两端饰牌的形状，可分为二亚型。

Ab1型　束腰两端饰牌的整体形状与Aa型卷云纹饰牌相似。可分为三式。

Ⅰ式：毛庆沟M61：1·⑩（图四，4），边缘凹凸轮廓明显，纹饰清楚复杂。

Ⅱ式：毛庆沟M45：1（图四，5），边缘凹凸轮廓较为明显，纹饰简化。

Ⅲ式：水泉M19：2（图四，6），边缘轮廓模糊不清，纹饰极其简化。

Ab2型　束腰两端饰牌的整体形状与Ba型双鸟头饰牌相似。忻州窑子M20：7（图四，7），边缘凹凸轮廓明显。

B型　多孔饰牌。根据饰牌形状，可分为二亚型。

Ba型　长方形。忻州窑子M9：7（图五，1），四圆孔，背无纽。

Bb型　近方形。毛庆沟M10：2·④（图五，2），两边六圆孔，中间两个月牙形孔，上部有一个凸钉。毛庆沟M10：2·⑤（图五，3），除上部没有凸钉外，其他特征与前一件相似。

C型　雷纹方形饰牌。忻州窑子M26：3（图五，4），整个方形饰牌上饰一个雷纹，背有横纽。

D型　回纹饰牌。毛庆沟M2：10（图五，5），正面饰回纹，背有两个小纽。

E型　卷曲连线纹饰牌。根据卷曲连线纹饰的数量，可分为二亚型。

Ea型　整体为长方形。崞县窑子M24：8（图五，6），其上有两排卷曲连线纹饰，背有双拱纽。

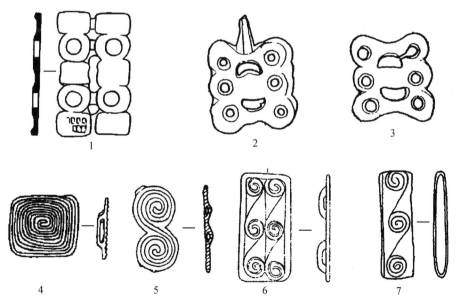

图五　卷云纹饰牌外的非动物饰牌

1.忻M9：7　2.毛M10：2·④　3.毛M10：2·⑤　4.忻M26：3　5.毛M2：10　6.崞M24：8　7.新M30：9
（崞：崞县窑子，忻：忻州窑子，毛：毛庆沟，新：新店子）

Eb型　平面为长方形，中空，壁较薄，两面略鼓。新店子M30∶9（图五，7），正面饰一排卷曲连线纹饰。

上述各类饰牌在各墓地中绝大多数都出土于墓主腰部，有的多个成排相连，这些现象表明其是腰带饰件，学界无异议，此不赘述。

我们曾经利用陶器和带钩的形制变化将河套东部地区东周时期墓地统一化分为六期[1]，第一期年代相当于春秋晚期，第二期相当于战国早期偏早，第三期相当于战国早期偏晚，第四期相当于战国中期偏早，第五期相当于战国中期偏晚，第六期相当于战国晚期。

通过各类型饰牌和陶器或者各类型饰牌之间的共存关系，我们可以得出各型式饰牌在各期的分布情况，见表一。

根据表一可以看出，河套东部地区鸟纹（形）动物饰牌和卷云纹饰牌（Aa型非动物饰牌）延续时间最长，在春秋晚期就出现，并延续到战国中期偏早。而非鸟纹（形）动物饰牌在战国早期偏早阶段才零星出现，主要流行于战国早期偏晚到战国中期偏早。非动物饰牌主要流行于战国早期。从战国中期偏晚开始起，河套东部地区不见任何类型的饰牌。为了考察各类型饰牌在各墓地流行时间的差异，我们将各墓地几种主要类型的饰牌的型式及数量统计为表二。

表一　各型式饰牌的期别归属表

分期	鸟A·Aa	鸟A·Ab	鸟A·Ac	鸟A·Ad	鸟B·Ba	鸟B·Bb	鸟B·Bc	非鸟A·Aa1	非鸟A·Aa2	非鸟A·Ab1	非鸟A·Ab2	非鸟B·Ba	非鸟B·Bb	非动A·Aa	非动A·Ab1	非动A·Ab2	非动B·Ba	非动B·Bb	非动·C
一	I	I			I									I	I				
二		II	√	√	II	I	I		√			√?	√	II	√		√	√?	
三	II		√		III	II		√		√					√				√
四					IV	III	II	√	√		√			III	III				
五																			
六																			

注：√表示存在这种器物。以下各表与此相同不另注。D型非动物饰牌只出土于毛庆沟M2，据毛庆沟M2出土器物我们还无法确知其期别归属，所以表一没有列出D型非动物饰牌的期别归属。据目前出土资料，我们亦无法确定出土E型非动物饰牌的墓葬的期别归属，故表一亦不列入。Ba型非鸟纹（形）动物饰牌和Bb型非动物饰牌没有明确的可供分期的共存器物，我们这里用"√？"标出其可能性较大的期别归属

[1]　蒋刚、陆韵语：《河套东部地区春秋战国时期墓地的分期及相关问题》，《考古与文物》2013年第4期。

表二　各墓地出土几种主要类型饰牌的型式和数量统计表

墓地	鸟纹（形）动物饰牌/件							非鸟纹（形）动物饰牌/件						非动物饰牌/件								
	A		Ac	Ad	B			A				B		A	A		B		C	D	E	
	Aa	Ab			Ba	Bb	Bc	Aa		Ab		Ba	Bb	Aa	Ab		Ba	Bb			Ea	Eb
								Aa1	Aa2	Ab1	Ab2				Ab1	Ab2						
崞县窑子	II 2			6	I 3、III 6	I 17				2											2	
忻州窑子	I 9、II 2		10	1	II 24、III 3	I 13						1				17	1		10			
毛庆沟		I、II共15			IV 5	I 9、II 2、III 1	I 2、II 9	4					5	I、II、III共191	I、II共19			13		2		
小双古城									2	2	1			II、III共29								
水泉															III 1+25							
饮牛沟								1														
范家窑子										8												
新店子																	1				1	43

注：① "I 9"表示I式武器物共9件，"I、II共15"表示I、II武器物一共15件。下文各表相同，不另注。②水泉墓地出土25件铁质云纹饰牌，锈蚀严重，发表标本2件，其中水泉M29：1铁饰牌属于Ab1型III式。其他的可能均属于Ab1型非动物饰牌

从表二可以看出，崞县窑子墓地中除了数量很少的Ab1型非鸟纹（形）动物饰牌和Ea型非动物饰牌不见于忻州窑子墓地外，其他饰牌种类均见于忻州窑子墓地，这两个墓地数量最多、流行时间最长的都是鸟纹（形）动物饰牌，这反映二者关系非常密切。毛庆沟墓地、小双古城墓地、水泉墓地均有较多的非鸟纹（形）动物饰牌，饮牛沟墓地也只见Aa1型非鸟纹（形）动物饰牌，而且前三个墓地都非常流行卷云纹饰牌（即A型非动物饰牌）。这表明此四个墓地间的关系较为密切。毛庆沟墓地虽然也有较多的鸟纹（形）动物饰牌，但是其数量最多、流行时间最长的是卷云纹饰牌（即Aa型非动物饰牌），并且从表二我们可以很明显地看出，毛庆沟墓地与忻州窑子、崞县窑子两个墓地有好几种不互见的饰牌，可见其关系较为疏远。新店子墓地流行的Eb型非动物饰牌也不见于其他5个墓地，其他5个墓地流行的所有饰牌都不见于新店子墓地，所以其他5个墓地与新店子墓地的关系当更为疏远。由此我们可以看出，不同类型的饰牌，尤其是那些流行时间长、数量多的饰牌可能是不同人群的标识物。

2. 金属带扣

目前发现的带扣数量较多，根据纽的安装位置大体可以将青铜带扣分为二型。

A型　三角形环纽。纽与扣环在一个平面上。根据扣环形状，可分为二亚型。

Aa型　扣环截面为片状。根据片状截面的宽窄，可分为二亚型。

Aa1型　片状截面较宽，一般上面饰交错弧形纹饰。可分为二式。

Ⅰ式：忻州窑子M28：2（图六，1），扣舌位于环的最外处微向内。

Ⅱ式：毛庆沟M12：1（图六，2），扣舌向环内移，基本上在环的中部。

Aa2型　片状截面较窄，其上多饰连珠纹，还有斜线纹等。可分为三式。

Ⅰ式：崞县窑子M5：6（图六，3），扣舌位于扣环的最外处。

Ⅱ式：忻州窑子M45：2（图六，4），扣舌位于环的最外处微向内。

Ⅲ式：崞县窑子M31：5（图六，5），扣舌内移，接近环的中部。

Ab型　截面为柱状。如忻州窑子M66：2（图六，6），上饰对称斜线纹。

B型　"丁"字形纽或者桥纽，位于带扣的背面。根据扣环形状，可分为二亚型。

Ba型　扣环为圆形。可分为二式。

Ⅰ式：崞县窑子M3：4（图六，7），整个带扣包括扣舌做工较好。

Ⅱ式：毛庆沟M11：6（图六，8），整个带扣做工粗糙，扣舌简化。

Bb型　扣环为方形。崞县窑子M8：5（图六，9），整个带扣为长方形，其上饰卷云纹。

各型式带扣基本都出土于死者腰部正中，为腰带饰件，无异议，不赘述。

各类带扣和陶器、饰牌多有共存关系，据此可以看出各型式带扣在各期的分布情况，见表三。

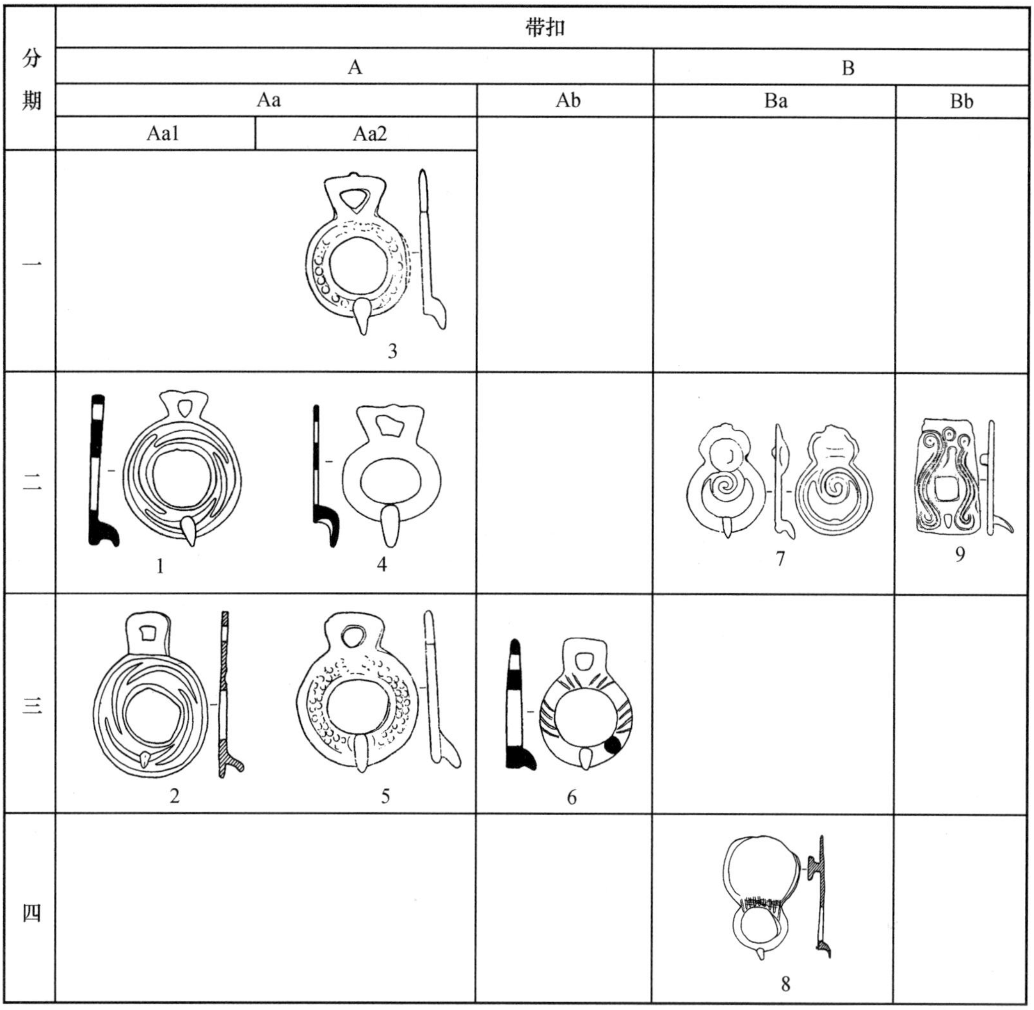

带扣					
分期	A			B	
	Aa		Ab	Ba	Bb
	Aa1	Aa2			
一		3			
二	1	4		7	9
三	2	5	6		
四				8	

图六　带扣分型分式分期图

1.忻M28：2　2.毛M12：1　3.崞M5：6　4.忻M45：2　5.崞M31：5　6.忻M66：2　7.崞M3：4

8.毛M11：6　9.崞M8：5

（崞：崞县窑子，忻：忻州窑子，毛：毛庆沟）

表三　各型式带扣的期别归属表

分期	A			B	
	Aa		Ab	Ba	Bb
	Aa1	Aa2			
一		I			
二	I	II		I	√
三	II	III	√		
四				II	
五					
六					

由表三可知，A型带扣流行时间主要在春秋晚期到战国早期偏晚。Ba型带扣的纽呈"丁"字形位于带扣的背面，这不是北方地区带扣安纽的传统，有可能是受了中原带钩安纽方式的影响。

为了考察各墓地流行带扣的情况，我们将各墓地各类带扣的类型及数量统计为表四。

由表四可以看出，河套东部地区主要流行A型带扣。各墓地带扣区别不大，这个时期整个北方文化带都流行A型带扣，所以带扣主要代表一种时代的产物。检索河套东部地区出土带扣的墓葬，我们发现一个重要的现象是：在这几个墓地中，除了毛庆沟M6墓主为一老年女性外，其他出带扣的可鉴定的墓葬墓主都是男性[1]，而且出土带扣的墓葬多数随葬品都较为丰富，表明带扣可能是某些特殊身份男性的标识物。

表四　各墓地出土带扣类型和数量统计表

墓地	A/件			B/件	
	Aa		Ab	Ba	Bb
	Aa1	Aa2			
崞县窑子		4		1	1
忻州窑子	3	3	1		
毛庆沟	5	1		1	
小双古城					
饮牛沟					
新店子		3			
阳畔		√			

3. 金属带钩

只有毛庆沟、饮牛沟、水泉三个墓地出土有带钩，多数出土于这三个墓地中的南北向墓葬之中，少量出土于这两个墓地的东西向墓葬中。根据整体形态，可分为二型。

A型　形体较大的细长带钩，多为青铜质地。根据钩面形状，可分为三亚型。

Aa型　琵琶形，钩面较宽，其上均饰各种纹饰。根据钩纽的位置，可分为三式。

Ⅰ式：毛庆沟M58：7·②（图七，1），钩纽位于钩尾处。

Ⅱ式：毛庆沟M53：1（图七，2），钩纽靠后，在从钩尾到钩首的三分之一处。

Ⅲ式：毛庆沟M20：1（图七，3），钩纽位于带钩中部。

Ab型　曲棒形带扣，带钩截面为圆形。饮牛沟97M2：1（图七，4），钩纽位于带钩中部。

---

[1]　关于墓葬性别方面的资料，参看各墓地发掘简报。

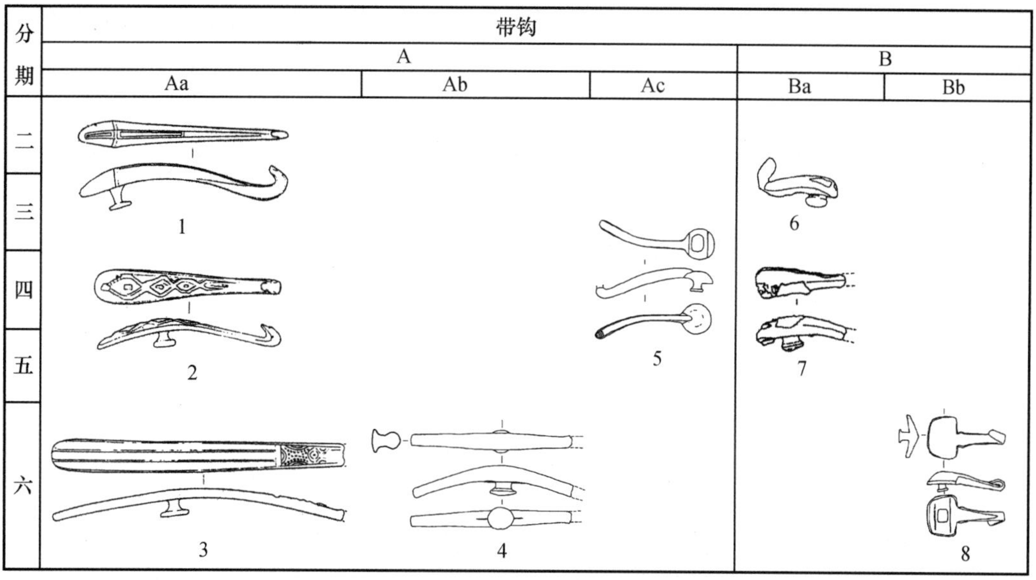

分期	带钩				
	A			B	
	Aa	Ab	Ac	Ba	Bb
二 三 四 五 六	 1 2 3	4	5	6 7	8

图七　带钩分型分式分期图

1. 毛M58：7·② 　2. 毛M53：1 　3. 毛M20：1 　4. 饮97M2：1 　5. 水M16：1 　6. 毛M39：7 　7. 饮97M3：2

8. 饮97M13：1

（毛：毛庆沟，饮：饮牛沟，水：水泉）

Ac型　钩柄细长而弯曲，横截面为近三角形。水泉M16：1（图七，5），钩首略残，钩纽位于椭圆形钩尾背面正中。

B型　形体较小的短体带钩。根据钩尾面形状，可分为二亚型。

Ba型　均为铁制，钩尾面形状为近圆形。根据钩纽位置，可分为二式。

Ⅰ式：毛庆沟M39：7（图七，6），钩纽位于钩尾。

Ⅱ式：饮牛沟97M3：2（图七，7），钩纽位于从钩尾到钩首的四分之一处。

Bb型　青铜质地，钩尾面为耕形。饮牛沟97M13：1（图七，8）。

虽然河套东部地区的带钩多被打断后随葬于墓中，但是根据对中原带钩的研究[1]，它是带具无疑。总体来看，A型带钩可能主要直接作为扣束腰带两端的连接物，B型带钩可能主要用于装在腰带上佩挂他物。Aa、Ba型带钩至少在战国早期偏晚时就在河套东部地区出现，其中Aa型带钩甚至可能早到战国早期偏早就出现在河套东部地区且一直延续并繁荣。

为了考察毛庆沟、饮牛沟、水泉三个墓地随葬带钩的区别，我们将这三个墓地出土带钩类型和数量统计为表五。

从表五可知，毛庆沟墓地大多数为青铜质地的A型带钩，只有少量铁质的Ba型带钩，而饮牛沟墓地Ba型铁质带钩数量与青铜质带钩的数量相差无几，这可能表明这两

[1]　王仁湘：《带钩概论》，《考古学报》1985年第3期。

个墓地稍有时代差异，饮牛沟墓地比毛庆沟墓地更晚一些。水泉墓地青铜和铁质带钩均存在，大体与饮牛沟墓地时代相当。

表五　毛庆沟、饮牛沟、水泉三个墓地随葬带钩类型和数量统计表

墓地	A/件			B/件	
	Aa	Ab	Ac	Ba	Bb
毛庆沟	Ⅰ3、Ⅱ8、Ⅲ2			Ⅰ1	
饮牛沟	Ⅱ6、Ⅲ1	1		Ⅰ1、Ⅱ5	1
水泉	Ⅱ5、Ⅲ3	1	1		

注：毛庆沟墓地还有2件铁带钩锈成碎块，型式不明。水泉墓地出土铁带钩Aa型Ⅲ式2件、Ab型1件，其余全为青铜质地

由于在这三个墓地中东西向和南北向两种葬俗不同的墓葬中都随葬有带钩，为了考察是否存在差异，我们将这两种不同葬俗的墓葬出土的带钩类型和数量统计为表六。

从表六可以看出，随葬带钩的形制不因两种葬俗的不同而有明显的差异。

表六　毛庆沟、饮牛沟、水泉三个墓地南北向和东西向墓葬出土带钩类型及数量统计表

墓葬方向	A/件			B/件	
	Aa	Ab	Ac	Ba	Bb
东西向	Ⅰ3、Ⅱ8、Ⅲ2			Ⅰ1、Ⅱ1	1
南北向	Ⅱ9、Ⅲ3	2	1	Ⅰ1、Ⅱ4	

注：水泉墓地出土青铜、铁质带钩共10件，由于没有墓葬统计表，所以可以确知出土带钩的墓葬只有发表过线图的7座

4. 金属环

金属环出土数量较多。根据环截面形状，可分为二型。

A型　截面为圆形或扁圆形，多素面，有的饰绚纹，大小各异，铜环外径2.4—10厘米。忻州窑子一些墓葬出土的铜环颜色为银白色，这可能与其合金成分不同有关。忻州窑子M49：3（图八，1），截面为圆形，素面，外径7.2、内径6.4厘米。崞县窑子M31：3（图八，2），截面为扁圆形，制作规整，表面饰均匀的绚纹，直径6.3厘米。毛庆沟M39：4（图八，3），截面为圆形，素面，直径2.4厘米。水泉M18：1（图八，4），横截面近圆形，表面光滑且刻划有斜向弦纹。直径3.5、横截面直径0.3厘米。水泉M21：13（图八，5），残，铁质，横截面为圆形，锈裂为多段，直径8.6、横截面直径0.7厘米。

B型　截面为片状。根据有无小纽，可分为二亚型。

Ba型　环边无小纽，其上多饰交错弧形纹，直径4.6—5.1厘米。毛庆沟M66：4（图八，6），外径5.1、片状截面宽1.7厘米。水泉M21：2，璧形环，形体较小，表面

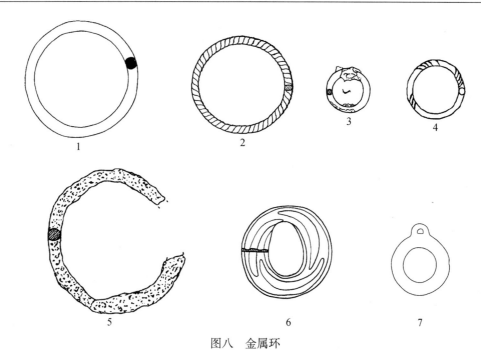

图八　金属环

1. 忻M49∶3　2. 崞M31∶3　3. 毛M39∶4　4. 水M18∶1　5. 水M21∶13　6. 毛M66∶4　7. 忻M67∶9
（忻：忻州窑子，崞：崞县窑子，毛：毛庆沟，水：水泉）

锈蚀严重，正面依稀可见交错弧形纹，外径5、内径2.3、厚0.3厘米。范家窑子也发现有2件。

Bb型　环边缘有一个小纽，素面。忻州窑子M67∶9（图八，7），外径5.9、内径3.3厘米。

关于A型金属环的功能，《毛庆沟墓地》作者指出了两种：一是与带钩共出的如毛庆沟M39∶4，出土时与铁带钩挂在一起，这表明A型环中那些与带钩共出的小环可能是作为带钩的扣环使用。另一种就是如毛庆沟M60中三个A型铜环相套，并出于剑的首部，所以其可能作为腰带上供他物钩挂的配件[1]。忻州窑子多数铜环出于盆骨两侧手的下面，并且一般是左右两边各有大小相配的两个环，由于没有发现上肢骨套于铜环中的情况，所以是手镯或臂环的可能性不大。从水泉M18（图九）来看，铜环出土时位于左侧肘部内侧、肋骨之上、腰部，这说明此类金属环不是手镯或臂环。所以，根据这些铜环的出土位置推测其为腰带上供他物钩挂的配件是比较合理的。如毛庆沟M5出土铜连环一串（图一○），这串铜连环位于装饰在腰带上的虎纹饰牌和云纹饰牌之间，所以它可能直接挂在腰带上。至于B型铜环，由于其截面为片状，显然不利于作为腰带上供他物钩挂的配件，从毛庆沟M63发表的墓葬平面图（图一一）来看，B型铜环和云纹饰牌在一起。水泉M21（图一二）出土的B型铜环也和A型铁环在一起并共出于

[1]　内蒙古文物工作队：《毛庆沟墓地》，田广金、郭素新编著：《鄂尔多斯式青铜器》，第227—315页。

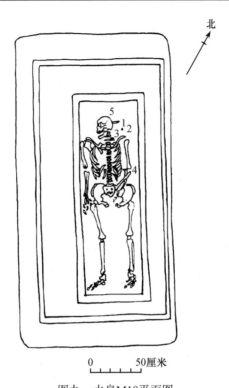

图九　水泉M18平面图

1.骨簪　2.石印章　3.铁云纹饰牌　4.铜环　5.铁带钩

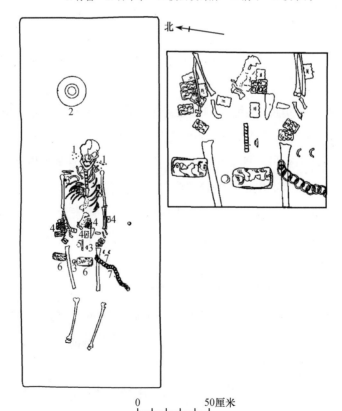

图一○　毛庆沟M5平面图

1.料珠　2.陶罐　3.铜扣饰（大、小）　4.双鸟纹铜饰牌　5.铜管状饰　6.长方形铜饰牌　7.铜连环　8.梅花状铜扣饰

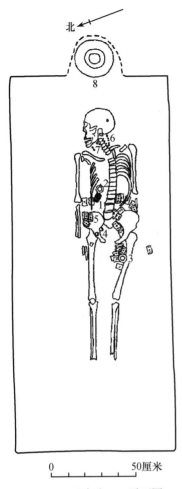

图一一　毛庆沟M63平面图

1.云纹铁饰牌　2.铜带扣　3.铜环　4.铜泡饰

5.云纹铜饰牌　6.料珠　7.铜耳环　8.陶罐

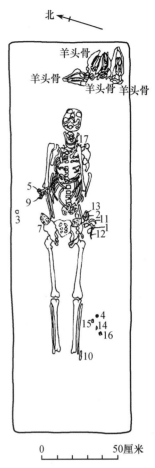

图一二　水泉M21平、剖面图

1.铜铃　2.铜环　3、4.铜泡饰　5—8.铁饰牌

9、10.铁云纹饰牌　11、12.铁环　13.铁渣

14、15.骨珠　16.蜻蜓眼　17.料石珠饰

（一组，241件）

腰部，所以根据这些情况来看，B型金属环可能是直接用于装饰腰带，和金属饰牌有一样的功能。

为了表现各墓地出土铜环的差异，我们将各墓地出土铜环的类型和数量统计为表七。

从表七可知，崞县窑子、忻州窑子、新店子三个墓地主要流行A型铜环，很少见B型铜环，毛庆沟、小双古城、水泉、范家窑子四个墓地均流行B型铜环，饮牛沟墓地仅1件A型铜环。一个值得注意的现象是，出土A型铜环的墓葬中可鉴定骨骼的大多数为男性。

表七　各墓地出土铜环类型和数量统计表

墓地	A/件	B/件	
		Ba	Bb
崞县窑子	17		
忻州窑子	35		1
毛庆沟	6以上	4	
水泉	4	3	
小双古城		1	
饮牛沟	1		
范家窑子		2	
新店子	36		
阳畔		√	

5. 金属管饰

管饰出土数量较多，出土时一般都是多个管饰串连在一起。根据管饰的不同形状，可分为六型。

A型　圆直管饰，截面为圆形，其上饰凹弦纹，大小基本相同，少量形体相对偏小。崞县窑子M21：2（图一三，1），细长圆管，饰均匀的凹弦纹，长2.9、直径0.7厘

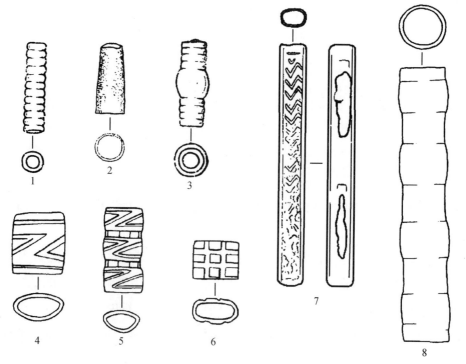

图一三　金属管饰

1.崞M21：2　2.饮M10：1　3.崞M1：4-3　4.忻M2：7　5.忻M13：7　6.忻M22：4　7.毛M5：5　8.新M35：4
（忻：忻州窑子，崞：崞县窑子，毛：毛庆沟，饮：饮牛沟，新：新店子）

米。个别如饮牛沟M10∶1（图一三，2）为素面，一端粗，一端略细。残长2.2、直径0.9厘米。

B型 凸管饰，中间凸起呈球形，两端饰凹弦纹，大小基本相同。崞县窑子M1∶4-3（图一三，3），管直径0.9、中间球形直径1.2、长2.9厘米。

C型 扁联珠管饰，构成一个管饰的扁珠数量不等，有的由单个扁珠构成，有的由多个扁珠构成，扁珠上有的饰对称凹线"人"字纹。忻州窑子M2∶7（图一三，4），为单个扁珠构成，横断面为椭圆形，正面略鼓，正面有凹线"人"字纹，背面素面，长2、宽1.7、高0.9厘米。忻州窑子M13∶7（图一三，5），为三个扁珠连在一起构成，每个扁珠上均饰对称凹线"人"字纹，长2.7、宽1.3厘米。此类扁联珠管饰在新店子M43出土较多。

D型 方扁管饰。忻州窑子M22∶4（图一三，6），横断面为椭方形，正反两面饰方格纹，长1.1、宽1.5、高0.8厘米。

E型 长方形管饰，一面饰对称半月形纹，或凹弦纹或横之字纹，另一面镂空，大小不等。毛庆沟M5∶5（图一三，7），一面饰横之字纹，另一面上下均镂空，长8.9、宽0.9厘米。

F型 竹节状管饰。新店子M35∶4（图一三，8），竹节分节之间过渡较为平缓，筒壁较厚，素面。长12.6、直径2.2、壁厚0.2厘米。

就A、B、C、D型管饰而言，在墓葬中一般都是多个不同型的铜管饰串连出土。如忻州窑子M10，A、B型管饰串连在一起出土。忻州窑子M28，B、C型管饰串连在一起出土。由此可见，这四种管饰多串连在一起作为连接物使用。在甘宁地区发现了长度一般在4厘米以上的A型管饰，这种较长的管饰的功能，依据于家庄M12∶7出土时管内装有四根骨针和一件铜锥[1]来看，其是作为针（锥）管使用的。本地区发现的A型管饰均较小，长度一般在3.5厘米以下，目前未见内装针（锥）的现象，可能主要作为装饰品。E型管饰一般出土于腰部，正面都有较为精美的纹饰，背部镂空，所以有纹饰的一面应当是向外的，而且多数较为宽短，其主要功能可能是用于装饰腰部。田广金也指出，这种管饰"根据桃·M1和毛庆沟M10的出土情况，均位于腰际，可能是串连起来佩戴的"[2]。发掘简报将新店子墓地出土的F型管饰定性为针管，但没有公布功能判断证据，倒是玉皇庙墓地YYM174∶10管饰[3]与F型管饰较为相似，玉皇庙墓地报告将其视为针（锥）管具。

［1］ 宁夏文物考古研究所：《宁夏彭堡于家庄墓地》，《考古学报》1995年第1期。

［2］ 田广金、郭素新编著：《鄂尔多斯式青铜器》，第128页。

［3］ 北京市文物研究所：《军都山墓地》，北京：文物出版社，2007年，第1131页。

总体来看，A、B型管饰流行时间最长。其他几种管饰流行时间较短。为考察各墓地出土管饰的区别，现将各墓地出土管饰的类型和数量统计为表八。

表八　各墓地出土金属管饰类型和数量统计表

墓地	A/件	B/件	C/件	D/件	E/件	F/件
崞县窑子	13	31	68			
忻州窑子	34	87	151	1		
毛庆沟	14	10			5	
小双古城	1					
饮牛沟	1					
草号沟		1				
新店子			15以上			2
阳畔			√			

从表八可以看出，崞县窑子和忻州窑子这两个墓地管饰都很流行，而其他几个墓地管饰却不太流行。而且前两个墓地数量较多的C型管饰基本不见于其他几个墓地。毛庆沟墓地所见的E型管饰不见于其他墓地。新店子管饰不流行，仅6座墓中有，而且主要出土于M35、M43两座墓中，C型管饰也仅仅见于M43中，F型管饰不见于其他墓地。新店子M43应当是受到了以忻州窑子墓地为代表的人群的影响。

6. 金属泡饰

泡饰出土数量很多。根据泡饰的个数，可分成单泡饰和联泡饰两大类。

第一类：单泡饰。根据其上有无纹饰，可分为二型。

A型　素面。根据大小，可分为三亚型。

Aa型　大泡饰。直径在4.5厘米以上。根据泡饰表面形状，可分为二亚型。

Aa1型　就是普通的圆泡饰，泡饰截面为弧线。如崞县窑子M6：7-2（图一四，1），壁薄，背有桥纽，直径4.7厘米。

Aa2型　类似草帽形，中间鼓起，边缘平折。如忻州窑子M67：5（图一四，2），背有桥纽，直径6厘米。

Ab型　中型泡饰。直径在3厘米左右。如忻州窑子M29：31（图一四，3），背有桥纽，直径3厘米。

Ac型　小泡饰，直径在2厘米以下。这个类型的泡饰其实还有大小之别，多数直径在1.5厘米左右，如忻州窑子M43：14（图一四，4），背有横纽，直径1.5厘米。有的直径不足1厘米，如崞县窑子M8出土的小泡饰，直径只有0.5厘米。

B型　有纹饰的。根据表面纹饰的不同，可分为三亚型。

Ba型　边缘饰放射线纹。如新店子M34∶4（图一四，5），背有桥纽，直径3.5厘米。

Bb型　边缘饰连珠纹。如新店子M10∶7（图一四，6），背有桥纽，直径2.8厘米。

Bc型　饰凸线同心圆纹。如毛庆沟M6∶14（图一四，7），背有横纽，直径2.3厘米。

另外，单泡饰中还有一种整个泡饰呈逗号形或虎头形者，数量很少，如忻州窑子M28∶28（图一四，8），素面，背有横纽。新店子M43∶11（图一四，9），泡面呈虎头状，上有两耳，虎头细部较为逼真，背面有一横贯纽，长3、宽2厘米。

第二类：联泡饰。可分为五型。

A型　之字腰联泡饰，两端由两个泡饰构成，中间是之字形的齿状饰。这种器物经

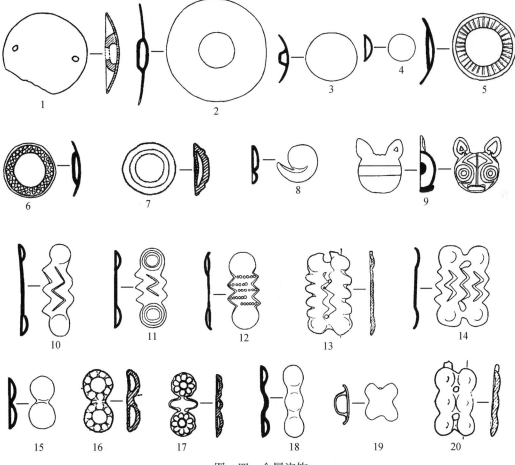

图一四　金属泡饰

1.崞M6∶7-2　2.忻M67∶5　3.忻M29∶31　4.忻M43∶14　5.新M34∶4　6.新M10∶7　7.毛M6∶14
8.忻M28∶28　9.新M43∶11　10.忻M9∶5　11.忻M38∶4　12.新M41∶7　13.崞M30∶1-1　14.忻M37∶5
15.忻M34∶6　16.毛M8∶1　17.草LDCC∶12　18.忻M33∶17　19.忻M9∶9　20.崞M30∶1-2

（崞：崞县窑子，忻：忻州窑子，新：新店子，毛：毛庆沟，草：草号沟）

常成排相连出土于死者的腰部。根据之字腰数量的不同，可分为二亚型。

Aa型　单个之字腰联泡饰。这种联泡饰数量较多，一般背有桥纽。根据表面纹饰的不同，可分为三亚型。

Aa1型　素面。如忻州窑子M38出土有此类联泡饰，形制、大小差不多，唯新店子M26出土4件形制明显偏小。

Aa2型　饰之字纹。如忻州窑子M9：5（图一四，10）。个别在圆泡上还有螺旋纹，如忻州窑子M38：4（图一四，11）。

Aa3型　饰连珠纹。如新店子M41：7（图一四，12）。

Ab型　双之字腰联泡饰。此型数量不是很多，多数背无纽，是通过两个之字腰联泡饰连接处来缝缀的，此处有明显的使用痕迹。根据表面纹饰的不同，可分为二亚型。

Ab1型　素面。如崞县窑子M30：1-1（图一四，13）。

Ab2型　饰之字纹。如忻州窑子M37：5（图一四，14）。也有少量背面有四个小纽，其上的之字纹是凸起的，不是凹入的，这种泡饰的做工不好，质地轻薄。

B型　两联泡饰，由两个泡饰相连构成。一种是素面的，如忻州窑子M34：6（图一四，15），背有两横纽。另一种是饰梅花装饰的，如毛庆沟M8：1（图一四，16），背有两横纽。草号沟墓地出土饰梅花装饰联泡饰LDCC：12（图一四，17），只是中间是之字腰连接，吸收了Ab型的做法。

C型　三联泡饰。如忻州窑子M33：17（图一四，18），素面，背有两个桥纽。

D型　五联泡饰。如忻州窑子M9：9（图一四，19），由五个泡饰构成，一个泡饰在中间，另外四个两两对称，背有一桥纽。

E型　六联泡饰。如崞县窑子M30：1-2（图一四，20），由两个三联泡饰构成。背无纽，通过两端两泡连接处缝缀，此处有明显的使用痕迹。

单泡饰既有实用的功能又有装饰的功能，而联泡饰可能主要是装饰的功能。忻州窑子M2、M63、M45等出土的Aa、Ab、Bb型单泡饰位于死者腹部正中等现象表明，A、B型单泡饰有些可能是装饰在腰带上的。毛庆沟M10平面图（图一五）清楚地表明Bc型单泡饰是成双排和多孔饰牌一起装饰在腰带上的。忻州窑子M30出土的Ab型单泡饰位于死者的胸部，显然不是用于装饰腰带的，更可能就是衣服的扣饰。忻州窑子M28（图一六）死者左右两手臂上各有一个Ab型单泡饰，这可能是装饰在死者衣服的袖口上或者是手套入口处的。

A型联泡饰常常成排出土于死者的腰部，如忻州窑子M33（图一七），很明显是将其作为腰带上的饰品，其功能可能与饰牌一样。其他联泡饰一般也出土于腰部，可能主要也是装饰在腰带上的。

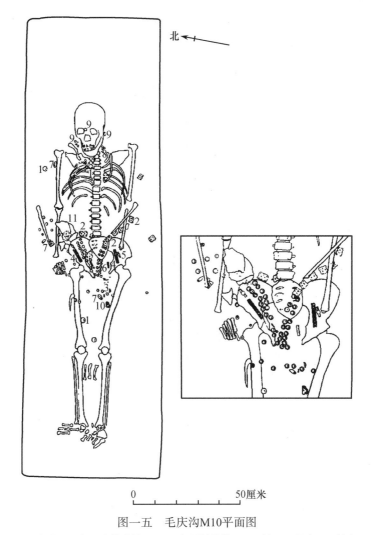

图一五　毛庆沟M10平面图

1、3.铜泡饰　2.多孔铜饰　4.铜长方管状饰　5、6.铜圆管状饰　7.贝饰　8.骨珠　9.料珠　10.铜鸟形饰牌

11.小孩头骨

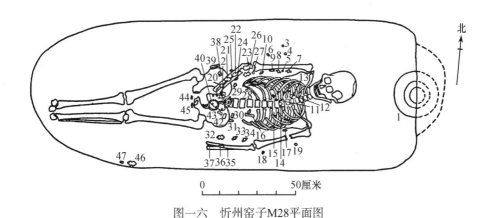

图一六　忻州窑子M28平面图

1.陶罐　2.铜带扣　3—5、14、19、20、27、28、35—38.铜泡饰　6—13、15、16、18、33、34.铜管饰

17、47.铜哑铃形饰　21—26、29—32、41—43、46.铜鸟纹饰牌　39、40.铜环　44.小铜环　45.骨环

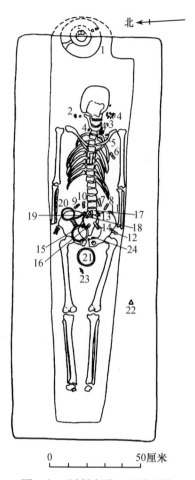

图一七　忻州窑子M33平面图

1.陶罐　2、3.贝饰　4.项饰（一组，包括绿松石17件、玛瑙饰品21件、铜珠31件）　5、24.铜管饰
6—19.铜联泡饰　20、21.铜环　22.铜管饰（一组16件）　23.铜镝形饰

各墓地出土泡饰种类略有些区别，见表九。由表九可知，单泡饰在各墓地广泛流行，新店子墓地单泡饰尤其发达。联泡饰在各墓地的情况就存在明显差异，忻州窑子和崞县窑子两墓地的Aa型联泡饰基本不见于其他墓地，忻州窑子墓地大量流行的Aa2型联泡饰不见于其他几个墓地。就A型联泡饰而言，崞县窑子、忻州窑子和毛庆沟三个墓地大量流行的是Aa1和Aa2型联泡饰，只有忻州窑子M66有1件Aa3型联泡饰，而新店子墓地大量流行的却是Aa3型联泡饰，不见Aa2型联泡饰，Aa1型联泡饰也只有极少量，并且形体明显偏小。

表九　各墓地出土泡饰类型统计表

墓地	单泡饰							联泡饰								
	A				B			A					B	C	D	E
	Aa		Ab	Ac	Ba	Bb	Bc	Aa			Ab					
	Aa1	Aa2						Aa1	Aa2	Aa3	Ab1	Ab2				
崞县窑子	√	√	√	√				√			√					√
忻州窑子	√	√	√	√	√	√		√	√量多	仅M66有1件	√	√	√	√	√	√
毛庆沟			√	√		√	√	√			√		√			
小双古城	√		√	√												
饮牛沟			√													
水泉			√	√												
草号沟														√		
新店子	√		√	√		√		极少量		√量多						
阳畔						√								√		

7. 铜铃

根据出土铜铃的整体形态，可分为四型。

A型　圆顶，斜弧腹，环纽或方纽，器身上有对称的两个三角形镂孔，内置横梁和悬舌，数量较多。如崞县窑子M22：7（图一八，1），口径3.1、高4.8厘米。

B型　整体侧视为三角形，斜直腹，三角形纽，器身上有一对对称的不规则形镂孔。如毛庆沟M62：1（图一八，2），高4.6厘米。

C型　铃体为直筒状，平顶，环状纽，器身有两个对称的长方形镂孔或者三角形镂孔。如毛庆沟M39：6（图一八，3），口径2、高3.9厘米。

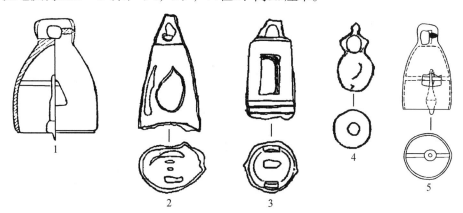

图一八　铜铃图

1.崞M22：7　2.毛M62：1　3.毛M39：6　4.毛M65：2　5.忻M22：2

（崞：崞县窑子，毛：毛庆沟，忻：忻州窑子）

D型　整体为球形，环状纽。如毛庆沟M65：2（图一八，4），铃口为0.5厘米的小圆孔，高2.5、球形体直径1.5厘米。

铃舌常与A型铜铃伴出，一般为水滴形。如忻州窑子M22：2（图一八，5），水滴形，环纽，纽上有绞索纹。

从目前的发现来看，第一，河套东部地区铜铃多数出土于小孩墓葬之中，所以铜铃的一种重要功能可能是作为小孩的玩具。如忻州窑子M13、M20、M36均为小孩墓葬，均出土有铜铃。第二，铜铃可能也作为宗教法器，如忻州窑子M22为成年男性墓，由一个铜铃和A、B、C型三种管饰串连一起构成一条鞭铃，由于其出于成年人墓葬，是玩具的可能性不大，所以可能具有某种宗教意义。在属于寺洼文化的蛤蟆墩M5也有类似的鞭铃发现[1]。第三，铜铃也可能作为动物牲畜的佩铃，如忻州窑子M22出土的一件铜铃就在殉牲的旁边。第四，据《毛庆沟墓地》作者说，上述B、C、D型铜铃"均发现在人体附近，其中M39出土的铜铃，放在死者胸部，当为佩铃。M65：2出土时还与串珠连在一起，显然作为项饰"。水泉M21（图一二）为一25岁左右的成年男性墓葬，"左髋骨外侧随葬有1件铜环、2件铁环和1件铜铃及锈蚀严重的铁器"[2]，这显然是装饰在腰部的佩铃，水泉M21：1铜铃可以归入本文的B型。

总体来看，A型铜铃延续时间最长，也是本地最为常见的铜铃形式。B、C、D型铜铃不仅数量少，流行时间也短。为了清楚地表现各墓地出土铜铃类型的差异，现将各墓地出土铜铃的类型统计为表一〇。

表一〇　各墓地出土铜铃类型统计表

墓地	A	B	C	D
崞县窑子	√			
忻州窑子	√			
毛庆沟		√	√	√
小双古城			√	
水泉		√		

由表一〇可知，崞县窑子和忻州窑子两墓地都流行A型铜铃，而这种铜铃不见于毛庆沟、小双古城和水泉墓地。后三个墓地流行B、C、D型铜铃，且都不见于前两个墓地。新店子墓地不见铜铃。

[1]　甘肃省文物考古研究所：《永昌三角城与蛤蟆墩沙井文化遗存》，《考古学报》1990年第2期。

[2]　内蒙古自治区文物考古研究所、内蒙古自治区文物保护中心：《岱海地区东周墓群发掘报告》，第248页。

8. 金属耳环

根据构成耳环的铜丝截面形状，可分为二型。

A型　构成耳环的铜丝截面为圆形。根据耳环圈数的不同，可分二亚型。

Aa型　单圈耳环。如崞县窑子M9：2-2（图一九，1），圆铜丝，一端粗、一端细，两端交错接口，环径6.3厘米。还有两个单圈耳环连在一起的。如忻州窑子M46：3、M46：4（图一九，2），两个耳环相互扣连在一起，均为素面，外径2.7、内径1.9、环身断面直径0.4厘米。

Ab型　多圈耳环。由细铜丝缠绕成弹簧形。如崞县窑子M24：3（图一九，3），环径2.8、宽0.9厘米。

B型　构成耳环的铜丝截面为方形，铜丝内外有凹弦纹。凹弦纹的数量从1道到5道不等。如忻州窑子M32：4（图一九，4），有三道凹弦纹，外径4.5、内径3.5厘米。崞县窑子M19：2-2（图一九，5），有五道凹弦纹。环径3.2、宽0.85厘米。

这些器物常出土于耳朵附近，是耳环无疑。

为考察各墓地出土耳环的情况，现将各墓地出土耳环类型和数量统计为表一一。

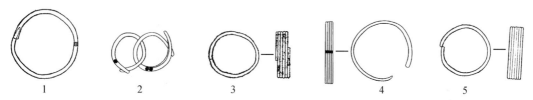

图一九　耳环

1.崞M9：2-2　2.忻M46：3、M46：4　3.崞M24：3　4.忻M32：4　5.崞M19：2-2

（崞：崞县窑子，忻：忻州窑子）

表一一　各墓地出土耳环类型和数量统计表

墓地	A/件		B/件
	Aa	Ab	
崞县窑子	8	4	5
忻州窑子	3		4
毛庆沟			
小双古城			
水泉			
新店子	量多	量多	

由表一一可知，毛庆沟、小双古城、水泉三个墓地不出耳环，表明这三个墓地的人不喜好戴耳环[1]。崞县窑子和新店子两个墓地流行的A型耳环在忻州窑子墓地少见。崞县窑子墓地31座墓葬中出土耳环的墓葬有7座，忻州窑子墓地69座墓葬中只有5座出土耳环，新店子墓地56座墓葬中有29座出土有耳环。所以崞县窑子和忻州窑子两个墓地戴耳环的风俗远不如新店子墓地盛行。佩戴耳环是新店子墓地非常显著的、重要的风俗传统。

9. 其他小件金属饰品

（1）哑铃形串饰：形体很小，两边有横穿孔，大小相当，一般为多个串连在一起出土。如忻州窑子M20：26（图二〇，1），长2.4、两端宽0.7、中部宽0.35、两端厚0.5、中间厚0.25厘米。忻州窑子M29的哑铃形串饰出土于墓主腰部，应当是腰带上饰件。

（2）铜镐形饰：崞县窑子M5：7（图二〇，2），两端钝尖，椭圆形孔，表面有横向凸棱，长3.4厘米。这种饰品很可能是一种扣饰。

（3）小铜环：剖面近似梯形，一面中间鼓起，边缘薄，另一面平整。有的环上还饰凹入"人"字纹。直径一般在2厘米左右。如忻州窑子M28：44（图二〇，3），外径2、孔径0.9厘米。忻州窑子M28：44出于盆骨下方（图一六），同时旁边还有一件与其形制类似的骨环，可能为贴身短裤上的构件。忻州窑子M22中小铜环出土时与A、B、C型三种管饰、铜铃串连一起构成一条鞭铃。由此可见这种小铜环用途可能较为广泛。

（4）铜节约：十字架形。如忻州窑子M59：16（图二〇，4），一面平整、一面鼓起，四个穿孔均为半圆形，中间饰一圈竖向长方格纹构成的太阳纹，长2、厚0.6厘米。由于其形制很小，所以是马具的可能性不大，忻州窑子M59出土的节约位于墓主左手腕处，可能为手腕上的装饰品，也可能是衣服上的连接物。

（5）小铜圈：成串出土，位于腰部。如忻州窑子M33出土的小铜圈，长0.8、长轴1.6、短轴0.9厘米。忻州窑子M33出土的小铜圈成串分布于两铜环之间（图一七），这表明这些小铜圈可能是两个铜环连接物上的饰品。

（6）铜珠：数量很多，中间圆鼓，两端内收，有大、小两种。小的如忻州窑子M33出土的铜珠，长仅0.3厘米，大的如忻州窑子M45：8（图二〇，5），长1.1厘米。忻州窑子M33铜珠与绿松石珠一起出土于死者头骨左侧偏下（图一七），所以有些铜珠可能是项饰。根据忻州窑子M56大铜珠的出土位置来看，铜环与腰部之间是一串铜

---

[1]　草号沟墓地盗掘严重，出土器物严重流失，追缴的遗物过少，不能依据这些零散而稀少的器物判断有无戴耳环的风俗，故此处不讨论。

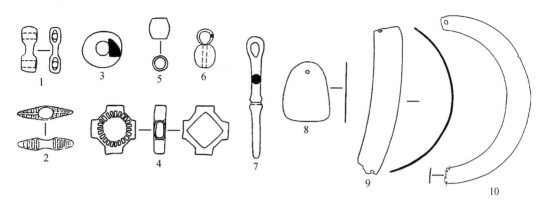

图二〇　其他小件金属饰品

1. 忻M20：26　2. 崞M5：7　3. 忻M28：44　4. 忻M59：16　5. 忻M45：8　6. 小M6：6　7. 小M11：9
8. 小M6：7　9. 小M6：2　10. 新M43：1

（忻：忻州窑子，崞：崞县窑子，小：小双古城，新：新店子）

珠，而且左右皆是如此，所以大铜珠可能是铜环与腰带间连接物上的饰品。这种用铜珠装饰的风俗在新店子墓地尤其盛行，崞县窑子和忻州窑子两墓地较为流行，其他墓地很少见到。

（7）铜坠：小双古城M6：6（图二〇，6），在圆形铜珠上附加一圆形纽，珠身竖穿一孔，中空的体内存有滚珠（片）。整体光滑，素面，呈灰褐色。通高2.4、珠体直径1.4厘米。

（8）铜棒形饰：上端为环状纽，中部存在结节，下部呈圆柱状。小双古城M11：9（图二〇，7），长5.6、环状纽直径0.6、横断面直径0.3厘米。

（9）有孔金片：小双古城M6：7（图二〇，8），为圆角梯形，窄端中间有圆孔。铜坠和有孔金片均出土于死者胸部正中，当是项饰。

（10）金、铜项圈：各有1件，小双古城M6：2（图二〇，9），铜质，弧形，两端有孔。新店子M43：1（图二〇，10），金质，形制与小双古城M6相似。二者都出土于死者的颈部，是项饰无疑。

（二）骨贝蚌装饰品的分类及功能

1. 骨带扣

数量很少，一种如忻州窑子M11：5（图二一，1），扣环为椭圆方孔形，方纽，扣舌为一小凸纽，残。另一种如崞县窑子M14：4（图二一，2），扁平梯形，宽端中部内凹，窄端有长方形横孔，中部有长方形穿孔，长6.3、宽2.5—4.3厘米。这些均为腰带饰品无疑。

2. 小骨管饰

形状各异，长短不一。如崞县窑子M14：5-5（图二一，3）。崞县窑子M14死者左右大腿骨外边各有一枚小骨管饰，可能是一种坠饰。

3. 骨环

形制与小铜环基本一样，直径多数在2厘米左右。如忻州窑子M18：4（图二一，4），外径2、内径0.8厘米。用途应当与小铜环相当。

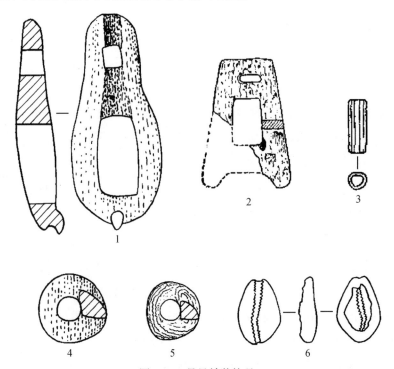

图二一　骨贝蚌装饰品

1. 忻M11：5　2. 崞M14：4　3. 崞M14：5-5　4. 忻M18：4　5. 忻M66：18　6. 忻M37：16
（忻：忻州窑子，崞：崞县窑子）

4. 蚌环

形制与骨环差不多。如忻州窑子M66：18（图二一，5），一面扁平，另一面圆鼓，外径1.7、内径0.7厘米。值得注意的是，凡是出土小铜环、骨环、蚌环的墓葬墓主可鉴别的绝大多数为男性。据研究[1]，这几种器物可能与射箭有关。这三种器物在崞县窑子和忻州窑子两个墓地非常盛行，在新店子墓地也较为盛行，其他墓地很少见或不见。

---

[1]　Давыдова А.В., Иволгинский могильник, Издате-льство Цен тр " Петербур гское Востоковеде-ние", -Санкт-Петербург, 1996（达维多娃：《伊沃尔加墓地》，圣彼得堡，1996年）.

5. 贝饰

数量不多，背面磨成一个穿孔。如忻州窑子M37∶16（图二一，6）。贝饰出土位置不一，忻州窑子M25出土贝饰位于膝盖处，忻州窑子M37出土贝饰位于头骨右侧，所以其用途可能是多方面的，但是总体来看，其用途不外乎作为贝币或者用于装饰两种，用于装饰的可能性更大。

（三）玉石玛瑙琉璃装饰品的分类及功能

1. 玛瑙环

毛庆沟M81出土2件，环的截面呈三角形。毛庆沟M81∶5（图二二，1），环径5.5厘米。出土时与铜带钩挂在一起，所以其可能是作为带钩的扣环使用。

2. 玛瑙珠（管）、玛瑙球

大小不一，一般与绿松石珠和其他串珠串连使用。新店子M2∶21（图二二，2），半透明黄褐色，平面近椭圆形，中间有穿孔，直径0.8、穿孔直径0.2厘米。小双古城M6∶8（图二二，3），圆球状，制作精美，中间有穿孔，穿孔规范而均匀，表面光滑，上有红色、青色相间的斑纹，直径1.9、孔径0.3厘米。玛瑙珠（管）、玛瑙球多出土于颈部附近，所以多作为项饰。

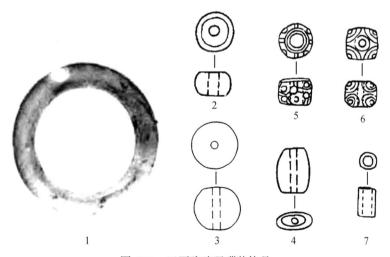

图二二　玉石琉璃玛瑙装饰品

1. 毛M81∶5 2. 新M2∶21 3. 小M6∶8 4. 忻M39∶23 5. 水M21∶15 6. 水M21∶16 7. 水M21∶17

（毛：毛庆沟，忻：忻州窑子，水：水泉，小：小双古城，新：新店子）

3. 绿松石珠

一般截面为梭形，大小不一。忻州窑子M39：23（图二二，4），横断面为椭圆形，竖穿一孔，长0.7、宽0.5厘米。绝大多数出土于死者的颈部，所以其主要功能可能是作为项饰，不排除用于装饰其他部位的可能。

4. 石串珠

截面为圆形，数量很多，大小不一，通常成串出土。水泉墓地中出土有石质蜻蜓眼5件。近球体，两端磨平，中部有穿，器表以不同颜料绘制圆圈用以装饰，此乃石串珠的精品。这种风格与欧亚草原有着密切联系[1]。水泉M21：15[2]（图二二，5），器表以褐色为底色，其上点缀白色、黄色和蓝色。形体略大，直径1.2、高1、穿孔直径0.5厘米。水泉M21：16（图二二，6），器表以绿色、黑色、白色绘制对称的八个重圈，圈中部略显凸起，直径1.2、高1、穿孔直径0.4厘米。各墓地都比较流行用这种器物来装饰，装饰的位置比较广泛。

5. 琉璃管

形体较大，圆柱体，中空，管外施以浅绿色颜料。水泉M21：17（图二二，7），长1.1、直径0.7、孔径0.4厘米[3]。

二、各墓地装饰品组合研究

前文对各类装饰品的分类、功能等方面进行了详细讨论，由此可以看出，河套东部地区东周墓地的人群都非常重视腰部和颈部的装饰，尤其是对腰带的装饰格外重视。河套东部地区东周墓地的人之所以十分重视腰带的装饰是有其深刻原因的。据一些学者研究[4]，至少从春秋晚期开始，河套东部地区就进入了游牧经济时代。腰带对游牧民族显然具有非同寻常的意义，其主要功能大体可归为如下几点：①河套东部地区地理位置偏北，一年中的很多时间天气寒冷，风沙大，所以扎紧腰带可以防寒保

---

[1] 赵德云：《中国出土的蜻蜓眼式玻璃珠研究》，《考古学报》2012年第2期。

[2] 原报告编号如此，应为本文图一二中的17号。

[3] 简报公布的水泉M21平面图中并没有标出琉璃管的出土位置，文字介绍中也没有说有琉璃管出土，所以，这个很可能是绿松石珠（管）。水泉墓地其他墓葬中是否真有琉璃管管，依据目前发表的资料还不能确定。

[4] 林沄：《中国北方长城地带游牧文化带的形成过程》，燕京研究院：《燕京学报》（新十四期），第95—146页；杨建华：《春秋战国时期中国北方文化带的形成》，第172、173页；王立新：《试论长城地带中段青铜时代文化的发展》，吉林大学边疆考古研究中心编：《庆祝张忠培先生七十岁论文集》，北京：科学出版社，2004年，第365—385页。

暖。②由于是游牧经济的生活方式，骑马就很重要，扎紧腰带可以防止骑马颠簸时闪腰。③同样因为游牧经济的生活方式，日常生活常用的武器、工具多需随身携带，携带这些东西，腰部无疑是最方便收藏和取出的地方，所以腰带自然是武器、工具钩挂最佳之处。④腰部是一个非常显眼的地方，一看腰带就能知道其身份、地位、财富等，所以到后来，腰带不仅仅具有实用的功能，还具有文化的功能。随着社会的发展，腰带这种文化功能越来越凸显。比如采用游牧经济的蒙古族就十分注意服饰腰带的装饰[1]，就是一个很好的例证。

不同人群由于不同的风俗习惯、宗教信仰等原因，会用不同的器物来装饰自己。同一人群，由于性别、社会地位、财富等的不同，也会用不同的装饰品来装饰自己。虽然在同一人群中，个人之间的服饰、装饰都会有些区别，但是，由于他们具有较多相似的风俗传统、较为一致的宗教信仰，所以他们肯定在某些方面会有相同或相似的风格。比如蒙古族服饰多种多样，"有的衣袖长过手指，衣外再罩坎肩；有的满头珠饰，衣衫遍绣；有的袍子修长，紧裹腰身，但有一个共同的特点，即使无论式样有何差异，均着袍衫"[2]。所以，各墓地之间装饰品组合肯定会有差异，同一墓地的各墓葬间装饰品组合也会有些差异，但是，同一墓地葬俗相同的墓葬在装饰品组合上必然会有一些相同或相近的风格。由于河套东部地区东周墓葬的装饰品主要出土于腰部和颈部，所以下文详细分析各墓地腰带饰品的组合情况以及颈部装饰情况。

纵观河套东部地区，东周各墓葬都流行用单泡饰装饰腰带，尤其是新店子墓葬更为流行，所以单泡饰可能是整个河套东部地区乃至整个北方文化带腰带装饰的共性之物。由于我们要分析各墓地的个性特征，所以下文将不把单泡饰纳入装饰品组合之中。

1. 忻州窑子墓地

忻州窑子墓地出土装饰品中参与装饰腰带的主要有带扣、饰牌、联泡饰等几种器物，腰带饰品组合主要有13种，现将各种腰带饰品组合情况统计为表一二。

表一二　忻州窑子墓地腰带饰品组合情况表

种类	组合	墓葬
1	带扣	M18（男）、M47（男）
2	带扣、鸟纹（形）动物饰牌	M11（男）、M28（男）
3	带扣、卷云纹饰牌外的非动物饰牌	M5（男）、M26（男）
4	带扣、卷云纹饰牌（Ab2型）	M39（男）
5	带扣、饰之字纹和连珠纹的之字腰联泡饰	M66（男）（饰连珠纹的之字腰联泡饰只有1件）

[1]　王迅、苏赫巴鲁编著：《蒙古族风俗志》，北京：中央民族学院出版社，1990年，上册，第9页。

[2]　华梅：《服饰与中国文化》，北京：人民出版社，2001年，第328页。

种类	组合	墓葬
6	鸟纹（形）动物饰牌、饰之字纹或者素面的之字腰联泡饰	M10（女）、M27（女）、M38（女）
7	卷云纹饰牌外的非动物饰牌、饰之字纹或者素面的之字腰联泡饰	M9（女）
8	鸟纹（形）动物饰牌	M4（男）、M17（不明）、M19（男）、M29（女）、M31（不明）、M36（不详）、M45（男，中型泡饰）、M49（不明）、M53（不明，十二联泡饰）、M54（男）、M61（男）、M62（男）、M63（男，中型泡饰）
9	饰之字纹或者素面的之字腰联泡饰	M6（女）、M23（女）、M30（女）、M33（男，三联泡饰）、M34（女，三联泡饰）、M35（不明）、M37（不明，中型泡饰）、M48（男）、M50（女）、M56（男，六联泡饰）
10	鸟纹（形）动物饰牌、卷云纹饰牌（Ab2型）	M20（不明）
11	卷云纹饰牌外的非动物饰牌	M16（男）
12	卷云纹饰牌（Ab2型）	M3（不明）、M22（男）
13	非鸟纹（形）动物饰牌	M59（女）

从表一二可以看出，忻州窑子墓地腰带饰品组合较为复杂，其中第8、9两种组合最为常见，而且这两种组合的墓葬中有好几座墓葬都有泡饰参与腰带的组合，其他每种组合的墓葬都很少，并且基本不见泡饰参与腰带组合。从表一二可以看出，出土带扣的墓葬墓主均为男性，所以带扣可能和某些特殊的男性有关系。其他器物参与组合可能与各墓主的爱好、社会地位、财富等有密切关系。从这些组合可知，此墓地的人非常重视把鸟纹（形）动物饰牌和饰之字纹或者素面的之字腰联泡饰这两种东西装饰在腰带上，而且第8、9两种组合的墓葬数量都较多，这可能表明是两种不同的文化传统和信仰。另外一个值得注意的现象是：33座可鉴别的男性墓葬中只有4座墓葬中有饰之字纹或者素面的之字腰联泡饰装饰腰带，这4座男性墓葬都是用之字纹或者素面的之字腰联泡饰装饰腰带的，其中M66还明确有与男性相关的带扣。13座可鉴定的女性墓葬中有9座都有饰之字纹或者素面的之字腰联泡饰装饰腰带。从表一二还能看出，这个墓地用鸟纹（形）动物饰牌装饰腰带的墓葬数量最多，所以用鸟纹（形）动物饰牌装饰腰带当是这个墓地最普遍、最主要的传统。因此，我们是否可以说这个墓地主要就是由以鸟纹（形）饰牌装饰腰带为传统的人群和以饰之字纹或者素面的之字腰联泡饰装饰腰带为传统的人群结合的产物？这两个有不同装饰传统的人群之间是否是一种婚姻抑或是其他什么关系？这显然是值得我们深思的。

忻州窑子墓地出土有项饰的墓葬共计14座，达20%，构成项饰的主要是绿松石珠饰和贝饰，具体情况如表一三。

表一三 忻州窑子墓地项饰组合情况表

组合	墓葬
贝饰	M10、M25、M37
绿松石珠饰	M20、M22、M32、M36、M39、M54、M59、M61、M64
贝饰、绿松石珠饰、玛瑙珠饰	M33
石料珠	M50

总体来看，凡是出土有项饰的墓葬其他随葬品都较为丰富，腰带饰也比较发达，尤其是有玛瑙珠饰的忻州窑子M33，出土遗物十分丰富，由此可见，项饰可能与身份等级或者个人财富有关。忻州窑子M33墓主腹部出土的铜环明显是通过扁管饰相连在一起的，墓主可能有着特殊的身份。

忻州窑子墓地出土耳环的墓葬只有5座，仅占7%，考虑到忻州窑子有颈部装饰的墓葬只占20%，所以总体来看，忻州窑子墓地的人不重视对颈部及耳朵的装饰。

2. 崞县窑子墓地

崞县窑子墓地用于装饰腰带的主要是带扣、饰牌和联泡饰。腰带饰品组合主要有6种，这6种组合情况见表一四。

表一四 崞县窑子墓地腰带饰品组合情况表

种类	组合	墓葬
1	带扣、鸟纹（形）动物饰牌	M1（男）、M5（男）
2	带扣、鸟纹（形）动物饰牌、非鸟纹（形）动物饰牌	M12（男）
3	饰之字纹或者素面的之字腰联泡饰	M9（女）、M22（女，大泡饰）、M30（不明，六联泡饰）
4	鸟纹（形）动物饰牌	M2（不明）、M8（女）、M29（不明）
5	卷云纹饰牌外的非动物饰牌	M24（不明）
6	带扣	M3（不明）、M14（男，骨带扣）、M31（不明）

表一四中除了第2种组合忻州窑子墓地不见外，其他组合均见于忻州窑子墓地。10座可鉴定的男性墓葬中没有一座用饰之字纹或者素面的之字腰联泡饰装饰腰带，而10座可鉴定的女性墓葬中有2座用饰之字纹或者素面的之字腰联泡饰装饰腰带，而且这2座和1座性别不明的墓葬都是单独用饰之字纹或者素面的之字腰联泡饰装饰腰带。同样，用鸟

纹（形）动物饰牌装饰腰带也是这个墓地最普遍的、最主要的传统。这些现象与忻州窑子墓地十分相似。总之，从总体文化特征来看，崞县窑子墓地与忻州窑子墓地基本一样，所以这两个墓地的人群具有十分密切的关系，应当归为一个大的人群范畴。

崞县窑子墓地出土项饰的墓葬9座，达29%。构成项饰的主要是绿松石珠饰，此外还有少量石料珠和骨串珠，具体组合情况见表一五。

表一五　崞县窑子墓地项饰组合情况表

组合	墓葬
绿松石珠饰	M2、M5、M7、M21
绿松石珠饰、石料珠饰	M4、M22
绿松石珠饰、玛瑙珠饰	M8
石料珠饰	M18
骨串珠、绿松石珠饰、石串珠饰	M24

总体来看，崞县窑子墓地项饰无论材质还是组合均与忻州窑子都十分类似，崞县窑子墓地出土项饰的墓葬多数也随葬品丰富，所以也能体现出项饰可能与身份等级或者个人财富有关系。

崞县窑子墓地出土耳环的墓葬只有7座，仅占22%，与忻州窑子相比，崞县窑子墓地的人对颈部和耳朵的装饰要相对重视一些。

3. 毛庆沟墓地

毛庆沟墓地装饰腰带的主要是带扣、饰牌和联泡饰，其腰带饰品组合情况见表一六。

表一六　毛庆沟墓地腰带饰品组合情况表

种类	组合	墓葬
1	带扣、卷云纹饰牌（Aa、Ab1型）	M6（男）、M12（不明）、M33（不明）、M43（男）、M45（男）、M60（男）、M63（男）
2	带扣、鸟纹（形）动物饰牌	M9（女）、M47（男）、M59（不明）
3	带扣、卷云纹饰牌（Ab1型）、虎纹饰牌	M55（男）
4	卷云纹饰牌（Aa型）、非鸟纹（形）动物饰牌	M5（女）、M27（男）、M29（男）、M31（男）、M66（女）、M74（不明）
5	鸟纹（形）动物饰牌、素面的之字腰联泡饰、卷云纹饰牌外的非动物饰牌	M2（男）
6	鸟纹（形）动物饰牌、卷云纹饰牌（Aa、Ab1型）	M44（男）、M61（不明）、M65（不明）、M71（女）
7	卷云纹饰牌（Aa型）、素面的之字腰联泡饰	M18（男）
8	素面的之字腰联泡饰	M3（女）

种类	组合	墓葬
9	鸟纹（形）动物饰牌	M7（男）、M8（不明）、M10（女）、M17（男）、M72（不明）
10	卷云纹饰牌（Aa型）	M22（男）、M23（男）、M30（不明）、M35（女？）、M37（不明）、M38（男）、M68（男）、M70（男）、M75（男）
11	带扣	M11（男）

对比表一二和表一六，虽然表一六中第2、8、9、11等几种组合与忻州窑子墓地相同，但是属于这几个组合的墓葬数量都较少，所以差别显然是主要的。出土带扣的墓葬除了墓主M9为女性外，其他均为男性，这说明毛庆沟墓地的带扣也与某些特殊男性有密切关系。通观这些组合，卷云纹饰牌和鸟纹（形）动物饰牌参与组合的墓葬数量最多，这表明这个墓地的人非常重视把卷云纹饰牌和鸟纹（形）动物饰牌装饰在腰带上，其次是非鸟纹（形）动物饰牌。在这些组合中，卷云纹饰牌参与组合的墓葬将近70%，可见这个墓地尤其重视卷云纹饰牌，这说明腰带上装饰卷云纹饰牌是这个墓地最普遍、最重要的风俗传统；用鸟纹（形）动物饰牌装饰腰带的墓葬超过30%，可见用鸟纹（形）动物饰牌装饰腰带也是这个墓地较为重要的传统。这些现象可能也暗示这个墓地主要也有两种不同的传统和信仰。但是，这个墓地的这两种饰牌不像忻州窑子墓地那样在性别上有较为明显的区别，说明这两个有不同装饰传统的人群之间的关系与忻州窑子墓地那两个有不同装饰传统的人群间的关系可能是有区别的，究竟是一种什么样的关系同样值得玩味。如果考虑毛庆沟墓地还有一些几乎只随葬带钩的墓葬，那么毛庆沟墓地应主要存在三种不同的传统和信仰。当然，随葬带钩这种传统和信仰与前两种传统和信仰的巨大差异主要是时代不一所致，其与前两种装饰传统的关系随着时间的推移最后主要体现的是替代关系，而不是共存并同步发展的关系。

毛庆沟墓地出土项饰的墓葬31座，达38%。构成项饰的主要是骨串珠、玛瑙珠饰、绿松石珠饰，此外仅M10有贝饰，具体组合情况见表一七。

根据表一七可知，毛庆沟墓地骨串珠、玛瑙珠饰作为项饰的特点突出，这也是其与崞县窑子墓地和忻州窑子墓地最为明显的区别。

毛庆沟墓地只有2座墓葬随葬耳环，所占比例为2%，由此可见，毛庆沟墓地的人最不重视对耳朵的装饰，但是比较重视对颈部的装饰。

表一七　毛庆沟墓地项饰组合情况表

组合	墓葬
骨串珠	M8、M11、M33、M34、M37、M67
骨串珠、玛瑙珠饰	M3
骨串珠、绿松石珠饰、玛瑙珠饰	M5、M63、M68
骨串珠、绿松石珠饰、玛瑙珠饰、贝饰	M10
骨串珠、玛瑙珠饰	M49、M61
绿松石珠饰、玛瑙珠饰	M6、M7、M47、M55、M60、M65、M74、M75
玛瑙珠饰	M9、M38、M39、M45、M59、M66、M71、M81
绿松石饰	M17、M22

4. 水泉墓地

水泉墓地目前没有公布墓葬统计表，文字介绍中公布了M1、M15、M18、M21、M23五座墓葬的出土遗物，见表一八。

表一八　水泉墓地公布材料的墓葬出土遗物统计表

墓葬	项饰/件	带饰/件	其他/件
M1		铁带钩1	
M15		铜带钩1	
M18		铁带钩1、卷云纹铁饰牌1、铜环1	骨簪1、石印章1、骨锥1
M21	料石珠饰241	非鸟纹（形）动物铁饰牌4、卷云纹铁饰牌2（Ab1型）、铜环1、铁环2、铜铃1	铜泡饰2、骨珠2、蜻蜓眼1
M23		铜泡饰1、非鸟纹（形）动物铁饰牌4、卷云纹铁饰牌2、小铁块若干、铜扣饰1	铁鹤嘴斧1、铜片1、铁剑1、铜泡饰4

从表一八可以看出，水泉墓地腰带饰有如下几种组合：①金属带钩；②铁带钩、卷云纹铁饰牌；③非鸟纹（形）动物铁饰牌、卷云纹铁饰牌，其中第①、③两种组合均见于毛庆沟墓地，只是水泉墓地多为铁质。第②种组合不见于毛庆沟墓地，毛庆沟墓地不见铁带钩和卷云纹铁饰牌共出，同时考虑到水泉墓地出土铁质品较多，所以水泉墓地的年代可能比毛庆沟稍晚。从腰带饰组合来看，用卷云纹饰牌装饰腰带是水泉墓地最为重要的风俗传统，水泉墓地不见鸟纹（形）动物饰牌是一个值得注意的现象，这是和毛庆沟墓地最大的差别，或许是时代造成，或许是人群构成不同所致。

水泉墓地由于发表材料的局限，目前无法讨论其项饰的构成情况以及对耳朵的装饰情况。

5. 饮牛沟墓地

饮牛沟墓地只有82E·M9出土一件非鸟纹（形）动物饰牌，但是出土于墓主左膝下。所以目前饮牛沟墓地可确认的腰部装饰品只有带钩。饮牛沟墓地虽然有玛瑙环、玛瑙珠、绿松石珠随葬，但是从97YM4（图二三）来看，这些装饰品位于头顶，可能是发饰，而不是项饰。饮牛沟墓地也不见耳环出土，所以饮牛沟墓地目前发现的墓葬均不见项饰和耳环。饮牛沟墓地之所以和毛庆沟墓地出现这么大的区别，可能是因为其总体年代比毛庆沟稍晚。

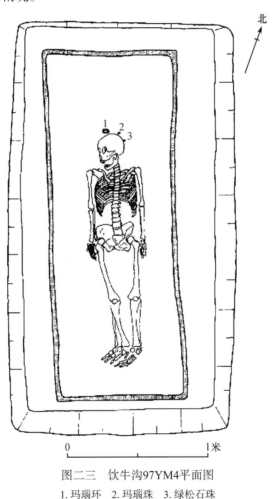

图二三　饮牛沟97YM4平面图
1. 玛瑙环　2. 玛瑙珠　3. 绿松石珠

6. 小双古城墓地

小双古城墓地主要用各类饰牌装饰腰带，各类腰带饰品组合见表一九。

表一九　小双古城墓地腰带饰品组合情况表

种类	组合	墓葬
1	卷云纹饰牌（Aa 、Ab1型）	M1、M2、M5、M8
2	卷云纹饰牌（Aa 、Ab1型）、非鸟纹（形）动物饰牌	M3、M6、M9、M11、M13

比较表一六和表一九可知，小双古城墓地这两种腰带饰品组合均见于毛庆沟墓地。在这个墓地中，卷云纹饰牌参与所有的组合，可见最流行的腰带装饰品是卷云纹饰牌，应将其与毛庆沟墓地划归为一个文化传统。这个墓地另一个重要的特点就是非鸟纹（形）动物饰牌也比较流行，不见鸟纹（形）动物饰牌。

小双古城墓地出有项饰的墓葬5座，所占比例达33%。构成项饰的主要是绿松石珠饰，还有少量石料珠饰、贝饰等，具体组合情况见表二〇。

表二〇　小双古城墓地项饰组合情况表

组合	墓葬
贝饰	M3
绿松石珠饰	M5、M11
绿松石珠饰、石料珠饰、玛瑙珠饰、铜项饰	M6
石料珠饰	M9

从表二〇可以看出，小双古城绿松石珠饰作为项饰的比例较高，无毛庆沟墓地用骨串珠饰作为项饰的传统。小双古城M6：7铜项饰位于颈部，左右分别以一颗玛瑙珠饰相连，显示此墓主身份较为特殊。

小双古城墓地只有3座墓葬随葬有耳环，所占比例为20%，由此可见小双古城墓地的人较为重视对耳朵的装饰。

7. 新店子墓地

新店子墓地用于装饰腰带的主要是带扣和泡饰两种，腰带饰品组合情况见表二一。

从表二一可知，新店子墓地主要流行第3、4、5三种组合。值得注意的是不见卷云纹三联泡饰和饰连珠纹的之字腰联泡饰共存的组合，所以这两种联泡饰可能也表明两种不同的装饰传统。由于第3、4两种组合所属墓葬中各自都有男、女两性，那么这两种装饰传统的人群之间又是一种什么关系同样值得我们探究。这里需要指出的是，新店子墓地尤其盛行用单泡饰来装饰腰带，只用单泡饰装饰腰带的就有17座墓葬。总之，新店子墓地主要用单、联泡饰装饰腰带的传统与上述其他几个墓地区别十分明显。

表二一　新店子墓地腰带饰品组合情况表

种类	组合	墓葬
1	带扣、饰连珠纹的之字腰联泡饰	M5（男）、M20（不明）
2	带扣、卷云纹三联泡饰	M2（男）
3	卷云纹三联泡饰	M10（女）、M36（不明）、M37（女）、M43（不明）、M49（男）、M29（男）
4	饰连珠纹的之字腰联泡饰	M6（不明）、M7（男）、M18（男）、M19（女）、M26（女）
5	单泡饰	M1（男）、M3（男）、M11（男）、M12（不明）、M13（男）、M22（不明）、M34（女）、M35（女）、M38（男）、M41（男）、M44（不明）、M47（男）、M50（男）、M51（女）、M53（男）、M54（男）、M55（不明）

新店子墓地出土项饰的墓葬28座，所占比例达50%。构成项饰的主要是铜珠和绿松石珠饰、石料珠饰，此外还有少量贝饰、蚌环等，具体组合情况见表二二。

表二二　新店子墓地项饰组合情况表[1]

组合	墓葬
绿松石珠饰	M12、M18、M19
绿松石珠饰、石料珠饰	M7、M20、M41
绿松石珠饰、玛瑙珠饰	M34
绿松石珠饰、玛瑙珠饰、贝饰	M35
铜珠、绿松石珠饰	M5、M25、M37
铜珠、绿松石珠饰、石料珠饰	M1、M13、M47、M49、M51
铜珠、石料珠饰	M32、M33、M36、M50、M53
铜珠	M10、M24、M38、M55
骨（蚌）环	M21
石料珠饰	M6、M44

根据表二二可知，大量铜珠作为项饰是新店子墓地与其他墓地相比最具特色之处。另外，新店子墓地有颈部装饰的墓葬比例达50%，说明新店子墓地的人十分重视对颈部的装饰。另外一个值得注意的现象是，新店子墓地的人佩戴耳环的习俗十分流行，共计29座墓葬，所占比例高达52%。总体来看，新店子墓地的人十分重视对耳朵和颈部的装饰，特色鲜明。

阳畔墓地由于目前资料没有发表，其装饰品的详细情况目前无法分析。

通过前文的分析，我们可以看出，忻州窑子墓地、崞县窑子墓地腰带的主要装饰风俗是用鸟纹（形）动物饰牌和饰之字纹或者素面的之字腰联泡饰，水泉墓地、小双

---

　　[1]　表二二系作者2004年在内蒙古宁城工作站整理新店子墓地的材料制成。

古城墓地腰带的主要装饰风俗是用卷云纹饰牌，毛庆沟墓地腰带的主要装饰风俗是用卷云纹饰牌和鸟纹（形）动物饰牌，新店子墓地腰带的主要装饰风俗是用单泡饰、卷云纹三联泡饰和饰连珠纹的之字腰联泡饰。绿松石是所有墓地装饰项饰的重要部分，但是在忻州窑子墓地和崞县窑子墓地中最为盛行用绿松石。毛庆沟墓地流行用骨串珠、玛瑙珠饰装饰项饰是其他墓地不见或少见的。新店子墓地用铜珠装饰项饰是其他墓地不见或少见的。忻州窑子墓地和崞县窑子墓地总体来说项饰和耳环都不盛行，毛庆沟墓地、小双古城墓地项饰较为盛行，但是耳环却不盛行，新店子墓地项饰和耳环都盛行，详细情况见表二三。

表二三　河套地区东周墓葬腰带组合、项饰组合及耳环盛行情况表

墓地	腰带主要装饰风俗	项饰装饰风俗	项饰盛行情况	耳环盛行情况
忻州窑子	鸟纹（形）动物饰牌、饰之字纹或者素面的之字腰联泡饰	绿松石珠饰、贝饰	20%不盛行	7%不盛行
崞县窑子	鸟纹（形）动物饰牌、饰之字纹或者素面的之字腰联泡饰	绿松石珠饰	29%较盛行	22%不盛行
毛庆沟	卷云纹饰牌、鸟纹（形）动物饰牌	骨串珠、玛瑙珠饰、绿松石珠饰	38%较盛行	2%极少
水泉	卷云纹饰牌	暂不明		暂不明
饮牛沟	无牌饰		不见	不见
小双古城	卷云纹饰牌	绿松石珠饰	33%较盛行	20%不盛行
新店子	单泡饰、卷云纹三联泡饰、饰连珠纹的之字腰联泡饰	铜珠、绿松石珠饰、石料珠饰	50%盛行	52%盛行

三、文化传统的划分及其亲疏关系

前文我们对河套东部地区东周时期墓葬出土的各类装饰品、腰带组合、项饰组合及流行情况、耳环的流行情况等进行了详细的研究，结合我们对出土陶器的研究[1]可以看出，河套东部东周墓地相互间关系具有明显的亲疏之别。崞县窑子和忻州窑子两墓地出土陶器器类基本相同，陶器腹部绳纹都是细密绳纹；共出很多同类型式的装饰品；腰带饰品组合均以鸟纹（形）动物饰牌、饰之字纹或者素面的之字腰联泡饰为主；耳环均不流行。二者总体文化面貌非常相似，所以其关系十分密切，从文化传统的角度，可以将二者归为一个文化传统，本文称其为甲文化传统。

毛庆沟墓地东西向墓葬、饮牛沟墓地东西向墓葬、水泉墓地东西向墓葬、草号沟墓地、小双古城墓地出土的陶器口沿上装饰凹弦纹或腹上装饰弦断绳纹等风格都很类

---

[1]　蒋刚、陆韵语：《河套东部地区春秋战国时期墓地的分期及相关问题》，《考古与文物》2013年第4期。

似；共出有很多同类型式的装饰品；腰带饰品组合均以卷云纹饰牌为主；项饰比较流行；耳环不盛行。他们的总体文化面貌亦非常相似，所以其关系亦当十分密切，可将其归为一个文化传统，本文称其为乙文化传统。

新店子墓地、阳畔墓地几乎不出陶器；出土装饰品种类、腰带饰品组合（以单泡饰、卷云纹三联泡饰、饰连珠纹的之字腰联泡饰为主）、项饰组合中存在较多铜珠、项饰和耳环均盛行等文化面貌都与甲、乙文化传统有着十分明显的区别，所以本文称其为丙文化传统。

甲、乙、丙三种文化传统的墓葬皆为东西向，流行随葬相同或相似的饰牌、泡饰、管饰、耳环等装饰品，流行殉牲，而毛庆沟、饮牛沟、水泉三个墓地中的南北向墓葬几乎只随葬带钩，所以，其与前三个文化传统在文化面貌上区别十分明显，本文暂称其为丁文化传统。

其中甲文化传统主要流行鸟纹（形）动物饰牌装饰腰带，同时也较为流行用饰之字纹或者素面的之字腰联泡饰装饰腰带，颈部装饰不盛行，戴耳环不盛行。乙文化传统主要流行卷云纹饰牌装饰腰带，毛庆沟墓地还较为流行鸟纹（形）动物饰牌装饰腰带，还存在用非鸟纹（形）动物饰牌装饰腰带的习俗，颈部装饰较为盛行，戴耳环较为盛行。丙文化传统主要流行用单泡饰、卷云纹三联泡饰或者饰连珠纹的之字腰联泡饰装饰腰带，颈部装饰盛行，戴耳环盛行。丁文化传统只流行在腰带上装饰带钩。从目前考古发现和研究来看，丁文化传统可能是中原文化传统。

总体来看，甲、乙两个文化传统具有较多相似文化因素，如都流行用鸟纹（形）饰牌装饰腰带，都有较多陶器、A型铜环、A型和B铜管饰、铜镝形饰、绿松石珠等。所以这两个文化传统的关系应当比较密切。甲、丙两个文化传统也有一些相同或相似的文化因素，如都有一定数量的耳环，都流行用之字腰联泡饰装饰腰带的风俗等。所以这两个文化传统的关系也比较密切，但是这种关系显然不如甲和乙两个文化传统的关系密切。乙文化传统中除了个别墓主用之字腰联泡饰装饰腰带的作风与丙文化相似以及都存在一些用单泡饰装饰腰带外，乙和丙两个文化传统就很少见到相同或相似的文化因素。所以乙和丙两个文化传统的关系当较为疏远。丁文化传统中几乎不见甲、乙、丙三个文化传统中的任何文化因素，所以丁文化传统与其他三个文化传统在文化上的关系非常疏远。需要指出的是，甲、乙、丙三个文化传统之间的关系是同时代不同文化传统的关系，而丁文化传统和甲、乙、丙三个文化传统之间的关系主要体现的是不同时代不同文化传统之间的关系。就河套东部地区而言，考古材料表现出的是甲、乙、丙三个文化传统基本同时繁荣到消亡，而丁文化传统逐步进入河套东部地区并繁荣，最终取代前三个文化传统。

四、从装饰品看各文化传统与其他地区的文化联系

研究表明，在中国北方文化带上还存在一些大体与河套东部地区东周墓地同时的墓地[1]，其中冀北地区以军都山墓地[2]为代表，河套西部地区以桃红巴拉、公苏壕[3]等墓地为代表，甘宁地区以于家庄墓地[4]、马家庄墓地[5]为代表。

从现有材料来看，在河套西部地区、冀北地区、甘宁地区均不见或极少见甲文化传统的典型装饰品，由此可见甲文化传统对以上三个地区的影响甚微。在河套西部地区和甘宁地区发现了数量较多的乙文化传统的装饰品，在冀北地区却极少见到乙文化传统的装饰品。在河套西部地区桃红巴拉类型中存在较多的乙文化传统因素，如桃红巴拉M1：28（图二四，12）和M1：31（图二四，13）就是典型的Bc型鸟纹（形）动物饰牌，公苏壕M1：8（图二四，14）就属于Ab1型卷云纹饰牌。在甘宁地区我们也能发现明确的乙文化传统因素，如撒门村M1出土有Bc型鸟形动物饰牌（图二四，5），于家庄M11：4：4为Bc型鸟形动物饰牌（图二四，6），于家庄M14：9为Bc型鸟形动物饰牌（图二四，7），于家庄M17：9为鸟形动物饰牌（图二四，8），芦子沟嘴出土有Aa型卷云纹饰牌（图二四，9），于家庄M11：10为Aa型卷云纹饰牌（图二四，10），甘宁地区的乙文化因素传统延续得比河套东部地区还要晚，如彭阳县交岔乡官台村拐区村墓葬出土的Aa型卷云纹饰牌（图二四，11）形制已经严重简化了。河套西部地区的西园墓地与新店子墓地在葬俗和随葬品上都有极强的共性，所以王立新建议将其归入同一文化类型[6]。但是在桃红巴拉类型中却极少见丙类文化传统的装饰品。在冀北地区玉皇庙墓地中却有明显的丙类文化传统的装饰品，如玉皇庙YYM134：8为卷云纹三联泡饰（图二四，26），玉皇庙YYM54：11-1为Eb型非鸟纹（形）动物饰牌（图二四，28），玉皇庙YYM34：11为哑铃形带饰（图二四，27），玉皇庙YYM125：7为铜匙形饰（图二四，29）等。在甘宁地区也见有少量的丙类文化传统的装饰品卷云纹联泡饰，如于家庄M17：1：3（图二四，19）。

[1]　杨建华：《春秋战国时期中国北方文化带的形成》，第8页。

[2]　北京市文物研究所：《军都山墓地》。原报告关于军都山玉皇庙墓地的分期及年代不是很合理，洪猛的分期及年代断定较为合理。参见洪猛：《略论玉皇庙墓地的分期与年代》，《考古》2013年第10期。

[3]　田广金：《桃红巴拉的匈奴墓》，《考古学报》1976年第1期。

[4]　宁夏文物考古研究所：《宁夏彭堡于家庄墓地》，《考古学报》1995年第1期。

[5]　宁夏文物考古研究所、宁夏固原博物馆：《宁夏固原杨郎青铜文化墓地》，《考古学报》1993年第1期。

[6]　王立新：《试论长城地带中段青铜时代文化的发展》，吉林大学边疆考古研究中心编：《庆祝张忠培先生七十岁论文集》，第365—385页。

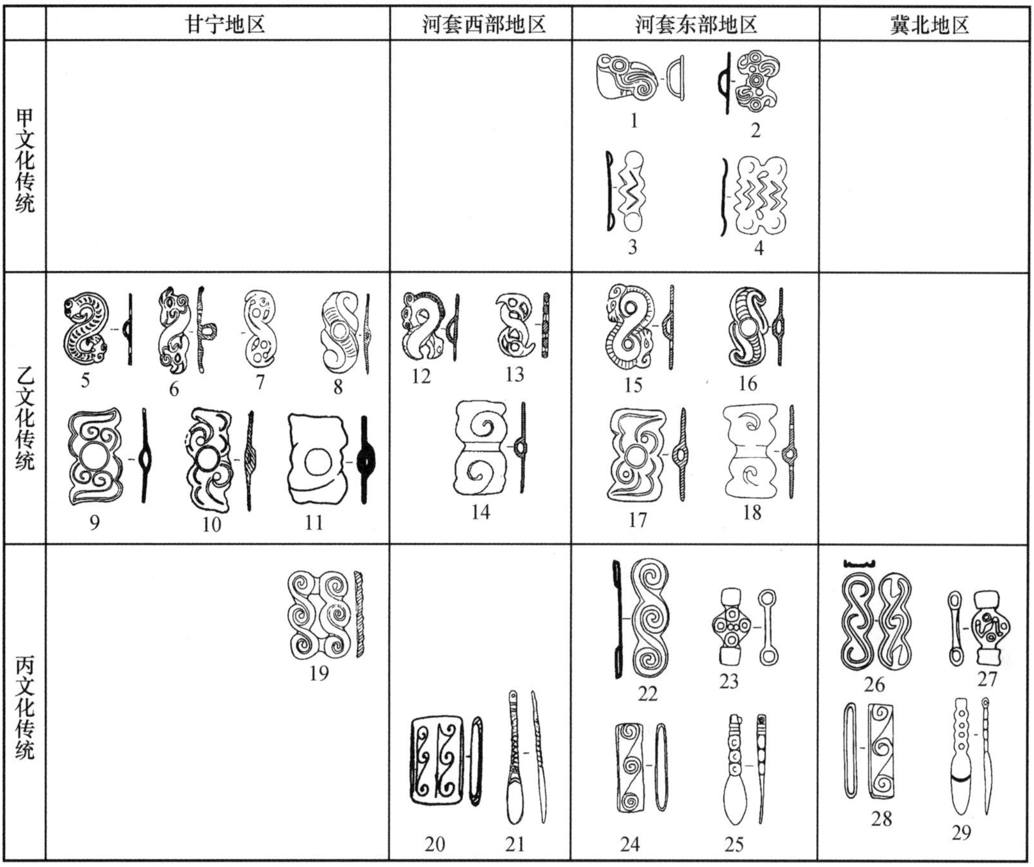

	甘宁地区		河套西部地区	河套东部地区		冀北地区
甲文化传统				1　2　3　4		
乙文化传统	5　6　7　8 9　10　11		12　13 14	15　16 17　18		
丙文化传统	19		20　21	22　23 24　25		26　27 28　29

图二四　河套东部地区东周时期各墓地与其他地区出土装饰品对比图

1. 忻M27：2　2. 忻M53：6　3. 忻M9：5　4. 忻M37：5　5. 撒M1　6. 于M11：4：4　7. 于M14：9
8. 于M17：9　9. 芦子沟嘴　10. 于M11：10　11. 彭阳县交岔乡官台村拐区村　12. 桃M1：28　13. 桃M1：31
14. 公M1：8　15. 毛M71：7·②　16. 毛M2：13·⑤　17. 毛M43：1·⑤　18. 毛M45：1　19. 于M17：1：3
20. 西M5：4　21. 西M6：2　22. 新M29：5　23. 新M10：5　24. 新M30：9　25. 新M47：12　26. 玉YYM134：8
27. 玉YYM34：11　28. 玉YYM54：11-1　29. 玉YYM125：7

（忻：忻州窑子，撒：撒门村，于：于家庄，桃：桃红巴拉，公：公苏壕，毛：毛庆沟，西：西园，
新：新店子，玉：玉皇庙）

五、结　语

通过对河套东部地区东周时期墓葬出土装饰品的全面分析，主要得出以下研究
结论。

（1）河套东部地区东周墓葬中出土的饰牌分可分为鸟纹（形）动物饰牌、非鸟
纹（形）动物饰牌和非动物饰牌三类。饰牌主要用于腰带的装饰，不同墓地流行的饰
牌有差异，饰牌种类具有人群表征的迹象。带扣和性别有明显关系，可能是某些特殊
男性的标识物。横截面为圆形或扁圆形的铜环主要功能可能是腰带上供他物钩挂的配
件，本地区不见作为手镯或臂环的例证。截面为片状的铜环可能直接装饰腰带，功能

和金属牌饰一样。A、B、C、D型管饰一般都多个串连使用，作为铜环之间、铜环与腰带之间的连接物，或者与铜铃一起构成宗教用品鞭铃。E型管饰可能主要装饰于腰部，F型管饰可能为针（锥）管。各墓地都流行以单泡饰作为装饰品，大者可能装饰腰带，小者可能作为衣服上的扣饰。联泡饰功能和饰牌相当，主要装饰于腰带上，各墓地流行形制有差异，也具有一定的人群表征迹象。铜铃的用途较为广泛，作为小孩玩具、宗教法器、动物佩铃、人的佩铃等。耳环在不同类型的墓地流行程度不一。构成项饰的组合和项饰在各墓地的流行程度均有差异。

（2）忻州窑子墓地、崞县窑子墓地腰带的主要装饰风俗是用鸟纹（形）动物饰牌和饰之字纹或者素面的之字腰联泡饰；水泉墓地、小双古城墓地腰带的主要装饰风俗是用卷云纹饰牌，毛庆沟墓地腰带的主要装饰风俗是用卷云纹饰牌和鸟纹（形）动物饰牌；新店子墓地腰带的主要装饰风俗是用单泡饰、卷云纹三联泡饰和饰连珠纹的之字腰联泡饰。绿松石是所有墓地项饰的重要组成部分，但是在忻州窑子墓地和崞县窑子墓地中最盛行用绿松石。毛庆沟墓地流行用骨串珠、玛瑙珠饰装饰项饰，这是其他墓地不见或少见的。新店子墓地用铜珠装饰项饰是其他墓地不见或少见的。忻州窑子墓地和崞县窑子墓地总体来说项饰和耳环都不盛行，毛庆沟墓地、小双古城墓地项饰较为盛行，但是耳环却不盛行，新店子墓地项饰和耳环都盛行。

（3）河套东部地区东周墓葬可以分成甲、乙、丙、丁四种文化传统，不同文化传统之间亲疏有别。

（4）从装饰品的角度来看，甲文化传统与河套西部地区、甘宁地区、冀北地区的联系均较少；乙文化传统与河套西部地区、甘宁地区联系较多，而与冀北地区没什么联系；丙文化传统跨出河套东部地区，分布达河套西部地区，与冀北地区的联系较多，与甘宁地区也有一定的联系。

后记：本文研究得到时任内蒙古文物考古研究所副所长曹建恩研究员的大力帮助，在此深表感谢！

Discussion on the Adornment of the Eastern Zhou Period in the Eastern Hetao Region

Jiang Gang[1]　　Chen Xingyu[2]

(1. Research Center of Highland Archaeology and Conservation of Cultural Heritage, Chongqing Normal University; 2. History and Social Work College, Chongqing Normal University)

Abstract: The belt accessory is one of the most characteristical objects discovered in the Eastern Zhou Period burials in eastern Hetao region. The popularity of neck accessories and use tradition was different in cemeteries.

The belt decorative customs of the Xinzhouyaozi and Guoxianyaozi cemeteries were bird-pattern animal plaques and zigzag-pattern twin blisters on waist. The dominant waist belts from Shuiquan and Xiaoshuanggucheng cemeteries was curved cloud-pattern plaques. The dominant waist belts from Maoqinggou cemetery were curved cloud-pattern and bird-pattern animal plaques. And the dominant waist belts from the Xindianzi cemetery were single blisters, curved cloud-pattern triple blisters, zigzag twin blisters with consecutive beads. Turquoise was important for necklace decorations from all cemeteries, especially in the Xinzhouyaozi and Guoxianyaozi cemeteries. Necklaces with bone or carnelian beads were popular at Maoqinggou but rare in other cemeteries. Necklaces in the Xindianzi cemetery were made of bronze which are rarely seen in other cemeteries. Necklaces and earrings were not popular in the Xinzhouyaozi and Guoxianyaozi cemeteries. In the Maoqinggou and Xiaoshuanggucheng cemeteries necklaces were very popular but earrings were not. In the Xindianzi cemetery, necklaces and earrings were both popular.

The Eastern Zhou Period burials in the eastern Hetao region can be divided into four cultural traditions. In the view of decoration pattern, type A was less connected with the western Hetao region, Gansu and Ningxia region, and northern Hebei Province. Type B was closely connected with the eastern Hetao and the Gansu and Ningxia region, but not connected with the northern Hebei Province. Type C was closely connected with the northern Hebei Province and somewhat connected with the Gansu and Ningxia region. Type D was closely linked with the Central Plains.

Keywords: Eastern Hetao Region, Eastern Zhou Period, Accessories, Assemblage

（责任编辑：杜战伟）

试论"人"字形截面剑身铜短剑

毛　波[*]

摘要： 湖南、江西、江苏出土一类"人"字形截面剑身铜短剑，共6件。本文将其分为三式。通过形制分析，认为该类短剑是湘江流域古越人借鉴吸收了扁茎短剑、吴越系剑、濮系民族之宽格短剑的部分特征而发展出的一类礼器化的"刮刀"，年代大致为春秋晚期至战国早中期。吴城遗址、苏州虎丘出土的两剑很可能是从湘江流域传播而来。

关键词： "人"字形截面剑身　湘江流域古越人　刮刀　礼器

中国南方在先秦时期有使用青铜短剑的习俗。湖南、江西、江苏等地出土一类罕见的"人"字形截面剑身铜短剑，少有学者注意，本文试做探讨。

一、形 制 分 析

此类铜剑剑身两面不对称，截面大致呈"人"字形，内凹一面多有略凸的平脊，其上有纹饰；"一"字形薄格。依剑身截面及茎部特征，可分三式。

Ⅰ式：2件。剑身平脊直达锋尖，或至剑身中部截面变三角形；平脊上有"S"形云纹。扁茎，茎一面平，另一面为多边形，茎上有一小穿。湖南省博物馆藏铜剑，出土地不详。剑身平脊直达锋尖，其上纹饰分布于近剑格处。通长22.5、茎长6.2厘米（图一，1）[1]。湖南省博物馆藏铜剑，宁乡出土。茎在穿部残断。剑身中部至锋尖段截面呈三角形。平脊上纹饰较Ⅰ式另一剑少。残长20.5、茎残长4.6厘米（图一，2）[2]。

* 作者：毛波，浙江长兴县博物馆（maobo2002@163.com）。

[1]　傅聚良：《湖南省博物馆收藏的一批越族铜剑》，《考古与文物》1993年第6期，第38页，图二，6，文中BⅡ式剑。

[2]　傅聚良：《湖南省博物馆收藏的一批越族铜剑》，《考古与文物》1993年第6期，第38页，图二，9，文中BⅢ式剑。此剑资料还见于两处，湖南省博物馆：《湖南省博物馆新发现的几件铜器》，《文物》1966年第4期，第5页，图一四，5；周世荣：《湖南古代文化初探》，中国考古学会：《中国考古学会第一次年会论文集》，北京：文物出版社，1980年，第202、203页，图一二，6。本文线图中平脊上纹饰据周世荣文中线图重绘。按：湖南省博物馆和周世荣文中该剑线图未见有格，傅聚良文后出，当以傅文为是。

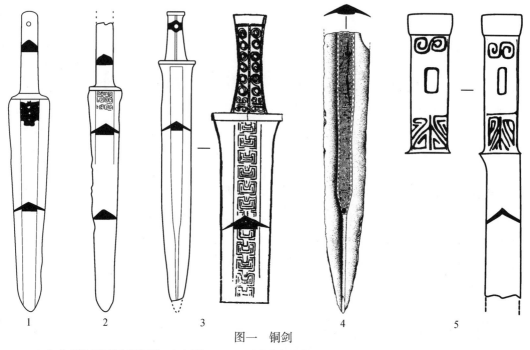

图一　铜剑

1、2. Ⅰ式（湖南省博物馆藏剑、宁乡剑）　3、4. Ⅱ式［宁乡麦田乡剑、吴城遗址1974QSW（采）：22剑］

5. Ⅲ式［湖南省博物馆藏剑（炼铜厂收集）］

Ⅱ式：3件。剑身平脊渐收缩至近剑锋段成棱线；平脊上饰套叠的几何形纹饰多组。茎为菱形中空；中部略束，近格端略粗；茎中部有两面对称的纵向凸棱。有明显的剑首。湖南宁乡县麦田乡出土铜剑，茎"每个菱形面都有阴刻线框边，其中靠近柄端和一边的边缘还加一道阴刻线，两道阴刻线之间填椆纹，框中有三个S形卷云纹，卷云纹之上有两组纹饰……（剑身）中部的平脊上有24组纹饰"。残长38.5、茎长7.2厘米（图一，3）[1]。苏州虎丘茶花三队出土铜剑，一字形薄格略厚，截面呈菱形。"剑身中部满饰凸几何形牛首纹饰，上下套叠共27组。"茎上凸棱两侧饰对称的两排"S"形云纹。整剑锈蚀严重。通长30.2、茎长7.4厘米（图二）[2]。江西吴城遗址1974QSW（采）：22，残，仅剩剑身前半部。剑身平脊饰"宝塔式曲折梯形纹"。残

─────────────────

[1]　傅聚良：《湖南省博物馆收藏的一批越族铜剑》，《考古与文物》1993年第6期，第38页，图二，5，文中BⅠ式剑。傅文中该剑线图未加入纹饰，另附拓片不清晰；该剑绘有纹饰的线图另见于周世荣：《湖南古代文化初探》，中国考古学会：《中国考古学会第一次年会论文集》，第203页，图一三，1。

[2]　该剑资料见于两处，肖梦龙：《吴国青铜兵器研究》，《考古学报》1991年第2期，第150页，图六，4；姚晨辰、王振：《吴钩重辉——苏州博物馆藏吴越青铜剑集萃》，《荣宝斋》2015年第5期。本文描述综合了两处资料。按：肖梦龙文中苏州虎丘剑的线图不确，线图中剑身脊部为普通的平脊；而姚晨辰、王振文中描述脊部"平脊，两鄂微翘"，"剖面如小舟状"，"剑身处格剖面的下半部"；剑身截面正合本文Ⅱ式剑的特征。该剑背面照片由苏州博物馆提供。

长25厘米（图一，4）[1]。

Ⅲ式：1件。剑身内凹一面无平脊。椭圆形茎中空。有剑首。湖南省博物馆藏铜剑，炼铜厂收集。剑身大部残。近首端两面有对称的云纹，茎中部有长方形镂孔，近格处两面有不对称的勾连三角纹。残长14.7、茎长6.5厘米（图一，5）[2]。

此类短剑最大的特点是剑身截面大致呈“人”字形。中国先秦时期各地铜剑（包括短剑）型式多样，特别是周边少数民族地区的铜短剑型式繁多，但剑身截面呈“人”字形的极为罕见，迥异于通常所认知的铜剑。傅聚良认为此类剑应是战国时期的越人产品，并指出Ⅲ式剑（本文所称）的剑身截面与南方出土刮刀的截面相似[3]。本文结合江西、江苏出土的另两件此类短剑，再论其族属、年代、性质及传播。

图二 苏州虎丘铜剑

二、族属和年代

从此类短剑出土地区来看，湖南4件，江西1件，江苏1件。均为采集，无明确墓葬出土者。湖南其中2件有具体出土地点——宁乡。湖南是目前发现此类短剑最为集中的地区，湖南很可能是此类剑的原产地。

此类短剑的“人”字形剑身截面总体上与南方出土的刮刀较为接近（图三），其中Ⅲ式剑最为相似。我们认为，此类短剑当与刮刀有密切关系。刮刀，或称篾刀、夹刻刀、削等，用于加工竹器、劈麻、治简等，主要出土于湖南、两广春秋战国时期的越墓，是古越族青铜文化的典型器物之一。目前所见最早的刮刀出于湖南宁乡黄材三

[1] 江西省文物考古研究所、樟树市博物馆：《吴城——1973～2002年考古发掘报告》，北京：科学出版社，2005年，第374页，图二二二，2；黄水根：《吴城出土商代青铜斧与青铜剑》，《南方文物》2004年第2期。该剑资料最早见于彭适凡《江西地区出土商周青铜器的分析与分期》（中国考古学会：《中国考古学会第一次年会论文集》，第191、192页，图三，1），文中称该剑为“匕首”，“断面呈V形，内凹之中脊部位镂刻有纤细工整的宝塔式曲折梯形纹”。另，该剑的出土地，黄水根文称1983年在吴城遗址采集；彭适凡文称1976年清江经楼出土。

[2] 傅聚良：《湖南省博物馆收藏的一批越族铜剑》，《考古与文物》1993年第6期，第38页，图二，4，文中B Ⅳ式剑。

[3] 傅聚良：《湖南省博物馆收藏的一批越族铜剑》，《考古与文物》1993年第6期。

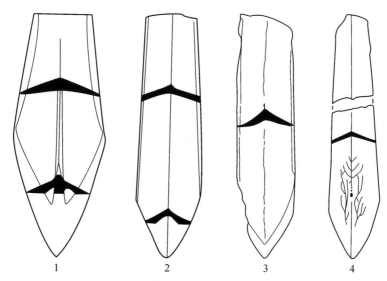

图三　湖南春秋越人墓出土的刮刀

1. 资兴旧市M307∶2　2. 桃江腰子仑M060∶7　3. 湘乡五里桥M1∶006　4. 祁东小米山刮刀

[1.采自湖南省博物馆、东江水电站工程指挥部考古队：《资兴旧市春秋墓》，湖南省博物馆编：《湖南考古辑刊》
（第1集），长沙：岳麓书社，1982年，第28页，图五，3　2.采自益阳市文物管理处：《湖南桃江腰子仑春秋墓》，
《考古学报》2003年第4期，图二三，1　3.采自湘乡县博物馆：《湘乡五里桥、何家湾古墓葬发掘简报》，
湖南省博物馆、湖南省考古学会编：《湖南考古辑刊》（第3集），长沙：岳麓书社，1986年，第42页，
图四，8　4.采自衡阳地区文物工作队：《祁东小米山发现春秋铜器》，湖南省博物馆、湖南省考古学会编：《湖南
考古辑刊》（第2集），长沙：岳麓书社，1984年，第203页，图一，6]

　　亩地，年代为商晚期或商末至西周早期[1]。西周早中期的湖南望城高砂脊遗址也出土
有刮刀[2]。刮刀被认为首先起源于湘江流域，而后传播到岭南地区，战国时期楚人进
入湘江流域后接受这一越文化传统器类并将其远播到楚文化腹心地和其他地区[3]。湖
南出土的"人"字形截面剑身短剑中有明确出土地的2件就出自湘江下游地区的宁乡。
另外，Ⅲ式剑茎部有勾连的三角纹，Ⅱ式剑中宁乡麦田乡剑茎部的纹饰边框内填以栉
纹，这些纹饰与湖南道县、衡山、岳阳等地所出越族铜钺上的纹饰相同[4]。因此，我
们赞同傅聚良的看法，此类短剑应是湘江流域古越人的产品。

　　Ⅰ式、Ⅱ式的剑身皆有一面的平脊。南方铜剑的平脊最早见于春秋中期偏早的吴

　　[1]　高至喜：《刮刀起源小议》，氏著：《商周青铜器与楚文化研究》，长沙：岳麓书社，1999年，第
94、95页；向桃初：《湘江流域商周青铜文化研究》，北京：线装书局，2008年，第305、306页。

　　[2]　湖南省文物考古研究所、长沙市博物馆、长沙市考古研究所等：《湖南望城县高砂脊商周遗址的发
掘》，《考古》2001年第4期。

　　[3]　高至喜：《刮刀起源小议》，氏著：《商周青铜器与楚文化研究》，第94、95页；李龙章：《岭
南地区出土青铜器研究》，北京：文物出版社，2006年，第196—200页；向桃初：《湘江流域商周青铜文化研
究》，第305、306页。

　　[4]　高至喜：《湖南发现的几件越族风格的文物》，《文物》1980年第12期。

越系铜剑，平脊曾在春秋中期偏晚前后流行一时[1]。湖南地区发现的最早有平脊的剑见于衡南春秋墓，出土两剑"格上有兽面纹，圆茎有箍"，属典型的吴越系厚格有箍剑，且"剑叶扁平而无中脊"，正是平脊剑[2]。两剑的年代，一般定为春秋中期[3]。则据平脊特征可推定Ⅰ式、Ⅱ式剑的年代不早于春秋中期。

此类剑皆有"一字形格"[4]。湖南出土的四剑未明确描述格截面形态，据宁乡麦田乡剑的格部线图，以及苏州虎丘剑的格截面明确为菱形，则湖南出土四剑的格截面应为菱形[5]。笔者研究，截面为菱形的"一"字形薄格是吴越系薄格铜剑的典型特征，成熟于春秋中期偏晚[6]。湖南地区目前发现的最早的有"一"字形薄格的剑出土于桃江腰子仑越人墓地，腰子仑M37、M66、M14各出土1件，皆为扁茎剑而有薄格，年代为春秋晚期至战国早期[7]。则此类剑之"一"字形薄格当源于吴越系铜剑，年代应不早于春秋晚期。

Ⅱ式、Ⅲ式剑有椭圆内空的铜茎，且饰S形卷云纹等，形制特别，明显异于湖南地区古越人传统的扁茎剑和邻近的楚人所用吴越系厚格或薄格剑之茎。Ⅱ式、Ⅲ式的茎部形制源于何处呢？湘西、湘西北地区曾发现一种宽格青铜短剑，学者推测属濮系民族遗物[8]。其中一型短剑（带铜柄）的剑柄与Ⅱ式、Ⅲ式的茎部在形制、纹饰上有

［1］　毛波：《吴越系铜剑研究》，《考古学报》2016年第4期。

［2］　湖南省博物馆：《湖南衡南、湘潭发现春秋墓葬》，《考古》1978年第5期。

［3］　衡阳剑所出墓葬的年代，原简报定为春秋中期。李伯谦认为最晚不会晚于春秋中期（李伯谦：《中原地区东周铜剑渊源试探》，《文物》1982年第1期）。朱凤瀚认为"约在春秋中期"（朱凤瀚：《中国青铜器综论》，上海：上海古籍出版社，2009年，第2341页）。向桃初定为春秋晚期（向桃初：《湘江流域商周青铜文化研究》，第178页）。

［4］　傅聚良：《湖南省博物馆收藏的一批越族铜剑》，《考古与文物》1993年第6期。湖南出土四剑中有三剑在傅文中明确描述有"一字形格"，未明确描述剑格的宁乡剑据线图也应有相同的剑格。

［5］　傅聚良《湖南省博物馆收藏的一批越族铜剑》中提到楚墓出土铜剑大多（应即吴越系的薄格和厚格铜剑）有"一字形格"或凹字形格。则该文中剑身截面为"人"字形的铜剑的"一字形格"应与吴越系铜剑的薄格相同。按：滇、黔、桂地区战国秦汉时期的"一字格"剑，其格截面略呈长方形，与吴越系铜剑的"一字形格"明显不同。本文所称"一字形格"皆指截面为菱形的薄格。

［6］　毛波：《吴越系铜剑研究》，《考古学报》2016年第4期。

［7］　益阳市文物管理处：《湖南桃江腰子仑春秋墓》，《考古学报》2003年第4期。报告未对M37明确断代，将M66定为春秋晚期偏早、M14定为春秋晚期至战国初期。高至喜将三墓的年代笼统定为春秋战国之际（高至喜：《湖南出土扁茎铜短剑研究》，《中国历史文物》2007年第3期）。向桃初将M37、M66定为春秋晚期，M14定为春秋末至战国早期（向桃初：《湘江流域商周青铜文化研究》，第154—164页）。

［8］　何介钧、郑元日：《关于湘西、湘西北发现的宽格青铜短剑》，《文物》1993年第2期；柴焕波：《湘西濮文化的考古学钩沉》，北京大学中国考古学研究中心、北京大学震旦古代文明研究中心：《古代文明》（第6卷），北京：文物出版社，2007年，第116—134页。

相似之处[1]。两者柄（茎）皆较粗，中空[2]，饰云纹[3]。Ⅲ式剑茎中部有对称的长方形镂孔，而前者柄部中脊也有两个镂孔[4]。Ⅱ式剑相似更多，两者柄（茎）皆略束腰；有条状凸脊[5]（图四）。因此，我们认为Ⅱ式、Ⅲ式剑的茎部应是部分借鉴了湘西、湘西北地区带柄宽格短剑的柄部形制和纹饰[6]。湘西、湘西北地区的宽格青铜短剑的年代，高至喜经过详细分析，认为大多数都是战国早期[7]，其说可从。则借鉴宽格青铜短剑柄部的Ⅱ式、Ⅲ式剑的年代大约不早于战国早期。

从此类短剑的长度来看，Ⅰ式中一件通长22.5厘米；一件残长20.5厘米，残剑的茎残长4.6厘米，推测通长应不超过25厘米。Ⅱ式中吴城遗址1974QSW（采）：22残长即

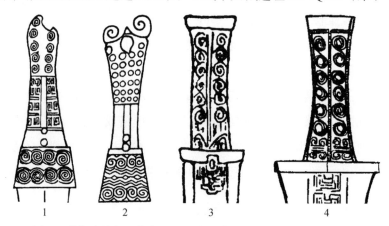

图四　带柄宽格铜短剑与"人"字形截面剑身短剑的茎（柄）部
1. 保靖四方城要坝采集剑　2. 溆浦马田坪采集剑　3. 苏州虎丘剑　4. 宁乡麦田乡剑

［1.采自刘长治：《湘西保靖县发现几件青铜短剑》，湖南省文物考古研究所、湖南省考古学会：《湖南考古辑刊》（第5集），第85页，图8　2.采自陈启家、舒向今、向开旺：《湘西辰溪、溆浦发现青铜剑》，湖南省博物馆、湖南省考古学会：《湖南考古辑刊》（第2集），第204页，图二，右　3.采自肖梦龙：《吴国青铜兵器研究》，《考古学报》1991年第2期，图六，4　4.采自周世荣：《湖南古代文化初探》，中国考古学会：《中国考古学会第一次年会论文集》，第203页，图一三，1］

［1］　与湘江流域距离相对更远的滇黔地区出土的滇系铜剑如蛇首无格剑、一字格剑的茎部总体风格与Ⅱ式、Ⅲ式的茎部也有一定的相似，这些滇系铜剑的年代有的可早到战国早中期。但湖南境内未见类似滇系铜剑出土，与湖南相邻的黔东地区也很少见，因此Ⅱ式、Ⅲ式是否受到这些滇系铜剑的直接影响还需进一步研究。

［2］　湘西、湘西北的带柄宽格铜短剑的柄部为柄、格合铸，中空，剑茎插入格、柄中。参见高至喜：《湖南出土扁茎铜短剑研究》，《中国历史文物》2007年第3期。

［3］　"人"字形截面剑身短剑茎部或脊部皆饰有S形云纹。带柄宽格铜短剑的柄上云纹不确定是否为S形云纹（相关报道的图像不清晰）。

［4］　此镂孔为固定紧合柄、茎之用。

［5］　保靖四方城要坝采集剑"柄中部收束有凸起脊棱"，见刘长治：《湘西保靖县发现几件青铜短剑》，湖南省文物考古研究所、湖南省考古学会编：《湖南考古辑刊》（第5集），第84、85页。

［6］　从Ⅲ式剑的长方形镂孔来看，应是仿自带柄宽格短剑，因为带柄宽格短剑的镂孔为实用形制，而Ⅲ式剑的长方形镂孔应为装饰。

［7］　高至喜：《湖南出土扁茎铜短剑研究》，《中国历史文物》2007年第3期。

达25厘米，通长应在30厘米以上，虎丘剑通长30.2厘米，最长的麦田乡剑近40厘米。Ⅰ式明显较Ⅱ式短。作为湘江流域越人产品的此类短剑的断代，在一定程度上可以参照湖南地区扁茎剑的长度变化规律[1]。据研究，湖南出土扁茎剑的长度总体趋势是由短变长[2]。湖南春秋越人墓出土的扁茎短剑，最长为衡阳苗圃墓地AM8：2剑，通长28厘米，部分长度在20厘米以下。进入战国时期，湖南出土扁茎剑始有超过30厘米者。参照湖南地区扁茎剑的长度变化规律，推测Ⅰ式可能较Ⅱ式早，Ⅱ式很可能不会早到春秋晚期。

据学者研究，战国早中期楚人已大规模进入湘江流域并至少占据了湘江下游及其以北地区。至战国中期，楚文化业已完成对湘江流域全境的征服和占领，湘江流域整体上被纳入了楚文化的范围[3]。因此，作为湘江流域越人产品的"人"字形截面剑身短剑的铸造时间下限当在战国中期。

综上，"人"字形截面剑身短剑的年代，Ⅰ式或可早到春秋晚期，Ⅱ式、Ⅲ式约在战国早中期。

三、性质及传播

"人"字形截面剑身短剑有何用途呢？独特的形制必有特殊的用途。春秋战国时期，湖南、两广的古越族流行扁茎铜短剑，这一时期的越墓中出土扁茎短剑较多。扁茎短剑线条简洁，一般不见纹饰，茎部绑缚竹木片，明显属实用器。较之常见的扁茎短剑，此类短剑皆有纹饰，特别是Ⅱ式剑，身、茎满饰纹饰，明显有更强的装饰性。近似刮刀的"人"字形截面的剑身，其结构强度远逊于普通的扁茎短剑，不会是用于格斗的武器。我们认为，此类短剑应是刮刀的礼器化，是古越人用于祭祀、庆典等场合的一种礼器。

对实用的生产工具添加纹饰，增大器形，附加连铸的銎、柄等是先秦时期实用工具礼器化的通常做法。如殷墟武官村大墓出有2件铜锛，分别长17.8、17厘米，皆饰兽面纹、龙纹等[4]；河南淅川下寺M2，湖北襄阳山湾M2、M11，钟离君柏墓，江苏

---

[1]　湖南地区扁茎剑的主要使用人群也是越人。

[2]　高至喜：《湖南出土扁茎铜短剑研究》，《中国历史文物》2007年第3期。

[3]　向桃初：《湘江流域商周青铜文化研究》，第204—207页。

[4]　郭宝钧：《一九五○年春殷墟发掘报告》，《中国考古学报》（第五册），北京：中国科学院编印，1951年。

邳州九女墩M3，山东枣庄徐楼M2共出土11件有鋬铜镰[1]，下寺M2所出2件还饰兽面纹、蟠螭纹等。刮刀是越人重要的特色工具，但形制短小且少有纹饰，不适于礼仪之用[2]，于是越人创制了一种器形更大、更为华丽的作为礼器的"刮刀"——"人"字形截面剑身短剑[3]。他们增加刮刀的长度，加上连铸的茎（柄）和格，总体上借鉴了剑的形制。一开始采用当地最为流行的传统扁茎短剑的扁茎，加上仿自吴越系铜剑的一字形薄格和平脊。截面为菱形的"一"字形薄格正可适用于截面为"人"字形的剑身，而一面的平脊则可增加装饰空间。此后又受到了濮系民族圆（椭圆）形空心铜茎（柄）的影响，发展出更具装饰性的剑茎以代替朴素的扁茎。综合来看，"人"字形截面剑身短剑应是湘江流域古越人借鉴吸收了本地传统的扁茎短剑、吴越系剑、濮系民族之宽格短剑的部分特征而发展出的一类极具特色的礼器化的"刮刀"，其采剑之形（茎、格、平脊）而有刮刀之实（"人"字形截面"剑"身）。选择剑的形式装饰刮刀，或亦可佩带显示身份与地位。

吴城遗址、苏州虎丘出土的两剑很可能是从湘江流域传播而来的。吴城遗址剑的剑身形制、平脊纹饰与宁乡麦田乡剑极为相似（图五）。苏州虎丘剑的平脊纹饰虽锈蚀严重不甚清晰，但其剑身、茎部总体上与宁乡麦田乡剑相似度颇高。赣都地区、吴越地区与湘江流域在先秦时期同为百越之地，相互间存在一定的文化交流。据笔者统计，江西地区出土的铜刮刀共10件[4]，其中5件出于吴城遗址所在的今樟树市，还有

[1]　河南省文物研究所、河南省丹江库区考古发掘队、淅川县博物馆：《淅川下寺春秋楚墓》，北京：文物出版社，1991年，第194页；湖北省博物馆：《襄阳山湾东周墓葬发掘报告》，《江汉考古》1983年第2期；安徽省文物考古研究所、蚌埠市博物馆：《钟离君柏墓》，北京：文物出版社，2013年，第149页；孔令远、陈永清：《江苏邳州市九女墩三号墩的发掘》，《考古》2002年第5期；枣庄市博物馆、枣庄市文物管理委员会办公室、枣庄市峄城区文广新局：《山东枣庄徐楼东周墓发掘简报》，《文物》2014年第1期。东周时期各地特别是长江下游地区出土齿刃铜镰较多，仅此五处出土有鋬齿刃铜镰。淅川下寺M2为高级贵族墓，报告定其墓主为令尹子庚。襄阳山湾M2、M11皆为中型墓，亦为贵族墓。钟离君柏墓为钟离国君之墓。邳州九女墩M3为徐国王室贵族墓。枣庄徐楼M2亦为高级贵族墓。因此我们认为此11件有鋬齿刃铜镰应为礼器或有实用功能的礼器。

[2]　湖南望城高砂脊遗址出土的AM1：43刮刀（湖南省文物考古研究所、长沙市博物馆、长沙市考古研究所等：《湖南望城县高砂脊商周遗址的发掘》，《考古》2001年第4期），鋬饰兽面纹，器身正面饰蝉体蕉叶纹，已见刮刀礼器化之发端。

[3]　战国时期的楚人也广泛使用源自越人的刮刀，其对刮刀的发展完全是实用化的，如江陵望山M1出土的两件刮刀，形制、大小相同，铜刮刀长达17.6厘米，连木柄通长29.6厘米（湖北省文物考古研究所：《江陵望山沙冢楚墓》，北京：文物出版社，1996年，第108页）。

[4]　程应麟、秦光杰：《江西清江出土一批铜兵器》，《考古》1962年第7期；江西省文物工作队、清江县博物馆、中山大学人类学系考古专业：《清江樊城堆遗址发掘简报》，《江西历史文物》1985年第2期；江西省文物工作队、九江县文物管理所：《九江神墩遗址发掘简报》，《江西历史文物》1987年第2期；广昌县博物馆：《江西广昌县出土春秋青铜器》，《考古》1988年第6期；江西省文物考古研究所、宜春市博物馆：《江西宜春下浦坝上古墓群发掘报告》，《江西文物》1991年第2期；樟树市博物馆：《江西樟树观上春秋墓》，《南方文物》1997年第2期。

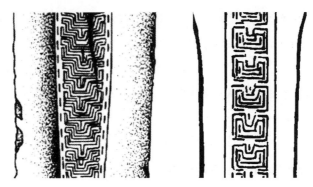

图五　吴城遗址剑（左）与宁乡麦田乡剑（右）纹饰

3件出于邻近的宜春下浦乡，有的年代可早到西周时期。这表明樟树地区自西周以来一直有使用刮刀的传统，而作为刮刀礼器化的"人"字形截面剑身短剑从邻近的湘江流域传播到该地区就是合乎情理了[1]。吴越地区距离湘江流域更远，迄今苏南、浙江、皖南地区仅发现绍兴306号墓和绍兴西施山遗址出有铜刮刀[2]。绍兴306号墓所出刮刀形制狭长，更近于楚墓出土的刮刀。部分学者认为绍兴306号墓为徐墓[3]，该墓所出刮刀可能是徐人受到楚文化影响的结果[4]。吴越地区各地出土有大量的春秋战国时期青铜工具，如斧、锛、镰、铲等，但很少见刮刀，说明刮刀不是当地的传统工具。作为春秋战国时期越国核心地区重要遗址的绍兴西施山遗址出土5件刮刀，可能更多反映了越国上层阶级与百越地区的交流。苏州虎丘剑则可能是越国在与湘江流域越人交往中通过馈赠等方式获得的，该剑出土于苏州，可能与越国后期迁都于吴[5]有关。

　　本文探讨了湖南、江西、江苏出土的"人"字形截面剑身短剑，认为此类短剑是湘江流域古越人借鉴吸收了本地传统的扁茎短剑、吴越系剑、濮系民族之宽格短剑的部分特征而发展出的一类礼器化的"刮刀"，　是古越人用于祭祀、庆典等场合的一种

　　[1]　关于吴城遗址剑，彭适凡早在他1979年发表的《江西地区出土商周青铜器的分析与分期》（中国考古学会：《中国考古学会第一次年会论文集》，第181—194页）一文中就正确地将该剑的年代定在东周时期。

　　[2]　浙江省文物管理委员会、浙江省文物考古所、绍兴地区文化局等：《绍兴306号战国墓发掘简报》，《文物》1984年第1期；刘侃：《绍兴西施山遗址出土文物研究》，浙江省博物馆编：《东方博物》（第31辑），杭州：浙江大学出版社，2009年，第6—22页。

　　[3]　曹锦炎：《绍兴坡塘出土徐器铭文及其相关问题》，《文物》1984年第1期；林华东：《绍兴306号"越墓"辨》，《考古与文物》1985年第4期；陈元甫：《越国贵族墓随葬陶瓷礼乐器葬俗探论》，《文物》2011年第4期。

　　[4]　江苏邳州春秋晚期徐国高级贵族墓（九女墩6号墓）就出土2件刮刀（徐州博物馆、邳州博物馆：《江苏邳州市九女墩春秋墓发掘简报》，《考古》2003年第9期）。

　　[5]　《史记·越王勾践世家》索隐引《竹书纪年》云："翳三十三年迁于吴"（北京：中华书局，1982年，第5册，第1747页）。

礼器，或亦可佩带以显示身份与地位。其年代大致为春秋晚期至战国早中期。吴城遗址、苏州虎丘出土的两剑很可能是从湘江流域传播而来。

后记：本文在资料收集过程中得到苏州博物馆程义、姚晨辰先生的帮助，盲审专家提出了宝贵的修改意见，特此一并致谢。

Discussion on the Bronze Short Swords with Y-shaped Cross Section

Mao Bo

(Changxing County Museum, Zhejiang Province)

Abstract: Six bronze short sword with Y-shaped cross section were excavated from Hunan, Jiangxi, and Jiangsu Provinces. This paper divides these swords into three sub-types. Through the analysis of their styles, it is considered that this kind of swords was a kind of ceremonial "scraper" made by the ancient Yue ethnic group in the Xiang River valley by adopting some characteristics of the flat stem short swords, the Wu-Yue style swords and broad guard short sword of Pu ethnic group. This type of swords is roughly dated from the late Spring and Autumn Period to the early and middle Warring States Period. The two swords unearthed from the Wucheng site and the Huqiu site in Suzhou were probably came from the Xiang River valley.

Keywords: Sword body with Y-shaped Cross Section, Ancient Yue ethnic group in the Xiang River Valley, Scraper, Ritual Object

（责任编辑：张亮）

战国秦汉时期镂空牌形首剑的再探讨

曾 宇 李映福[*]

摘要： 战国秦汉时期镂空牌形首剑广泛流行于云贵高原中部与中南半岛北部，其剑身与剑柄以销钉铆固或以铸接的方式进行连接，与该区域常见的浑铸金属剑有很大差异，是认识古代中国西南及其邻近地区金属工艺技术复杂多样的典型例证。镂空牌形首剑根源于巴蜀地区的柳叶形剑，在可乐文化与巴蜀文化、汉文化及周邻土著青铜文化的交流和互动中，其分布地域、形制、纹饰与铸造工艺等，均表现出明显的阶段性特征。

关键词： 战国秦汉 镂空牌形首剑 形制 连接结构

在我国贵州、云南及中南半岛的越南、泰国等地，常见一类首端横置镂空牌形饰的金属剑，剑茎均为铜质，剑身有铜、铁两种材质，学界一般称之为镂空牌形首剑。这类器物在20世纪70年代最早发现于赫章可乐[1]，因其形制独特且出土数量较多、分布范围广大而为学者所注意，不仅被视作可乐文化的典型因素，也被认为是反映古代中国西南与东南亚文化联系的代表性器物[2]。

作为一种曾被长期沿用的短柄格斗武器，镂空牌形首剑的使用性能不为以往的研究所关注，其形态演变与连接结构、实用功能之间的内在关联尚未被充分揭示[3]。在制作工艺方面，根据新的冶金科技分析成果，张增祺所提出铁质剑身与铜柄是以"铜

---

* 作者：曾宇，成都，四川大学考古文博学院（861018084@qq.com）；李映福，成都，四川大学考古文博学院。

［1］ 贵州省博物馆考古组、贵州省赫章县文化馆：《赫章可乐发掘报告》，《考古学报》1986年第2期。

［2］ 杨勇：《战国秦汉时期云贵高原考古学文化研究》，北京：科学出版社，2011年，第357页；杨勇：《可乐文化因素在中南半岛的发现及初步认识》，《考古》2013年第9期；张合荣：《夜郎青铜文明探微——贵州战国秦汉时期青铜器研究》，上海：上海古籍出版社，2018年，第128页；杨勇：《论古代中国西南与东南亚的联系——以考古发现的青铜器为中心》，《考古学报》2020年第3期。

［3］ 贵州省文物考古研究所：《赫章可乐二〇〇〇年发掘报告》，北京：文物出版社，2008年，第70、120页；梁太鹤：《贵州夜郎地区出土的巴蜀式铜兵器》，《中华文化论坛》2008年12月增刊；毕洋：《试论可乐式剑》，中国社会科学院历史研究所文化史研究室编：《形象史学》2021年秋季之卷总第十九辑，北京：中国社会科学出版社，2021年，第84—89页。

铁混合焊料"进行焊接的观点，也存在重新审视的必要[1]。鉴于此，本文拟在重新划分类型的基础上，讨论镂空牌形首剑的年代、渊源、阶段性特征及连接结构、材料与工艺等问题。

一、类型与年代

镂空牌形首剑以贵州赫章可乐墓地出土数量最多[2]，我国云南曲靖潇湘平坡[3]、曲靖八塔台[4]、陆良中枢镇[5]、宜良纱帽山[6]、江川李家山[7]、晋宁昆阳磷肥厂[8]、广南小尖山[9]，以及越南北部的清化省和义安省[10]、泰国东北部的程逸府[11]等地也有发现，共计40余件，主要分布于云贵高原中部及中南半岛北部。

已有的类型学研究，主要目标都是分析镂空牌形首剑的演变序列和相对年代[12]。似乎少有学者注意，镂空牌形首剑作为一种组装剑（见后文），在长期沿用的过程中，其形态演变与使用性能的完善密切相关。影响其使用性能高低的基本因素包括：材质、长度、连接稳定性等，其中又以连接结构与连接工艺所共同决定的连接稳定性至关重要，而穿孔的有无及数量、形态是考察连接稳定性的有效途径。因此，我们以茎部穿孔的差异为"分型"依据，将剑身材质和长度的不同作为"定式"的重要标准，力图通过合理的型式划分，实现形态演变和功能分析的统一。

A型　11件。单穿。根据剑身材质、长度与茎部构造的差别，可分为三式。

[1]　张增祺：《云南铜柄铁剑及其有关问题的初步探讨》，《考古》1982年第1期。

[2]　贵州省文物考古研究所：《赫章可乐二〇〇〇年发掘报告》，第70—72页。

[3]　云南省文物考古研究所、曲靖市麒麟区文物管理所：《曲靖市麒麟区潇湘平坡墓地发掘报告》，云南省文物考古研究所编：《云南考古报告集》（之二），昆明：云南科技出版社，2006年，第1—59页。

[4]　李保伦：《对滇文化八塔台类型相关问题的探讨》，《中华文化论坛》2015年第3期。

[5]　中国社会科学院考古研究所、云南省文物考古研究所、曲靖市文物管理所等：《陆良薛官堡墓地》，北京：文物出版社，2017年。

[6]　李保伦：《对滇文化八塔台类型相关问题的探讨》，《中华文化论坛》2015年第3期。

[7]　云南省文物考古研究所、玉溪市文物管理所、江川县文化局：《江川李家山——第二次发掘报告》，北京：文物出版社，2007年。

[8]　宋世坤：《我国西南地区铜柄铁剑研究》，中国考古学会编：《中国考古学会第三次年会论文集》，北京：文物出版社，1984年，第271—278页。

[9]　云南省文物考古研究所、文山州文物管理所、红河州文物管理所：《云南边境地区（文山州和红河州）考古调查报告》，昆明：云南科技出版社，2008年。

[10]　杨勇：《可乐文化因素在中南半岛的发现及初步认识》，《考古》2013年第9期。

[11]　杨勇：《论古代中国西南与东南亚的联系——以考古新发现的青铜器为中心》，《考古学报》2020年第3期。

[12]　张合荣：《夜郎青铜文明探微——贵州战国秦汉时期青铜器研究》，第128页；毕洋：《试论可乐式剑》，中国社会科学院历史研究所文化史研究室编：《形象史学》2021年秋季之卷总第十九辑，第84—89页。

Ⅰ式：1件。铜短剑身。方形单穿，前端两道箍圈组成梯形格，略外展。茎部有四道箍圈，截面呈椭圆形。纹饰粗糙、简略。赫章M308：3，通长34.8厘米（图一，1）。

Ⅱ式：1件。铁短剑身。圆形单穿，梯形格外展明显，茎中部有两道凸棱，截面呈圆形。纹饰较复杂。广南小尖山墓群采集1件，通长31.5厘米（图一，2）。

Ⅲ式：9件。铁长剑身。剑茎中段略内束，作三段凹凸变化，余与Ⅱ式同。有的纹饰较简略。赫章M67：2，通长59.1厘米（图一，3）。潇湘平坡M181：6，首端和格部饰乳钉纹，茎首无镂空牌饰，但茎部构造、纹饰布局与M67：2相同，或可划归Ⅲ式。通长61.2厘米（图一，4）。

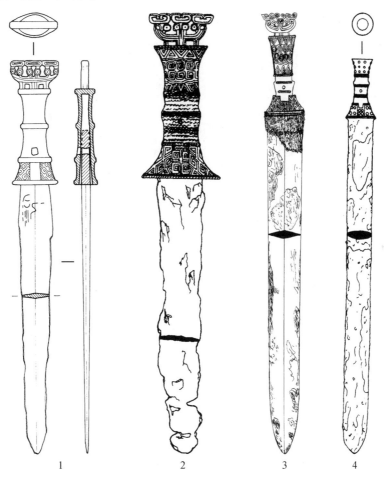

图一　A型镂空牌形首剑

1. Ⅰ式（赫章M308：3）　2. Ⅱ式（广南小尖山采集）　3、4. Ⅲ式（赫章M67：2、平坡M181：6）

［1.采自贵州省文物考古研究所：《赫章可乐二〇〇〇年发掘报告》，第320页，图122-3　2.采自云南省文物考古研究所、文山州文物管理所、红河州文物管理所：《云南边境地区（文山州和红河州）考古调查报告》，第44页，图18-4　3.采自贵州省博物馆考古组、贵州省赫章县文化馆：《赫章可乐发掘报告》，《考古学报》1986年第2期，第234页，图36-1　4.采自云南省文物考古研究所、曲靖市麒麟区文物管理所：《曲靖市麒麟区潇湘平坡墓地发掘报告》，云南省文物考古研究所编：《云南考古报告集》（之二），第28页，图42-4］

B型　6件。双穿。根据剑身材质、长度与茎部构造的差别，可分为三式。

Ⅰ式：2件。铜短剑身。方形双穿，梯形格略外展，茎部截面为椭圆形，有四道箍圈。纹饰较简略。赫章M365：5，通长36厘米（图二，1）。

Ⅱ式：2件。铁短剑身。圆形双穿，梯形格外展明显，茎部截面为圆形，中段略内束并作三段凹凸变化。纹饰复杂。赫章M324：1，通长28.1厘米[1]（图二，2）。

Ⅲ式：2件。铁长剑身。铜柄纹饰更为精细、流畅，余与Ⅱ式同。赫章M274：92，通长53.65厘米（图二，3）。

C型　20余件。茎部无穿。多圆柱状茎，茎部有箍圈而无凸棱，梯形或喇叭形格。李家山M68：300，铜茎部表面鎏金，茎上原可能有镶嵌物。通长74厘米（图二，4）。中南半岛出土的镂空牌形首剑，格部外展明显，纹饰粗糙，装饰图案较大，有涡

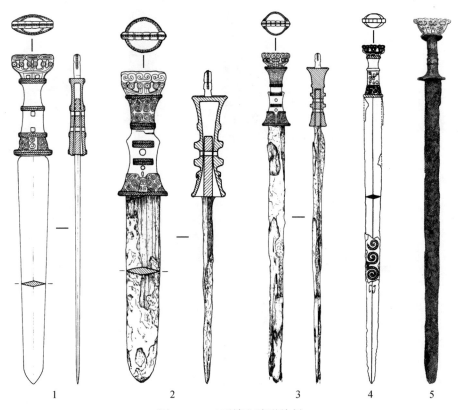

图二　B、C型镂空牌形首剑

1.B型Ⅰ式（赫章M365：5）　2.B型Ⅱ式（赫章M324：1）　3.B型Ⅲ式（赫章M274：92）

4、5.C型（李家山M68：300、越南清化省出土）

[1—3.采自贵州省文物考古研究所：《赫章可乐二〇〇〇年发掘报告》，第368页，图179-1；第334页，图140；第289页，图87-5　4.采自云南省文物考古研究所、玉溪市文物管理所、江川县文化局：《江川李家山——第二次发掘报告》，第169页，图111-8　5.采自杨勇：《可乐文化因素在中南半岛的发现及初步认识》，《考古》2013年第9期，第81页，图8，右二]

───────────────

[1]　此剑剖面图有误。据X射线照片，柳叶形铜剑的剑茎有上下排列的三孔，其中二孔与铜柄上二穿相对应，因而此剑为双圆穿，属于B型Ⅱ式。X射线照片见图五，2。

纹、勾连涡纹、复线三角纹、菱形雷纹等。通长多超过60厘米，茎部长度一般在12—14厘米[1]（图二，5）。

镂空牌形首剑的年代，主要根据所出墓葬的年代进行推定。出土A型Ⅰ式剑的墓葬仅有赫章M308，原报告定在战国早中期，但M308出土的三角援无胡戈与四川犍为等地战国晚期巴蜀墓出土的铜戈一致[2]，年代应在战国晚期。广南小尖山出土A型Ⅱ式剑的墓葬扰乱严重，根据采集的羊角纽铜钟及铜扣饰等判断，其年代在战国末期至西汉中期[3]。出土A型Ⅲ式剑的墓葬有赫章M58、M67、M89、M189等，原报告定在西汉前期。这些墓葬均可见铁器出土，基本不见战国晚期至西汉前期常见的折腹小罐[4]，其中M67出土的铁釜与重庆忠县杜家院子M1∶7相似，杜家院子M1所出钱币均为西汉晚期常见的五铢钱[5]。综合考虑，M67等墓葬的年代应在西汉中晚期。此外，A型Ⅲ式剑还见于曲靖潇湘平坡M181，发掘者认为其年代在西汉晚期[6]。

出土B型Ⅰ式剑的墓葬赫章M365、M341，出土B型Ⅱ式剑的赫章M324，原报告均定在战国晚期及以前。有学者根据墓葬的打破关系及随葬器物的类型学分析，将其年代改订为战国末期至西汉早期[7]。B型Ⅱ式剑为铁质剑身，从整个西南夷地区出土铁器的情况来看，M324的年代应在西汉早期前后。出土B型Ⅲ式剑的墓葬有赫章M273、M274，墓葬年代原定在战国末期至西汉早期。考虑到M274不仅出土戈、削刀、刮刀等铁器6件，还随葬"敬事"铜印，应是汉文化大量进入南夷地区所致，故年代应在西汉中期左右。

出土C型剑的江川李家山M68，发掘报告认为该墓与石寨山第二次发掘的第Ⅱ、Ⅲ类墓相似，年代在西汉中晚期[8]。越南清化省与义安省出土的C型剑，有学者将其年

[1]　杨勇：《可乐文化因素在中南半岛的发现及初步认识》，《考古》2013年第9期。

[2]　王有鹏：《四川犍为县发现巴蜀墓》，文物编辑委员会编：《文物资料丛刊》（7），北京：文物出版社，1983年，第169—171页。

[3]　王金光、张祖光：《广南小尖山青铜时代古墓群调查》，中国古代铜鼓研究会编：《中国古代铜鼓研究通讯》第五期，南宁：中国古代铜鼓研究会印，1987年，第18、19页。

[4]　杨勇：《试论可乐文化》，《考古》2010年第9期。

[5]　成都文物考古研究所、重庆市文物局、忠县文物管理所：《忠县杜家院子遗址发掘简报》，重庆市文物局、重庆市移民局编：《重庆库区考古报告集》（2001卷），北京：科学出版社，2007年，第1596页。

[6]　云南省文物考古研究所、曲靖市麒麟区文物管理所：《曲靖市麒麟区潇湘平坡墓地发掘报告》，第202页。

[7]　张合荣：《贵州赫章可乐"乙类墓"的分期与年代》，中国考古学会编：《中国考古学第十二次年会论文集》，北京：文物出版社，2010年，第334—348页。

[8]　云南省文物考古研究所、玉溪市文物管理所、江川县文化局：《江川李家山——第二次发掘报告》，第232页。

代推定在东汉时期[1]。从清化省宾山、蛮村等地直到2世纪中叶至3世纪前半才出土较多铁器的情况来看[2]，其年代为东汉时期的判断是可靠的。

总体而言，战国晚期仅见A型Ⅰ式剑，战国末期至西汉早期主要流行A型Ⅱ式、B型Ⅰ式、B型Ⅱ式剑，西汉中晚期流行A型Ⅲ式、B型Ⅲ式与C型剑，东汉时期只见C型剑（表一）。

表一　镂空牌形首剑流行年代表

时期＼类型	A型			B型			C型
	Ⅰ式	Ⅱ式	Ⅲ式	Ⅰ式	Ⅱ式	Ⅲ式	
战国晚期	√						
战国末期至西汉早期		√		√	√		
西汉中晚期			√			√	√
东汉时期							√

二、渊源与阶段性特征

目前所见年代最早的镂空牌形首剑为赫章可乐墓地出土的战国晚期A型Ⅰ式剑。由于该型剑的结构已较完备，本地区又没有发现更为原始的祖型，且其形制具有明显的巴蜀式青铜剑风格，故此类剑的渊源应与巴蜀文化有关。

与A型Ⅰ式剑最为相似的是战国中期四川新都木椁墓所出5件巴蜀式扁茎无格剑。这批剑形制相同、长度递减，剑茎均用两片木板夹紧后插入铜套内，套外缠绕细绳，髹黑漆[3]（图三，2）。以铜套纳柳叶形剑身、在铜套表面增设细绳等防滑构件的做法，显然对A型Ⅰ式剑产生了重要影响。从剑身看，A型Ⅰ式剑为柳叶形铜剑身，本部及茎部交界处呈弧形，本部一侧有弧线与直线组成的"手纹"（图一，1；图三，1），系典型的巴蜀式柳叶形剑。赫章可乐墓地出土类似的剑还有M296∶3[4]（图三，3）、M317∶2[5]（图三，4）等。这类铜剑在四川盆地及其周边地区有完整的发展演变序列，其产生与流行的年代在商代晚期至秦汉时期[6]，而可乐墓地目前所见的柳叶形剑年代最早不过战国中期，无疑是自巴蜀地区输入。

值得注意的是，战国中期之后在与蜀国南界接壤的滇东北与黔西北地区，除柳叶

---

[1]　杨勇：《可乐文化因素在中南半岛的发现及初步认识》，《考古》2013年第9期。

[2]　中国社会科学院考古研究所：《中国考古学·秦汉卷》，北京：中国社会科学出版社，2010年，第1012、1013页。

[3]　四川省博物馆、新都县文物管理所：《四川新都战国木椁墓》，《文物》1981年第6期。

[4]　贵州省文物考古研究所：《赫章可乐二〇〇〇年发掘报告》，第306页。

[5]　贵州省文物考古研究所：《赫章可乐二〇〇〇年发掘报告》，第328页。

[6]　江章华：《巴蜀柳叶形剑研究》，《考古》1996年第9期。

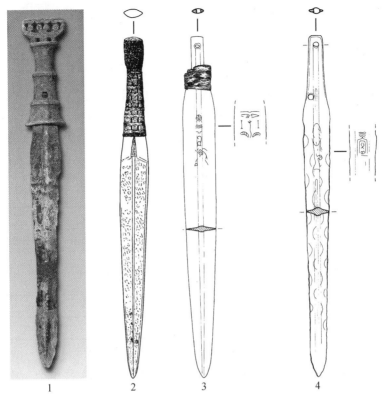

图三　A型Ⅰ式剑与巴蜀式铜剑

1.A型Ⅰ式剑（赫章M308：3）　2.新都战国木椁墓出土　3.赫章M296：3　4.赫章M317：2

（1、3、4.采自贵州省文物考古研究所：《赫章可乐二〇〇〇年发掘报告》，第320页，图122-1；第306页，

图104-2；第328页，图132-1　2.采自四川省博物馆、新都县文物管理所：《四川新都战国木椁墓》，《文物》

1981年第6期，第8页，图16下）

形铜剑外，宽三角形援铜戈、被用作葬具的巴蜀式铜（铁）釜及铜鍪、错金银琵琶形带钩等器物，同样被认为是受巴蜀文化的影响而出现[1]。近年来，云南水富张滩墓地又出土大量具有浓厚巴文化因素的陶圜底釜、铜鍪、铜釜甑、铜剑、铜钺、铜锯及巴蜀符号印章等器物，将其认定为迁徙至水富境内的西汉早期巴人墓葬没有问题[2]。可见，西南夷与巴蜀地区之间存在较为持久而广泛的文化交往乃至一定规模的人群迁徙，这成为镂空牌形首剑产生的重要文化背景。

总之，云贵高原战国晚期以前的考古遗存中没有镂空牌形首剑的迹象可寻，最早

[1]　刘弘：《巴蜀文化在西南地区的辐射与影响》，《中华文化论坛》2007年第4期；袁炜：《赫章可乐出土巴蜀式铜釜》，云南省博物馆编：《西南地区青铜器研究与保护学术研讨会论文集》，昆明：云南博物馆印刷，2019年，第107—111页；吴小平：《战国秦汉时期云贵地区青铜炊具的考古学研究》，《考古》2015年第3期。

[2]　云南省昭通市文物管理所、云南省水富县文化馆：《云南省昭通市水富县张滩土坑墓地试掘简报》，《四川文物》2010年第3期；昭通市文物管理所、水富县文化馆：《云南昭通水富张滩墓地发掘简报》，《文物》2015年第9期。

出现的A型Ⅰ式的铜茎和剑身均与巴蜀式柳叶形剑有密切关联，而非从本地文化传统中独立产生。

（一）战国晚期

战国晚期是镂空牌形首剑的初始期，种类极少，仅有赫章可乐出土的A型Ⅰ式剑（表二）。本阶段的镂空牌形首剑在茎部形态、铸造工艺与纹饰上都表现出相当的原始性（图四，1）。

表二　镂空牌形首剑时空分布表

区域 时期	云贵高原					中南半岛	
	黔西北	滇东北	滇东	滇东南	滇池	泰国	越南
战国晚期	AⅠ						
战国末期至西汉早期	BⅠ、BⅡ			AⅡ			
西汉中晚期	AⅢ、BⅢ	AⅢ	AⅢ		C		
东汉时期						C	C

形态上，沿袭了新都木椁墓出土巴蜀式剑柄两端渐粗、中段较细、横截面呈椭圆形的特点。铸造工艺方面，A型Ⅰ式剑的铜茎与四道箍圈采用合范法浑铸成型，茎两侧可见未经锉磨去除的范缝，牌饰的镂空处有毛疵保留，这均属合范法技术的铸造缺陷，也说明其铸后加工较为粗略。在纹饰上，镂空牌形饰较为厚钝，纹饰漫漶不清，相较后期所见流畅的镂空卷云纹尚有很大差别。结合剑身所铸巴蜀符号及其形态特点，可以认为是当地工匠利用输入的巴蜀式柳叶形剑再配装铜茎的初期制品。

（二）战国末期至西汉早期

战国末期至西汉早期的镂空牌形首剑延续了上阶段的短剑作风，制作工艺与装饰效果均有所提升，类型增多，新出现A型Ⅱ式、B型Ⅰ式、B型Ⅱ式剑。以赫章可乐为中心，开始向外传播至广南小尖山等地。

制作工艺上，铸造铜柄采用了较为复杂的分铸法。即铸好剑茎后，在相应位置安设箍圈范，经二次浇铸而成，属分铸法中的后铸工艺[1]。剑茎装饰方面，镂空牌饰由较为清晰的卷云纹、圆圈纹、弧形条状纹组成，顶部及两侧均铸有辫索纹。格中部饰勾连涡纹，两侧饰斜向雷纹。值得注意的是，茎部箍圈所饰细密辫索纹可加大握剑时的摩擦力，防止持握时打滑的效用增强，这一设计基本为后续出现的镂空牌形首剑所沿用（图四，2）。

---

[1]　贵州省文物考古研究所：《赫章可乐二〇〇〇年发掘报告》，第87页。

图四　镂空牌形首剑茎部特征

1. 赫章M308：3　2. 赫章M365：5　3. 赫章M273：6　4. 李家山M68：300　5. 越南北部出土

（1—3.采自贵州省文物考古研究所：《赫章可乐二〇〇〇年发掘报告》，彩版三七，2右；彩版三七，2左；彩版
三八，1中　4.采自云南省文物考古研究所、玉溪市文物管理所、江川县文化局：《江川李家山——第二次发掘
报告》，彩版一三四，2　5.采自杨勇：《可乐文化因素在中南半岛的发现及初步认识》，《考古》2013年第9期，
第81页，图九）

要特别加以讨论的是本期出现的铜柄铁短剑。据X射线照片，B型Ⅱ式剑赫章
M324：1的铁质剑身呈柳叶形，剑茎与本部弧线连接，无明显分界（图五，2）。类似
的铁短剑还有赫章M331：2[1]（图五，3）等。有学者提出，可乐墓地出土的这类无
格铁剑的形制与四川地区巴蜀式柳叶形铜剑相似，年代上与巴蜀地区柳叶形剑流行的
时代下限相接，应是受其影响在本地制作的[2]。允此，则至迟不过西汉早期，本地工
匠已能独立制作柳叶形铁剑，并组装镂空牌形首铜柄铁剑。换言之，镂空牌形首剑的
铜柄与铁质剑身的生产基本实现本土化，而不再完全依靠输入的柳叶形铜剑。

（三）西汉中晚期

西汉中晚期流行的A型Ⅲ式、B型Ⅲ式、C型剑大多为长剑，整体风格与上一阶段
差异较大。剑身形制基本脱离柳叶形剑的影响而与汉式剑趋同，剑柄的形态、铸造工
艺、纹样装饰均达到极高的水平。本阶段镂空牌形首剑的分布范围迅速扩大，在滇池
区域、滇东北的昭通及滇东的曲靖、陆良等地均有发现。

在形态上，剑柄中段内束，作三段凹凸变化，精巧有致且利于持握。铸造工艺方
面，箍圈、凸棱与镂空牌饰一体铸成，无任何范缝痕迹。镂空牌形首上的复杂纹饰转
折流畅，牌形饰侧面及茎前、后侧面都有规整的辫索纹，镂空处光洁无毛疵，是失蜡

　　[1]　贵州省文物考古研究所：《赫章可乐二〇〇〇年发掘报告》，第306页。

　　[2]　李映福、周磊：《云贵高原出土战国秦汉时期铁器研究》，《江汉考古》2014年第6期。

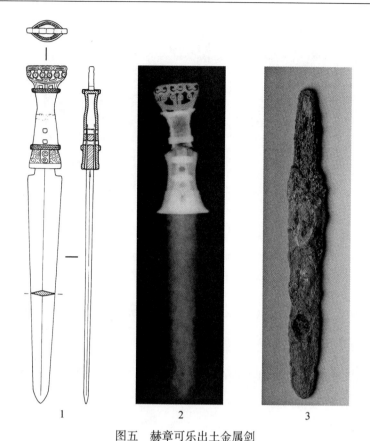

图五　赫章可乐出土金属剑

1. 赫章M341：4　2. B型Ⅱ式剑X射线照片（赫章M324：1）　3. 赫章M331：2

（分别采自贵州省文物考古研究所：《赫章可乐二〇〇〇年发掘报告》，第347页，图158-1；彩版七三，左；
彩版五五，2）

法铸造工艺的特征[1]（图四，3；图六，1）。

由于本阶段镂空牌形首剑的剑身较长，中部起脊，两刃平直，至前端收为锋，与巴蜀柳叶形剑的特点已明显不同，故有学者认为是受汉式剑影响的结果[2]。我们对此表示认同。据《史记·西南夷列传》载，汉武帝建元六年（前135年）唐蒙见夜郎侯多同，"喻以威德，约为置吏，使其子为令"，建立了南夷地区第一个行政机构——犍为郡[3]。后又相继开通西南夷道、牂牁水道，置牂牁等郡县，为增加租赋收益，还"募豪民田南夷，入粟县官，而受钱于都内"[4]。从考古发现看，西汉中晚期汉式墓葬与土著乙类墓"混处"的现象在赫章可乐的锅落包、祖家老包、罗德成地均可见

［1］　贵州省文物考古研究所：《赫章可乐二〇〇〇年发掘报告》，第71页。

［2］　杨勇：《试论可乐文化》，《考古》2010年第9期。

［3］　《史记》卷一百一十六《西南夷列传》，北京：中华书局，2014年，第9册，第3604页。

［4］　《史记》卷三十《平准书》，第4册，第1708页。

到[1]，且乙类墓中汉文化因素增多，包括斧、刀、削、锸、铧等铁器，洗、釜、镳斗、带钩、镜等铜器以及五铢钱和印章等[2]。特别是汉式铁剑的出土（图六，2），说明这种影响是存在的。

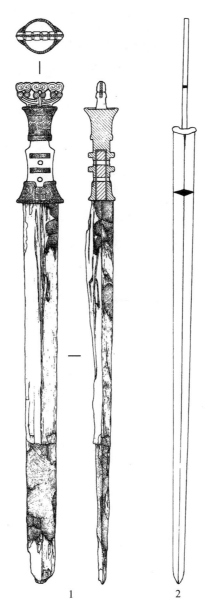

图六　赫章可乐出土金属剑

1. B型Ⅲ式（赫章M273：6）　2. 赫章M46：1

（1.采自贵州省文物考古研究所：《赫章可乐二〇〇〇年发掘报告》，第283页，图82-5　2.采自贵州省博物馆
考古组、贵州省赫章县文化馆：《赫章可乐发掘报告》，《考古学报》1986年第2期，第234页，图36-2）

---

[1]　贵州省文物考古研究所：《赫章可乐二〇〇〇年发掘报告》，第4、5页。

[2]　宋世坤：《试论夜郎与汉文化的关系》，中国考古学会编：《中国考古学会第七次年会论文集》，北京：文物出版社，1992年，第255—260页。

出土C型剑的江川李家山M68属滇文化墓葬，学者或认为可归入"王"墓一级[1]。李家山M68：300在整体风格上与本期流行的A型Ⅲ式、B型Ⅲ式剑接近，但铜柄形态、结构与纹饰全然不同，剑茎表面鎏金、镶嵌，木质剑鞘镶嵌绿松石穿孔小圆珠构成卷云纹的做法（图四，4），亦不见于赫章地区，相反为滇文化铜柄铁剑所习用。如李家山墓地出土的D、E、F型铜茎铁腊剑的柄部均有镶嵌装饰[2]。说明此剑很可能为本地仿作，仿制的剑没有采用难度较大的失蜡法铸造，而是用合范法铸造出较为粗疏的铜茎，与同时期赫章可乐地区所见精巧美观的镂空牌形首剑的特征不同。

（四）东汉时期

东汉时期仅见C型剑。镂空牌形首剑在云贵高原基本消失，分布中心转移至中南半岛北部的越南、泰国等地（图四，5）。

从技术层面而言，C型剑的茎部无穿孔，剑身与剑柄以铸接技术（详后）实现连接，与流行于云贵高原的A、B型剑截然不同。从纹饰看，镂空牌饰上近似人形和船形的图案，不见于滇东黔西地区的同类器。因此，中南半岛的C型剑可能另有较为特殊的生产和文化背景。杨勇认为是迁徙至中南半岛的赫章可乐文化人群所制，年代早晚及其自身的发展演变使得该地区的镂空牌形首剑形成自己的一些特点[3]。结合中南半岛发现的与赫章可乐文化相同的"套头葬"或"覆面葬"分析，这个意见值得重视。但赫章可乐文化人群舍弃习用的销钉铆固技术转而采用其他连接工艺应非一蹴而就，其转变的过程尚不清晰，值得今后加强对此类材料的关注。

三、剑茎与剑身的连接结构、工艺与材料

与该区域青铜时代常见的浑铸金属剑不同，已有学者观察到镂空牌形首剑的"茎部和剑身为分别铸造之后再安装并固定在一起的"[4]，却未就装配的方法、连接结构与材料进一步加以阐述。而且，这类剑的茎部虽为铸造成型，但剑身有铸造和锻造之分。如B型Ⅲ式剑赫章M274：92，剑身的金相组织显示有铁素体和珠光体组织痕迹，并发现有单相硅酸盐夹杂物变形拉长，说明是铸铁脱碳钢锻造而成[5]。牵涉多种金属工艺的镂空牌形首剑如何实现剑身和茎部的连接，需要进一步分析。

[1]　蒋志龙：《云南江川李家山墓地的社会结构解析》，《南方文物》2014年第4期。

[2]　云南省文物考古研究所、玉溪市文物管理所、江川县文化局：《江川李家山——第二次发掘报告》，第170页。

[3]　杨勇：《可乐文化因素在中南半岛的发现及初步认识》，《考古》2013年第9期。

[4]　杨勇：《可乐文化因素在中南半岛的发现及初步认识》，《考古》2013年第9期。

[5]　贵州省文物考古研究所：《赫章可乐二〇〇〇年发掘报告》，第197页。

迄今发现的镂空牌形首剑中，可以确认的铜剑仅有4件，其余均为铜柄铁剑。张增祺在研究云南出土铜柄铁剑的连接工艺时，将本文所分A型Ⅲ式剑划为具有"地方特色"的乙类剑，属于"套合焊接"成型，即铁剑的茎及部分剑身通过铜格伸入柄部空腔内，再于格部用焊料加以固焊[1]。但从镂空牌形首剑的柄部构造分析，A、B型剑茎中段均有穿孔，显系剑身和铜柄套合后，向孔内楔入销钉以铆固剑身之用（图七）。这并非"套合焊接"，而是赫章可乐文化人群在巴蜀式柳叶形剑装柄方式的基础上发展出来的一种销钉铆固工艺，其连接结构与工艺的演变方向是：单点铆固→双点铆固→三角形铆固→铸接。下面结合实例，进行具体讨论。

战国晚期的赫章M308：3，茎部只有方形单穿，铜柄与柳叶形剑身仅靠楔入一支销钉铆固（图七，1）。铜格内腔除容纳柳叶形剑身外，两侧的空隙宽度达0.6厘米，剑身与铜柄的套合极不紧密。此种结构，在使用时剑身会向两侧摆动而不易固定，劈刺动作也难以精准发力。

战国末期至西汉前期，又发展出茎部双穿的形制，可同时楔入两枚销钉固定剑

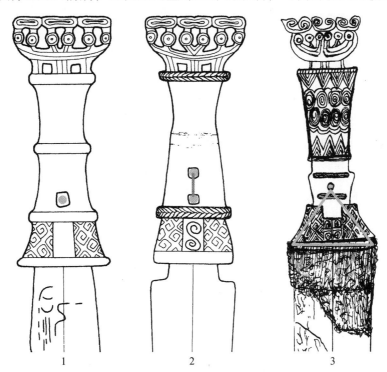

图七　镂空牌形首剑连接结构示意图

1. 赫章M308：3　2. 赫章M341：4　3. 赫章M67：2

（1、2.采自贵州省文物考古研究所：《赫章可乐二〇〇〇年发掘报告》，第320页，图122-3；第347页，图158-1

3.采自贵州省博物馆考古组、贵州省赫章县文化馆：《赫章可乐发掘报告》，《考古学报》1986年第2期，第234页，图36-1）

[1]　张增祺：《云南铜柄铁剑及其有关问题的初步探讨》，《考古》1982年第1期。

身，摆动的缺陷有所弥补。但此阶段的镂空牌形首剑，仍存在柳叶形剑的形制与铜柄内腔的形态不完全匹配的问题。如赫章M341：4（图七，2），剑身的茎部无法完全纳入铜柄中，一段长约0.7厘米的剑茎出露于格部以下，铜格内腔两侧仍有宽约0.5厘米的空隙。由于剑身与剑茎套合的严密性欠佳，用剑时产生的向两侧偏移的力会通过柳叶形剑的剑茎传导到销钉上。久之，即使是双销钉也容易断裂，导致剑身脱落。

及至西汉中晚期，镂空牌形首剑的连接结构又有重要改进。如赫章M67：2（图七，3），剑身与铜格卡合十分严密，铁剑茎部完全伸入铜柄后，再以单支圆形销钉铆固，形成较为稳固的三角结构，连接稳定性大为增强。

情况较为复杂的是C型剑所采用的铸接工艺。如江川李家山M68：300，发掘报告认为是先锻制出铁刃，然后把铁刃放置在铜柄铸范的相应位置，再浇铸铜柄而成[1]。同墓地出土的铜銎铁斧M57：201（图八，1），铜銎包裹铁刃后端，二者之间界限分明，也有明显的铸接特征。除此之外，陆良薛官堡青铜时代墓地出土的三叉格铜柄铁剑M66：1的X射线照片显示，铜格前端山字形叉包住铁剑，为铸接成型[2]（图八，2）。曲靖八塔台墓地出土的铜柄铁矛（M10：4、M26：2）、铜柄铁剑（M41：3），均采用先锻铁刃、再铸铜柄的连接方式，洱海区域也有类似的铜柄铁剑[3]。可见，在滇文化及其周边区域，铸接是制作铜铁复合兵器普遍采用的方法。

有学者提出，云南出土的铜柄铁剑连接处都凝固有铜和铁的金属残迹，由此认为铜柄与铁剑身是使用铜铁混合焊料进行焊接[4]。但据笔者的观察，"金属残迹"并非焊料残痕，而是铁器部分所产生的点腐蚀、瘤状物及表面硬结等病害覆盖在铜铁结合处形成的"残迹"（图八，3），这一现象在诸多铜铁复合器物上均有发现，如石寨山M71：156①铜骹铁矛等[5]。此外，青铜的熔点约1000℃，铜铁合金的熔点高达1400℃左右[6]，焊接时铜柄与液相的铜铁合金焊料的接触部位很可能会因高温导致局部熔融乃至变形，但C型剑柄部并未见此缺陷，也没有观察到焊接工艺常见的注焊孔和溢出的焊料等。因此，C型剑以铜铁合金焊料进行焊接的观点，难以获得冶金基本原理

［1］　云南省文物考古研究所、玉溪市文物管理所、江川县文化局：《江川李家山——第二次发掘报告》，第158页。

［2］　中国社会科学院考古研究所、云南省文物考古研究所、曲靖市文物管理所等：《陆良薛官堡墓地》，第124页。

［3］　李晓岑、韩汝玢：《古滇国金属技术研究》，北京：科学出版社，2011年，第137页。

［4］　张增祺：《云南铜柄铁剑及其有关问题的初步探讨》，《考古》1982年第1期。

［5］　云南省文物考古研究所、昆明市博物馆、晋宁县文物管理所：《晋宁石寨山：第五次发掘报告》，北京：文物出版社，2009年，彩版八一，4。

［6］　苏荣誉：《"中山三器"的铸造及其相关问题》，《中国书法报》2020年7月14日第4版；王鹏、张靖：《烟火切割热力学分析及药剂配方设计与实验》，《含能材料》2011年第4期。

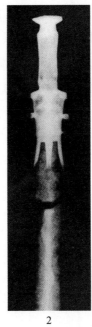

1　　　　　　　　　　2　　　　　　　　3

图八　云贵高原出土铜铁复合器

1. 铜銎铁斧（李家山M57：201）　　2. 铜柄铁剑X射线照片（薛官堡M66：1）　　3. 铜柄铁剑病害（石寨山M71：27）

（1. 采自云南省文物考古研究所、玉溪市文物管理所、江川县文化局：《江川李家山——第二次发掘报告》，

彩版一二五，1　2. 采自中国社会科学院考古研究所、云南省文物考古研究所、曲靖市文物管理所等：《陆良薛官堡

墓地》，彩版五三，3右上　3. 采自云南省文物考古研究所、昆明市博物馆、晋宁县文物管理所：《晋宁石寨山：

第五次发掘报告》，彩版八三，4）

的有效支撑，在实际操作上也存在很大困难，且目前尚未见可以确认的实例。根据前文对铸接技术流行情况的分析，结合C型剑茎部不见穿孔的突出特征，我们认为C型剑采用的是铸接工艺。

镂空牌形首剑的连接材料有两类，一类是植物纤维材料，主要用于填充柳叶形剑茎与铜柄之间空隙、增加摩擦力。如B型Ⅰ式剑赫章M341：4，出土时柳叶形剑茎上缠绕密集的麻纤维，显然是为了避免剑身在柄内晃动。另一类是铆固铜柄与剑身的销钉。由于迄今还没有一例穿孔内有金属销钉的发现，故发掘报告推测这一类器物可能采用木质铆钉，已经朽坏[1]。

除木质铆钉外，起铆固效用的可能还有竹质销钉。赫章可乐出土一件僧帽形、帽顶铸圆雕立虎的铜柲帽M274：89，穿内残留的铆钉为竹质[2]。与赫章邻近的陆良薛官堡青铜时代墓地出土的一件铜矛M6：2，骹内残存木柄上缠绕有苎麻或大麻纤维，

---

[1]　贵州省文物考古研究所：《赫章可乐二〇〇〇年发掘报告》，第70页。

[2]　贵州省文物考古研究所：《赫章可乐二〇〇〇年发掘报告》，第285页。

柄上销钉经检测属竹亚科[1]。竹销钉利用的是竹材优良的抗压特性，据测定，毛竹的平均抗压强度为540千克/平方厘米，仅有美洲铁木与之接近，其他木材几乎不能与之相比[2]。故利用竹销钉铆固连接部位，辅以纤维加固使一部分力量转化的做法，在铁锄、镰刀等需要装配木柄的农具组装中被沿用至今。且童恩正早已经指出，我国西南地区竹、木制品并用的现象可一直延续至历史时期[3]。根据考古发现和现存传统工艺材料，可以认为竹材同样是制作销钉的重要材料。

四、余　论

战国秦汉时期的云贵高原与中南半岛活跃着众多大小不一、文化面貌迥异的族群，在镂空牌形首剑的分布范围内，见诸《史记》等文献的就有夜郎、滇、句町、劳浸和靡莫之属等。其中，夜郎是制造和使用此类剑的主体族群，广南小尖山、江川李家山、曲靖平坡等地出土的镂空牌形首剑，显示出滇、劳浸与靡莫、句町等族群和夜郎之间的密切关联。

赫章出土的镂空牌形首剑沿用时间长，发展脉络清晰，特别是在铜柄的铸造工艺、连接技术与纹饰布局等方面共性较强，而出自滇、劳浸与靡莫等族群墓葬的这类剑则存在不同程度的变异。曲靖八塔台墓地[4]出土的铸范表明，战国秦汉时期西南夷地区的部分族群存在相对独立的金属器生产活动，结合前文或可进一步推测，滇、劳浸与靡莫等族群曾对夜郎所创造的镂空牌形首剑进行过本土化的改制或仿造，反映出西南诸夷在青铜技术与艺术上的紧密联系。

附记：本文系国家社科基金重大项目 "西南地区先秦两汉时期冶金遗址调查与研究"（15ZDB056）的阶段性成果之一。

[1]　中国社会科学院考古研究所、云南省文物考古研究所、曲靖市文物管理所等：《陆良薛官堡墓地》，第201页。

[2]　陈嵘：《竹的种类及栽培利用》，北京：中国林业出版社，1984年，第280页；叶诚业、王幸祥、俞福惠等：《竹类资源的综合利用》，上海：上海科学技术文献出版社，1988年，第15、16页。

[3]　童恩正：《中国西南的旧石器时代文化》，氏著：《南方文明》，重庆：重庆出版社，1998年。

[4]　云南省文物考古研究所：《曲靖八塔台与横大路》，北京：科学出版社，2003年，第71页。

Re-discussion on the Swords with Hollowed Plate-shaped Pommel in the Warring States Period to the Qin and Han Dynasties

Zeng Yu   Li Yingfu

(School of Archaeology and Museology, Sichuan University)

Abstract: The swords with hollowed plate-shaped pommel in the Warring States Period to the Qin and Han Dynasties were popular on the central Yunnan-Guizhou Plateau and northern Indo-China Peninsula. The connecting method of the body and handle of the sword is very different from the commonly seen bi-metallic swords in this area. It is typical to understand the complexity and diversity of ancient metallic technologies in the southwest China and its adjacent area. The swords with hollowed plate-shaped pommel originated from the willow leaf-shaped swords in the Ba and Shu region. It shows the obvious diachronic characteristics of distributions, styles, decorations, and casting techniques, during the communications and interactions of the Kele culture, Ba and Shu cultures, Han culture, and their neighboring local bronze cultures.

Keywords: Warring States Period, Qin and Han Dynasties, Swords with Hollowed Plate-shaped Pommel, Styles, Connecting Methods

（责任编辑：张亮）

成都市府漆器铭文所见生产流通问题

——从荥经高山庙木椁墓漆器烙印铭文谈起

左志强　傅　浩*

摘要： 本文从荥经高山庙漆器烙印铭文释读入手，梳理既往相关发现，依据漆器铭文着重讨论西汉初年成都市府漆器生产、管理与流通问题。荥经高山庙西汉木椁墓M3、M5漆器烙印铭文内容为"成都市""市府素""市府饱"等。结合既往相关发现，含有"成""市"两字的成都市府漆器铭文写法可分为两类，一类为"成都市"，另一类为"成市"。笔者倾向认为是反映出蜀郡成都市府控制下的漆器手工业作坊不止一处，主要位于蜀郡成都县的南乡、中乡，其漆器产品向外流通区域主要为南郡地区，受众阶层上至列侯，下至中小地主或商人等富有人群。

关键词： 高山庙　成都市府　漆器铭文

近年出版的《荥经高山庙西汉墓》披露了7座西汉初年竖穴土坑木椁墓[1]，尤以出土数量较多的带有烙印、漆书、刻划等不同书写形式铭文的漆器引人注目。发掘报告对大部分漆器铭文未做释读，少量经过释读的我们亦有不同意见。漆书、刻划等铭文清晰可辨，皆为物主标记，内容包括"王黑""黑""当"等物主姓名，"五

---

*　作者：左志强，成都，四川大学考古文博学院、成都文物考古研究院（327564688@qq.com）；傅浩，都江堰，都江堰市文物保护和历史文化研究中心。

［1］　四川省文物考古研究院、雅安市博物馆、荥经县博物馆：《荥经高山庙西汉墓》，北京：文物出版社，2017年。

升""七升"等容量单位[1]；烙印铭文字迹大多模糊不清，笔者释读认为高山庙烙印铭文包含"成都市府"的制作地信息。通常来说烙印铭文是制造者所作标记[2]，这是四川地区本地首次发现明确为成都市府的漆器铭文。另外，新近出版的马王堆漆器整理报告也详尽公布了大量"成市"漆器线图、铭文及照片[3]，补充了既往发掘报告缺乏的相关详细信息。上述材料公布对于探讨汉初四川地区漆器手工业的诸多问题十分重要。

有鉴于此，本文拟从荥经高山庙漆器烙印铭文释读入手，梳理既往相关发现，从漆器铭文角度着重讨论西汉初年成都市府漆器生产、管理与流通问题。

一、烙印铭文释读

《荥经高山庙西汉墓》刊布的漆器烙印铭文材料仅出土于M3、M5，共计18处。烙印铭文虽然模糊不清，释读较难，但可以与湖北、湖南、山东、广西等出土西汉早期漆器上铭文较为清晰者相互推勘。现将烙印铭记依照墓号、器物序号分别释读如下。

（1）M3：12漆盒底部施1处烙印（图一，17），报告未释读。从残存笔画看有两个字，第一字疑为"府"，第二字疑为"素"。临沂银雀山M4[4]、关沮萧家草场

---

[1] 现将漆书、刻划类铭文依照墓号、器物序号分别释读如下。M1：7漆圆盒盖身近口部有漆书，对比该铭文照片（报告图版四二）与摹本，可知该字上部为"小"，下部为"田"。同墓出土铜印M1：4印文"王当"应为墓主姓名私印，所以该漆器铭文应隶为"当"，"当"之"尚"部简省或讹变为"小"，这与秦至汉初简帛文字简省隶变的情形相吻合。M3：28漆盘沿外下有漆书1处，其中一字可见"升"字残存的斗部，另一字不识，此处铭文为容量单位。M3：5漆耳杯在图版题注中称有2处"文字"，发掘报告没有释读，从笔画形态上辨识书写方式均为漆书，分别释为"升""王黑"，"升"应为容量单位，疑脱字，"王黑"为人名，为物主标记。M3：113、M3：111漆耳杯在外腹壁有漆书，报告释读"王黑"。M5：8器物线图可见外腹壁铭文有"黑"，笔画纤细，书写方式应为刻划。M5：77外腹壁有铭文"王黑"，笔画肥头细尾，书写方式应为漆书。M5：63漆盘外腹壁外侧刻有"黑"，口沿下漆书报告所称"五□十"为误释，应为"五升"。M5：10漆圆盒盖有漆书1处，报告识为"一千"，应为"七升"，第一字横长竖短，战国以后"七""十"形近，于是以横长竖短者为"七"，竖长横短者为"十"，同例可见长沙马王堆一号墓137号漆耳杯漆书，该铭文为容量单位标记。M5：74漆耳杯腹壁外侧漆书可见两个并列"升"字，两字间有空白，"升"无疑为容量单位，笔者怀疑该铭文不太可能存在两次核验容量行为，为一次书写的可能性大，同马王堆三号墓所出漆耳杯容量单位标记一样为"一升半升"。M5：13漆耳杯侧旁外壁刻划一字，残见"目"部，下部隐约还有笔画，笔者暂不明确。

[2] 洪石：《战国秦汉漆器研究》，北京：文物出版社，2006年，第146页。

[3] 陈建明、聂菲主编：《马王堆汉墓漆器整理与研究》，北京：中华书局，2019年。

[4] 山东省博物馆、临沂文物组：《临沂银雀山四座西汉墓葬》，《考古》1975年第6期。

M26^[1]、江陵凤凰山M168^[2]与M8^[3]、贵县罗泊湾M1^[4]等有"市府素"烙印。此处烙印可释为"府素"，疑前脱"市"字。

（2）M3：28漆盘底部有3处烙印（图一，1、2、5），报告未释读。经仔细辨认残存笔画皆可隶为"成都市"，其中"都"字之一还能看出"邑"旁残笔，另外两个"都"字的"邑"旁残泐不见，只见"者"部。战国秦汉时期出土文献中"成都"材料不在少数，有青川九年吕不韦戟^[5]、荥经同心村M1：5"成都"矛^[6]、蒲江飞虎村"成都"矛等铜兵器刻铭^[7]、湖北云梦睡虎地秦简^[8]、湖南里耶竹简^[9]等简文，《古封泥集成》^[10]、西安相家巷封泥^[11]等"成都丞印"封泥。漆器"成都"两字具有秦篆风格，与封泥"成都丞印"文字形态尤为相近。"市"从冂、从一，此处烙印"市"大多不清，残存冂部。

（3）M3：29漆盘底部有1处烙印铭文（图一，6），报告未释读。第一字漫漶不清，第二字可见"者"。根据M3、M5漆器较为清晰的烙印铭文，推测该处铭文应与"成都"铭文相关。

（4）M5：12漆圆盒盖、底内壁有烙印3处，报告认出"市府"铭文。经辨识圆盒盖内壁2处铭文分别为"市府素""市府饱"（图一，12、15），盒底内部有1处烙印，其中1处可辨"市""素"，中间一字漫漶不清，推测为"府"字，该处铭文可释为"市府素"（图一，11）。从报告图版二五四、图版二五五上看，"市府素"明显为烙印（报告称"刻铭"，有误），烙印明显位于漆膜之下。

（5）M5：18漆圆盒底部有2处烙印，报告释为"市府"等铭文。经辨识为"市府饱""市府素"（图一，13、18）。

［1］ 湖北省荆州市周梁玉桥遗址博物馆：《关沮秦汉墓简牍》，北京：中华书局，2001年，第169页。

［2］ 湖北省文物考古研究所：《江陵凤凰山一六八号汉墓》，《考古学报》1993年第4期。

［3］ 长江流域第二期文物考古工作人员训练班：《湖北江陵凤凰山西汉墓发掘简报》，《文物》1974年第6期。

［4］ 广西壮族自治区博物馆：《广西贵县罗泊湾汉墓》，北京：文物出版社，1988年，第69页。

［5］ 尹显德：《四川青川出土九年吕不韦戟》，《考古》1991年第1期。

［6］ 四川省文物考古研究所、荥经严道古城遗址博物馆：《荥经县同心村巴蜀船棺葬发掘报告》，四川省文物考古研究所编：《四川考古报告集》，北京：文物出版社，1998年，第247页，图五二，2。

［7］ 资料存于成都文物考古研究院。"成都"铭文图像可见李殿元：《论蒲江"成都矛"解读中的几个问题——六论成都得名是在秦统一古蜀后》，《巴蜀文化》2017年第3期。

［8］ 睡虎地秦墓竹简整理小组：《睡虎地秦墓竹简》，北京：文物出版社，1990年，图版第73页。

［9］ 湖南省文物考古研究所：《里耶秦简·壹》，北京：文物出版社，2012年，图版第10、18页，简文6-8、8-38。

［10］ 孙慰祖主编，蔡进华、张健、骆铮编：《古封泥集成》，上海：上海书店出版社，1994年，第225页。

［11］ 周晓陆、路东之：《秦封泥集》，西安：三秦出版社，2011年，第298页。

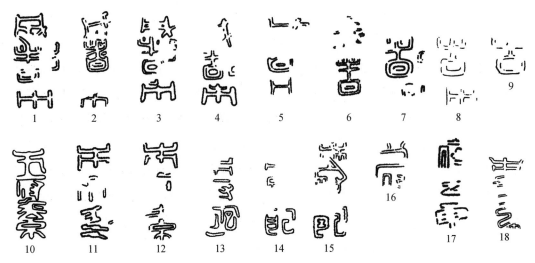

图一　荥经高山庙西汉墓群漆器烙印铭文

1、2、5. M3：28漆盘“成都市”“成都市”“成都市”　3、4、7. M5：63漆盘“成都市”“成都市”“都市”
6. M3：29漆盘“成都”　8、9. M5：57漆盘“都市”“都”　10、14. M5：70漆圆盒“市府素”“市府饱”
11、12、15. M5：12漆圆盒“市府素”“市府素”“市府饱”　13、18. M5：18漆圆盒“市府饱”“市府素”
16. M5：74漆耳杯“市府”　17. M3：12漆盒“府素”

（采自四川省文物考古研究院、雅安市博物馆、荥经县博物馆：《荥经高山庙西汉墓》，第52页，图四一；
第52页，图四一；第168页，图一二一；第168页，图一二一；第52页，图四一；第53页，图四二，1；第168页，
图一二一；第165页，图一一八；第165页，图一一八；第180页，图一三二，1；第170页，图一二三，1；第170页，
图一二三，2；第171页，图一二四；第180页，图一三二，1；第170页，图一二三，2；第181页，图一三三，3；
第55页，图四四；第171页，图一二四）

　　（6）M5：57漆盘底部有烙印2处，报告未介绍（图一，8、9）。据残存笔画可识为“都市”“都”，完整铭文很可能为“成都市”。

　　（7）M5：63漆盘底部有烙印3处，报告有释文“成□市”。该铭文与M3：28铭文相近，经辨识应释为“成都市”“成都市”“都市”（图一，3、4、7），“都市”前疑有脱字。

　　（8）M5：70漆圆盒盖内侧顶部有烙印2处，报告认出1处为“市府素”。其中1处铭文确如报告所释“市府素”（图一，10）。另一处最后一字较为清晰，为“饱”字，该处铭文可释为“市府饱”（图一，14）。

　　（9）M5：74漆耳杯底部有1处烙印，第二字残存“府”笔画，该处铭文疑为“市府”（图一，16）。

　　如上所述，荥经高山庙漆器烙印铭文依内容不同大体可归为两大类。一类为“成都市”类。这类铭文与过去发现的“筥市”[1]、“许市”[2]、“成市”等词例相

　　[1]　山东省博物馆、临沂文物组：《临沂银雀山四座西汉墓葬》，《考古》1975年第6期。

　　[2]　云梦县文物工作组：《湖北云梦睡虎地秦汉墓发掘简报》，《考古》1981年第1期。

似，为"地名+市府"结构。"成都市"取义同"成市"铭文，"成"为"成都"省称，学界普遍接受"成市"含义为"成都市府"这一看法[1]，"成都市"是成都市府漆器手工业作坊的标记。另一类为"市府"类，包括有"市府素""市府饱"。"饱"为"麴"通假字，"饱"与"素"分别与工官漆器铭文中的"髹工""素工"取义相通[2]，为髹漆工序名称，表明这类漆器为某市府漆器手工业作坊产品。

荥经高山庙漆器铭文在一器之上往往有多处"成都市"烙印，或者"市府素""市府饱"并见，但是"成都市"类与"市府"类铭文不共见于一器，这一现象值得注意。因此，荥经高山庙具名"市府"漆器还不能断然就是成都市府漆器产品，需要更多证据予以判断。

二、成都市府漆器铭文的既往发现

成都市府漆器的"成都市"三字铭文可能早有发现。1992年荆州周梁玉桥遗址博物馆发掘了萧家草场M26[3]。该墓为一座西汉初年木椁墓，出土有较多简牍，同时还出土了31件铭文漆器，其中M26：50、M26：54发现多处铭文（图二），较为残泐，其中"都市"二字较为明确，剩一字可见捺画等笔画，文字右侧边缘与"都"之"者"大体对齐，左侧较空，疑左侧可能原本还有笔画结构。荥经高山庙木椁墓所见"成都市"铭文，"成"与"都"之"者"大体同宽，这一点与萧家草场所出上述铭文的书写特征非常相似。通过与荥经高山庙M5：63等"成都市"铭文比勘，并结合湖北江陵

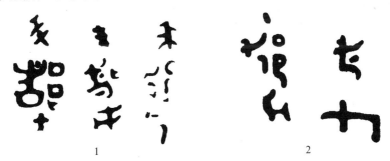

图二　萧家草场M26漆器烙印铭文

1. M26：50　2. M26：54

（采自湖北省荆州市周梁玉桥遗址博物馆：《关沮秦汉墓简牍》，第167页，表三）

---

[1]　俞伟超、李家浩：《马王堆一号汉墓出土漆器制地诸问题——从成都市府作坊到蜀郡工官作坊的历史变化》，《考古》1975年第6期；洪石：《战国秦汉漆器研究》，第201页。

[2]　俞伟超、李家浩：《马王堆一号汉墓出土漆器制地诸问题——从成都市府作坊到蜀郡工官作坊的历史变化》，《考古》1975年第6期；湖南省博物馆编：《马王堆汉墓研究》，长沙：湖南人民出版社，1981年，第358—364页。

[3]　湖北省荆州市周梁玉桥遗址博物馆：《关沮秦汉墓简牍》，第161—222页。

一带西汉早期墓葬出土较多蜀郡漆器的大背景，笔者认为萧家草场M26：50、M26：54漆器铭文很有可能亦为"成都市"。

过去考古出土的成都市府漆器铭文更多的是"成市"二字。湖北江陵凤凰山M8漆耳杯和盂可见"成市草""成市素"烙印铭文[1]，M168漆圆盒、盂、卮、匜可见"成市草""成市素""成市饱"烙印铭文[2]。江陵张家山M247、M249、M258三墓部分漆器底部、盖发现"成市草"铭文[3]。荆州高台M2漆耳杯、盘、奁发现"成市员""成市草""成市素"烙印铭文，高台M6漆樽可见"□□包""成市草"烙印铭文[4]。枝江九龙坡木椁墓漆器底部发现"成市草"烙印铭文[5]。湖南长沙马王堆一号墓发掘报告披露漆匜有"成市饱""成市草"烙印铭文[6]，三号墓发掘报告在很多漆器发现"成市饱""成市草"烙印铭文[7]。新近发表的《马王堆汉墓漆器整理与研究》上册详尽披露了马王堆一号墓、三号墓出土"成市"烙印铭文与具体漆器，具体器类一号墓有漆鼎、锺、卮、匜，三号墓有漆鼎、钫、盒、卮、耳杯、匜等[8]。

综上所述，含有"成""市"两字的成都市府漆器铭文写法可分为两类，一类为"成都市"，包括高山庙M3、M5，萧家草场M26；另一类为"成市"，包括湖北江陵凤凰山M8、M168，张家山M247、M249、M258，高台M2、M6，枝江九龙坡木椁墓，湖南长沙马王堆一号墓、三号墓等。两类铭文皆不与"市府"类铭文并见一器。从上述两类铭文分布器类来看，成都市府漆器大多为盛器、酒器等生活器具，目前不见于棺椁丧葬用具及几、案等居室用具。从出土地点来看，目前仅在今四川、湖北、湖南三地可见。

[1]　长江流域第二期文物考古工作人员训练班：《湖北江陵凤凰山西汉墓发掘简报》，《文物》1974年第6期；俞伟超、李家浩：《马王堆一号汉墓出土漆器制地诸问题——从成都市府作坊到蜀郡工官作坊的历史变化》，《考古》1975年第6期。

[2]　湖北省文物考古研究所：《江陵凤凰山一六八号汉墓》，《考古学报》1993年第4期。

[3]　荆州地区博物馆：《江陵张家山三座汉墓出土大批竹简》，《文物》1985年第1期。

[4]　湖北省荆州博物馆：《荆州高台秦汉墓——宜黄公路荆州段田野考古报告之一》，北京：科学出版社，2000年，第117页。

[5]　黄凤春：《枝江县发现西汉早期木椁墓》，《江汉考古》1980年第2期。

[6]　湖南省博物馆、中国科学院考古研究所：《长沙马王堆一号汉墓》，北京：文物出版社，1973年，第78页。

[7]　湖南省博物馆、中国科学院考古研究所：《长沙马王堆二、三号汉墓发掘简报》，《文物》1974年第7期；湖南省博物馆、湖南省文物考古研究所：《长沙马王堆二、三号汉墓》，北京：文物出版社，2004年，第117、118页。

[8]　陈建明、聂菲主编：《马王堆汉墓漆器整理与研究》，上册，第224—285页。

三、成都市府漆器生产、管理与流通

上文对成都市府漆器相关材料的梳理为探讨成都市府漆器生产、管理与流通情况等问题提供了分析基础。

（一）漆器生产与管理

荆湘地区成都市府漆器铭文大多为"成市＋工序名称"，如"成市草""成市素""成市饱"等，而荥经高山庙M3与M5、关沮萧家草场M26为"成都市"铭文。纵览所有出土"成都市府"漆器铭文的墓葬，可以发现"成市"与"成都市"铭文不共出，不共出的原因有多种可能性，笔者倾向认为其反映出蜀郡成都市府控制下的漆器手工业作坊不止一处，不同作坊各自的习惯用语不同。甚至还存在同铭不同写法的现象，如长沙马王堆一号墓与三号墓、江陵凤凰山M8部分"成"字写作"弍"或"弍"，与其他墓葬所出"成"铭"咸"写法差别明显，这也在一定程度上反映了工匠或作坊的不同。

既然成都市府漆器作坊生产不止一处，那么这些作坊具体位置如何？俞伟超、李家浩认为成都市府漆器作坊设置在"南乡""中乡"[1]。洪石根据江陵高台M18木牍文字记载，认为"中乡"为江陵县下的地名，谨慎地推测马王堆一号墓、三号墓、萧家草场M26等所出"中乡""南乡"铭文漆器有可能为江陵县下的乡制造[2]；陈建明、聂菲根据传世文献推断马王堆汉墓所出铭文"中乡""南乡"为长沙国都城的"南乡""中乡"，漆器制地应为长沙国轪侯家[3]；洪石、陈建明和聂菲均不同意早年学界普遍认为的荆湘地区西汉初期漆器全为蜀郡漆器的观点。笔者完全同意湖北、湖南西汉初年应有本土漆器生产的观点，也认为"中乡""南乡"这样的名称在西汉时期同样见于不同郡县（或王侯国），但是就马王堆汉墓所出"中乡""南乡"漆器铭文而言，笔者认为应该还是属于成都市府制造的标记。

从铭文角度来探寻"成市"与"乡"铭之间的关系，笔者认为应注重考察两者铭文在同一件器物（视为"最小单位"）上的共存关系，而不仅是在同一座墓葬中的共存关系。

先来看马王堆汉墓所见相关铭文。陈建明、聂菲曾提及一个关键而细微的信息：

[1] 俞伟超、李家浩：《马王堆一号汉墓出土漆器制地诸问题——从成都市府作坊到蜀郡工官作坊的历史变化》，《考古》1975年第6期。

[2] 洪石：《战国秦汉漆器研究》，第203页。

[3] 陈建明、聂菲主编：《马王堆汉墓漆器整理与研究》，中册，第223—225页。

"马王堆汉墓出土的漆器上漆书'轪侯家'、'君幸酒'、'君幸食'、'四斗'、'七升'等字迹显然是书写于最后底漆之下，与制造时代烙印或戳印铭文一样，是在制造地写上去的。"[1]笔者十分认同这一认识，漆书这一铭文的施作条件是较为特定的，需要满足大漆的储备、调制及施作后阴干等"荫室"环境条件，漆绘铭文的工艺同漆绘纹饰本质上是一致的，在施作后覆髹一层透亮的漆，而这一过程大多仍在漆器生产作坊完成。

在马王堆汉墓漆器"成市"烙印铭文与"轪侯家""君幸""乡"漆书铭文在同一件器物的共存关系中（表一），有两点值得注意：①"成市"与"中乡"共存关系发现1例，见于马王堆三号墓出土的耳杯（编号为南32）；②表一中其他"成市"与"中乡""南乡"没有直接的共存关系，但是笔者注意到"君幸酒""君幸食"之"幸"的写法独特，与同时期其他出土文献中"幸"的写法差别明显，而且马王堆汉墓这些"幸"铭写法非常一致，"似出同一手笔"[2]。通过独特写法的"君幸"类铭文及其共存铭文关系，容易将"成市"与"中乡""南乡"构建起间接的共存关系，结合汉代行政层级体制规律推断出"中乡""南乡"应为"成都"之乡。

表一　马王堆汉墓漆器铭文最小单位共存关系[3]

墓号	器物编号	器物	名称	铭文共存关系	
				烙印	漆书
一号墓	东137			成市	君幸酒
	东77			成市饱、成市草（？）	轪侯家
三号墓	南143			草、成（？）市（？）□	君幸酒
	南150			成（？）市	君幸酒
	东58			南（？）乡□	君幸酒
	东83			……乡□	君幸酒
	东46			南乡□	君幸酒
	东80			南乡□	君幸酒
	东26			南乡□	君幸酒
	西1			南乡□	君幸酒
	南34			中乡□、中乡	君幸食
	南36			中乡、中乡□	君幸食、轪侯家
	南158			□市（？）草	轪侯家
	南32			成……、中（？）乡（？）	

---

[1]　陈建明、聂菲主编：《马王堆汉墓漆器整理与研究》，中册，第223—225页。

[2]　湖南省博物馆、湖南省文物考古研究所：《长沙马王堆二、三号汉墓》，第117页。

[3]　本表采自陈建明、聂菲主编《马王堆汉墓漆器整理与研究》上册第四章第一节"马王堆汉墓漆器铭拓释文"（第224—285页），表中释文略有改动。

依上所述，马王堆汉墓铭文证实成都市府漆器作坊主要位于蜀郡成都县的南乡、中乡，俞伟超等先生相关论点是可信的。漆书铭文"轪侯家"与烙印铭文"成市"同见一件器物（如马王堆M1：东77），证明"轪侯家"铭文漆器为轪侯家漆器作坊产品的论点是不成立的[1]，只能说明"成市"为制造标记，"轪侯家"为制造地预先为物主书写的标记。

再来看湖北西汉墓所见三则相关铭文材料。江陵凤凰山M8相关材料早年公布不详[2]，仅在俞伟超、李家浩论文中见到"8：50之一"有铭文"市府草""成市□"，"8：50之二"有铭文"北市□"，俞伟超、李家浩据此认为"北市"亦为成都市府漆器作坊标记[3]，笔者怀疑两位先生所述8：50编号"之一""之二"应为同一组器物中的两件器物，并非同一件器物，原简报简略信息也不支持考察"北市"铭漆器纹样内容、工艺与"成市"铭同类器风格是否一致，因此目前材料暂时难以证实"北市"是成都市府作坊之一。江陵萧家草场M26：39、M26：40所见"中乡"铭文，因与同墓M26：50、M26：54"成都市"铭文缺乏足够的直接或间接的共存关系，难以遽断"中乡"所指是成都之中乡抑或江陵之中乡，两者皆有可能。云梦睡虎地西汉早期墓葬M39：11耳杯外底烙印"中乡"[4]，该铭文"乡"的字态写法与马王堆、凤凰山、曹家草场等西汉时期"乡"铭差别较大，加之同墓伴出烙印铭文大多为"咸亭""亭上""告"等常见秦代漆器铭文，笔者怀疑此处"中乡"可能与秦代"咸阳"等县相关，与"成都县"无涉。

（二）漆器流通

目前所见蜀郡本土之外的成都市府漆器出土地点大多位于今湖北荆州，另有一例发现在今宜昌枝江，马王堆汉墓M1、M3在今湖南长沙。今荆州在汉初为南郡首县和郡治所在的江陵县，今枝江亦为汉初南郡十八县之一。值得一提的是，马王堆M1、M3墓主分别为利苍妻、子，汉惠帝二年（前193年）封长沙国丞相利苍为轪侯，马孟龙根据新近公布的松柏汉墓35号木牍廓清汉初轪侯国归属问题[5]，其证明西汉初年轪侯国地处南郡，南邻长沙国。如此不难发现，汉初成都市府向外流通区域主要为南郡地区，并非是"遍销当时的全国各地"[6]。该情形与战国晚期秦代"成亭"漆器仅发现于今

[1]　陈建明、聂菲主编：《马王堆汉墓漆器整理与研究》，中册，第223—225页。

[2]　长江流域第二期文物考古工作人员训练班：《湖北江陵凤凰山西汉墓发掘简报》，《文物》1974年第6期。

[3]　俞伟超、李家浩：《马王堆一号汉墓出土漆器制地诸问题——从成都市府作坊到蜀郡工官作坊的历史变化》，《考古》1975年第6期。

[4]　云梦县文物工作组：《湖北云梦睡虎地秦汉墓发掘简报》，《考古》1981年第1期。

[5]　马孟龙：《西汉侯国地理》，上海：上海古籍出版社，2013年，第305页。

[6]　黄凤春：《枝江县发现西汉早期木椁墓》，《江汉考古》1980年第2期。

四川境内（汉代蜀郡），西汉中晚期及东汉时期"蜀郡西工"等工官漆器发现遍布今中国贵州、江苏以及朝鲜（以上为汉代边郡）、蒙古国（汉代匈奴地）等分布情况形成明显差别。

西汉成都为"通邑大都"，商业贸易发达，成都市府漆器于南郡地区的流通途径很有可能为商业贸易，对此洪石早有指出[1]，本文不予赘述。从马王堆M1、M3出土在制作地——蜀郡成都作坊书写的"轪侯家"铭文来看，很显然这类漆器产品应为订制贸易，定向流通于特定客户。

还有值得思考的问题是，为何西汉初期蜀郡与南郡地区贸易与人员往来如此密切？其背后原因是值得深思的。首先，应得益于便捷的水道交通与发达的水道航运，长江水道勾连蜀郡与南郡地区由来已久，两地也仅有巴郡之隔。据《华阳国志·蜀志》记载："司马错率巴、蜀众十万，大舶船万艘，米六百万斛，浮江伐楚，取商於之地为黔中郡。"[2] 又"汉祖自汉中出三秦伐楚，萧何发蜀汉米万船以给助军粮"。其次，得益于长江水道航运的发达及造船技术，王子今认为江陵地区是当时辽阔楚地的水陆交通中心，江陵凤凰山M8、M168出土的木船模型反映出当时航运的发达与普及，甚至认为江陵凤凰山M10第2号木牍"贩"字从"舟"作"舨"，反映当时江陵地区多利用舟船往返贸易的实际情形[3]。最后，两地密切往来也受到秦至汉初政治、经济等方面的影响，在秦至汉初，这条长江通道的使用得到大大加强，晏昌贵在对湖南里耶秦简牍所见县道邑名录进行统计时发现，秦迁陵县乃至洞庭郡与北边南郡、西边蜀郡等联系要远多于与其东边郡县的联系，他推测其间"不乏政治、文化地理的影响"[4]，更多相关史实分析有待日后在传世文献与出土文献中进一步钩沉。

关于成都市府漆器受众阶层问题。马王堆汉墓发掘者认为三号墓墓主可能为长沙国丞相轪侯利苍之子，一号墓墓主为利苍之妻[5]。江陵凤凰山M168出土竹牍记载了墓葬入葬时间，墓主籍贯、爵位和名字，随葬品，竹牍性质等信息，由此可知墓主身份为五大夫，在汉代二十等爵制中，五大夫是第九等爵[6]。荆州高台秦汉墓发掘者认为高台M2墓主略高于凤凰山M168，其爵秩在第九级（五大夫）至秩俸二千石的郡守之间，高台M6墓主地位在第六级至第九级爵之间[7]。萧家草场M26整理者根据木椁墓形

[1] 洪石：《战国秦汉漆器研究》，第219页。

[2] （晋）常璩撰，任乃强校注：《华阳国志校补图注》，上海：上海古籍出版社，1987年，第128页。

[3] 王子今：《秦汉交通史稿》，北京：中共中央党校出版社，1994年，第165、166页。

[4] 晏昌贵：《里耶秦简牍所见郡县名录》，中国地理学会历史地理专业委员会《历史地理》编辑委员会编：《历史地理》（第三十辑），上海：上海人民出版社，2014年。

[5] 湖南省博物馆、中国科学院考古研究所：《长沙马王堆一号汉墓》，第158页；湖南省博物馆、湖南省文物考古研究所：《长沙马王堆二、三号汉墓》，第237—240页。

[6] 湖北省文物考古研究所：《江陵凤凰山一六八号汉墓》，《考古学报》1993年第4期。

[7] 湖北省荆州博物馆：《荆州高台秦汉墓——宜黄公路荆州段田野考古报告之一》，第260页。

制推测其墓主身份和社会地位可能为中小地主、商人或第五级爵以下的乡官[1]。张家山M247出土大量竹简，其中有"□降汉为奴""病免"等记载[2]，可知墓主生前可能自楚入汉且曾有官职，木椁形制为一椁一棺，椁室面积在3—6平方米，有头厢无边厢；M249形制为一椁一棺，有头厢与边厢，有较复杂门窗结构，墓主生前地位可能略高于M247墓主。

荥经高山庙M5为木椁墓，可见边厢与棺室，椁室内棺室南边尚有空间，铜钫、蒜头壶、盘、釜等随葬品位于此，不排除这部分空间为头厢的可能性，该墓结构与张家山M249等木椁墓较为接近。高山庙M3形制为一椁一棺，无头厢与边厢。高山庙木椁墓形制与随葬品组合特征反映出的葬制、葬俗与荆湘地区西汉木椁墓非常相近。目前还不能明确湖北地区西汉木椁墓类型与爵秩对应规律是否适用于四川地区西汉木椁墓，笔者暂时推测荥经高山庙M3、M5墓主身份可能为中小地主、商人等较为富有的阶层。

依上所述，从漆器铭文角度笔者推测使用"成都市府"漆器的墓主身份上至列侯，下至中小地主或商人等富有阶层。

四、余　论

荥经高山庙西汉初年木椁墓M3、M5出土漆器烙印包含"成都市"与"市府"两大类。"成都市"铭文的出土是成都市府铭文漆器在蜀郡本地的首次重要发现，丰富了成都市府漆器铭文的类别。对成都市府漆器铭文相关材料的梳理，再次证实成都市府手工业作坊不止一处，位于成都县之"南乡""中乡"，其漆器产品流通于西汉初年蜀郡、南郡地区，为各地身份等级较高官吏及富有阶层所拥有。

多数学者认为蜀郡漆器自战国晚期至东汉时期大体经历了"成亭"漆器、"成都市府"漆器、"工官"（包括蜀郡西工与广汉郡工官）漆器三大阶段，其中西汉早期"成市"是巴蜀漆器史的黄金时代。过往研究成果多集中长时段考察[3]或工官漆器[4]，专门就"成都市府"漆器进行研究的成果屈指可数[5]。

本文就"成都市府"漆器铭文的相关研究为日后深入研究蜀郡成都市府漆器奠定

---

[1] 湖北省荆州市周梁玉桥遗址博物馆：《关沮秦汉墓简牍》，第185页。

[2] 荆州地区博物馆：《江陵张家山三座汉墓出土大批竹简》，《文物》1985年第1期。

[3] 李昭和：《战国秦汉时期的巴蜀髹漆工艺》，《四川文物》2004年第4期；聂菲：《巴蜀地域出土漆器及相关问题探讨》，《四川文物》2004年第4期；明文秀：《四川漆器的早期发展》，《四川文物》2008年第6期。

[4] 白云翔：《汉代"蜀郡西工造"的考古学论述》，《四川文物》2014年第6期；高杰：《汉代地方工官研究——以出土骨签与漆器铭文为中心》，南京：凤凰出版社，2020年。

[5] 俞伟超、李家浩：《马王堆一号汉墓出土漆器制地诸问题——从成都市府作坊到蜀郡工官作坊的历史变化》，《考古》1975年第6期。

了基础，一方面可以更加明确地与同时期长沙国、南郡等本土生产漆器做共时的横向甄别比较，另一方面更加深入对蜀郡漆器从"成亭"漆器、"成都市府"漆器至"工官"漆器的生产、管理与流通做历时的纵向分析。笔者还注意到成都平原在西汉早期似乎存在一类漆器群（如绵阳双包山M2漆器群[1]等）的面貌特征与目前所知"成都市府"漆器差别明显而突出，蜀郡地区西汉早期几乎同时存在的这两类漆器群背后的技术传统与力量和后来蜀郡西工、广汉郡工官的设立似乎有着某种内在联系。限于本文讨论主题与篇幅，笔者拟另文专门就四川地区汉代成都市府漆器风格特点及相关问题进行探讨。

Discussion on the Production and Circulation of the Lacquer Wares Manufactured in the Chengdu City: Based on the Inscriptions on the Lacquer Wares Excavated from Gaoshanmiao, Yingjing

Zuo Zhiqiang[1]   Fu Hao[2]

(1.School of Archaeology and Museology, Sichuan University & Chengdu Cultural Relics and Archaeology Research Institute; 2. Dujiangyan City Center of Conservation of Cultural Relics and Research on History and Culture)

Abstract: This paper discusses the production, management, and circulation issues of the laquer wares made in Chengdu City of the Western Han Dynasty based on the past discoveries and the inscriptions found on the lacquer wares excavated from Gaoshanmiao, Yingjing. The inscriptions found from the Western Han burials M3 and M5 at Gaoshanmiao are "Chengdushi", "Shifusu", and "Shifubao". According to past discoveries, the inscriptions including "Cheng" and "Shi" have two different writing styles. One is "Chengdushi", and the other is "Chengshi". We believe that it indicates more than one workshop were under the control of the Chengdu City government of the Shu Prefecture, and were probably located in the Nan and Zhong Villages. The lacquer products were mostly sold to the rich and high-status people in the Nan Prefecture.

Keywords: Gaoshanmiao, Chengdu Shifu, Lacquer Ware Inscription

（责任编辑：李帅）

---

[1]　四川省文物考古研究院、绵阳博物馆：《绵阳双包山汉墓》，北京：文物出版社，2006年。

四川地区瓷业兴起时间与早期瓷业技术来源的初步研究

伍秋鹏*

摘要： 川渝地区东汉至南朝墓葬中出土的瓷器，从产品特征来看绝大多数都属于南方地区瓷窑的产品。以往有学者依据墓葬中出土的瓷器，认为四川地区的瓷业兴起于东汉时期或两晋之交的观点并不成立。通过将四川地区早期窑址中出土的瓷器与相关纪年墓葬以及南朝、北朝窑址中出土的瓷器进行对比，可以确定四川地区的瓷业兴起于南北朝时期。四川地区的早期瓷业在产品造型、装饰、窑具及装烧工艺等方面，分别受到了来自南方地区的洪州窑、岳州窑和怀安窑的影响。

关键词： 四川　古陶瓷　创烧年代　技术来源

四川地区是我国历史上瓷业较发达的地区之一。根据目前已发表的窑址调查及发掘资料统计，四川地区目前已发现的古瓷窑址约有上百处，窑址分布在成都平原的成都、邛崃、大邑、新津、双流、郫都、彭州、都江堰、金堂等市县区，以及四川盆地的乐山、青神、芦山、江油、武胜、遂宁、广元等地。四川地区各窑宋代以前的产品绝大多数均属于青瓷，两宋时期形成了青瓷、白瓷、黑瓷三类产品并驾齐驱的瓷业生产格局。关于四川地区瓷业的兴起时间和早期瓷业的技术来源，是四川古陶瓷研究中的重要课题。本文拟在前人研究的基础上，结合相关考古发现对这两个问题进行初步探讨。

一、关于四川瓷业兴起时间相关观点的检视

目前关于四川地区瓷业生产出现时间的几种观点，主要是依据墓葬中出土的相关器物进行推测的。重庆地区在直辖之前，在行政上隶属于四川省，早期学者在论及四川地区瓷业的兴起时间问题时，通常会涉及重庆地区的相关考古资料。四川与重庆两地同属四川盆地这一个地理单元，从东汉至南北朝墓葬中出土的瓷器来看，两地墓葬

* 作者：伍秋鹏，成都，成都中医药大学国学院（101070193@qq.com）。

中出土的瓷器种类及器物特征是基本相同的。因此，本文在对相关观点进行梳理时，沿用前人的方法，将重庆地区相关墓葬中出土的瓷器也纳入本文的考察视野之中。

关于四川地区瓷业生产出现时间，目前存在不同的观点。陈丽琼依据新津堡子山崖墓、成都曾家包画像石墓、大邑马王坟砖室墓、中江崖墓、重庆江北石室墓、重庆弹子石砖室墓、涪陵崖墓等东汉时期墓葬中出土的碗、钵、釜、罐、壶等瓷器，认为四川地区在东汉时期已开始烧造成熟的青瓷。她认为四川地区出土的青瓷碗内底有8至10余枚瓷石支钉疤痕，这是四川本地瓷器装烧工艺的特色。推测成都青羊宫窑在汉代已开始烧造瓷器，在川西的新津、灌县（现都江堰）、郫县，川东（现重庆）的忠县、奉节等地，均有发现汉代瓷窑遗址的可能[1]。刘平的观点与陈丽琼相同，认为成都地区东汉墓葬中出土的瓷器是成都本地产品，成都地区在东汉时期已经能够烧造较为成熟的青瓷[2]。何志国也认为四川地区六朝墓中出土的瓷器为四川本地产品，指出"四川六朝瓷器的器类、坯胎成型、施釉和装饰风格均与长江中、下游地区基本一致"，"四川六朝瓷器与长江中下游地区六朝瓷器大致是同步发展的，在中国瓷器史上应占有不可忽视的重要地位"[3]。刘雨茂等学者将绵阳崖墓中出土的瓷器按照胎釉特征、装烧方式和装饰纹样等方面的不同，分为甲、乙两组，甲组瓷器属于四川本地窑场的产品，年代最早可到两晋之交，多数年代为隋至唐初；乙组瓷器的年代为西晋至唐初，主要来源于长江中游的湘阴窑和洪州窑，有小部分来自浙江越窑产区[4]。

在川渝地区已发掘的东汉墓葬中，出土成熟瓷器的墓葬主要有成都曾家包画像砖石墓[5]、大邑东汉墓[6]、新津堡子山崖墓[7]、涪陵崖墓[8]、涪陵唐家坡东汉

[1] 陈丽琼：《四川古代陶瓷》，重庆：重庆出版社，1987年，第33—35页；陈丽琼：《试谈四川古代瓷器的发展及工艺》，《四川古陶瓷研究》编辑组编：《四川古陶瓷研究》（一），成都：四川省社会科学院出版社，1984年，第66页。

[2] 刘平：《略谈成都地区青瓷的发展》，成都博物馆编：《文物考古研究》，成都：成都出版社，1993年，第295页。

[3] 何志国：《四川六朝瓷器初论》，《考古》1992年第7期。

[4] 刘雨茂、易立、唐光孝：《绵阳崖墓出土瓷器的初步研究》，《考古》2017年第1期。

[5] 成都市文物管理处：《四川成都曾家包东汉画像砖石墓》，《文物》1981年第10期，第30页，图一五。

[6] 丁祖春：《四川大邑县出土两件东汉青瓷罐》，《文物》1984年第11期，第62页，图二。

[7] 四川省博物馆文物工作队：《四川新津县堡子山崖墓清理简报》，《考古通讯》1958年第8期，图版贰，4。

[8] 四川省文物管理委员会：《四川涪陵东汉崖墓清理简报》，《考古》1984年第12期，第1087页，图三，1、5。

墓[1]、云阳洪家包墓地[2]、万州糖坊墓群[3]、彭水山谷公园墓群[4]等（图一，1—14）。各墓葬中出土瓷器的器形有碗、钵、釜、罐等。这些器物的共性特征较强。釉面均施青釉，釉色浓淡不一，多呈青色、青黄色或青褐色。釉的玻璃质感较强，釉面有细碎的冰裂纹。流釉和剥釉现象较普遍。器物外壁施釉一般不及底。器物胎质坚硬细腻，均呈灰白色。罐身一般通体饰布纹，肩部及腹部多饰弦纹，也有的肩部饰水波纹，有的罐系面上饰米字纹。有的碗、钵的外口沿饰弦纹、水波纹，内壁饰水波纹、弦纹或蛛网式连弧纹。这些瓷器在造型、釉色、纹饰等方面，大多数与湖南湘阴青竹寺窑、樟树镇窑、洋沙湖窑、望城石门矶窑（前述诸窑一般统称为湘阴窑或岳州窑）中出土的同类器物基本一致[5]（图一，15—24）。东汉时期，岳州窑产品的器形主要有碗、钵、洗、釜、罐、壶等。釉色呈青、青黄、青褐等色。釉的玻璃质感较强，釉面多开细碎的冰裂纹。釉面常见流釉及剥釉现象。装饰以刻划纹和印纹为主，主要纹饰有弦纹、水波纹、蛛网式连弧纹、麻布纹、米字纹等。涪陵东汉崖墓出土的青瓷碗上的水波纹（图一，11）和涪陵唐家坡M1出土的青瓷碗内底的蛛网式连弧纹（图一，10），分别与湖南湘阴青竹寺窑出土的碗和洗上的同类纹饰风格一致（图一，22、24）。青竹寺窑出土的罐系面上的米字纹与川渝地区东汉墓中出土的四系罐系面上的米字纹相同。从器物特征来看，川渝地区东汉墓中出土的成熟瓷器，多数都应是湖南岳州窑产品。其中也有部分器物，可能是江西洪州窑的产品。

陈丽琼在相关论著中提到的内底留有8至10多枚支钉痕的碗，在川渝地区各地的

　　［1］　重庆市文化遗产研究院、涪陵区博物馆：《重庆市涪陵区唐家坡、石院子东汉墓发掘简报》，《四川文物》2015年第5期，第32页，图一二，7、8；第38页，图二〇，10。

　　［2］　成都市文物考古研究所、绵阳市博物馆、云阳县文物管理所：《云阳洪家包墓地发掘报告》，重庆市文物局、重庆市移民局编：《重庆库区考古报告集》（2002卷·上），北京：科学出版社，2010年，第440、458、459页，图三六，4—6。

　　［3］　山东省博物馆、山东省文物考古研究所、重庆市文物局等：《万州糖坊墓群发掘报告》，重庆市文物局、重庆市移民局编：《重庆库区考古报告集》（2001卷·中），北京：科学出版社，2007年，第1046、1047页，图二五，3。

　　［4］　重庆市文化遗产研究院、彭水县文物管理所：《重庆彭水县山谷公园墓群发掘报告》，四川大学博物馆、四川大学考古学系、成都文物考古研究所编：《南方民族考古》（第十一辑），北京：科学出版社，2015年，第337、338页，图一五，1、4。

　　［5］　周世荣、郭演仪、周晓赤：《汉唐湘阴窑青瓷》，中国古陶瓷学会编：《中国古陶瓷研究》（第九辑），北京：紫禁城出版社，2003年，第2—8页。周世荣、刘永池、周晓赤：《湖南湘阴东汉青竹寺窑发掘简报》，肖国健主编：《香港考古学会会刊》（第14集），香港：香港考古学会出版，1998年，第62—80页，插图五，5、10、12；插图六，2；插图八，4。周世荣、胡保民：《岳州窑新议》，延边：延边大学出版社，2012年，第132—135页，图5、图6、图8、图9、图12。

川渝地区东汉墓出土瓷器

岳州窑瓷器

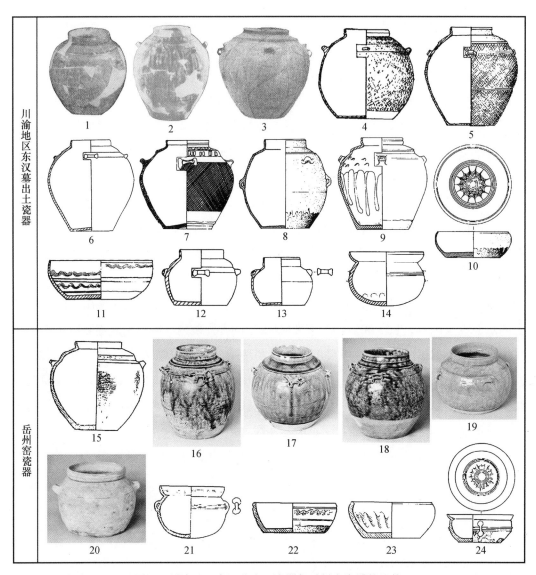

图一　川渝地区东汉墓出土瓷器与岳州窑瓷器的比较

1—9、12、13.罐（成都曾家包砖石墓、大邑东汉墓、新津堡子山崖墓、涪陵东汉崖墓M1：7、涪陵唐家坡

M1：2、云阳洪家包M5：30、万州糖坊M6：2、涪陵唐家坡M44：7、彭水山谷公园M1：5、云阳洪家包

M5：24、云阳洪家包M5：35）　10、11.碗（涪陵唐家坡M1：4、涪陵东汉崖墓M1：8）　14.釜（彭水山谷公园

M1：22）　15—20.罐（青竹寺窑、青竹寺窑、征集、洋沙湖窑、洋沙湖窑、征集）　21.釜（青竹寺窑）

22、23.碗（青竹寺窑）　24.洗（青竹寺窑）

六朝墓及遗址中均有出土[1]（图二，1—5）。这些碗的釉色多呈青绿、淡青、青黄、青灰色，以青绿釉、淡青釉为主。釉的玻璃质感较强，釉面晶莹光亮，釉面大多有细碎的冰裂纹。器物施釉均匀，部分器物有流釉现象，少见剥釉现象。器物外壁施釉不及底。器物的胎质均坚硬细腻，胎质呈灰白色或浅灰色，胎上一般不施化妆土。器物多为素面，部分器物的外口沿饰弦纹。这些碗的造型、釉色、胎质及装烧工艺与湖南岳州窑窑址出土的碗[2]及湖南耒阳白洋渡[3]、衡东城关[4]等两晋南朝墓中出土的岳州窑瓷碗几乎完全相同（图二，7—11）。六朝时期，岳州窑瓷器的釉色大多呈青、青绿、淡青、青黄、青褐等色。釉的玻璃质感较强，釉面普遍开细冰裂纹，部分器物有流釉或剥釉现象。多数器物的胎质坚硬细腻，胎质一般呈灰白色、浅灰色。两晋至南朝时期的碗、钵类器物大多采用齿足支钉叠烧，内底留有10多个粗大的长方形支钉痕。支钉痕的数量一般为十五六个，少者十二三个，多者18—20个。南朝中晚期的深腹碗、杯等器物内底无支钉痕。通过以上对比可知，川渝地区六朝墓葬及遗址出土的内底带有10多枚支钉痕的碗，应是湖南岳州窑的产品，而非四川本地产品。

川渝地区六朝墓葬出土的碗、盘类青瓷，除以上提到的内底留有10多个支钉痕的岳州窑青瓷碗外，还有一部分为洪州窑产品。六朝时期洪州窑产品中的碗、盘等器物，在造型、釉色、胎质、装饰等方面与岳州窑产品极为相似，有时几乎难以准确区分。从釉质来看，洪州窑的器物胎釉结合不够紧密，剥釉现象比岳州窑产品普遍，有的器物剥釉较严重。区分川渝地区六朝墓中出土的碗、盘类青瓷，究竟是岳州窑产品，还是洪州窑产品，需要从胎、釉、造型、纹饰及装烧工艺等方面进行综合判断。其中从装烧工艺判断尤为关键。洪州窑的碗、钵、盘等器物在叠烧时一般采用齿足支钉、环形三足支钉、泥钉、柱形托珠进行间隔。齿足支钉的齿足数量一般为4—10个，凡器物里心的支钉痕数量在此范围内者，多数应为洪州窑产品，支钉痕数量多达10个

[1] 刘雨茂、易立、唐光孝：《绵阳崖墓出土瓷器的初步研究》，《考古》2017年第1期，第85页，图三，2、3；益阳市文物管理处、重庆市文物局、重庆市文物考古所等：《万州大坪墓群2001年度发掘简报》，重庆市文物局、重庆市移民局编：《重庆库区考古报告集》（2001卷·中），第1346、1347页，图二五，4；中国历史博物馆故陵考古队、云阳县文物管理所：《云阳故陵楚墓发掘报告》，重庆市文物局、重庆市移民局编：《重庆库区考古报告集》（1998卷），北京：科学出版社，2003年，第412、413页，图二八，5；四川大学历史文化学院考古学系、四川大学考古学国家级实验示范中心、重庆市文物局等：《重庆市云阳县丝栗包遗址南朝唐宋遗存发掘简报》，四川大学博物馆、四川大学考古学系、成都文物考古研究院编：《南方民族考古》（第十七辑），北京：科学出版社，2018年，第34、35页，图三六，18。

[2] 周世荣、周晓赤：《岳州窑》，长沙：湖南美术出版社，2011年，第104、105页，图3-73。

[3] 衡阳市文物处、耒阳市文物局：《湖南耒阳白洋渡汉晋南朝墓》，《考古学报》2008年第4期，第503页，图二八，8、9、12、16、17。

[4] 衡阳市文物工作队、衡东县文物管理所：《湖南衡东城关南朝墓清理简报》，《江汉考古》1992年第2期，第14页，图三，4。

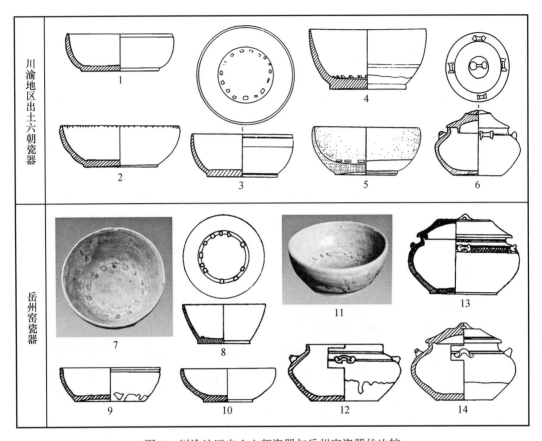

图二　川渝地区出土六朝瓷器与岳州窑瓷器的比较

1—5、7—11.碗（绵阳出土、绵阳出土、云阳故陵M26∶12、万州大坪M2∶3、云阳丝栗包M19∶3、马王塥窑出土、
衡东城关M1∶5、耒阳白洋渡M22∶2、耒阳白洋渡M27∶3、征集）　6、12—14.四系罐（绵阳园艺高柏梁
M11∶8、耒阳白洋渡M22∶1、资兴M398∶4、鄂城M2129∶6）

以上者，一般应为岳州窑产品。碗、盘的里心留有3个较细小的圆形支钉痕者，应是采用环形三足支钉叠烧的洪州窑产品。洪州窑采用泥钉叠烧时，一般在盘的内底放置4个泥钉，凡盘心有4个泥钉痕者一般应为洪州窑产品。柱形托珠多用于叠烧碗类器物，叠烧时以3个柱形托珠为一组，由于柱形托珠较粗大，烧成后碗心留有粗大的托珠痕。有的碗心托珠痕呈三个各自独立并列的不规则圆形，有的碗心托珠痕交叉成一体，形状呈三叉形或呈不规则形。托珠痕几乎占满整个碗心，托珠痕处无釉。凡碗心有此类特征的托珠痕者，均为洪州窑产品。

刘雨茂等在《绵阳崖墓出土瓷器的初步研究》一文中，将甲组瓷器（本地窑场产品）的年代上限定为两晋之交。文中列举的甲组瓷器，除1件四系盖罐（编号为园艺高柏梁M11∶8）的年代为西晋末至东晋前期外（图二，6），其余瓷器的年代为隋至唐初。这件四系盖罐的釉色为"青釉偏酱色"（即青褐色），胎质呈灰色，釉面有剥釉现象[1]。其釉色、胎质的特征，与岳州窑产品相符。造型特征也与湖南资兴[2]、耒阳白洋渡和湖北鄂城[3]等地西晋至南朝墓中出土的岳州窑四系罐盖罐（四系罐）基本相同（图二，12—14）。从造型及胎、釉特征来看，在《绵阳崖墓出土瓷器的初步研究》一文中定为本地产品的这件四系罐，应属于湖南岳州窑产品，而非四川本地产品。

综上所述，依据川渝地区墓葬中出土的瓷器，将四川地区瓷业生产出现的时间定为东汉或两晋之交的几种观点，均缺乏充足的依据。

二、四川地区瓷业的兴起时间

在四川地区目前已发现的窑址中，以往的窑址调查资料认为烧造年代可以早至晋代或南朝的窑址，主要有成都青羊宫窑、邛崃固驿瓦窑山窑、邛崃十方堂窑、崇州天福窑、都江堰金马六马槽窑、郫县（现成都市郫都区）横山子窑（又称铁砧山窑）、大邑敦义窑、金堂金锁桥窑、双流牧马山窑、新津白云寺窑、新津玉皇观窑、江油青莲窑等[4]。在以上各窑中，调查资料中附有线描图或照片的窑址主要有成都青羊宫窑、邛崃固驿瓦窑山窑、邛崃十方堂窑、崇州天福窑、都江堰金马六马槽窑、郫县横山子窑[5]、双流牧马山窑[6]、江油青莲窑[7]等。郫县横山子窑和双流牧马山窑两处窑址，原调查简报认为烧造年代可以早至南朝。但从两窑调查简报中所附的出土器物图片来看，两窑的产品以隋代至唐代器物为主，出土器物中未发现较典型的南朝产品或更早的产品。江油青莲窑，原调查简报认为烧造年代为南朝至北宋[8]，从简报中所附的出土器物图片和文字描述来看，出土器物多数都是隋唐时期的产品。刘雨茂等学者也认为江油青莲窑的出土器物中缺乏典型的隋代以前的产品，将窑址的烧造年代定

[1] 刘雨茂、易立、唐光孝：《绵阳崖墓出土瓷器的初步研究》，《考古》2017年第1期，第84页，图二，6。

[2] 湖南省博物馆：《湖南资兴晋南朝墓》，《考古学报》1984年第3期，第342页，图一二，8。

[3] 南京大学历史系考古专业、湖北省文物考古研究所、鄂州市博物馆：《鄂城六朝墓》，北京：科学出版社，2007年，第154页，图128，7。

[4] 陈丽琼：《重庆、四川古代瓷窑调查表》，氏著：《古代陶瓷研究》，重庆：重庆出版社，2001年，第304—306页。

[5] 林向：《成都附近古窑址调查记略》，《文物》1966年第2期；支沅洪：《四川崇宁县铁砧山的古窑址》，《文物参考资料》1956年第3期。

[6] 林向：《成都附近古窑址调查记略》，《文物》1966年第2期。

[7] 黄石林：《四川江油市青莲古瓷窑址调查》，《考古》1990年第12期。

[8] 黄石林：《四川江油市青莲古瓷窑址调查》，《考古》1990年第12期。

为隋至唐早期更合理[1]。总之，在以往的窑址调查资料中被认为烧造年代的上限可早至晋代或南朝的窑址，有部分窑址的实际烧造年代应为隋唐时期。

从窑址调查和发掘资料来看，在四川地区已发现的窑址中烧造年代可早至南北朝的窑址[2]，主要有成都青羊宫窑[3]、邛崃固驿瓦窑山窑[4]、崇州天福窑[5]和都江堰金马六马槽窑[6]。青羊宫窑南北朝时期的产品器形主要有碗、杯、高足杯、圜底钵、假圈足钵、盆、四系罐、盘口壶、高足盘、砚等。瓦窑山窑南北朝时期的产品器形主要有碗、杯、钵、高足盘、盘口壶等。天福窑南北朝时期的产品器形主要有碗和盘口壶。六马槽窑南北朝时期的产品器形主要有碗和盘口壶。

在以上4处窑址中，青羊宫窑在1982—1983年的发掘时，发现了南北朝时期的地层。南北朝地层主要分布在T3、T11、T17中。在T11第3层中出土了2枚南朝梁武帝天监元年（502年）铸造的天监五铢钱和1枚北周武帝建德三年（574年）铸造的五行大布钱，在T3中出土了1块印有北周"布泉"钱文的陶瓷残片。除此之外，各窑均缺乏其他纪年实物。因此，判定这几处窑址的烧造年代上限的方法，主要是将这几处窑址中的出土瓷器与相关纪年墓葬中的出土瓷器及南北方相关窑址中的出土瓷器进行对比。由于四川地区的古代青瓷属于同一瓷业系统，同一时期各窑的产品在造型、釉色、胎质、装饰及装烧工艺等方面的特征基本相同，因此本文将四川本地各窑中出土的瓷器与其他相关对比资料进行统一比较。四处窑址中出土的早期器物主要有碗、杯[7]、高足杯、高足盘、钵、盘口壶、砚等。以下分别与相关出土器物进行比较。

---

[1]　刘雨茂、易立、唐光孝：《绵阳崖墓出土瓷器的初步研究》，《考古》2017年第1期。

[2]　四川地区在南朝时先后为宋、齐、梁所辖，从西魏废帝二年（553年）起，先后由西魏、北周所辖。这一时间段不能简单地称为南朝或北朝，统称为南北朝较妥。

[3]　四川省文管会、成都市文管处：《成都青羊宫窑址发掘简报》，《四川古陶瓷研究》编辑组编：《四川古陶瓷研究》（二），成都：四川省社会科学院出版社，1984年，第113—154页，图三—图七、图十、图十二、图十三，图版三一、图版三五；江学礼、陈建中：《青羊宫古窑址试掘简报》，《文物参考资料》1956年第2期。

[4]　陈显双、尚崇伟：《邛窑古陶瓷简论——考古发掘简报》，耿宝昌主编：《邛窑古陶瓷研究》，合肥：中国科学技术大学出版社，2002年，第232—260页，图576、图579、图583、图585、图595、图601、图604、图605、图610、图612、图613、图617、图630、图644、图650、图651、图656、图657、图659、图682、图684—图686、图694、图695、图697。

[5]　成都文物考古研究所、崇州市文物管理所：《四川崇州公议镇天福窑址考古调查简报》，《成都考古发现》（2008），北京：科学出版社，2010年，第436—454页，图二，1、5；图七，4；图八；图九，3；图一〇，3；图一一，1；图一二。

[6]　陈丽琼：《四川陶瓷考古调查记略》，氏著：《古代陶瓷研究》，第165—172页，图61、图65，图版一七。

[7]　南北朝时期有部分碗、杯的造型无明显区别，同样的造型有时被称为碗，有时又被称为杯。

1. 碗

碗是各窑中的主要产品，按造型特征，可以分为二型[1]。A型碗的造型特征为，直口微敛，弧腹，腹较深，小饼足。A型碗主要发现于成都青羊宫窑，有的碗外壁刻有莲瓣纹（图三，1、2）。A型碗的造型与重庆丰都汇南南朝墓M8出土的青瓷碗（M8：7）[2]、湖南耒阳白洋渡南朝墓M23出土的青瓷碗（M23：2）、江西丰城洪州窑罗湖寺前山窑址出土的南朝碗（T8④：193）[3]、南京太平北路出土的"大官"款碗[4]较相似，同时也与河北磁县贾璧村窑[5]、河北临漳邺南城倪辛庄窑[6]等北朝窑址中出土的同类碗较相似（图三，22—27）。B型碗的造型特征为，直口或微敛口，弧腹，腹微外鼓，饼足，足底内凹。按底足特征，可分为二亚型，Ba型为小饼足，Bb型的饼足较大。Ba型碗在青羊宫窑、邛崃瓦窑山窑、崇州天福窑和都江堰金马六马槽窑中均有发现（图三，3—7）。Bb型碗主要见于邛崃瓦窑山窑和崇州天福窑（图三，8、9）。Ba型碗的造型与陕西咸阳北周宣政元年（578年）独孤藏墓出土的青瓷碗相似[7]（图三，28、29）。Bb型碗的造型与陕西咸阳北周宣政元年独孤藏墓出土的青瓷碗相似（图三，30），同时也与湖南湘阴药材公司仓库窑址（在图三图注中简称湘阴窑）[8]出土的南朝碗（1：6）、广西桂州窑[9]Y1出土的碗（Y1②：59）有一定相似之处（图三，31、32）。

---

[1] 这里是对用于对比的年代可早至南北朝的部分器物进行分型，而不是对所有同类器物进行分型。本文中出现的器物型式划分均特指本文的划分，而非原调查、发掘资料中的型式划分。

[2] 四川省文物考古研究所、丰都县文管所：《丰都汇南墓群发掘简报》，重庆市文物局、重庆市移民局编：《重庆库区考古报告集》（1997卷），北京：科学出版社，2001年，第705、706页，图一八，3。

[3] 北京大学中国考古学研究中心、江西省文物考古研究院、江西省丰城市博物馆：《丰城洪州窑址》，北京：文物出版社，2018年，第181页，图一一二，16。

[4] 贺云翱：《南朝"贡瓷"考——兼论早期"官窑"问题》，《东南文化》2012年第1期，第92页，图三；贺云翱：《六朝瓦当与六朝都城》，北京：文物出版社，2005年，第110、111页。

[5] 冯先铭：《河北磁县贾璧村隋青瓷窑址初探》，《考古》1959年第10期，第547页，图一，2。

[6] 黄信：《河北邺城地区陶瓷窑址调查报告》，《文物世界》2018年第1期，第50、51页，图五，7、10、12；图六，7。

[7] 负安志：《中国北周珍贵文物——北周墓葬发掘报告》，西安：陕西人民美术出版社，1993年，第87、88页，图一八一、图一八二。

[8] 周世荣：《从湘阴古窑址的发掘看岳州窑的发展变化》，《文物》1978年第1期，第71—74页，图二，1、7；图三，2；图四，9；图六，3—7；图七，7。

[9] 桂林博物馆：《广西桂州窑遗址》，《考古学报》1994年第4期，第503、506页，图五，2、4、10、18；图六，5、8、9、20。

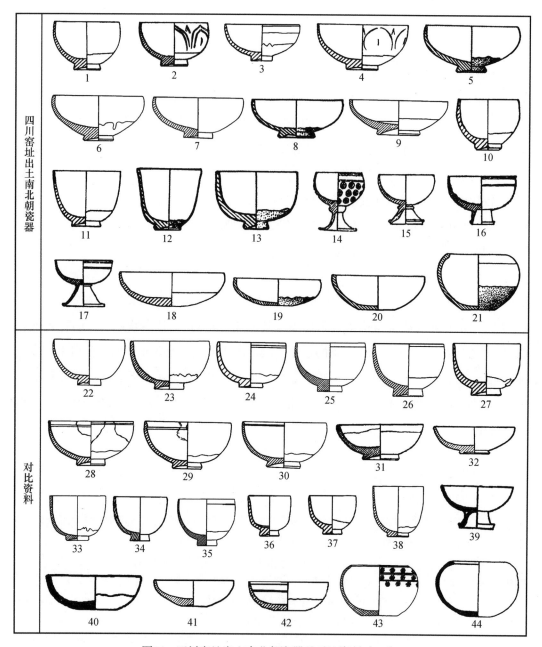

图三　四川窑址出土南北朝瓷器及对比资料（一）

1、2.A型碗（青羊宫窑）　3—7.Ba型碗（青羊宫窑、青羊宫窑、瓦窑山窑T1：42、天福窑TG1：5、六马槽窑）
8、9.Bb型碗（瓦窑山窑T3③：45、天福窑TG1：1）　10—13、33—38.杯（青羊宫窑、青羊宫窑、瓦窑山窑
Y1：1、瓦窑山窑T1：162、耒阳白洋渡M23：3、耒阳城关M248：1、独孤宾墓M10：4、临漳倪辛庄窑15LN：17、
临漳倪辛庄窑15LN：49、巩义白河窑H10：13）　14—17、39.高足杯（青羊宫窑、青羊宫窑、青羊宫窑、青
羊宫窑、湘阴窑2：61）　18—20.A型钵（青羊宫、瓦窑山窑T2③：1439、瓦窑山窑T2③：1446）　21.B型钵
（瓦窑山窑T2③：1532）　22—32.碗（丰都汇南M8：7、耒阳白洋渡M23：2、寺前山窑T8④：193、南京太平北
路"大官"款碗、贾璧村窑、临漳倪辛庄窑15LN：45、独孤藏墓、独孤藏墓、独孤藏墓、湘阴窑1：6、桂州窑
Y1②：59）　40—44.钵（湘阴窑2：24、桂州窑Y1③：105、寺前山窑T9②：32、怀安窑T2②：42、邢窑）
（本文图注中的乌龟山窑、寺前山窑均属洪州窑，下同）

2. 杯

杯在各窑中均有出土，其中成都青羊宫窑和邛崃瓦窑山窑中出土的部分杯年代可早至南北朝时期。南北朝杯的造型多为直口或侈口，深腹，小饼足，足底内凹（图三，10—13）。两窑中杯的造型分别与湖南耒阳白洋渡南朝墓M23出土的杯（M23：3）、湖南耒阳城关南朝墓[1]M248出土的杯（M248：1）、西安北周宣政元年（578年）独孤宾墓出土的杯（M10：4）[2]、河北磁县北齐天保四年（553年）元良墓出土的杯（CCM1：81）[3]、广西桂州窑Y1出土的南朝杯（Y1①：16）（图六，11）、河北临漳邺城倪辛庄窑出土的北朝杯（15LN：17、15LN：49）[4]、河南巩义白河窑出土的北朝杯（H10：13）较相似（图三，33—38）[5]。

3. 高足杯

高足杯在成都青羊宫窑、邛崃瓦窑山窑、都江堰金马六马槽窑中都有发现，其中青羊宫窑高足杯的年代可以早至南北朝时期（图三，14—17）。青羊宫窑中出土的部分高足杯（图三，16）与湖南湘阴药材公司仓库窑址出土的南朝高足杯（2：61）较相似（图三，39）。

4. 钵

钵主要发现于成都青羊宫窑、邛崃瓦窑山窑和都江堰金马六马槽窑。其中青羊宫窑和瓦窑山窑出土的部分钵年代可早至南北朝。钵的造型可以分为二型。A型钵的造型为敛口，弧腹，腹较浅，平底。A型钵在青羊宫窑和瓦窑山窑中均有发现（图三，18—20）。A型钵的造型与湖南湘阴药材公司仓库窑址中出土的南朝钵（2：24）、广西桂州窑Y1出土的南朝钵（Y1③：105）较相似（图三，40、41），同时也与洪州窑出土的隋代钵较相似（图三，42）[6]。B型钵的造型为敛口，鼓腹，腹较深，平底。B型钵主要发现于瓦窑山窑（图三，21）。B型钵的造型与福州怀安窑出土的南朝钵

[1] 衡阳市文物工作队：《湖南耒阳城关六朝唐宋墓》，《考古学报》1996年第2期，第255页，图一八，3。

[2] 陕西省考古研究院：《北周独孤宾墓发掘简报》，《考古与文物》2011年第5期，第35页，图九，2。

[3] 磁县文物保管所：《河北磁县北齐元良墓》，《考古》1997年第3期，第38页，图一三，6。

[4] 河北省文物研究所：《河北临漳县邺南城倪辛庄窑址调查报告》，《文物春秋》2018年第2期。

[5] 郑州市文物考古研究所、巩义市文物保护管理所：《河南巩义市白河瓷窑遗址调查》，《华夏考古》2001年第4期，第31页，图七，2。

[6] 北京大学中国考古学研究中心、江西省文物考古研究院、江西省丰城市博物馆：《丰城洪州窑址》，第131页，图八二，4。

（T2②：42）相似（图三，43），同时也与邢窑出土的北朝敛口深腹钵较相似[1]（图三，44）。

5. 盘口壶

盘口壶在各窑中均有发现。按照造型特征不同，可以分为二型。A型盘口壶的特征为盘口，颈部粗短，有的颈部饰数道弦纹，肩附四系或六系。A型盘口壶，在成都青羊宫窑、都江堰金马六马槽窑、邛崃瓦窑山窑和崇州天福窑中均有发现（图四，1—5）。各窑发现的A型盘口壶颈部以下皆残，未发现能复原者，器物的整体形制不详。A型盘口壶的盘口、颈部、肩部及系的特征，与江西永修县马口镇爱华村南朝梁天监九年（510年）墓中出土的青釉六系盘口壶（图五，1）[2]以及江西高安、清江、赣县等地的南朝墓中出土的同类盘口壶相似（图五，2—4）[3]。A型盘口壶的系为方形横系，在江西南朝墓中出土的同类盘口壶既有方形横系，也有方形竖系，两种系常见于同一器上。江西南朝墓中出土的此类盘口壶胎质均为灰白色，釉色呈青绿色，釉的玻璃质感很强，釉面开细碎的冰裂纹，从胎釉特征判断应为洪州窑产品。A型盘口壶的总体特征虽然与南朝时期岳州窑、广西桂州窑出土的盘口壶的差异较大，但盘口特征有一定相似之处。在青羊宫窑址中，A型盘口壶出土于南北朝地层中，结合江西南朝墓及南方地区窑址中出土盘口壶的对比资料判断，A型盘口壶的年代应为南北朝。

B型盘口壶的特征为盘口，颈部较A型盘口壶显著增高，颈部直径略缩小，颈部一般饰多道弦纹，肩部一般附四系。B型盘口壶主要发现于成都青羊宫窑、邛崃瓦窑山窑和崇州天福窑，在青羊宫窑中出土有可复原器物（图四，6—9）。B型盘口壶在绵阳金峰白果林M2、绵阳园艺高柏梁M27[4]、自贡黄泥土山崖墓M2[5]、武胜山水岩崖墓M12[6]、成都化成村M16[7]等墓葬中也有出土。B型盘口壶的造型，与陕西咸阳北周

[1] 内丘县文物保管所：《河北省内丘县邢窑调查简报》，《文物》1987年第9期，第3页，图二，15。

[2] 杨厚礼：《永修县发现南朝梁墓》，《江西历史文物》1981年第1期；图片采自段少京：《南朝纪年墓出土青瓷研究》，《南方文物》2003年第4期，第80页，图三，1。

[3] 赖斯清：《江西赣县白鹭南朝墓》，《考古》1994年第7期，第667页，图一，1；高安县博物馆：《江西高安清理一座南朝墓》，《考古》1985年第9期，第804页，图二，1；江西省博物馆考古队：《江西清江南朝墓》，《考古》1962年第4期，图版柒，1。

[4] 刘雨茂、易立、唐光孝：《绵阳崖墓出土瓷器的初步研究》，《考古》2017年第1期。

[5] 四川省文物考古研究院、自贡市盐业历史博物馆、自贡市沿滩区文物管理所：《自贡市黄泥土山崖墓群清理简报》，《四川文物》2009年第1期。

[6] 四川省文物考古研究院、广安市文物管理所、武胜县文化体育局等：《四川武胜山水岩崖墓群发掘报告》，《四川文物》2010年第1期。

[7] 成都市文物考古研究所、成都市文物考古工作队：《四川成都市西郊化成村唐墓的清理》，《考古》2000年第3期。

图四　四川窑址出土南北朝瓷器及对比资料（二）

1—5.A型盘口壶（青羊宫窑、青羊宫窑、瓦窑山窑T2③：1510、天福窑TG1：29、六马槽窑）　6—9.B型盘口壶（瓦窑山窑T1：194、天福窑TG1：28、青羊宫窑、青羊宫窑）　10、11、26.砚（青羊宫窑、青羊宫窑、湘阴窑1：39）　12、13.Aa型高足盘（青羊宫窑、瓦窑山窑T4③：1254）　14、15.Ab型高足盘（青羊宫窑、瓦窑山窑T1：148）　16.B型高足盘（青羊宫窑）　17、18.盘口壶（王德衡墓、独孤藏墓）　19—25、27—29.高足盘（湘阴窑2：41、桂州窑Y1③：193、寺前山窑T8④：119、怀安窑T3②a：5、邺南城西南窑YXN：7、北齐贾宝墓M1：91、北齐贾进墓M54：14、北齐元良墓CCM1：95、淄博寨里窑、中陈郝窑C1：14）

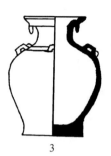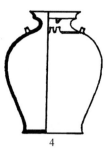

图五　江西南朝墓出土盘口壶

1. 江西永修天监九年墓出土　2. 江西清江樟树南朝墓出土（M8∶2）　3. 江西高安荷岭南朝墓出土
4. 江西赣县白鹭南朝墓出土

宣政元年（578年）独孤藏墓出土的六系盘口壶[1]和陕西咸阳北周建德五年（576年）王德衡墓出土的盘口壶[2]相似度较高（图四，18、17）。同时也与湖南岳州窑、广西桂州窑中出土的南朝盘口壶有一定相似之处（图六，20—22）。B型盘口壶的流行年代应为南朝至隋代。

6. 高足盘

高足盘在有的发掘简报中又称为豆。高足盘按照高矮和造型特点可以分为三型。A型高足盘的器身较高，高度一般在9—12厘米及以上，足部为喇叭形圈足。按照盘口特征及盘口与足部结合的特点，可分为二亚型。Aa型高足盘的盘口较浅，盘心为平底，盘壁斜折，盘口与足部平直相交或略倾斜相交（图四，12、13）。Ab型高足盘的盘口略深，有的盘心下凹，盘壁斜折呈曲腹状，盘口与足部倾斜相交（图四，14、15）。在四川窑址中，Aa型、Ab型高足盘主要发现于成都青羊宫窑和邛崃瓦窑山窑中。Aa型高足盘的流行年代主要为南北朝时期，也有部分为隋代。Ab型高足盘的主要流行年代为隋代，上限可早至北朝晚期。

Aa型高足盘的造型与江西洪州窑[3]、湖南岳州窑、广西桂州窑和福州怀安窑中出土的南朝高足盘较相似，同时也与河北临漳邺南城西南窑中出土的北朝高足盘（YXN∶7）、安徽寿州窑出土的南北朝高足盘[4]、河北磁县北齐天统三年（567年）尧峻墓出土的高足盘[5]、河北磁县北齐天保四年（553年）元良墓中出土的

[1]　负安志：《中国北周珍贵文物——北周墓葬发掘报告》，第85页，图一七五。

[2]　负安志：《中国北周珍贵文物——北周墓葬发掘报告》，第48页，图九二。

[3]　北京大学中国考古学研究中心、江西省文物考古研究院、江西省丰城市博物馆：《丰城洪州窑址》，第161页，图一〇〇，6。

[4]　胡悦谦：《谈寿州瓷窑》，《考古》1988年第8期。

[5]　磁县文化馆：《河北磁县东陈村北齐尧峻墓》，《文物》1984年第4期。

高足盘（CCM1：95）、河南安阳北齐武平四年（573年）贾宝墓出土的高足盘（M1：91）[1]也较相似（图四，19—24、27）。Ab型高足盘的造型与山东淄博寨里窑出土的高足盘[2]（图四，28）、枣庄中陈郝窑第二期遗存出土的隋代高足盘（C1：14）[3]相似（图四，29）。

B型高足盘的盘口和圈足直径均较大，圈足呈喇叭状，足部上段斜直。B型高足盘仅发现于青羊宫盘。出土标本口径28、足径22.8、高11厘米（图四，16）。B型高足盘的造型与河南安阳北齐武平二年（571年）贾进墓出土的高足盘（M54：14）[4]相似，并且尺寸及比例也较相似。贾进墓出土的高足盘（M54：14），口径36、足径22、高18厘米（图四，25）。青羊宫窑出土的B型高足盘以前一般被定为隋代器物，通过与贾进墓中出土的高足盘进行对比，其年代应可早至南北朝晚期（北周）。

C型高足盘的器身较矮，高度一般在5—7厘米，足部为喇叭状圈足。此型高足盘出土于青羊宫窑、邛崃瓦窑山窑等窑址。C型高足盘的年代主要为隋代，有的延续至唐初（图六，1—3）。

7. 砚

砚出土于成都青羊宫窑、邛崃瓦窑山窑和都江堰金马六马槽窑。其中青羊宫窑出土的部分砚年代可以早至南北朝时期。青羊宫窑出土的砚，砚盘为圆盘形，直口，砚盘里心较平坦，砚盘里心边缘靠近砚壁处下凹。砚盘下有4—7个足，砚足呈椭圆形或熊头状（图四，10、11）。砚的砚盘与湖南湘阴药材公司仓库窑址出土的南朝三足砚的砚盘部分相似（图四，26）。

通过以上比较可知，在成都青羊宫窑、邛崃瓦窑山窑、崇州天福窑、都江堰金马六马槽窑中出土的部分瓷器，在造型上与南朝、北周、北齐墓葬中出土的同类器物相似。其中有的器物造型同时也与湖南岳州窑、广西桂州窑、福州怀安窑、江西洪州窑、河北磁县贾璧村窑、河北临漳邺城倪辛庄窑、河北邺南城西南窑、河北邢窑、山东淄博寨里窑、安徽寿州窑等南朝或北朝窑址中出土的同类器物相似。其中陕西咸阳北周宣政元年独孤藏墓出土的青瓷碗，造型分别与成都青羊宫窑、邛崃瓦窑山窑、崇

[1] 河南省文物局：《安阳北朝墓葬》，北京：科学出版社，2013年，第80—97页，图三七，1。

[2] 山东陶瓷史编写组、山东省博物馆：《山东淄博寨里北朝青瓷窑址调查纪要》，文物编辑委员会编：《中国古代窑址调查发掘报告集》，北京：文物出版社，1984年，第354、355页，图二，4。

[3] 山东大学历史系考古专业、枣庄市博物馆：《山东枣庄中陈郝瓷窑址》，《考古学报》1989年第3期，第372页，图一〇，15。

[4] 河南省文物管理局南水北调文物保护管理办公室、安阳市文物考古研究所：《河南安阳县北齐贾进墓》，《考古》2011年第4期，第45页，图四，4。

州天福窑、都江堰金马六马槽窑中出土的Ba型碗或Bb型碗基本相同。以往的窑址发掘者一般将这类碗的年代定为隋代，北周独孤藏墓的发现，有力地证明这类碗的年代可早至北朝晚期。陕西咸阳北周宣政元年独孤藏墓和北周建德五年王德衡墓出土的盘口壶，造型与成都青羊宫窑、邛崃瓦窑山窑和崇州天福窑中出土的B型盘口壶较相似。B型盘口壶在以往的窑址和墓葬发掘资料中，一般也被认为是隋代器物。与以上两墓出土的盘口壶进行比较，证明B型盘口壶的年代可早至南北朝晚期。总之，四川地区在南北朝时期已开始瓷业生产。

从出土器物来看，在四川地区各窑中青羊宫窑的烧造年代最早，窑址中出土的南北朝器物较多，并且还发现了南北朝时期的地层堆积。在邛崃瓦窑山窑、都江堰金马六马槽窑和崇州天福窑中出土的具有南北朝特征的器物较少，三处窑址的烧造年代上限应为南北朝晚期。青羊宫窑T11第3层为南北朝时期的地层。在地层中发现了2枚南朝梁武帝天监元年铸造的天监五铢钱和1枚北周武帝建德三年铸造的五行大布钱。地层的形成，一般要经历一定的时间跨度。如果地层中发现的天监五铢钱不是晚期继续使用早期钱币的情况，那么青羊宫窑T11第3层形成的持续时间范围应该是从南梁至北周后期。前文已述，青羊宫窑出土的A型盘口壶的盘口、颈部、肩部及系部的特征，与江西永修天监九年南朝梁墓中出土的盘口壶相似。由此可以推测，青羊宫窑烧造瓷器的年代上限可早至南朝梁武帝时期。

以往有学者认为四川地区有些窑址的烧造年代上限可早至东晋。故宫博物院陈万里、冯先铭调查后认为青羊宫窑的烧造年代可上溯到南朝甚至东晋[1]。1978年、1981年陈丽琼对瓦窑山窑进行了两次调查，认为瓦窑山窑的烧造年代可早到东晋，下限可晚到隋代[2]。从两处窑址的出土器物来看，两窑中均未发现具有较明显东晋特征的器物。因此，认为青羊宫窑、瓦窑山窑的烧造年代上限可早到东晋的观点，缺乏相应的实物依据。

三、四川早期瓷业的技术来源

（一）四川早期瓷业的发展概况及特点

本文所述的四川地区早期瓷业，是指四川地区在南北朝、隋代烧造瓷器的各个窑址。四川地区的早期瓷业，主要分布在成都平原各县、市以及绵阳江油等地。主要窑址有成都青羊宫窑、邛崃固驿瓦窑山窑、邛崃十方堂窑、邛崃大渔村窑、崇州天福窑、都江堰金马六马槽窑、郫县横山子窑、大邑敦义窑、金堂金锁桥窑、双流牧马山

---

[1] 陈万里、冯先铭：《故宫博物院十年来对古窑址的调查》，《故宫博物院院刊》1960年第1期。

[2] 陈丽琼：《四川陶瓷考古调查记略》，氏著：《四川古代陶瓷》，第162、163页。

窑、新津白云寺窑、新津玉皇观窑、江油青莲窑等[1]。其中经过调查、发掘，发表资料较详细的窑址主要有成都青羊宫窑、邛崃瓦窑山窑和崇州天福窑。

依据各窑址的调查和发掘资料，四川地区早期瓷业有以下特点。

各窑的产品除釉色、胎质略有差别外，产品的造型、装饰、窑具及装烧方法基本相同。产品器形有碗、盘、钵、杯、高足杯、高足盘、盆、盘口壶、四系罐、砚、盘炉等，其中碗、杯、高足盘的数量较多。碗、杯的造型多为直口或敛口，底足多为小饼足。

青羊宫窑南北朝瓷器的釉色多为青灰、豆青、酱青、青褐色，施釉均匀，釉面光泽较好；隋代开始出现青黄釉、米黄釉。瓦窑山窑南北朝瓷器的釉色大多呈酱青、青中泛酱黄或青中泛白色；隋代至唐初瓷器的釉色一般呈青灰、青中泛白、米黄、青中泛黄或青中泛酱黄色。天福窑瓷器的釉色大多呈青绿、淡青、青中泛白色。各窑中有部分器物的釉面有冰裂纹，但与江西洪州窑、湖南岳州窑瓷器釉面的冰裂纹有明显差别。各窑产品的器物外壁多施半釉或施釉不及底。各窑产品的胎质普遍较粗、坚硬，且颜色较丰富。青羊宫窑瓷器的胎质多为深灰色，少数呈紫红色，部分器物底足露胎处的表面呈紫红色。瓦窑山窑瓷器的胎质呈深褐、褐、红褐、黄褐、黑褐等色。天福窑瓷器的胎质多呈深灰、黑褐、棕红、棕灰、土黄等色，部分碗、杯、高足盘等器物的内壁及外壁上半部施一层乳白色化妆土（施釉时一般只覆盖至化妆土部位）。

各窑的装饰方法有刻划花、印花、点彩等，其中青羊宫窑、瓦窑山窑的装饰较丰富。刻划纹饰有弦纹、莲瓣纹、草叶纹、连弧纹、水波纹、忍冬纹、卷草纹、竖条纹等。印花纹饰主要为朵花纹，也有少量连珠纹、圆圈纹等。点彩装饰一般用于钵的肩腹部和高足盘的里心，常用褐、绿二色绘弦纹、圆圈纹，或点绘连珠纹、朵花纹，褐、绿二彩常同施于一器上。

各窑的窑具种类和形状基本相同，主要窑具有筒形支座、鼓形支座、钵形支座、圆洗形支座、四棱台状支座、各式齿足支钉、筒形上下齿足支钉、璧形垫板、楔形垫圈、圆形垫圈、垫环、圆锥形支钉、垫饼等，以各式齿足支钉的数量最多。齿足支钉的齿足数量一般为5—7个。早期各窑中均未发现匣钵。碗、盘、钵等器物一般采用叠烧，坯件之间用各式齿足支钉进行间隔。烧成后，器物里心一般留有5—7个方形、长方形支钉痕。在青羊宫窑和天福窑中，有部分碗、杯类器物用手捏的圆锥形支钉进行间隔叠烧，一般以三个支钉为一组，支钉的大头一端粘在碗、杯的饼足外侧，功能与三足支钉相同。此外，还有一种用璧形垫板、筒形支柱与齿足支钉组合的装烧方式（伞形装烧）。

---

[1] 陈丽琼：《重庆、四川古代瓷窑调查表》，氏著：《古代陶瓷研究》，第304—306页。

目前发现的南北朝至隋代的窑炉均为龙窑。青羊宫窑在1983年发掘时清理出1座隋代龙窑（Y1）。窑壁用砖砌成，窑床平面呈长方形，残长6.6、宽2.2米，坡度10°。窑头平面呈半椭圆形，火膛位于窑头，火膛形状为长方形竖穴土坑，横宽1.96、纵长1.48米[1]。瓦窑山窑在1988年发掘时清理出1座南北朝至唐代的龙窑（88QGY1）。窑炉由火膛、火箱、窑床、烟道等部分组成，窑壁用砖砌成。窑身呈长条形，长46.2、宽2—2.1米，坡度15°—21.5°。火膛和火箱平面均呈长方形，火膛横宽2.1、纵长1.6米，火箱横宽2.07、纵长3.58米。窑床底部铺有一层厚约8厘米的砂粒。烟囱位于窑尾，平面呈长方形，横宽2.22、纵长0.92米[2]。

（二）四川早期瓷业与南方地区瓷窑的比较

四川地区的早期瓷业是受到南方地区瓷业的影响而出现的。南北朝、隋代的四川地区各个瓷窑在产品造型、装饰、窑具及装烧工艺等方面，分别受到了来自南方地区的洪州窑、岳州窑、桂州窑和怀安窑的影响。以下主要以成都青羊宫窑、邛崃瓦窑山窑和崇州天福窑三处窑址的调查、发掘资料为基础，将四川地区早期瓷业和南方地区的瓷业进行比较。

1. 四川早期瓷业与湖南岳州窑的比较

岳州窑位于湖南湘阴县，窑址分布在湘阴境内的湘江沿岸及邻近的望城县铜官镇石门矶等地，共发现各个时期的窑址10多处。烧造年代为东汉至唐代。南朝至隋代是岳州窑发展的鼎盛时期[3]。南朝时期，岳州窑工匠沿湘江而上，辗转到达了桂林，在桂林建立了新的窑场。桂州窑的烧造年代为南朝至北宋，其中南朝至唐初的瓷业，产品特征、窑具及装烧工艺与同时期的岳州窑基本相同[4]。从瓷业性质来看，与岳州窑同属一个瓷业系统（即所谓窑系）。由于岳州窑目前发表的调查及发掘资料较简略，而桂州窑的调查和发掘资料较详细，本文将桂州窑的资料作为岳州窑资料的补充。

四川早期瓷业与岳州窑之间的相似之处，主要体现在产品造型、装饰、窑具及装烧方法等方面。

从器物造型来看，四川早期瓷业中的碗、杯、钵、高足杯、高足盘、盘口壶、小

［1］　四川省文管会、成都市文管处：《成都青羊宫窑址发掘简报》，《四川古陶瓷研究》编辑组编：《四川古陶瓷研究》（二），第114页。

［2］　陈显双、尚崇伟：《邛窑古陶瓷简论——考古发掘简报》，耿宝昌主编：《邛窑古陶瓷研究》，第233、234页。

［3］　周世荣：《从湘阴古窑址的发掘看岳州窑的发展变化》，《文物》1978年第1期。

［4］　桂林博物馆：《广西桂州窑遗址》，《考古学报》1994年第4期；李铧：《广西桂林窑的早期窑址及其匣钵装烧工艺》，《文物》1991年第12期。

盘口壶、砚、盘炉等器物与岳州窑中的同类器物相似度很高。本文在前面讨论四川瓷业的兴起时间时，已对四川早期瓷业中与岳州窑中的相似器形进行过比较，以下再进行补充说明。本文第二部分中提到的重庆丰都汇南南朝墓M8出土的碗（图三，22），湖南耒阳南朝墓M23出土的碗、杯（图三，23、33），耒阳城关南朝墓M248出土的杯（图三，34），南京太平北路出土的"大官"款碗（图三，25）和西安北周独孤宾墓出土的杯（图三，35），从造型及胎釉特征来看均属于湖南岳州窑产品。

　　四川早期瓷业各窑中的C型高足盘的造型（图六，1—3）与岳州窑中的同类高足盘较相似。盘炉在南方地区的洪州窑、岳州窑产品中发现较多，在怀安窑中也有发现。盘炉的形状可以分为两种，第一种是在平底盘内叠置一件三足炉，第二种是在高足盘内叠置一件三足炉或五足炉。第二种形制的盘炉多为岳州窑产品。青羊宫窑中出土的盘炉形制为在高足盘内叠置一件五足炉（图六，4），造型特征与长沙隋墓[1]、唐初墓[2]中出土的五足盘炉较相似（图六，18、19），也与1958年长沙赤岗冲隋墓M3中出土的岳州窑三足盘炉较相似（图六，17）[3]。

　　小盘口壶，又称为四系瓶（罐），尺寸一般较小，高度一般在8.5—12厘米。这类器物在邛崃瓦窑山窑、邛崃十方堂窑、崇州天福窑和都江堰金马六马槽窑中都有出土（图六，5—8）。瓦窑山窑和天福窑出土的小盘口壶年代较早，一般定为隋代产品。十方堂窑出土的小盘口壶年代为唐代，盘口特征已不明显，有的腹部绘有褐色或绿色草叶纹。邛崃瓦窑山窑和崇州天福窑中出土的隋代小盘口壶的造型与湖南湘阴药材公司仓库窑址出土的小盘口壶（2：74、2：72）（图六，14、15）、长沙南朝墓M7出土的小盘口壶（M7：12）（图六，16）[4]有相似之处。

　　从装饰来看，青羊宫中有部分碗的外壁刻划莲瓣纹（图三，2、4），装饰方法及纹饰风格与同时期岳州窑中的莲瓣纹有一定相似之处。青羊宫窑和邛崃瓦窑山窑有部分钵、高足盘等器物上印有朵花纹（图六，9），印花纹饰的风格与岳州窑的印花装饰有一定相似之处（图六，23、24）。四川各窑中出土的盘口壶（图四，2—9），颈部大多饰数道较粗的凸弦纹，在岳州窑和桂州窑中有的盘口壶的颈部也饰几道凸弦纹，颈部看起来呈竹节状（图六，21、22）[5]。

　　从窑具来看，瓦窑山窑、天福窑中出土的覆盂形齿足支钉（图七，3、4）与桂州

［1］　湖南省博物馆：《长沙两晋南朝隋墓发掘报告》，《考古学报》1959年第3期，第97页，图一四，2。

［2］　湖南省博物馆：《湖南长沙近郊隋唐墓清理》，《考古》1966年第4期，第207页，图七，17。

［3］　周世荣、周晓赤：《岳州窑》，第46页，图2-15-3。

［4］　湖南省博物馆：《长沙两晋南朝隋墓发掘报告》，《考古学报》1959年第3期，第92页，图一〇，5。

［5］　桂林博物馆：《广西桂州窑遗址》，《考古学报》1994年第4期，第506页，图六，20；李铧：《广西桂林窑的早期窑址及其匣钵装烧工艺》，《文物》1991年第12期，第84页，图一，11。

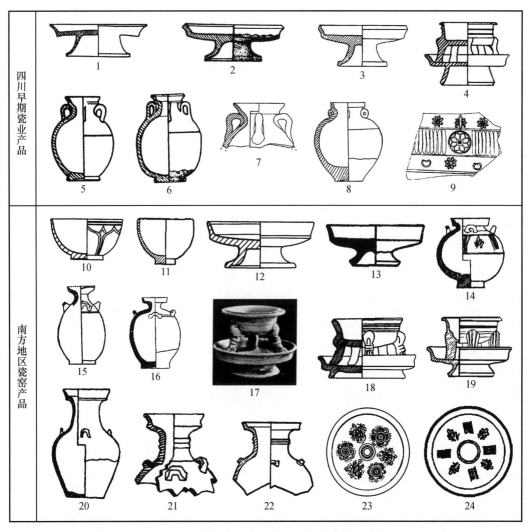

图六　四川早期瓷业与南方地区瓷窑的产品比较

1—3. C型高足盘（青羊宫窑、瓦窑山窑T1：89、天福窑TG1：14）　4、17—19. 盘炉（青羊宫窑、长沙赤岗冲M3、长沙隋墓M3：2、长沙初唐墓M162：4）　5—8、14—16. 小盘口壶（瓦窑山窑T2③：1525、瓦窑山窑Y1：14、天福窑TG1：23、六马槽窑、湘阴窑2：74、湘阴窑2：72、长沙南朝墓M7：12）　9. 印花钵残片（青羊宫窑）　10. 碗（乌龟山窑T2②：119）　11. 杯（桂州窑Y1①：16）　12、13. 高足盘（寺前山窑T8③：212、湘阴窑2：44）　20—22. 盘口壶（湘阴窑1：30、桂州窑、桂州窑Y1②：46）　23、24. 印花纹饰（寺前山窑T8③：213、湘阴窑1：118）

窑中出土的同类支钉较相似（图七，22）。青羊宫窑、瓦窑山窑、天福窑的碗、盘、钵等器物，在装烧时一般采用各式齿足支钉进行间隔叠烧。这种装烧方法与岳州窑、桂州窑的装烧方法基本相同。不同之处在于，岳州窑、桂州窑在南朝时已大量使用匣钵装烧。在青羊宫窑、瓦窑山窑、天福窑中均出土有璧形垫板。这类窑具一般用于烧造碗、杯类器物，使用时先在垫板上放置数个束腰筒形支钉，支钉的齿足朝上，将碗、杯类坯件倒扣在支钉的齿足上（图七，17、18）。放置好坯件的璧形垫板的放置方式有两种。一种是放置在盆、钵的内壁近口沿处。第二种是放置在筒形支座的顶面，然后在垫板的中心再立一件筒形支座，支座顶面又放置一个璧形垫板，璧形垫板和筒形支座组合使用，层层相叠。这种装烧方式与湖南岳州窑和广西桂州窑中使用伞形窑具的装烧方式很相似（图七，30—32）[1]。杨宁波认为，四川地区窑场使用的这种装烧方式源于岳州窑[2]。

岳州窑使用的窑炉为龙窑，由于发表的资料较简略，具体形制及结构不详。

2. 四川早期瓷业与江西洪州窑的比较

洪州窑位于江西丰城市，窑址集中分布在以罗湖为中心的赣江两岸，烧造年代为东汉至五代。南朝时期的窑址，分布在同田乡龙凤村李子岗（龙雾洲窑）、乌龟山、白鹭山、牛岗山、松树山，钞塘村蛇头山、蛇尾山、交椅山；曲江镇郭桥村缺口城，罗湖村象山、狮子山、寺前山、外宋、管家、南坪；梅林镇鹅头山等地。以乌龟山窑、李子岗窑、罗湖寺前山窑代表[3]。

南朝时期的洪州窑，在产品造型、装饰、窑具及装烧方法等方面与四川早期瓷业之间存在较多相似之处[4]。从产品造型来看，南朝时期洪州窑产品中的碗、钵、杯、高足盘、高足杯、砚台等器物，分别与四川早期瓷业中的同类型器物相似。其中四川早期瓷业中的A型盘口壶，其盘口、颈部、肩部及系部特征，与江西永修、高安、清江、赣县等地出土的洪州窑青瓷盘口壶的特征十分相似。四川各窑中的A型盘口壶，其造型可能直接来源于洪州窑。在青羊宫窑和洪州窑中，均有盘炉这类产品，但器物造型存在一定差别。

从装饰来看，四川早期各窑产品的装饰方法有刻划、印花及点彩。刻划纹饰主要有弦纹、莲瓣纹、水波纹、忍冬纹、卷草纹。印花纹饰主要为朵花纹。洪州窑的装饰方法主要为刻划和印花两种。各类器物上均流行弦纹装饰。洪州窑碗外壁刻划的莲瓣纹（图六，10）与青羊宫窑碗外壁的莲瓣纹较相似（图三，2、4）。青羊宫窑、瓦窑山窑产品上的印花图案，虽然与洪州窑瓷器的印花图案差别较大，但二者的纹饰多数都是朵花纹。

从窑具来看，青羊宫窑、瓦窑山窑中出土的圆环形齿足支钉（图七，1、2）与洪

[1] 李铧：《广西桂林窑的早期窑址及其匣钵装烧工艺》，《文物》1991年第12期，第86页，图五。

[2] 杨宁波：《论东亚伞状支烧具的技术体系及始源地问题——兼谈岳州窑和桂林窑的关系》，湖南文物考古研究所：《湖南考古辑刊》（第11集），北京：科学出版社，2015年，第243页。

[3] 北京大学中国考古学研究中心、江西省文物考古研究院、江西省丰城市博物馆：《丰城洪州窑址》，第256、257页；万良田、万德强：《江西丰城龙雾洲瓷窑调查》，《考古》1993年第10期。

[4] 北京大学中国考古学研究中心、江西省文物考古研究院、江西省丰城市博物馆：《丰城洪州窑址》，第32、59、61、161、165页；图一九，6；图三一，10；图三二，11、21；图一〇〇，3；图一〇二，6。

州窑中出土的同类齿足支钉十分相似（图七，19、20），两窑中出土的圈形支座（图七，14—16）与洪州窑中的浅盘形支座较相似（图七，29）。四川早期各窑中均未发现匣钵，碗、盘、钵等器物在装烧时一般采用各式齿足支钉进行间隔叠烧。洪州窑在南朝时已大量使用匣钵，碗、盘、钵等器物一般采用匣钵多件叠烧，坯件之间一般用齿足支钉、环形三足支钉、泥钉以及柱形托珠进行间隔。其中齿足支钉的使用较普遍。两者之间在烧烧方法上存在较大相似性。

在已发表的资料中，目前未见六朝时期洪州窑的窑炉资料。2004年发掘的陈家山东汉窑址清理出2座斜坡式龙窑，其中Y2保存较完整。Y2由窑前工作室、工作台、火膛、挡火墙、窑床、窑门等部分组成。窑壁用砖砌成，窑前工作室和火膛呈长方形[1]。1993年发掘的象山窑Y1，年代为隋代。窑壁用砖砌成，由操作间、火膛、窑室、窑门等部分组成，窑室后壁残。火膛平面呈前窄后宽的梯形[2]。1983年在青羊宫窑发掘清理出的隋代龙窑（Y1）和1988年在瓦窑山窑发掘清理出的南北朝至唐代的龙窑（88QGY1），火膛平面均呈长方形。四川早期瓷窑和洪州窑的窑炉均为斜坡式龙窑，二者的火膛平面均为长方形或近似长方形的梯形，说明四川早期瓷业的窑炉与洪州窑之间也有较密切的关系。

3. 四川早期瓷业与福建怀安窑的比较

怀安窑位于福建福州市建新镇怀安村天山马岭西南麓，分布范围约10万平方米。烧造年代为南朝至五代，可以分为南朝和唐五代两个发展阶段。窑址发现于1959年，1982年进行抢救性发掘，在出土的窑具上有南朝梁"大同三年"（537年）和唐"贞元"（785—805年）纪年铭文[3]。

南朝时期，怀安窑受到江西洪州窑的影响较明显，产品的造型、窑具及装烧方法与洪州窑有较多相似之处。南朝时期的怀安窑在产品造型、釉色、窑具及装烧方式等方面与四川早期瓷业之间也存在一定的相似之处。怀安窑南朝时期的饼足直口小碗、平底浅腹敛口钵、平底深腹敛口钵等产品，器形与四川早期瓷业中的同类器物较相似。两窑产品中均有盘炉，但器形存在较大差别。怀安窑产品的釉色呈青、青灰、青黄、青绿、黄绿等色，其中青灰釉瓷器与青羊宫窑的青灰釉产品在釉色、釉质方面较

[1] 张文江、李育远、余江安：《江西丰城陈家山洪州窑遗址考古发掘的主要收获》，中国古陶瓷学会编：《中国古陶瓷研究》（第十二辑），北京：紫禁城出版社，2006年，第352—354页。

[2] 北京大学中国考古学研究中心、江西省文物考古研究院、江西省丰城市博物馆：《丰城洪州窑址》，第334、335页。

[3] 王铁藩：《福州发现本省最早的窑址》，《文物》1962年第9期；福建省博物馆、福州市文物管理委员会：《福州怀安窑址发掘报告》，《福建文博》1996年第1期，第6、12、15页；图五，7、9—11、13—15；图十八，1；图二十八，4。

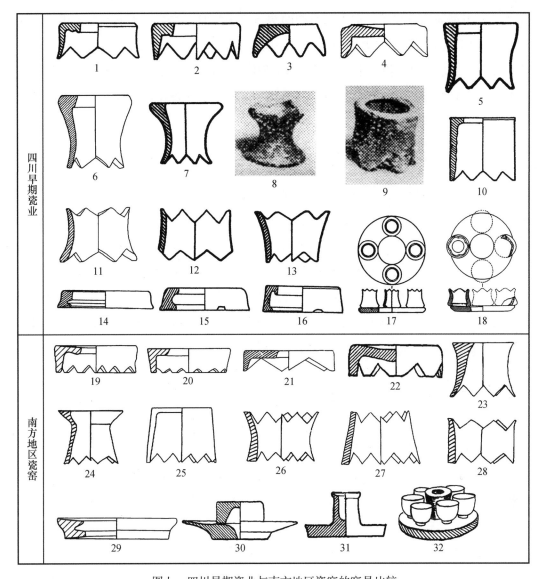

图七　四川早期瓷业与南方地区瓷窑的窑具比较

1、2、19—21. 环形齿足支钉（瓦窑山窑Y1：18、瓦窑山窑Y1：20、乌龟山窑T1②：404、乌龟山窑T1②：434、
　　怀安窑T3②a：38）　　3、4、22. 覆盂形齿足支钉（瓦窑山窑T1：199、天福窑TG1：50、桂州窑Y1①：5）

5—10、23—25. 筒形齿足支钉（瓦窑山窑T1：223、天福窑TG1：38、瓦窑山窑T4③：1626、青羊宫窑、青羊宫窑、
瓦窑山窑T2③：1621、怀安窑T2②：77、怀安窑T3②a：39、怀安窑T2②：83）　　11—13、26—28. 筒形上下齿足
　支钉（天福窑TG1：51、瓦窑山窑T2③：1629、瓦窑山窑T4③：1630、怀安窑T3②a：44、怀安窑T2②：85、
　　怀安窑T2②：83）　　14—16. 圈形支座（瓦窑山T2③：1670、瓦窑山T4③：1666、瓦窑山窑T4②：1668）

　　　　　17、18. 璧形垫板装烧标本（瓦窑山窑T1：266、天福窑TG1：33）　　29. 浅盘形支座（乌龟山窑
T2②：156）　　30、31. 伞形窑具（桂州窑Y1③：207、桂州窑Y1①：1）　　32. 伞形窑具装烧示意图（桂州窑）

相似。四川早期瓷业与怀安窑南朝时期的装烧方法相似，碗、盘类器物均采用叠烧，坯件之间用各式齿足支钉进行间隔。青羊宫窑、瓦窑山窑和天福窑中出土的筒形支钉、圆环形齿足支钉、筒形上下齿足支钉的形制（图七，1、2、5—13）与福州怀安窑中的同类窑具基本相同（图七，21、23—28）。四川早期瓷业使用的筒形上下齿足支钉与怀安窑中的筒形上下齿足支钉几乎同出一辙。

（三）四川早期瓷业的技术来源分析

从以上比较可以知，四川地区瓷业在早期发展阶段的产品造型、装饰、窑具及装烧工艺等方面受到了来自南方地区的洪州窑、岳州窑和怀安窑的影响。其中器物造型受岳州窑的影响尤为明显。由于洪州窑与岳州窑之间存在较密切的关系，二者在产品造型、装饰及装烧方法等方面有较多相似之处。因此，四川早期各窑的产品在造型和装饰上，兼有岳州窑和洪州窑的一些特点。青羊宫窑出土的盘炉和邛崃瓦窑山窑、邛崃十方堂窑、崇州天福窑中出土的小盘口壶与岳州窑之间有直接的渊源关系。四川早期瓷业中的A型盘口壶造型可能直接来源于洪州窑。

四川地区早期瓷业各窑中的环形齿足支钉、覆盂形齿足支钉、圈形支座、筒形支钉、筒形上下齿足支钉分别与洪州窑、怀安窑、岳州窑（桂州窑）中的同类窑具基本相同或相似。从窑炉来看，四川早期龙窑可能受到了洪州窑龙窑的影响。

依据熊海堂提出的"文化交流层次论"，瓷业技术交流按技术接受的难易程度进行分层，依次是成型技术、装饰技术、配方技术、装烧技术、窑炉技术等，其中成型和装饰的技术接受者通过外观就能够进行模仿，而配方技术、装烧技术和窑炉技术，一般需要进行直接交流才能明白其中的奥妙[1]。四川早期瓷业中的窑具与南方地区洪州窑、岳州窑、怀安窑中的窑具及装烧方法存在诸多相同或相似之处，同时四川早期龙窑与洪州窑龙窑之间也存在一定的相似之处。四川早期瓷业与南方地区瓷窑之间的关系，并非仅仅停留于对南方瓷窑产品的造型及装饰等外观的模仿，而是与南方各窑之间存在直接的技术交流关系。

在四川早期瓷业中，虽然也有碗、杯、钵、高足盘等部分器物的造型与北方地区的北朝、隋代窑址中的器物较相似。但在四川地区早期瓷业各窑中，未发现三叉形支钉这类北方瓷业的代表性窑具。北方地区的早期瓷业同样也是受南方地区瓷业（特别是岳州窑、洪州窑）的影响而兴起的。四川地区早期瓷业和北方早期瓷业在产品造型上出现的雷同情况，并不代表二者之间一定存在相互交流关系，而是二者在瓷业发展初期都受到南方地区瓷窑影响的结果。

目前已有一些学者认识到四川地区的早期瓷业与南方地区瓷业之间存在较密切的

---

[1]　熊海堂：《东亚窑业技术发展与交流史研究》，南京：南京大学出版社，1995年，第12页。

关系。刘雨茂认为青羊宫窑在兴起之初在产品造型、窑具和烧造工艺方面主要是受越窑的影响[1]。但从青羊宫窑中出土的器物和窑具来看，目前未发现较典型的越窑因素，四川地区的早期瓷业与越窑之间无明显的交流关系。秦大树等学者在《四川省邛崃市大渔村窑区调查报告》中提到，邛窑在隋代与长江中下游地区的联系比较密切[2]。黄晓枫认为，四川"本地瓷业生产发生之初，窑业技术的主流是南方的龙窑体系，以生产青瓷为主。在瓷业发生之初的两晋、南朝开始就呈现出受南方地区青瓷技术强烈影响的特点"[3]。方圆远认为，青羊宫窑吸收了长江中下游地区的先进制瓷技术[4]。以上观点中，认为四川地区早期瓷业与长江中游地区的窑场存在密切关系者，无疑是正确的。具体而言，四川地区的早期瓷业与南方地区的洪州窑、岳州窑、怀安窑及桂州窑之间存在较密切的关系。

四、余　　论

四川地区制瓷业出现的时间和早期瓷业的技术来源问题，是四川古陶瓷研究中的重要课题。以往有学者依据川渝地区墓葬中出土的瓷器，推测四川地区在东汉时期或两晋之交已开始烧造成熟的瓷器。但从器物的造型和胎釉特征来看，这些墓葬中出土的瓷器绝大多数都属于南方地区瓷窑的产品。从窑址调查、发掘出土的器物来看，四川地区的瓷业生产最早出现于南北朝时期。在几处发表资料较详细的窑址中，青羊宫窑的烧造年代最早，年代上限可早至南朝梁武帝时期。邛崃瓦窑山窑、都江堰金马六马槽窑和崇州天福窑的烧造年代上限为南北朝晚期。

四川地区各窑址及相关墓葬中出土的Ba型碗、Bb型碗和B型盘口壶，以往一般被认为是隋代产品。通过与陕西咸阳北周宣政元年独孤藏墓中出土的碗、盘口壶和北周建德五年王德衡墓出土的盘口壶进行比较，可以证明Ba型碗、Bb型碗和B型盘口盘的年代上限可早至北朝晚期。以此为据，以往的一些学术观点有必要进行相应的修正。如1982—1983年发掘的青羊宫窑，发掘者将窑址堆积划分为3层，将第3层的年代定为南北朝，将第2层的年代定为隋代，第1层年代为唐代。在第2层的出土器物中包含了较多Ba型碗和B型盘口壶，因此第2层的年代应为南北朝晚期至隋代。窑址调查者认为天福窑的烧造年代主要是初唐和盛唐，上限可能早到隋代。从出土器物来看，在天福窑

---

[1]　刘雨茂：《青羊宫窑初探》，成都市博物馆编：《文物考古研究》，第306页。

[2]　成都文物考古研究所、北京大学考古文博学院、邛崃市文物保护管理所：《四川省邛崃市大渔村窑区调查报告》，成都文物考古研究所：《成都考古发现》（2005），北京：科学出版社，2007年，第334页。

[3]　黄晓枫：《四川地区古代瓷业技术来源与发展探析》，沈琼华主编：《中国古代瓷器生产技术对外传播研究论文集》，杭州：浙江人民美术出版社，2014年，第153页。

[4]　方圆远：《成都青羊宫窑初步研究》，重庆师范大学硕士学位论文，2013年，第50页。

中出土了A型盘口壶、B型盘口壶、Ba型碗、Bb型碗等可早至南北朝晚期的器物，同时窑址中出土的C型高足盘和小盘口壶等器物的年代为隋代，因此崇州天福窑的烧造年代应更正为南北朝晚期至盛唐。易立对邛崃瓦窑山、十方堂、大渔村、尖山子等几处窑址中出土的早期遗物进行研究，推测瓦窑山窑的始烧年代为隋至唐初[1]。在瓦窑山窑出土的器物中有A型盘口壶、B型盘口壶、Aa型高足盘、Ab型高足盘、A型钵、B型钵、Ba型碗以及杯等年代可早至南北朝晚期的器物，因此原发掘简报将瓦窑山窑的年代上限定为南北朝应是准确的。

　　四川地区的早期瓷业是受到南方地区瓷业的影响而出现的。南方地区瓷业对四川地区早期瓷业的影响体现在产品造型、装饰、窑具及装烧工艺等各个方面。从考古发现来看，川渝地区东汉至南朝时期墓葬及遗址中出土的瓷器绝大多数都是来源于长江中游地区的岳州窑、洪州窑产品。在四川地区瓷业兴起之初，这些外地输入的瓷器产品自然成为本地瓷业模仿、学习的主要对象，因此四川早期瓷业各窑在产品造型、装饰、窑具及装烧方法等方面与岳州窑、洪州窑存在较多相似之处。浙江地区的越窑产品，由于输入四川地区的数量较少，未成为四川早期瓷业模仿、学习的主要对象，因此在四川早期瓷业中不见明显的越窑因素。

　　附记：本文为教育部人文社会科学研究规划基金项目"川渝地区古代制瓷业与外地制瓷业之间的关系研究"（项目编号：22XJA780003）的阶段性成果之一。

Preliminary Study on the Origin Time and Technical Source of the Early Porcelain Industry in Sichuan

Wu Qiupeng

(School of Chinese Classics, Chengdu University of Traditional Chinese Medicine)

Abstract: Most of the porcelains unearthed from the burials of the Eastern Han Dynasty to the Southern Dynasty in Sichuan and Chongqing were produced by the porcelain kilns in southern China. In the past, some scholars believe that the porcelain industry in Sichuan arose in the Eastern Han Dynasty or the Jin Dynasty is untenable based on the porcelain excavated in the burials. By comparing the porcelain unearthed from the early kiln sites in Sichuan with those unearthed from tombs with clear dates and kiln sites in the Northern and Southern Dynasties, it can be confirmed that the porcelain industry in Sichuan arose during the

---

　　[1]　易立：《邛窑始烧年代考论》，教育部人文社会科学重点研究基地吉林大学边疆考古研究中心编：《边疆考古研究》（第23辑），北京：科学出版社，2018年，第244页。

Northern and Southern Dynasties. The early porcelain industry in Sichuan was influenced by the Hongzhou kiln, Yuezhou kiln and Huai'an kiln from southern China in product modeling, decoration, kiln tools and firing techniques.

Keywords: Sichuan, Ancient Porcelain, Firing Date, Source of Technology

（责任编辑：李帅）

后蜀宋王赵廷隐墓志铭及相关问题研究

童蕾旭[*]

摘要： 后蜀宋王赵廷隐墓是继前蜀王建墓、后蜀孟知祥墓、前蜀王宗侃墓、后蜀张虔钊墓外，迄今发现的四川五代时期最高等级墓葬。该墓早年被盗，墓志铭出土时碎裂严重，散落分离。本文公布了赵廷隐墓志铭修复后的图文信息，在铭刻文字辨识基础上进行了全文考释，并结合出土实物材料与历史文献对墓主籍贯生平、家族世系与相关社会关系进行了初步研究，对志文涉及的五代历史事件等相关内容进行了梳理考证，完善人物传记，补校了现存历史文献资料的部分错漏与缺略。

关键词： 后蜀 赵廷隐 墓志铭 历史事件 家族世系

2010年12月至次年5月，成都市文物考古工作队在龙泉驿区十陵镇青龙村清理了一座五代墓葬，发现了包括彩绘庭院、彩绘陶俑、金银器等在内的大量精美文物，并出土石质墓志铭一盒、买地券一方[1]。墓志铭出土时，志盖与志石分离，呈网状碎裂散落，表面文字为黏土覆盖，后经成都文物考古研究院文保中心清理并保护修复，最大限度恢复其原貌。所存志文清晰可读，内容基本完整。现拟以志文为基础，结合相关实物与文献对其做初步考释。

一、墓志铭基本信息

该墓志铭系红砂岩石质，盝顶盒式，平面呈方形。志盖为盝顶形，边长114、高6—13厘米（图一，1）。四斜刹内阴刻忍冬与莲花图案，盖顶边框内从右至左竖书，阴刻篆书铭文"大蜀故太师宋王赠太尉徐兖二州牧谥忠武天水赵公墓志铭"，共5行25个大字。志石为方形，长112.4、宽112、高12.5厘米（图一，2）。表面精心打磨光滑，以墨为地，阴刻楷书、行楷52行，满行48字，共2042字。全文由序、志、铭三部分组成，述及墓主赵廷隐的生平经历、重大功绩、官职封赏、家族世系及死后尊荣等信息。

---

* 作者：童蕾旭，成都，成都文物考古研究院（laceytong@qq.com）。

[1] 王毅、谢涛、龚扬民：《四川后蜀宋王赵廷隐墓发掘记》，《中国社会科学报》2011年5月26日第8版。

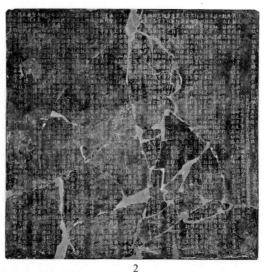

图一　赵廷隐墓志铭修复后照片

1.志盖（M1：4-1）　2.志底（M1：4-2）

（经成都文物考古研究院文保中心保护修复，王通洋、陈俊橙、辜德高修复，辜德高、唐文武摄影）

墓志首题 "大蜀故太师宋王赠太尉徐兖二州牧谥忠武天水赵公墓志铭并序"，撰文者为 "翰林学士、正议大夫、行尚书礼部侍郎、知制诰兼知贡举、上柱国赐紫金鱼袋欧阳炯"，书丹者为 "前眉州军事判官、将仕郎兼监按御史、赐绯鱼袋何尧封"，镌刻者 "镌玉册官武令昇"。

墓志全文句读如下（图二）：

大蜀故太师宋王赠太尉徐兖二州牧谥忠武天水赵公墓志铭并序。｜门吏翰林学士、正议大夫、行尚书礼部侍郎、知制诰兼知贡举、上柱国赐紫金鱼袋欧阳炯撰。｜门吏前眉州军事判官、将仕郎兼监按御史、赐绯鱼袋何尧封书。｜

述夫，五运代隆，则降非常之主；千年契会，爰钟佐命之臣。是以，山出云则申伯匡周，石投水则留侯辅汉。惟｜我朝之兴霸也，旁求梦卜，揔揽英雄。其有力赞经纶，躬亲矢石，功存王室，利济公家，生膺列土之封，殁象连山之冢，与萧、曹、英、｜卫分镳并驱者，则｜故太尉忠武公其人也。王讳廷隐，字臣贤，族本天水，胙之土而命之氏，史不绝书。后因官□居[于]汴之浚仪，即大梁人｜也。 曾祖讳莹，不仕。祖讳熙，不仕。考讳彦，不仕。妣武昌郡史氏。王[始]自策名，仕于｜梁太祖武皇帝。由殿前丞旨，历东头供奉官。年甫弱冠，值魏府杀衙军。相州叛逆，命师征之，三年不克。王时充监护，面奏请｜军前五百人，自充窟头，潜设地道，五十日内收下州城，以功除授邢州兵马都监属。镇、定兵士攻围，与节帅御捍半年，克全城。」垒转绛州监押，复授晋州建宁军都监。破昭义叛军于柳谷，转陕州镇国军都监，自后连任北面□军马军行营兵马都监，及」安州护戍，杀退淮南军，解围安陆。复值荆渚，收复襄州，州将奏请救援，胜捷之后，寻充复州行营都监，收复竟陵郡邑，前后八」任董领兵师，所立大功者，四五赏袟。自太子宾客，累官兵部尚书，后除天下马军都监属招讨使。段凝分以赢兵，误为军道，以」其私嫉败国殄民，及出师兖郓，至中都之失利也，梁朝革命，王乃随从。唐庄宗皇帝入梁，上□解缚推恩，折箭为誓，」宪众小之有嫌间，惜始终之谓忠良，即时宣充青沧等道印马使。同光三年，监护康延孝军入蜀郡，及魏王奏充西川」左厢马步军都指挥使。值」高祖文皇帝镇临，降公牒，依署前职，康延孝回戈乍授，命王董众合谋擒之。其后眉之彭山贼帅樊义远聚徒仅万，活擒其」属无遗类焉。暨庄宗归遐，明宗朝加检校司空、汉州刺史，南郊恩制加检校司徒属。邻道交兵与都戎□□□」等，收讨武信之次，而东川剑关失守，特命王领□三千人径赴剑州，与北军对垒，彼军八万余人，王两度尝攻，分布擒俘，及」亲手斫下军校都头，临阵伤足，潼帅列状报到，」先皇帝降书□□问，并激励三军，兼命上宾到寨巡抚。其年正月十二日，收下武信，赍夏鲁奇首级，慰谕军前。前之一日，北军」排布逼我剑郡，王独以一队据剑之北岭上，驻马当之，□戈奋击，杀戮数骑，继以大军立摧勍敌，遂收复昭武五州之地，献」捷于都城。先皇帝寻授之昭武兵马留后，到任版筑功毕，来年归觐。至四月潼帅□□背盟，率众屯于广汉。」先皇帝授王马步诸军都部署，随」驾□征，及阵于樱桥，王独以宁远军数千人据桥口，与□□□，自辰及午，力战数合，大败之。□□之间，彼帅献充，克全城。垒」□□□□，以所得之地议赏属，握兵者妄有觊觎其□□，□首率众状请先皇兼镇两川，上命副宾甘言慰谕，寻割」□□□□□□□建保宁军额，授王充节度兵马留后，陈让而后受焉。先皇帝封王□□之初，计功命赏，转授加光」禄阶检校太傅、天水县男，食邑三百户，后同五镇加官受节。先皇帝登位，以劝进功，□□□进检校太尉同中书门」下平章事，进开国伯，加封七百户，赐忠烈扶天保国功臣。」今上睿文英武仁圣明孝皇帝嗣位，以翊戴功，制授六军副使，加开府阶检校太尉兼侍中，封郡侯食邑，赐扶天定国安时」保圣功臣。复转授卫圣诸军马步都指挥使，仍以东川潜龙重地制授武德军节度、管内观风等使，加国公，食邑五百户，」实封一百户，在任加兼中令，食邑一千户，实封二百户，量留六年后，加检校太师。广政七年春，制授守太保、武信军节度、管」内观风等使，加食邑实封。至十一年夏，偶染风恙，乞养疾，请罢军权。上虽允俞，以酬功未极，制授守太傅、封宋王，命｜使持节宣册受封，寻赐肩舆出入殿省。十三年同上｜尊号，制授守太师，食邑通前四千五百户，实封通前五百户，封宋王阶官勋，赐如故。其年初冬，疾伤滕理，至十一月朔薨于成｜都县龙池坊之里第，享年六十有六。｜圣上宸襟震悼，辍朝三日，命使赙襚，备极恩礼。以广政十四年二月十日，命使副持节册，赠为太尉、徐兖二州牧，谥忠武。即以｜其月二十二日，命太常卤簿仪仗卜兆，迁葬于灵池县强宗乡华严里之原。礼也，呜呼哀哉！王有兄三人，长曰景滂，次曰景｜浩，次廷遇，任陵州刺史左监门卫将军。姊二人，长适武威贾氏，次适陇西李氏，封天水郡太夫人。王先娶阎氏，追封宁国夫人，｜次李氏，封宋国夫人。今娶吉氏，封邓国夫人。有男三人，长崇祚，银青光禄大夫、守卫尉卿、判太常寺、事上柱国，是□□□，仕于｜昭代，言行相顾，诗礼兼闻。次曰崇韬，竭忠奉义功臣、金紫光禄大夫、检校司徒，使持节眉州诸军事、守眉州剌□、兼卫□□、｜□上柱国，文武不坠，孝友无违，六籍为师，一麾出守，便蕃渥泽，独擅英奇，用表珪璋，□□□□。小男崇奥，银青光禄大夫、检□｜左散骑常侍、右千牛卫将军同正、兼御史大夫。有女七人，长适右骁卫将军黎德昭，封天水县君；次适少府监韩德远，不幸早｜亡；第三女适前利州别驾张匡尧。余皆年幼，并以自钟艰棘，号奉几筵，先远有期，哀荣备极，以炯素依门馆请述志铭。呜呼！｜

惟王以望隆三杰，瑞比四灵，十护戎师，累全城壁。剑州之役也，以三千之劲卒拒八万之雄军。榎桥之阵也，外无疆场之虞，｜内去腹心之疾。椎牛酾酒，秣马励兵，动匪家，为忠、为己任，故得三公命秩，一字真封，宸翰玺书盈箱累按。｜圣上方繄元老，遽痛歼良，礼备饰终，情深悼往。永眷南宫之像，长流北阙之恩。惟终始之令名类古，今之信史，撫实纪美，谅｜无愧辞，因撰录遗芳，载为铭曰：｜

大人龙兴兮君子豹变，克笃前烈兮勤劳百战。将孙吴颇牧兮共轨，与英卫李郭兮同传。其一 剑岭榎桥兮临大敌，｜陷阵摧坚兮功弟一。钟釜竹帛兮纪元勋，师傅王公兮膺宠袟。其二 门阀盛兮翼子贻孙，天不憖遗兮神理奚论。｜三公二牧兮谥忠武，卜兆安厝兮旌九原。其三 生为英雄兮威灵如在，泰山如砺兮黄河如带。竖双阙兮勒丰碑，｜垂令名兮传亿载。其四

镌玉册官武令昇刻字。｜

图二　赵廷隐墓志铭拓片

（经成都文物考古研究院文保中心保护修复，严彬拓印）

二、赵廷隐籍贯

赵廷隐其人，现存《旧五代史》《新五代史》《宋史》《资治通鉴》等史籍均有记载，《九国志》和《十国春秋》有传，又以《九国志》对其生平事迹着墨最多。

关于其籍贯，文献记载不一。赵廷隐，《九国志》又作"赵庭隐"，不同版本中或称其为"开封人"，或作"太原人"[1]。《蜀梼杌》与《资治通鉴》记曰："廷

---

[1]　清钱熙祚《守山阁丛书》所录《九国志》，称赵庭隐为太原人，影印清钱氏本，参见（宋）路振：《九国志》卷七，上海：上海博古斋，1922年，第3页；而《粤雅堂丛书》《海山仙馆丛书》所印《九国志》，及商务印书馆万有文库的整理本、民国上海进步书局校印本，赵庭隐均作开封人。参见（宋）路振：《九国志》卷七，上海：商务印书馆，1937年，第67页；（宋）路振：《九国志》卷七，上海：上海进步书局，第2页。

隐，开封人。"[1]又有《宋史·西蜀孟氏世家》载："赵崇韬，并州太原人。父廷隐，随知祥入蜀。"[2]清代吴任臣撰《十国春秋》则采用了《蜀梼杌》的说法，名字写作"廷隐"，也将其记作"开封人"[3]。

赵廷隐墓志的志盖、首题均称其为"天水赵公"，志文中记"王讳廷隐，字臣贤，族本天水"，曾被后蜀孟知祥赐为"光禄阶检校太傅、天水县男"。述及家族世系时，也有其二姐嫁与陇西李氏封"天水郡太夫人"，其长女被封为"天水县君"等重要信息，可见赵廷隐本人以及其家族的封赏，亦与"族本天水"有些联系。该墓志铭明确了赵廷隐为甘肃天水人，而非史书所载的并州太原人或开封人。但为何史书又多称其为开封人呢？

志文云："……族本天水，胙之土而命之氏，史不绝书。后因官□居于汴之浚仪，即大梁人也。"汴为"汴州"，即今河南开封，浚仪则是后梁汴州的赤县[4]。据文献记载，唐武德四年（621年），以郑州的浚仪、开封和滑州（今河南滑县）的封丘一同组建了雄县汴州陈留郡，而浚仪为其"望"县。贞观元年（627年），并开封入浚仪，延和元年（712年）复又拆分成浚仪县、尉氏县。开平元年（907年）四月，后梁太祖朱温代唐称帝，建都汴州，下敕令"升汴州为东京，置开封府，以开封、浚仪两县为赤县，其余属县为畿县"[5]。后唐灭梁，又降开封府为宣武军节度。后晋天福三年（938年），又复置开封府，浚仪县重新升为赤县。

志文中"汴之浚仪"，因后梁建都汴州而政治地位急剧攀升，由望县一跃为赤县，成为后梁的京城治所。由墓志可知，赵廷隐祖籍甘肃天水，因在后梁做官而迁居汴州浚仪县。开封府浚仪县也成了赵廷隐起家、官居、成名之地，而后世记载多以赵廷隐为开封人，似乎也不足为奇。

三、生平事迹与历史事件

该墓志铭所记载历史信息极为丰富。赵廷隐先后事三朝，生平事迹可分为后梁、后唐和后蜀三个阶段，涉及了五代时期众多的重要历史人物与历史事件，具有珍贵的

[1] 《资治通鉴》卷二百七十二《后唐纪一》，北京：中华书局，1956年，第19册，第8895页。

[2] 《宋史》卷四百七十九《世家二》，北京：中华书局，1977年，第40册，第13886页。

[3] （清）吴任臣撰，徐敏霞、周莹点校：《十国春秋》卷五十一《后蜀四》，北京：中华书局，1983年，第757页。

[4] 属县的望、赤等级之分，在唐代就有规定。《通典·职官十五》："开元中，定天下州府自京都及都督、都护府之外，以近畿之州为四辅，其余为六雄、十望、十紧及上、中、下之差。""大唐县有赤、畿、望、紧、上、中、下七等之差。"注曰："京都所治为赤县，京之旁邑为畿县，其余则以户口多少、资地美恶为差。"参见（唐）杜佑：《通典·职官十五》，北京：中华书局，1984年，第188、191页。

[5] （宋）王溥：《五代会要》，上海：上海古籍出版社，1978年，第307页。

史料价值。

第一阶段：天复四年（904年）至龙德三年（923年），事后梁，屡立战功。

志文述及其家族渊源，但并没有宣扬赵氏先祖功绩。其曾祖、祖父甚至父亲都不曾入仕为官，直到赵廷隐，才"<u>始</u>自策名，仕于梁太祖武皇帝"。策名，意指仕宦、做官。可见赵家原非天水世家大族，也非《九国志》所言的"世为卿家"。《九国志·赵庭隐传》载："（庭隐）始事梁祖子友亮。因击鞠坠马死。"[1]然而史籍中，并未见梁太祖有子名"友亮"的记载，只一侄子名曰"友谅"，另有一养子"友让"，音似。而朱温另有一从子名曰"友伦"，确因击鞠坠马而死。《旧五代史·梁书·太祖纪二》："（天复三年）十月辛巳，护驾都指挥使朱友伦因击鞠堕马，卒于长安。讣至，帝大怒，以为唐室大臣欲谋叛己，致友伦暴死。"案引《九国志·赵庭隐传》考证"欧阳史及通鉴并作友伦，而《九国志》以为友亮，盖传闻之讹"[2]。又《资治通鉴》也载，昭宗天复三年"宿卫都指挥使朱友伦与客击球于左军，坠马而卒。"其注有考异曰："《编遗录》：丁亥，赵廷隐自长安驰来告，今月十四日，朱友伦坠马而卒。"梁祖悲怒："凡与同戏者十余人尽杀之，遣其兄子友谅代典宿卫。"[3]《大梁编遗录》成书于五代，已佚，所言史实颇为翔实，此条与《九国志》关于为击鞠坠马事件之后，所述相合[4]。按《九国志》的说法，赵廷隐为"友亮"的侍从，而史籍记载，董璋、高季昌等又曾为朱温假子朱友让（李七郎，又称原名）之仆童，廷隐与董璋等又一同因此事前往开封，因此赵廷隐到底为朱友伦的属下还是与董璋、高季昌等曾同为朱友让仆童，尚难以确定[5]。但可结合墓志推知，志文所称"仕于梁太祖武皇帝"，当是赵廷隐"追赴汴州"之后的事情，即唐昭宗天复三年（903年）十月之后，廷隐入开封，得以跟随朱温左右。继而"由殿前丞旨，历东头供奉官"，之后南北转战，开启其军旅生涯。

志文曰："（廷隐）年甫弱冠，值魏府杀衙军"。衙军，又作"牙军"，为节度使亲兵。此处的魏府衙军，当为魏博节度使的牙军。天复四年，昭宗被杀，朱温另立昭宣帝，唐王朝名存实亡，皇权旁落。天祐初，牙将李公佺等为乱，原魏博节度副使罗绍威忧惧牙军之祸，谋划借助朱温之势消除隐患。天祐三年（906年）正月，幽州发

[1] （宋）路振：《九国志》卷七《赵庭隐传》，傅璇琮、徐海荣、徐吉军主编：《五代史书汇编》，杭州：杭州出版社，2004年，第6册，第3301页。

[2] 《旧五代史·梁书》卷二《太祖纪二》，北京：中华书局，2016年，第1册，第36页。

[3] 《资治通鉴》卷二百六十四《唐纪八十》，第18册，第8621页。

[4] 《九国志》卷七《赵庭隐传》："庭隐、董璋等十数人，皆追赴汴州，（朱温）知其无过，竟释不问，令给事左右。"傅璇琮、徐海荣、徐吉军主编：《五代史书汇编》，第6册，第3301页。

[5] 《旧五代史》卷六十二《董璋传》，第3册，第966页；《旧五代史》卷一百三十三《高季兴传》，第6册，第2039页。

兵魏博，罗绍威趁机向朱温求助："会全忠女适绍威子廷规者卒，全忠遣客将马嗣勋实甲兵于橐中，选长直兵千人为担夫，帅之入魏，诈云会葬，全忠自以大军继其后，云赴行营，牙军皆不之疑。"潜入魏府后，马嗣勋所率骁勇之兵与罗绍威之奴客合击牙军，诛杀了作乱的牙军[1]。志文载廷隐薨于广政十三年（950年），卒年六十六，而天祐三年魏博牙兵之乱时，正值其弱冠之年，与文献所载事件吻合。廷隐时为东头供奉官，随梁军临时出使前往魏府平乱。

随后梁军又趁机攻下魏军残党盘踞的澶、博、相等州，结束了魏博持续近两百年的牙军之患。根据墓志记载，相州有叛，赵廷隐当时在军中做监护，自荐为"窟头"，领军五百人挖地道潜入城中，最后"五十日内收下州城，以功除授邢州兵马都监属。"

志文曰："镇、定兵士攻围，与节帅御捍半年，克全城。"开平四年（910年），朱温欲兼并镇、定，成德节度使王镕（镇州、冀州）、义武节度使王处直（定州、易州）向晋求助。梁晋在高邑、柏乡争战，这场战争以梁军的失败而告终，高邑、柏乡之战后，后梁在与晋军的对峙中失去优势，势力逐渐退至河南，失去梁晋争霸的主动权。

之后，赵廷隐"垒转绛州监押，复授晋州建宁军都监"。"监押"低于"都监"一职。据《九国志》载："时庭隐为邢州都监，累立战功。节度使刘重霸嫉之。诬庭隐将所部兵降于庄宗。"述及了梁末帝时，廷隐曾被贬之事。后梁建宁军，治所即在晋州（今山西临汾市）。《新五代史·职方考第三》有载："晋州，故属护国军节度。梁开平四年置定昌军，贞明三年（917年）改曰建宁。"[2]晋、绛一直为河东晋王与后梁的边境重地。开平四年，梁太祖以晋州刺史下邑华温琪抵御晋军有功，论功欲赏。冀王朱友谦时为护国节度使，建议梁祖另建节镇，即以绛州割属晋州[3]，"以晋、绛、沁三州为定昌军，以温琪为节度使"[4]。由此推知，赵廷隐复为晋州建宁军都监之事，至少在贞明三年之后。

志文曰："破昭义叛军于柳谷，转陕州镇国军都监"，五代昭义军原有泽、潞、邢、洺、磁五州，梁有其邢州，梁晋争霸之初，就围绕潞、泽两州产生争夺，晋王得潞州和泽州。开平二年（908年），后梁以陕州保义军为镇国军[5]。贞明二年（916年），魏州张筠弃城，邢州阎宝降晋王，沧州戴思远弃守归汴，贝州又被攻陷，原昭

　　[1]　《资治通鉴》卷二百六十五《唐纪八十一》，第18册，第8657页；《旧五代史》卷十四《罗绍威传》，第1册，第215、216页。

　　[2]　《新五代史》卷六十《职方考第三》，北京：中华书局，2016年，第3册，第828页。

　　[3]　《旧五代史》卷一百五十《郡县志》，第6册，第2347页。

　　[4]　《资治通鉴》卷二百六十七《后梁纪二》，第18册，第8722页。

　　[5]　《新五代史》卷六十《职方考第三》，第3册，第828页。

义军所辖之地，尽属晋王。根据墓志所载，赵廷隐在柳谷败原昭义军。而柳谷的地理位置，应属陕州镇国军辖区内。唐贞观十二年（638年），太宗车驾西还长安，二月丁卯，至柳谷，观盐池。《资治通鉴》胡注曰："禹都安邑，后人立庙于其地。安邑有盐池，则柳谷亦当在安邑。"[1]《旧唐书·太宗本纪》作"丁卯，次柳谷顿，观盐池"[2]。又有"夏县人阳城以学行著闻，隐居柳谷之北，李泌荐之。六月征拜谏议大夫"。其注曰：柳谷，在安邑县中条山[3]。柳谷位于陕州夏县，县北五里中条山中。柳谷之役可能为小范围的战争，未见史料详载。

志文曰："自后连任北面□军马军行营兵马都监，及安州护戎，杀退淮南军，解围安陆。"安州安陆，即今湖北安陆。贞明五年（919年）十一月，吴武宁节度使张崇寇安州，次年春"吴张崇攻安州，不克而还"[4]。《九国志·张崇传》："武义元年（919年），累加安西大将军。梁祖遣将合湖南兵攻荆州，以崇为应援招讨使，引军攻安州，降其骑兵二百而还，迁德胜军节度使，加中书令。"[5]史籍对吴人此次进攻细节语焉不详，应遇到了州将抵抗，无功而返。据志文所述，廷隐可能亲历此战，并"杀退淮南军，解围安陆"。

随后，"复值荆渚，收复襄州。州将奏请救援，胜捷之后，寻充复州行营都监，收复竟陵郡邑"，志石上"竟陵郡邑"残字上部分字形为"音"，廷隐当时充任复州行营都监，而复州所辖之地具有战略意义且符合上下文义的当属"竟陵"。竟陵，汉时置县，隋属沔阳郡，唐武德初入复州，属山南东道节度。后梁复州曾被吴人攻破，推测残文为"竟"字。乾化二年（912年），后梁割复州隶属荆南节度使。贞明五年，后梁与晋在北方战场胶着，南方吴地杨隆演立，荆南高季昌实际割据一方，而安州、襄州等地，又毗邻吴王、荆南等势力，末帝时各方争夺控制权，边境局势愈发复杂不利。贞明五年五月，"楚人攻荆南，高季昌求救于吴，吴命镇南节度使刘信等帅洪、吉、抚、信步兵自浏阳趣潭州，武昌节度使李简等帅水军攻复州……简等入复州，执其知州鲍唐"[6]。《九国志·李简传》载："天祐十二年，授武昌军节度使。武义初，加镇西大将军，袭复州破之，俘知州鲍唐以献。"[7]加之，安州遇

---

[1]　《资治通鉴》卷一百九十五《唐纪十一》，第13册，第6136页。

[2]　《旧唐书》卷三《本纪第三》，北京：中华书局，1975年，第49页。

[3]　《资治通鉴》卷二百三十三《唐纪四十九》，第16册，第7514页。

[4]　《资治通鉴》卷二百七十一《后梁纪六》，第19册，第8851、8853页。

[5]　（宋）路振：《九国志》卷一《张崇传》，傅璇琮、徐海荣、徐吉军主编：《五代史书汇编》，第6册，第3234页。

[6]　《资治通鉴》卷二百七十《后梁纪五》，第19册，第8845、8846页。

[7]　（宋）路振：《九国志》卷一《李简传》，傅璇琮、徐海荣、徐吉军主编：《五代史书汇编》，第6册，第3229页。

袭，襄州失守，复州被破，919—920年，赵廷隐监军从河南转战于湖北安陆、襄阳、竟陵等地，解围后梁南方困境。志文记曰："前后八任董领兵师，所立大功者，四五赏袟。"

据志文所载，赵廷隐从殿前丞旨，历东头供奉官，后因功迁邢州都监，转充绛州监押，授晋州建宁军都监、陕州镇国军都监、⬛军马军行营兵马都监等职，累官至正三品兵部尚书，除天下马军都监属招讨使，在后梁屡立战功，官品也达到了一定的高度。然而正史与《资治通鉴》并没有记录其后梁时期的事迹，所见记载也始于兵败被缚入唐，称其为"裨将"，《九国志》《十国春秋》的传记中也未见详述。

值得注意的是，史籍中有"供奉官杜廷隐"在柏乡之战的零星记载。开平四年十一月，朱温以助王镕拒刘守光的名义，派遣供奉官杜廷隐、丁延徽等领兵三千驻深、冀。"是时，梁祖以罗绍威初卒，全有魏博之地，因欲兼并镇、定，遣供奉官杜廷隐、丁延徽督魏军三千人入于深、冀，镇人惧，故来告难。"[1]乾化元年（911年）正月，守柏乡，李嗣源逼邢州，李存勖屯赵州，"杜廷隐等闻梁兵败，弃深、冀而去"[2]。且同年二月，朱温"以户部尚书李振为天雄节度副使，命杜廷隐将兵千人卫之，自杨刘济河，间道夜入魏州，助周翰城守"[3]。有关杜廷隐的事迹与该志文中记录的部分事迹具有相似性，杜廷隐其人未见其传，是否为赵廷隐之误尚不确定。出土志文可资参详。

第二阶段：龙德三年（923年）至明德元年（934年），归后唐，定西川。

志文曰："段凝分以羸兵，误为军道，以其私嫉败国殄民。及出师兖郓，至中都之失利也，梁朝革命，王乃随从。"志石所刻"梁朝革命"，"革"后一字仅存上半部分"人"字，根据上下文义，识读为"命"[4]。此段志文记述了梁末段凝等弄权误军，导致后梁最终覆灭的这段史实，并提到赵廷隐兵败被俘的缘由，与史书记载相符。

梁王朱温与晋王李克用父子之间有宿怨，自梁立国到灭亡，梁晋（唐）对峙都未曾停止，数十年交锋各有胜负。梁龙德三年四月，晋王李存勖称帝，建立后唐，并趁后梁对泽州（今山西晋城）用兵之际攻陷后梁郓州（今山东东平）。同年五月，后梁以滑州节度使王彦章代替戴思远为北面行营招讨使，迎战唐军。王彦章断德胜浮梁，

[1] 《旧五代史》卷二十七《庄宗纪第一》，第2册，第425页。

[2] 《资治通鉴》卷二百六十七《后梁纪二》，第18册，第8734页。

[3] 《资治通鉴》卷二百六十七《后梁纪二》，第18册，第8737页。

[4] 古代改朝换代、变换天命谓之"革命"。"汤履革命"，参见卫辉大司马墓地M16出土乞扶令和墓志，河南省文物局：《卫辉大司马墓地》，北京：科学出版社，2015年，第224页，图版3-32；（宋）路振：《九国志》卷七《李仁罕传》，"梁祖革命，补宫苑仪銮等使"，傅璇琮、徐海荣、徐吉军主编：《五代史书汇编》，第6册，第3306页。

攻下德胜南城，之后王彦章、段凝围杨刘城，抵御唐军南下，并一度将唐军逼退至杨刘。然而唐军步步紧逼，博州建新垒防守，王彦章攻博州新垒失利，弃邹口，退守杨刘，再退至杨村寨。胶着之际，段凝等隐匿王彦章功劳，向末帝朱友贞进谗言[1]。八月，梁末帝临阵换将，以段凝取代王彦章为帅。段凝领梁军主力屯兵于黄河高陵渡王村，将羸弱兵士分与王彦章，令其屯守郓东，以图收复郓州，并派监军张汉杰对其加以监视。先锋康延孝投奔后唐，泄漏梁军军机，并献策攻梁。后唐采纳康延孝之计，趁梁都空虚，虚以主力与段凝军对峙，实则分兵突袭后梁京都。

王彦章渡过汶水，攻郓州失败，退守中都。此时赵廷隐应在王彦章军中[2]。同年十月，后唐军进攻中都，中都失守，王彦章、赵廷隐等兵败退走，终被后唐军所擒。《旧五代史·唐书》亦载："同光元年冬十月……时王彦章守中都。甲戌，帝攻之，中都素无城守，师既云合，梁众自溃。是日，擒梁将王彦章及都监张汉杰、赵廷隐、刘嗣彬、李知节、康文通、王山兴等将吏二百余人，斩馘二万，夺马千匹。"[3]而段凝陈兵河上未能及时救援，导致后唐军直驱而入攻陷汴州，后梁灭亡，正如薛史所言"退彦章而用段凝。未及十旬，国以之亡矣"[4]。

志文曰："唐庄宗皇帝入梁，上□解缚推恩，折箭为誓，宪众小之有嫌间，惜始终之谓忠良，即时宣充青沧等道印马使。"后梁众将被擒，王彦章自尽身死，段凝等叛梁降唐，并上言请诛后梁权臣重将。庄宗下诏，诛赵岩、赵鹄、张希逸、张汉伦、张汉杰、张汉融、朱珪等，"其余文武职员将校，一切不问"，又"丁亥，梁百官以诛凶族，于崇元殿立班待罪，诏各复其位"[5]。庄宗诏曰："敬翔、李振首佐朱温，共倾唐祚；契丹撒剌阿拨叛兄弃母，负恩背国，宜与岩等并族诛于市；自余文武将吏一切不问。"[6]《九国志·赵庭隐传》亦载："（廷隐）将以就戮。大将夏鲁奇奏曰：'此矬也，其才可用。'遂释之。"[7]自此，赵廷隐降归后唐。

---

[1] 《新五代史》卷四十五《段凝传》，第2册，第566页；《新五代史》卷三十二《王彦章传》，第2册，第397页；《资治通鉴》卷二百七十二《后唐纪一》，第19册，第8889页。

[2] （宋）路振：《九国志》卷七《赵庭隐传》："王彦章守中都，庭隐在其军中。"傅璇琮、徐海荣、徐吉军主编：《五代史书汇编》，第6册，第3301页。

[3] 《旧五代史》卷三十《唐书六》，第2册，第469页；《册府元龟》卷二十，"十月癸酉，庄宗亲御六师至郓州……追至中都。俄而大围合，城无所备，贼溃围而出，击之，大破，生擒大将王彦章及监军张汉杰、赵廷隐等"，参见（宋）王钦若等编纂，周勋初等校订：《册府元龟》卷二十《帝王部·功业第二》，南京：凤凰出版社，2006年，第1册，第203页。

[4] 《旧五代史》卷二十一《王彦章传》，第1册，第334、335页。

[5] 《旧五代史》卷三十《唐书六》，第2册，第471、472页。

[6] 《资治通鉴》卷二百七十二《后唐纪一》，第19册，第8901页。

[7] （宋）路振：《九国志》卷七《赵庭隐传》，傅璇琮、徐海荣、徐吉军主编：《五代史书汇编》，第6册，第3301页。

　　志文曰：“同光三年，监 护 康 延孝军入蜀 郡 ，及 魏王奏充西川左厢马步军都指挥使。”志文中“监”后缺失一字残存右下角的“又”，根据上下文补为“护”（護）字。后唐灭梁，得后梁之地，又招揽了一批后梁骁勇降将，开始秣马厉兵，备战征伐前蜀。同光三年（925年）九月，后唐庄宗以魏王李继岌为都统、枢密使郭崇韬为招讨使，以灭梁有功的将领康延孝等带领先锋部队，发兵西川。《新五代史·康延孝传》载：“三年，征蜀，以延孝为先锋、排阵斩斫使”[1]。《九国志·赵庭隐传》：“魏王继岌讨西川，以庭隐为先锋监押。”[2]结合志文推知，赵廷隐应在先锋军中任监押，随先锋使康延孝一同入川伐蜀。后唐军势如破竹，短短七十天，前蜀诸州失利。同年十一月，前蜀王衍率百官出降，前蜀灭。论功行赏，魏王以赵廷隐所立军功奏充西川左厢马步军都指挥使，与《九国志》中“魏王平成都，录其功，奏授左厢马步军都指挥使”的记录一致。至此，作为降将的赵廷隐在后唐也积累了战功。

　　同光三年十二月，后唐以孟知祥为成都尹、剑南西川节度副大使、知节度事，董璋为东川节度副大使、知节度事[3]。同光四年（926年）正月，孟知祥入主成都，“时新杀郭崇韬，人情未安，知祥慰抚吏民，犒赐将卒，去留帖然”[4]。权力交接已毕，魏王继岌领军离开成都，令马步都指挥使陈留李仁罕、马军都指挥使东光潘仁嗣、左厢都指挥使赵廷隐、右厢都指挥使浚仪张业等将领留戍成都[5]。赵廷隐留戍成都，继而归属孟知祥麾下，职务依旧，未有变动，正如志文所记“值高祖文皇帝镇临，降公牒，依署前职”。志文的这段描述，与《九国志》相符，并证实了赵廷隐随魏王继岌入西川，而非随知祥入蜀[6]的史实。

　　志文：“康 延孝回戈 厈 投 ，命王董众合谋擒之。”墓志铭中“回戈”后二字，一字存形“厈”，以其字体大小与中线位置，疑似左部残缺偏旁，又或为“诈”字，“投”字中部因志石断残略有不清。魏王与郭崇韬灭前蜀，西南行营马步军先锋康延孝（赐名李绍琛）厥功至伟，然而与郭崇韬、左右厢马步使毛璋、董璋间因军功而素有嫌隙，同光四年正月，郭崇韬为宦官伶人忌惮构陷，被魏王所杀，数日后魏王李继岌从成都班师回朝，康延孝领后军随后。二月，魏王继岌大军行至剑州武连时，康延孝军尚在绵州。听闻朱友谦被诛，令德已危，康延孝与郭、朱旧部均自感处境危殆。

　　[1]　《新五代史》卷四十四《康延孝传》，第2册，第554页。

　　[2]　（宋）路振：《九国志》卷七《赵庭隐传》，傅璇琮、徐海荣、徐吉军主编：《五代史书汇编》，第6册，第3301、3302页。

　　[3]　《旧五代史》卷三十三《庄宗纪第七》，第2册，第525页。

　　[4]　《资治通鉴》卷二百七十四《后唐纪三》，第19册，第8955页。

　　[5]　《资治通鉴》卷二百七十四《后唐纪三》，第19册，第8957页。

　　[6]　《宋史》卷四百七十九《赵崇韬传》，第40册，第13886页。

中军行至利州（今四川广元）时，康延孝于剑州回戈折返，退而据汉州[1]。《资治通鉴·后唐纪三》载："（同光四年二月）丁酉，绍琛（即康延孝）自剑州拥兵西还，自称西川节度、三川制置等使，移檄成都，称奉诏代孟知祥，招谕蜀人，三日间众至五万。"[2] 李继岌遣任圜等领北军前往，孟知祥命李仁罕等带西川军会同董璋所领东川军围追堵截，合力擒获康延孝。

这段史实，在《旧五代史》[3]《新五代史》[4]《资治通鉴》[5]也都有记述，但多提及将领任圜、李仁罕、董璋等，并未提及赵廷隐，仅《九国志·赵庭隐传》记有赵廷隐擒康延孝之功，"庭隐率兵击破之。擒延孝送阙下"。而《九国志·李延厚传》又有"康延孝入汉州，知祥遣延厚率精兵二千，会李仁罕往讨之"[6]的记载。后唐伐蜀时，康延孝领先锋军，而赵廷隐为监押，李仁罕也受令"监先锋军"[7]。志文记录与《九国志》所载一致，康延孝率部叛唐后，赵廷隐作为留守成都的将领，当是奉命与李仁罕等一同追击康延孝，与众将合力擒获康延孝，为孟知祥稳定西川立下功劳。

志文曰："其后眉之彭山贼帅樊义远聚徒仅万，活擒其属无遗类焉。"据志文所述，赵廷隐擒康延孝立功后，又接令讨伐"盗寇"。当时前蜀初灭，局势尚未稳定，许多溃逃的蜀军成为盗匪，一些被后唐、后蜀军剽掠的蜀人也落草为寇，《旧五代史·郭崇韬传》："时蜀土初平，山林多盗，孟知祥未至，崇韬令任圜、张筠分道招抚，虑师还后，部曲不宁，故归期稍缓。"[8]此前魏王与郭崇韬就曾在蜀地驻扎安抚。而孟知祥入蜀后也开始实施整顿吏治、减免苛捐杂税、宽厚抚民等重大举措，并派兵平盗。这在《资治通鉴·后唐纪三》中也有记述："（同光四年三月）蜀中群盗犹未息，知祥择廉吏使治州县，蠲除横赋，安集流散，下宽大之令，与民更始。遣左

[1]　《新五代史》卷十四《庄宗子继岌传》，第1册，第181页。

[2]　《资治通鉴》卷二百七十四《后唐纪三》，第19册，第8961页。

[3]　《旧五代史》卷七十四《康延孝传》，第3册，第1129、1130页。

[4]　《新五代史》卷四十四《康延孝传》："继岌遣任圜以七千骑追之，及于汉州，会孟知祥夹攻之，延孝战败，被擒，载以槛车"，第2册，第555页；《新五代史》卷六十四《孟知祥传》："同光四年正月戊辰，知祥至成都，而崇韬已死。魏王继岌引军东归，先锋康延孝反，攻破汉州。知祥遣大将李仁罕会任圜、董璋等兵击破延孝"，第3册，第898页。

[5]　《资治通鉴》卷二百七十四《后唐纪三》，第19册，第8966页。

[6]　（宋）路振：《九国志》卷七《李延厚传》，傅璇琮、徐海荣、徐吉军主编：《五代史书汇编》，第6册，第3306页。

[7]　（宋）路振：《九国志》卷七《李仁罕传》，傅璇琮、徐海荣、徐吉军主编：《五代史书汇编》，第6册，第3306页。

[8]　《旧五代史》卷五十七《郭崇韬传》，第3册，第891页；《资治通鉴》卷二百七十四《后唐纪三》："时成都虽下，而蜀中盗贼群起，布满山林"，第19册，第8952页。

厢都指挥使赵廷隐、右厢都指挥使张业将兵分讨群盗，悉诛之。"[1]史书对"群盗"以及讨伐过程一笔带过，未能详载。然而出土墓志铭则补充了部分细节，记述了赵廷隐前往彭山讨伐贼帅樊义远并大获全胜的战绩，首次明确提及赵廷隐平蜀地流匪的具体用兵地点及讨伐对象，可补史之阙。

志文："暨庄宗归遐，明宗朝加检校司空、汉州刺史，南郊恩制加检校司徒属。"刻字"暨"后空三格，随后三字缺泐，第一字仅余左下角一点，第三字仅余右下"巾"，其笔画走势与文中"归"（歸）相类似。根据该墓志铭遵循的平阙形式，并联系上下文史实，推测此短句为"暨庄宗归遐"。文献记载，同光四年（926年），唐庄宗李存勖被杀、魏王李继岌遇害，原晋王李克用养子李嗣源称帝，是为后唐明宗。后唐朝政变换，意图对两川加强节制和监督。孟知祥有心据蜀，也借机扩充兵力，训练兵甲，增设了"义胜、定远、骁锐、义宁、飞棹等军七万余人，命李仁罕、赵廷隐、张业等分将之"[2]。赵廷隐等将领受到重用，分掌西川兵权。天成三年（928年）四月，赵廷隐因之前擒康延孝、平匪寇有功，孟知祥为其请奏，以西川马步军都指挥使加封检校司空、汉州刺史，并留屯成都。墓志铭证实了史籍中明宗"以西川马步军都指挥使赵廷隐兼汉州刺史，从孟知祥之请也"之事[3]。

志文又记："收讨武信之次，而东川剑关失守，特命王领□三千人径赴剑州，与北军对垒"，此处"武信"即武信军，治所为遂州（今四川遂宁），为唐昭宗光化二年（899年）五月王建请置，隶有遂、合等五州。其年六月，王宗佶为首任武信节度使[4]。后唐天成二年（927年）十二月，明宗以原许州节度使夏鲁奇为武信军节度使，移镇遂州[5]。此时孟知祥入镇西川已四年，羽翼渐丰。后唐明宗隐有征讨两川之心，东川节度使董璋与孟知祥暂时结盟。长兴元年（930年）秋，董璋反唐据阆中，明宗下诏削夺孟知祥、董璋官爵，命天雄军节度使石敬瑭与武信节度使夏鲁奇兼任东川行营都招讨正、副使，发兵征讨东川。西川孟知祥以都指挥使李仁罕为行营都部署、汉州刺史赵廷隐为副，协同张业等将领与北军（即后唐军）战于遂州。之后"东川剑关失守"，孟知祥特命赵廷隐分兵支援东川董璋，并与北军石敬瑭对垒于剑门。

这里志文与文献所载赵廷隐分援东川的兵力略有不同，志文仅三千，文献或称五千，或载一万，而王师号称八万。《九国志》《资治通鉴》以及成书较晚的《十国

[1]　《资治通鉴》卷二百七十四《后唐纪三》，第19册，第8966页。

[2]　《新五代史》卷六十四《孟知祥传》，第3册，第898页。

[3]　《旧五代史》卷三十九《明宗纪第五》，第2册，第615页。

[4]　《资治通鉴》卷二百六十一《唐纪七十七》，第18册，第8525、8526页。

[5]　《旧五代史》卷三十八《明宗纪第四》，第2册，第605页；《旧五代史》卷七十《夏鲁奇传》，第3册，第1082页。

春秋》都对这场战役有较为详细的记载。

《新五代史》卷六十四《后蜀世家第四》载："璋来告急，知祥大骇，遣廷隐分兵万人以东……十二月，敬瑭及廷隐战于剑门，唐师大败。"[1]

《九国志·赵庭隐传》载："会唐师入剑门，知祥急召庭隐令统锐兵五千至东川，与董璋合军以据之。"

《九国志·李奉虔传》载："诸将进攻遂宁，王师掩至，剑门不守。知祥命赵庭隐督兵往拒之，署奉虔为兵马监押。时众寡不敌，人心动摇，奉虔与庭隐率励士卒，竟败王师。"[2]

《九国志·赵庭隐传》载："一日唐师奄至……庭隐密遣军中善射者五百人，伏唐师之归路，乃领军出营，久而不战。至暮，唐师退，庭隐纵兵追之，伏卒齐起，表里合击，唐师大败。"[3]

《九国志·庞福诚传》载："王师陷剑门，从赵庭隐率兵据石桥。福诚夜领兵数百人，循水次东北上山攻王师，夹其腹背。"[4]

《资治通鉴》卷二百七十七："（长兴元年）十二月，壬辰，石敬瑭至剑门。乙未，进屯剑州北山；赵廷隐陈于牙城后山。李肇、王晖陈于河桥。敬瑭引步兵进击廷隐，廷隐择善射者五百人伏敬瑭归路，按甲待之，矛稍欲相及，乃扬旗鼓噪击之，北军退走，颠坠下山，俘斩百余人……敬瑭又使骑兵冲河桥，李肇以强弩射之，骑兵不能进。薄暮，敬瑭引去，廷隐引兵蹑之，与伏兵合击，败之。敬瑭还屯剑门。"[5]

如志文所述，在敌众我寡、双方兵力悬殊的情况下，赵廷隐仍"两度尝囗，分布擒俘，及亲手斫下军校都头"。"两度"可能指此次战役中"择善射者五百人伏敬瑭归路"，及傍晚"引兵蹑之，与伏兵合击"之事。赵廷隐此战有功，孟知祥特降书以示嘉奖，"激励三军，兼命上宾到寨巡抚"。

志文载："其年正月十二日，收下武信，赍夏鲁奇首级，慰谕军前。前之一日，北军排布逼我剑郡，王独以一队据剑之北岭上，驻马当之，□戈奋击，杀戮数骑，继

---

[1] 志文与文献所载兵力数量略有不同，文献或称五千或称一万。参见《新五代史》卷六十四《孟知祥传》，第3册，第901页；《九国志》卷七《赵庭隐传》："会唐师入剑门，知祥急召庭隐令统锐兵五千至东川，与董璋合军以拒之。"参见（宋）路振：《九国志》卷七《赵庭隐传》，傅璇琮、徐海荣、徐吉军主编：《五代史书汇编》，第6册，第3302页。

[2] （宋）路振：《九国志》卷七《李奉虔传》，傅璇琮、徐海荣、徐吉军主编：《五代史书汇编》，第6册，第3315页。

[3] （宋）路振：《九国志》卷七《赵庭隐传》，傅璇琮、徐海荣、徐吉军主编：《五代史书汇编》，第6册，第3302页。

[4] （宋）路振：《九国志》卷七《庞福诚传》，傅璇琮、徐海荣、徐吉军主编：《五代史书汇编》，第6册，第3309页；关于"石桥"，《九国志·赵庭隐传》作"土桥"。

[5] 《资治通鉴》卷二百七十七《后唐纪六》，第19册，第9053页。

以大军立摧勍敌……"长兴二年（931年）正月，李仁罕、董璋等攻破遂州。《资治通鉴》卷二百七十七："（长兴二年正月）庚午，李仁罕陷遂州，夏鲁奇自杀。癸酉，石敬瑭复引兵至剑州，屯于北山。孟知祥枭夏鲁奇首以示之……敬瑭与赵廷隐战不利，复还剑门。"[1]志文提及的"剑之北岭"应该就是文献记载的剑州"北山"，"前之一日"应指夏鲁奇枭首示众之前，"北军排布逼我剑郡"当如文献所载石敬瑭再次屯兵北山之事。按事件先后，结合文献推测，志文记载的这次赵廷隐与"北军"的交锋，当在长兴元年（930年）十二月赵廷隐"两度"对战"北军"，及次年（931年）正月癸酉石敬瑭再次屯兵北山之后，孟知祥枭夏鲁奇首示敬瑭之前。此战文献未见记载，但志文所述较为详细。赵廷隐分援东川、解围剑州。而剑州之战，其以一小队人马在"剑州北岭"力战石敬瑭军，杀戮数骑，继以大军击溃强敌。北军已失遂州，剑州又连番失利，最终无功北撤。

剑门关乃两川北门锁钥，兵家必争之地。剑州之役，廷隐之捷，阻止了后唐军继续南下，鼓舞了东西川联军的士气，对孟知祥割据西川建立后蜀具有十分重要的意义。正如《九国志》所言："初唐师之入剑门也，内有坚壁，外有勍敌，远近骇震。及庭隐之捷，人心乃安。"

志文曰："遂收复昭武五州之地，献捷于都城。先皇帝寻授之昭武兵马留后，到任版筑功毕，来年归觐。"昭武军，治在利州（今四川广元）。剑州之役后，利州李彦珂闻唐军败归，弃城而走，赵廷隐又收复利州等地。孟知祥授廷隐昭武军兵马留后[2]。"版筑"即夯筑建设。长兴二年（931年）五月，赵廷隐从成都前往利州[3]，到任后，在利州主持修筑防御工事。其年十二月，"利州城堞已完"，赵廷隐以剑川之役，牙将李肇有功，奏请孟知祥愿以昭武之地让与李肇。十二月癸酉，"知祥召廷隐还成都，以肇代之"[4]。所谓"来年归觐"则或指长兴三年（932年）赵廷隐从利州返回成都，觐见孟知祥之事。

志文云："至四月潼帅□□背盟，率众屯于广汉。先皇帝授王马步诸军都部署，随驾□征，及阵于樱桥，王独以宁远军数千人据桥口，与□□□，自辰及午，力战数合，大败之。"此处志文"四"仅残存左、上部半个外框，"月"亦剩左半部分，均磨泐不清。结合文献记载与残存字形，此磨泐二字可识读为"四月"。两川联军北拒后唐，胜捷之后，后唐明宗下诏安抚孟知祥，两川态度相异，矛盾升级。

《旧五代史·董璋传》载："璋怒曰：'西川存得弟侄，遂欲再通朝廷，璋之儿

［1］《资治通鉴》卷二百七十七《后唐纪六》，第19册，第9054页。

［2］《资治通鉴》卷二百七十七《后唐纪六》，第19册，第9055页。

［3］《资治通鉴》卷二百七十七《后唐纪六》："昭武留后赵廷隐自成都赴利州。"第19册，第9059页。

［4］《资治通鉴》卷二百七十七《后唐纪六》，第19册，第9063页。

孙已入黄泉，何谢之有！'自是璋疑知祥背己，始构隙矣。三年四月，璋率所部兵万余人以袭知祥。"[1]

《全唐文·为孟知祥答唐明宗奏状》："其董璋至今年四月二十八日，暴兴兵甲，五月一日，骤入汉州。臣其日先差昭武军节度兵马留后兼左厢步军都指挥使赵廷隐，总领三万人骑，发次新都，臣自统领衙内亲军二万人骑继之，俱列营于弥牟镇北。"[2]

《资治通鉴·后唐纪六》载："乙丑，加宋王从厚兼中书令。东川节度使董璋会诸将谋袭成都，皆曰必克；前陵州刺史王晖曰：'剑南万里，成都为大，时方盛夏，师出无名，必无成功。'孟知祥闻之，遣马军都指挥使潘仁嗣将三千人诣汉州诃之。璋入境，破白杨林镇……辛巳，以廷隐为行营马步军都部署，将三万人拒之。（长兴三年）五月，壬午朔，廷隐入辞。董璋檄书至……"又，胡注曰："白杨林镇当在汉州界上"[3]。

长兴三年四月，董璋以孟知祥背两川之盟的名义，谋袭成都，继而攻破汉州界之白杨林镇。孟知祥授命赵廷隐为马步诸军都部署，抵御董璋之军。开战后，廷隐主力军战事接连不利。直至其年五月，赵廷隐所率宁远军数千人陈兵樱桥口，与董军大战半日，终于将其击溃。欧阳炯在志文中称其"樱桥之阵也，外无疆场之虞，内去腹心之疾"。樱桥之战的胜利，为孟知祥消除了东川董璋的威胁，进而得以兼并东川，为后蜀立国奠定了基础。

志文所记之"樱桥"未见于文献，赵廷隐对阵董璋的地点，《鉴诫录》写作"踪桥"[4]，《九国志·赵庭隐传》《九国志·孟思恭传》[5]《资治通鉴》记为"鸡踪桥"[6]，《旧五代史·董璋传》案引《九国志》为"鸡纵桥"[7]，《新五代史》作"鸡距桥"[8]。

《读史方舆纪要》卷六十七《四川二》："鸡踪桥，在县北（新都县）三十五里。旧《志》云，弥牟镇北有鸡踪桥。后唐长兴三年，孟知祥以董璋克汉州，将兵赴

[1] 《旧五代史》卷六十二《董璋传》，第3册，第968、969页。

[2] （清）董诰等编：《全唐文》卷八百九十一《为孟知祥答唐明宗奏状》，北京：中华书局，1983年，第9册，第9309页。

[3] 《资治通鉴》卷二百七十七《后唐纪六》，第19册，第9068页。

[4] （后蜀）何光远：《鉴诫录》，傅璇琮、徐海荣、徐吉军主编：《五代史书汇编》，第10册，第5871页。

[5] （宋）路振：《九国志》卷七《孟思恭传》，傅璇琮、徐海荣、徐吉军主编：《五代史书汇编》，第6册，第3320页。

[6] 《资治通鉴》卷二百七十七《后唐纪六》，第19册，第9069页。

[7] 《旧五代史》卷六十二《董璋传》，第3册，第969页。

[8] 《新五代史》卷六十四《后蜀世家第四》，第3册，第901页。

援，至弥牟镇，赵廷隐陈于镇北。明日，陈于鸡踪桥，别将张公铎陈于其后，董璋陈于武侯庙下。知祥登高冢督战，大败东川兵，即此桥也。今湮。"[1]

《鉴诫录》之《知机对》："至长兴三年四月二十八日，果兴狂孽，直犯汉川。是时，高祖亲统全师，合战于踪桥之野，董璋大败。我将军赵廷隐擒其将元瓒、董光演等八十余员，夺甲马五百余匹，斩首一万，获其九城"。注曰："梓、绵、龙、剑、普、果、阆、蓬、渠是也。"[2]

这几种文献又以《鉴诫录》成书时间最早，为后蜀何光远撰。何光远，广政初曾为普州（今四川安岳）军事判官，对当时后蜀的历史地理与事迹相对熟悉，其书载有轶事遗闻，后世流传中或存在版本、誊抄等原因造成的变化，但可信度依然较高。而文献关于这场战役桥口布阵的描述大同小异，且"踪""纵"与"椶"同音，古代字形相近，"椶"又同"棕"，推测鸡踪桥、鸡纵桥、鸡距桥、踪桥可能为同一座桥，或为椶桥的别名，或为后世误记。赵廷隐墓志铭成文年代最早，又由同时代的成都人欧阳炯撰写，故而"椶桥"或"踪桥"一说可能更为准确。

志文曰："□□之间，彼帅献 兊 ， 克 全城。"椶桥之役后，东川兵败，将帅多有降孟知祥者。史载，董璋与亲兵撤退，赵廷隐先是"追至赤水，又降其卒三千人"[3]，后又追赴至梓州。董璋入梓州城，寓居于东川梓州的前陵州刺史王晖叛，指挥使潘稠斩璋首，王晖以董璋首级举城献降赵廷隐[4]。志文中"彼帅"当为王晖，所述为王晖献董璋首级之事。

志文曰："坌□□□□， 以 所得之地议赏属，握兵者妄有觊觎其□□，□首 率 众状请先皇兼镇两 川 "。赵廷隐入镇梓州，以待孟知祥，后在新都献上董璋首级。至此，孟知祥兼有东川之地。然而在论功行赏和东川归属问题上，李仁罕与赵廷隐互不相让，而赵季良等将吏请孟知祥兼领东川。

志文曰："上命副宾甘言 慰 谕，寻割□□□□□□□ 建 保宁军额，授王充节度兵马留后，陈让而后受焉。"志石出土时碎裂，此处文字缺失严重，该行七字无存，但可结合文献予以补足。长兴三年，孟知祥兼镇两川，为安抚赵廷隐，平衡二将，复设保宁军额，置阆州保宁军节度使，加果、蓬、渠、开四州，治阆州，赵廷隐为保宁军

[1] （清）顾祖禹撰，贺次君、施和金点校：《读史方舆纪要》，北京：中华书局，2005年，第3148页。

[2] （后蜀）何光远：《鉴诫录》卷一，傅璇琮、徐海荣、徐吉军主编：《五代史书汇编》，第10册，第5871页；（后蜀）何光远：《鉴诫录》，北京：中华书局，1985年，第3页；文渊阁《四库全书》与《宋重雕足本鉴诫录》影印本中"汉川"均作"汉州"，参见（后蜀）何光远：《宋重雕足本鉴诫录》，上海：上海科学技术文献出版社，2004年，上册，第5页。

[3] 《资治通鉴》卷二百七十七《后唐纪六》，第19册，第9070页。

[4] 《新五代史》卷六十四《后蜀世家第四》，第3册，第902页；《资治通鉴》卷二百七十七《后唐纪六》，第19册，第9071页。

节度兵马留后，李仁罕为武信军留后[1]。志文此处缺失的七字可能为"阆、果、蓬、渠、开五州"。

第三阶段：明德元年（934年）至广政十三年（950年），辅后蜀，宋王致仕。

志文载："先皇帝封王□□之初，计功命赏"，此处"王"字之后，一字残存"彳"，一字缺失。根据文献与文字残迹分析，次处残缺二字识读为"行墨"较符合文义。孟知祥兼并东川之后，后唐已无力节制东、西两川。孟知祥兼有两川之地，已有称帝之意。据载，长兴三年八月，孟知祥令李昊草拟上表，请将领旌节封号，并称因为路途遥远，希望能代行封赏。朝廷许以自行墨制，将领所受旌节，均为孟知祥自行除授。《册府元龟·帝王部》载："两川部内将校，州县官员，缘地里遥远，一时奏报不暇，乞许臣权行墨制，除补讫闻奏。"后唐遣使昭之"凡剑南自节度使、刺史以下官，听知祥差罢讫奏闻，朝廷更不除人；唯不遣戍兵妻子，然其兵亦不复征也"。之后又曰："其旌节官告等，更不差使颁宣，亦便委卿分付。"[2]长兴四年（933年），孟知祥受封蜀王，正式行墨制封赏。

志文曰："转授加光禄阶检校太傅、天水县男，食邑三百户，后同五镇加官受节。先皇帝登位，以劝进功，□□□进检校太尉同中书门下平章事，进开国伯，加封七百户，赐忠烈扶天保国功臣。"此处"以劝进功"与缺泐文字（以□标注）之间有一空格，空格后第一字，从残痕可识别出为左右结构，右侧仅存"刂"的上端。根据上下文义以及平阙规则，推测缺失的前两字为"制授"。志文记载的"五镇"即东兼董璋有功的赵季良、李仁罕、赵廷隐、张知业、李肇五位大将所封的武泰、武信、保宁、宁江和昭武军五大方镇[3]。此时，赵廷隐从保宁军留后正式升为保宁军节度使。同年十二月，后唐明宗薨，闵宗李从厚即位。赵廷隐等蜀中文武百官奏请蜀王孟知祥称帝，孟知祥顺势即帝位，赵廷隐以"劝进"功得以加官晋爵。《锦里耆旧传》卷三载："长兴五年夏四月，文武劝进即皇帝位。大赦国内。改唐长兴五年为明德元年，以副使赵季良为相……左右马步军都指挥使李仁罕、赵廷隐、张业、侯洪实分掌军权。"[4]同年，知祥病危，赵廷隐与赵季良、李仁罕等一同受遗诏辅政。后主孟昶即位，赵廷隐"以翊戴功，制授六军副使，加开府阶检校太尉兼侍中，封郡侯食邑，赐

---

　[1]　《资治通鉴》卷二百七十七《后唐纪六》，第19册，第9072页。

　[2]　（宋）王钦若等编纂，周勋初等校订：《册府元龟》卷一百七十八《帝王部·姑息第三》，第2册，第1981页；《资治通鉴》卷二百七十八《后唐纪七》，第19册，第9077、9082页；（清）董诰等编：《全唐文》卷一〇八《后唐明宗·许孟知祥权行墨制诏》，第2册，第1102页。

　[3]　（清）董诰等编：《全唐文》卷一〇八《许孟知祥奏赵季良等五人乞正授节旄诏》："左厢马步都指挥使，知保宁军节度兵马留后赵廷隐"，第2册，第1103页。

　[4]　（宋）勾延庆：《锦里耆旧传》卷七，上海：商务印书馆，1939年，第84页；（宋）勾延庆：《锦里耆旧传》卷七，傅璇琮、徐海荣、徐吉军主编：《五代史书汇编》，第10册，第6048页。

扶天定国安时保圣功臣"[1]。

志文载："复转授卫圣诸军马步都指挥使，仍以东川潜龙重地制授武德军节度、管内观风等使，加国公，食邑五百户，实封一百户，在任加兼中令，食邑一千户，实封二百户，量留六年后，加检校太师。广政七年春，制授守太保、武信军节度、管内观风等使"。孟知祥称帝后，曾以第三子孟昶为东川节度使。故而志文称东川为潜龙重地。又有武德军治所为梓州（今四川绵阳三台），武信军治在遂州（今四川遂宁）。当初两川联军北拒后唐军时，李仁罕等战于遂州御夏鲁奇，赵廷隐等分援剑州拒石敬瑭，后来二人又以战功分领遂州与利州；两川之战，樱桥之阵后，赵廷隐定梓州，领梓州节度使。孟知祥兼有两川，以李肇为昭武留后，李仁罕与赵廷隐争功，因而分授以遂（武信军）、阆（保宁军）[2]。孟昶继位后，李仁罕求判六军总使，孟昶即以赵廷隐为六军副使遏制李仁罕的权力，张业掌武信军。李仁罕、张业被诛后，赵廷隐又兼领部分李仁罕等所掌之权。广政十一年（948年）八月，赵廷隐为太傅，赐宋王爵。

孟昶即位后，明德元年至广政十一年这十余年间，李仁罕、张公铎、赵季良、张虔钊、张业、王处回等孟知祥所遗故将旧臣，或诛，或死，或罢，或请辞，被逐步排除在新的权利中枢之外。史料记载，广政十一年，安思谦密告赵廷隐谋反，发兵夜围赵府，后有李廷珪等为赵廷隐辩白，其才得以免罪[3]。后蜀朝政暗潮汹涌，赵廷隐自危，借"偶染风恙"之机，"乞养疾，请罢军权"，急流勇退以期保全。墓志铭回避了其在后蜀立国后的主要事迹，仅述以加官、勋爵与食邑数，对赵廷隐致仕一事也比较隐晦，又墓志铭叙述逝者生平功绩外，多"称美而不称恶"，对当朝敏感的朝堂争斗和帝王之事也有所避讳。

志文"其年初冬，疾伤腠理，至十一月朔薨于成都县龙池坊之里第，享年六十有六。"次年二月，后主孟昶"命太常卤簿仪仗卜兆，迁葬于灵池县强宗乡华严里之原"。以出土墓志来看，赵廷隐薨于广政十三年十一月朔，葬于广政十四年（951年）二月[4]。成都县本治赤里街，秦时迁入少城，唐初太宗以秦王建益州台遥领成都，唐贞观十年（636年）分成都县之东偏置蜀县于城郭下，玄宗西幸驻跸，成都始改蜀县

---

[1]　劝进，实为将臣上劝已掌握实权者更进一步，南面称帝；翊戴，以重臣辅佐拥戴新帝之意。

[2]　（宋）路振：《九国志》卷七《赵庭隐传》，傅璇琮、徐海荣、徐吉军主编：《五代史书汇编》，第6册，第3303页；《资治通鉴》卷二百七十七《后唐纪六》，第19册，第9072页。

[3]　《资治通鉴》卷二百八十八《后汉纪三》，第20册，第9395页。

[4]　其卒年，《资治通鉴》卷二百八十九《后汉纪四》之乾祐三年（即广政十三年）记曰："（十一月）'蜀太师、中书令宋忠武王赵廷隐卒。'"所载与志文相符，《蜀梼杌》《十国春秋》所记为误。

为华阳，而成都、华阳二县从此两分[1]，后蜀成都县为成都府治所。龙池坊为赵廷隐府邸所在地。而灵池县位于益州东六十里，原属于汉新都县，有灵泉池在县南三十五里，唐初因有泉涌而闻名。唐武则天久视元年（圣历三年，700年），分蜀县、广都县置东阳县。唐玄宗天宝元年（742年），改名为灵池县。北宋仁宗天圣四年（1026年），更名灵泉县[2]。成都已出土的有明确时代和具体地理单元的墓志铭中，前蜀乾德元年（919年）李会内志铭称其葬于"成都灵池县强宗乡惠日里"，实际出土于成都市龙泉驿区青龙村砖室墓中[3]；前蜀乾德五年（923年）的王宗侃夫妇墓志铭称葬于"灵池县强宗乡华严里龙辏原"，实际出土于成都市龙泉驿区原十陵镇青龙村五组砖室墓[4]，另有2017年发现的北宋何郯家族墓，安德郡君墓志铭载其葬于"灵泉县强宗乡惠日里"，实际出土地点为龙泉驿区十陵镇大梁村四组[5]。根据赵廷隐墓志铭与买地券记录的埋葬地点，结合已发现的考古材料与实际出土地点可知，后蜀时成都府灵池县强宗乡，大约就在今成都市龙泉驿区原十陵镇青龙村、大梁村附近，而华严里则在原青龙村五组一带。

从出土赵廷隐墓志铭得知，赵廷隐，字臣贤，甘肃天水人，生于唐中和四年，卒于后蜀广政十三年十一月，谥号忠武。历后梁、后唐、后蜀三朝，战功卓越。初为梁太祖侍从，后为后梁将领，屡立战功。相州平乱后，以功除授邢州兵马都监，转绛州监押、晋州建宁军都监等职；柳谷破昭义军，转陕州镇国军都监、连任北面步军马军行营兵马都监与安州护戎，累官至兵部尚书、天下马军都监属招讨使等。后随王彦章军与后唐军作战，龙德三年九月，王彦章退守中都，及中都失利，赵廷隐等为后唐庄宗李存勖擒获，赵廷隐归唐。同光三年，后唐魏王李继岌伐蜀，赵廷隐随先锋军讨西川、灭前蜀，以功充任西川左厢马步军都指挥使，之后留成成都。孟知祥入蜀，赵廷隐与众将合擒康延孝，讨贼樊义远，北拒后唐军，剑州克敬瑭，樵桥阵董璋。先为"从龙"之将，后有"劝进"之功，为后蜀建国立下了汗马功劳，封开国伯爵，赐忠烈扶天保国功臣，孟昶时制授六军副使，加中书令等，先后授武德军、武信军节度、

[1] （宋）乐史著，王文楚校：《太平寰宇记》卷七十二《剑南西道一·益州》，北京：中华书局，2007年，第3册，第1463页。

[2] （宋）乐史著，王文楚校：《太平寰宇记》卷七十二《剑南西道一·益州》，第3册，第1473页。

[3] 存于成都市龙泉驿区文物管理所，出土于成都市龙泉驿区青龙村五代砖石墓，清理情况不详。参见成都文物考古研究所、成都博物院：《成都出土历代墓铭券文图录综释》，北京：文物出版社，2012年，上册，第40、41页。

[4] 成都文物考古研究所、龙泉驿区文物保护管理所：《成都市龙泉驿五代前蜀王宗侃夫妇墓》，《考古》2011年第6期；成都文物考古研究所、成都博物院：《成都出土历代墓铭券文图录综释》，上册，第51、52、57页。

[5] 成都市文物考古工作队：《成都龙泉驿区何氏家族墓地发掘简报》，待刊。

管内观风等使，位列三公，以宋王致仕。广政十三年十一月，赵廷隐因风恙"疾伤腠理"薨于成都县龙池坊，享年六十六。孟昶追赠其为太尉、徐兖二州牧，谥号忠武，并以极礼厚葬。

赵廷隐墓还出土了一座结构完整、功能齐备的微缩庭院，庭院规模宏大，彩绘精细；随葬有各类砖石质文物及陶俑50余件，包括墓主坐像、男女侍从、文武官吏、武士俑、伎乐俑和神怪俑等，出土文物精美华丽，其中描金施彩的伎乐俑，工艺精湛，惟妙惟肖，具有极高的技术水平和艺术价值，折射出墓主人生前奢华尊贵的生活。

《九国志·赵庭隐传》载："庭隐久居大镇，积金巨万，穷极奢侈，不为制限。"[1]而当时的后蜀勋贵功臣，竞相修建庄园别墅，其中赵廷隐就有"起南宅北宅。千梁万拱，其诸奢丽，莫之与俦"。赵廷隐之别墅，"后枕江渎，池中有二岛屿。遂甃石循池，四岸皆种垂杨，或间杂木芙蓉。池中种藕"[2]。廷隐薨后，"（广政十五年三月）孟昶以赵廷隐别墅为崇勋园，幅员十余里，台榭亭沼，穷极奢侈"[3]。别墅后有江渎庙，宋代开宝年间，因"帝以旧祠隘甚，命有司绘河渎庙制度，增取赵廷隐故第以建今庙"[4]。冯浩记曰："庙前林清池有岛屿，竹树之胜，红蕖夏发，水碧四照，为一州之观。"[5]宋代成都江渎庙成为旅游胜地，文人雅士多流连其间，吟诗作赋。出土墓志亦记载，孟昶制授其守太保、守太傅、封宋王时，都实封有食邑，后加守太师时，总共实际享有食邑五百户，家资豪富，非一般功臣勋贵可比。

赵廷隐不仅有广逾十余亩的别墅庄园，也豢养了大量的俳优伶人。甚至其中有孙延应者，选入宫中教坊，后因杀将夺兵，图逆被诛。《蜀梼杌》卷下载："延应，赵廷隐之优人，以能选入教坊。"[6]赵廷隐知进退，自请致仕，孟昶对其十分优待，仍"赐肩舆出入殿省"或"就第问之"[7]以示仁圣礼遇，封赏时亦"赐金沃盥及绘

---

[1]　（宋）路振：《九国志》卷七《赵庭隐传》，傅璇琮、徐海荣、徐吉军主编：《五代史书汇编》，第6册，第3303页。

[2]　（五代）孙光宪：《北梦琐言》逸文卷四《赵廷隐家莲花》，北京：中华书局，2002年，第431页。

[3]　（宋）张唐英：《蜀梼杌》卷下，傅璇琮、徐海荣、徐吉军主编：《五代史书汇编》，第10册，第6095页。

[4]　（宋）胡宗愈：《江渎庙记》，（宋）袁说友等编，赵晓兰整理：《成都文类》卷三十二，北京：中华书局，2011年，第627页。

[5]　（宋）冯浩：《江渎庙醮设厅记》，（宋）袁说友等编，赵晓兰整理：《成都文类》卷三十二，第626页。

[6]　（宋）张唐英：《蜀梼杌》卷下，傅璇琮、徐海荣、徐吉军主编：《五代史书汇编》，第10册，第6093页。

[7]　《资治通鉴》卷二百八十八《后汉纪三》，"（八月）甲申，蜀主以赵廷隐为太傅，赐爵宋王，国有大事，就问之"，第9396页。

锦"[1]以彰显荣宠皇恩。志文载赵廷隐府中"宸翰玺书盈箱累案",即便死后,孟昶也如志文所述"命使赙襚,备极恩礼",先是赐赵家以丧葬钱财衣物,卜葬时又令太常准备好卤簿仪仗,可谓是"礼备饰终"。作为寿终正寝的后蜀元老,赵廷隐的丧葬规格之高、随葬器物之丰,在四川已出土后蜀墓葬中首屈一指,于出土的这些丰富精美的随葬品中亦可见一斑。

参考出土赵廷隐墓志与历史文献,梳理出赵廷隐生平大事记年如下。

唐中和四年,赵廷隐生于天水。

天复三年,入开封,始事后梁太祖朱温。

天祐三年春,历魏府杀衙军(牙军)。

天祐三年七月,为窟头领军五百人,设地道潜入相州。之后充任邢州兵马都监。

贞明六年,杀退淮南军,解围安陆。

龙德三年十月,即同光元年,在王彦章军中都失利后被唐军擒获,归唐,充青沧等道印马使。

同光三年,为监押随魏王伐前蜀,后充西川左厢马步军都指挥使。

同光四年(后唐明宗天成元年),孟知祥入西川,赵廷隐留成都,擒康延孝,讨贼樊义远,分将兵甲。

天成三年四月,赵廷隐以西川马步军都指挥使,加封检校司空、汉州刺史,并留屯成都。

长兴元年秋,赵廷隐分兵支援东川董璋,十二月于剑门与北军(即后唐军)石敬瑭对垒。

长兴二年正月,于剑州北岭潜伏,力战北军,为大军战胜后唐军争取了时间。收复昭武五州之地献捷,授为昭武军留后。

长兴三年四月,东川董璋谋袭成都,临汉州,五月赵廷隐对阵董璋于樊桥。

长兴三年六月,为保宁军节度兵马留后,领阆、果、蓬、渠、开五州。

长兴四年三月,以西川左厢马步指挥使、知保宁军节度兵马留后迁任检校太保、阆州节度使。

明德元年(后唐应顺元年),以劝进功,廷隐进检校太尉、同中书门下平章事、进开国伯,加封七百户,赐忠烈扶天保国功臣。

明德元年,二月为左匡圣步军都指挥使,仍领保宁节度使;七月后,孟昶即位,沿用年号。秋九月,以翊戴功,制授六军副使、加开府阶检校太尉兼侍中,封郡侯食邑,赐扶天定国安时保圣功臣。

---

[1] (宋)路振:《九国志》卷七《赵庭隐传》,傅璇琮、徐海荣、徐吉军主编:《五代史书汇编》,第6册,第3303页。

明德四年末，晋高祖发兵侵昭武（利州）至剑门，赵廷隐领兵退敌。

广政元年，转授卫圣诸军马步都指挥使，仍以东川潜龙重地制授武德军节度、管内观风等使，加国公食邑，加中书令，量留六年后加检校太师。

广政四年二月，加检校官，罢节度使。之后逐渐分兵权。

广政七年春，制授守太保、武信军节度、管内观风等使。

广政十年，上书请交还兵权。

广政十一年夏，赵廷隐称疾，请罢兵权。授守太傅封宋王，致仕。

广政十三年，授守太师食邑，同年初冬十一月朔薨，享年六十六岁。

广政十四年二月十日，孟昶命使副持节册，赠其为太尉、徐兖二州牧，谥忠武。

广政十四年二月二十二日，孟昶命太常卤簿仪仗卜兆将其迁葬于灵池县强宗乡华严里之原。

广政十五年，孟昶以赵廷隐别墅为崇勋园，幅员十余里，台榭亭沼，穷极奢侈。

四、赵廷隐家族世系与姻亲关系

据墓志铭记载，赵廷隐有三兄、二姐、三妻、三子、七女。曾祖赵莹，祖父赵熙，父亲赵彦，母亲为武昌郡史氏。三位兄长分别为赵景滂、赵景浩、赵廷遇；长姐和二姐分别嫁给武威贾氏和陇西李氏，二姐封天水郡太夫人。赵廷隐先后有阎、李、吉三位夫人，先娶阎氏，追封宁国夫人；再娶李氏，封宋国夫人；后娶吉氏，封邓国夫人。三子，分别为赵崇祚、赵崇韬和赵崇奥。

根据人物关系，可得世系图（图三）[1]。

赵廷隐祖辈三代不曾为官，赵家的尊荣始于廷隐事后梁太祖。三位兄长中，志文仅记录了三哥赵廷遇的官职为陵州刺史左监门卫将军。左监门卫，隋代初置，原为左右监门府，执掌宫殿门禁与守卫，有左、右监门卫将军各一人，正三品官职，唐代改府为卫，左监门卫属于左右监门卫，后蜀因之。《文献通考》载："隋初有左右监门府将军，各一人，掌宫殿门禁及守卫事，各执郎将二人、校尉直长各三十人。炀帝改将军为郎将，各一人，正四品，置官属并同备身府。唐左右监门府置大将军、中郎将等官。龙朔二年，改府为卫，大将军各一人，所掌与隋同，将军各二人以副之。中郎将各四人，分掌诸门，以时巡检。"[2]陵州即今四川仁寿，而赵廷隐家族本天水人，其三哥的官职极有可能是因赵廷隐入蜀，位极人臣后而惠及家族。赵廷隐的三子七女中，长子赵崇祚、次子赵崇韬文献中均有提及，崇韬有传，唯第三子崇奥未见。关于

---

[1]　墓志未述及孙辈，赵文亮系参考文献记载列入。

[2]　（元）马端临：《文献通考》卷五十八《职官十二》，北京：中华书局，1986年，第528页。

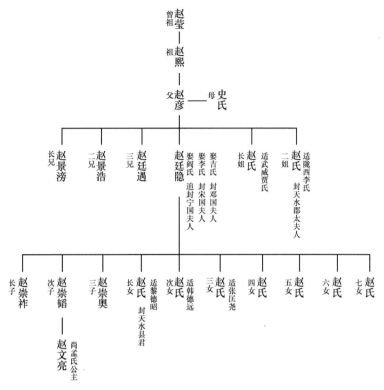

图三　赵廷隐家族世系图

崇奥，志文记曰："银青光禄大夫、检□左散骑常侍、右千牛卫将军同正、兼御史大夫"。此处"检"字仅残存左部"扌"（原文"检"之异写字"捡"），缺字应为"校"，为检校官之称的散官。而右千牛卫将军执掌侍卫宫禁与兵器仪仗，领该职者多为荫封子弟。

志文述及赵廷隐家族的姻亲关系，长姐所嫁武威贾氏与二姐所适陇西李氏，均籍属甘肃。大女婿右骁卫将军黎德昭未见有传，但有"（广政二十二年十二月）赐令仪死。是时西班将军黎德昭献画鹤图，诏授雅州刺史"的同名记载，尚不能确定是否为此人[1]。二女婿少府监韩德远，从三品官员。三女婿为前利州别驾张匡尧。

据出土后蜀张虔钊墓志铭，张虔钊有子"次曰匡尧，前利州别驾，娶今太傅令公宋王之女"[2]。张虔钊卒于广政十一年二月，葬于同年九月，而恰好赵廷隐在广政十一年夏封宋王[3]，可见张虔钊墓志所称"太傅令公宋王"即为赵廷隐。而赵廷隐墓志铭也证实了这一点，明确记载"第三女适前利州别驾张匡尧"，可见赵廷隐之三女

[1]　（清）吴任臣撰，徐敏霞、周莹点校：《十国春秋》卷四十九《后蜀二·后主本纪》，第2册，第729页。

[2]　1977年成都出土，参见成都市文物管理处：《成都市东郊后蜀张虔钊墓》，《文物》1982年第3期；成都文物考古研究所、成都博物院：《成都出土历代墓铭券文图录综释》，上册，第73、74页。

[3]　参见志文，另《资治通鉴》《十国春秋》均记作广政十一年八月。

婿张匡尧即后蜀张虔钊次子。两块出土墓志相互印证，为研究五代后蜀历史人物关系提供了有力的实物证据。据张虔钊墓志铭记载，张匡尧之父张虔钊原任后唐山南西道节度使、同中书门下平章事、兼西面诸州马步军都部署等职，因平潞王叛乱，将士倒戈而归蜀，后蜀明德元年七月重授"山南节度使"，广政六年"授昭武军节度使"，广政十年转授"山南节度使、行兴元尹、兼充山南武定管界沿边住寨都指挥使"[1]。张虔钊为利州昭武军节度使之事，应当在广政六年至十年，领利、巴、集、通四州。别驾为州官刺史的佐官，武德元年（618年）始置。节度使幕府州佐可奏荐，唐代司州别驾从事史为从四品，与长史、司马同为"上佐"，刺史缺员或者亲王兼领州府时，可暂代职权。实际上，唐及五代"上佐"通常既没有具体的职责范围，也无须躬身实务，品阶高俸禄厚，多用以优待或安置闲散官员[2]。张匡尧当时应是在其父张虔钊麾下任利州别驾，可能随其除替而变化。其长兄张匡弼守卫尉少卿驸马都尉，娶金仙长公主。

后主时期，赵廷隐之功绩荫及子孙，一门显贵，正如铭文所记"门阀盛兮翼子贻孙"。然而后蜀兵败，孟昶归宋，后蜀国祚仅短短30余年，赵氏尊荣不过三代。北宋统一，其后赵氏世系不清。苏轼《赵先生舍利记》有"赵先生棠本蜀人，孟氏节度使廷隐之后，今为南海人。仕至幕职，官南海"的记载[3]，称有张方平曾为赵棠作墓志。并提及赵棠有子赵昶，官至大理寺丞，知藤州。赵昶，字晦之，曾为东武令。苏轼与赵昶素有往来，诗文相寄，有《与赵昶晦之四首》《减字木兰花（送赵令）》《减字木兰花（送东武令赵晦之）》（又题为《送东武令赵昶失官归海州》）等存世。然而，查张方平有《有宋南海大士赵君塔铭并序》一文，称赵棠"其先曹州济阴仕族。曾祖季良"[4]，可知赵棠及赵昶为后蜀赵季良之后，苏氏所称"廷隐之后"或为误。

赵廷隐三子，崇奥尚未寻到相关文献记载，此处仅就其长子崇祚、次子崇韬作简要考证。

1. 赵崇祚

根据赵廷隐墓志记载，赵廷隐长子名为赵崇祚，时任"银青光禄大夫、守卫尉卿、判太常寺、事上柱国。"关于赵崇祚，历史文献中的记载少也十分零散，仅只言

---

[1] 成都文物考古研究所、成都博物院：《成都出土历代墓铭券文图录综释》，上册，第76页。

[2] 陈茂同：《中国历代职官沿革史》，北京：昆仑出版社，2013年，第204页。

[3] （宋）苏轼著，傅成、穆俦标点：《苏轼全集》，上海：上海古籍出版社，2000年，第911页；苏轼：《赵先生舍利记》，曾枣庄、刘琳主编：《全宋文》卷一九七〇《苏轼一二二》，上海：上海辞书出版社，2006年，第90册，第444页。

[4] 曾枣庄、刘琳主编：《全宋文》卷八二九《张方平四八》，第38册，第321页。

片语，也未见单独有传，亦未见有作品传世，后世因其辑有《花间集》而略有考证。《九国志·赵庭隐》载曰："（庭隐）子崇祚、崇韬。"《花间集·序》作"卫尉少卿字弘基"[1]，而《直斋书录解题》卷二十一《歌词类》载："《花间集》十卷。蜀欧阳炯作序，称卫尉少卿字宏基者所集，未详何人。其词自温飞卿而下十八人，凡五百首，此近世倚声填词之祖也"[2]。清代《十国春秋·欧阳炯传》，吴任臣又考证作"卫尉少卿赵崇祚"[3]。待到清代，多已不知赵崇祚其族系，亦不详其里贯。编修《四库全书》时，编修官因其排行"崇"与赵崇韬似，而推测其为崇韬的兄弟[4]。

赵廷隐墓志铭中有其清晰的家族世系，记载明确。赵崇祚为后蜀宋王赵廷隐长子，赵崇韬之长兄，与《九国志》记述相合。唯有官职与《花间集·序》《十国春秋》记载的"卫尉少卿"有所不同。卫尉，初为门卫屯兵之职，隋代开始掌军器、仪仗、帐幕之事。唐太极元年，设卫尉卿一人，少卿二人，领武库、武器、守宫三署[5]。五代地方政权割据，十国官制多因袭唐制。银青光禄大夫为从三品文散官，上柱国视为正二品勋衔，卫尉卿为从三品职事，太常寺亦为正三品职事。赵氏一族随着赵廷隐辅政、判六军，门第日益显赫。广政三年，赵崇祚尚为卫尉少卿，从四品上。而时隔十年，赵崇祚守"卫尉卿"也十分合理。以此来看，赵崇祚职属卫尉，兼太常寺职，掌管后蜀宫廷军器、守卫与礼乐。

赵崇祚喜好诗书，颇具才学，志文中欧阳炯赞其"言行相顾，诗礼兼闻"。广政三年，赵崇祚"广会众宾，时延佳论"，收集晚唐至五代诗词曲子五百首，辑成《花间集》，欧阳炯为其作序。赵崇祚与当时的文人墨客相交甚密。《实宾录·忘年友》称："五代后蜀赵崇祚，以门第为列卿，而俭素好士。大理少卿刘暠、国子司业王昭图，年德俱长，时号宿儒，崇友之，为忘年友。"[6]后蜀归宋，赵崇祚之后的事迹未见记载。

---

[1]　关于其表字，文渊阁《四库全书》所收《花间集》之原序与纪昀等人提要均作"弘基"，文津阁《四库全书》《花间集》之提要、《四库全书总目提要》卷一百九十九、《天禄琳琅》续卷七为"宏基"。参见（后蜀）赵崇祚辑：《花间集》，北京：中国书店，2014年，第1、6页；（后蜀）赵崇祚集，（明）汤显祖评、曹明纲点校：《花间集》，杭州：浙江古籍出版社，2013年；（后蜀）赵崇祚：《花间集》，上海：上海古籍出版社，2018年；（后蜀）赵崇祚：《花间集》，上海：世界书局，1935年，第1页。

[2]　（宋）陈振孙撰，徐小蛮、顾美华点校：《直斋书录解题》，上海：上海古籍出版社，2015年，第614页。

[3]　（清）吴任臣撰，徐敏霞、周莹点校：《十国春秋》卷五十六《欧阳炯传》，第2册，第812页。

[4]　文渊阁《钦定四库全书·集部》详校官编修周琼《花间集》案："《花间集》十卷，后蜀赵崇祚编。崇祚字弘基，事孟昶，为卫尉少卿，而不详其里贯。《十国春秋》亦不为立传。案，蜀有赵崇韬为中书令，廷隐之子；崇祚，疑即其兄弟。"纪昀、陆锡熊等"据陈氏《花间集》十卷，自温飞卿而下十八人凡五百首，今逸其二，已不可考，近来坊刻往往谬其姓氏，续其卷帙，大非赵弘基氏本来面目。"

[5]　（元）马端临：《文献通考》卷五十五《职官九》，第501页。

[6]　（宋）马永易撰，陈鸿图辑校：《新辑实宾录》卷六《忘年友》，北京：中华书局，2018年，第219页。

2. 赵崇韬

赵崇韬，赵廷隐次子。志文云："次曰崇韬，竭忠奉义功臣，金紫光禄大夫、检校司徒，使持节眉州诸军事、守眉州刺□、兼卫□□、□上柱国"，《九国志》《宋史》《十国春秋》[1]均有传，部分细节有出入。其中《九国志·赵崇韬传》的记载较为简略，《十国春秋》的记载摘自《宋史》，另有部分事迹散记于《孟昶本纪》中。

与赵崇祚雅好诗书不同，崇韬少年骁勇果敢，有乃父之风。明德元年秋九月，辅政大臣李仁罕自恃有功，求判六军，后主孟昶以赵廷隐分其兵权加以制衡，新设置殿值四番，"以众将领子弟或遗孤为卫"，并任先帝孟知祥所留李仁罕、赵季良、赵廷隐、张业等老臣之子为殿值将领以作安抚平衡，廷隐次子赵崇韬即在此列[2]。

出土志文撰于广政十四年，记载赵崇韬为正三品的金紫光禄大夫、检校司徒，加勋视正二品"上柱国"，而实际职事为"使持节眉州诸军事、守眉州刺□、兼卫□□"。赵崇韬这一阶段的任职史籍未有记载，可补史之阙。魏晋之后，执掌地方军政者加称"使持节"，有"使持节为上，持节次之，假节为下"的说法[3]，而隋唐置州牧刺史，在诸州总管刺史前也加号"使持节"，为"从三品职同牧尹"[4]。五代官制多沿袭隋唐，通常在某州刺史前加以"持使节某州诸军事"。志文称赵崇韬为"使持节眉州诸军事、守眉州……"，其"眉州"后残字仅存右侧"刂"，以文义与字形推测识读为"刺"，推知赵崇韬当时应守"眉州刺史"，握有一州实际军政大权。据《旧唐书》《新唐书》所载，唐代眉州为上等州[5]，《通典》有载，上等州刺史为从三品，五代因唐制，眉州刺史则为从三品，该品级与《文献通考》"使持节"为"从三品职同牧尹"的说法一致。

另据永陵博物馆藏《徐铎内志》，徐铎曾于后蜀孟知祥明德元年守普州（四川安岳县）刺史，孟昶明德二年春考秩未满时改转"使持节渝州诸军事，守渝州刺史"，广政二年春三月，除授"使持节渠州诸军事，守渠州刺史"（渠州，今四川达州），广政六年二月，加封司空并"使持节眉州诸军事，守眉州刺史"，广政十年，宣充北

[1] （清）吴任臣撰，徐敏霞、周莹点校：《十国春秋》卷五十五《赵崇韬传》，第2册，第803页。

[2] （清）吴任臣撰，徐敏霞、周莹点校：《十国春秋》卷四十九《后蜀二·后主本纪》，第2册，第706页。后蜀李太后称众小将"皆膏粱乳臭子，素不习兵，徒以旧恩置于人上"，参见（《资治通鉴》卷二六九十三《后周纪四》，第20册，第9570页；《宋史》卷四百七十九《世家二·西蜀孟氏》，"又保正等皆世禄之子，素不知兵。一旦边疆警急，此辈有何智略以御敌"，第40册，第13874页。

[3] （宋）郑樵：《通志》卷五十六《职官六·都督》，北京：中华书局，1987年，第691页下。

[4] （元）马端临：《文献通考》卷五十九《职官十三》，第539页。

[5] 《旧唐书》卷四十一《地理志四》，第5册，第1668页；《新唐书》卷四十二《地理志六》，北京：中华书局，1975年，第4册，第1081页。

路行营，补陕路行营、兼宁江军管内、沿边诸寨屯驻都指挥使等职，广政十四年冬十月除授"使持节彭州诸军事，守彭州刺史"[1]。唐代官员实行一年一小考，四年一大考，后唐庄宗、明宗朝都有关于刺史任满三考方可移替的规定[2]。以《徐铎内志》来看，徐铎先后曾任多州刺史，除普州"考秩未满"改转外，其余任期均为四年，四年考满移替。徐铎于广政六年至十年为眉州刺史，以正常考课四年期满来推测，赵崇韬或广政十四年新任眉州刺史。后蜀以军为一级行政区划，下设州、县，节度使移替比较频繁，刺史的任期也比较短。因唐末藩镇专权，五代各国统治者原本也多为节帅武将，缩短其任期以削弱权力，或为避免节帅拥兵自重，藩镇割据，重蹈覆辙，如孙汉韶、张虔钊就曾先后担任过昭武军节度使。

据文献记载，孟昶广政年间，赵崇韬曾两度领兵抵御后周军，第一次为广政十八年（955年），即后周显德二年；第二次为广政二十一年（958年），即后周显德五年。《九国志·赵崇韬传》载，"广政二年，周师复至境上，昶以崇韬与控鹤指挥使袁可钧，同为北面招讨。崇韬率励将士，行阵整肃，士卒有黥其额为斧形者，号曰破柴，周师前锋，屡为崇韬所败，至归安而退。"此处广政二年记载应为误[3]。广政十年，后蜀有秦、凤、阶、成之地，复前蜀王氏疆土[4]。广政十八年正月，后蜀置威武军于凤州[5]。其年五月，后周世宗柴荣调兵自秦州犯蜀，后蜀以客省使赵崇韬为都监[6]，与北路行营都统李廷珪、招讨使高彦俦抵御后周军，因功升任右卫圣步军都指挥使。这次对战，蜀军虽获短暂胜利，之后却节节败退，终失秦、凤。又据《资治通鉴》之后周显德五年（958年）载："蜀主以右卫圣步军都指挥使赵崇韬为北面招讨使……分屯要害以备周"[7]，联系《九国志》记载及"周师复至境上"与周师前锋"至归安而退"来分析，此处交锋应在广政二十一年，即后周再次袭蜀、攻打归安镇时，为文献有载的崇韬第二次抵御后周军队。之后孟昶对赵崇韬多有倚重，广政

[1] 成都文物考古研究所、成都博物院：《成都出土历代墓铭券文图录综释》，上册，第82页。

[2] （清）董诰等编：《全唐文》卷一○八《后唐明宗·久任刺史敕》，"所谓刺史三考，方可替移。免有迎送之劳。若非岁月积深，无以彰明臧否。自此到任后，政绩有闻，即当就加渥泽。如或为理乖谬，不计月限，便议替除"，第1108页；（宋）王溥：《五代会要》，第307页。

[3] 《九国志》万有文库本、粤雅堂丛书本误作广政二年，守山阁本作"广政十八年"或也为误，将两次抵御后周军混为一次。

[4] 《资治通鉴》卷二百八十六《后汉纪一》，第20册，第9356页；（清）吴任臣撰，徐敏霞、周莹点校：《十国春秋》卷四十九《后蜀二·后主本纪》："广政十年，后晋凤州防御使石奉頵以凤州来降，我于是尽有秦、凤、阶、成之地，悉复前蜀王氏疆土"，第2册，第715页。

[5] 《资治通鉴》卷二百九十二《后周纪三》，第20册，第9523、9528页。

[6] 《资治通鉴》卷二百九十二《后周纪三》，第20册，第9527页；（清）吴任臣撰，徐敏霞、周莹点校：《十国春秋》卷四十九《后蜀本纪二》，第2册，第724页。

[7] 《资治通鉴》卷二百九十四《后周纪五》，第20册，第9588页。

二十五年（962年），孟昶立秦王玄喆为太子，又以赵崇韬与王昭远、伊审征、韩保正等分掌机要，总内外兵权[1]。

960年，宋太祖赵匡胤代后周称帝，以开封为东京，改元建隆。后蜀广政二十七年（964年）冬，宋派王全斌等伐蜀。后蜀孟昶以王昭远为都统，赵崇韬为都监，韩保贞为招讨使，率兵拒宋[2]。二十八年春，宋军破剑门，逼汉源，赵崇韬布阵迎敌，奋战至"兵器皆断折，犹手击杀数人"[3]。汉源之战，蜀军大败，赵崇韬最终力战不敌被宋师所擒。

《宋史·太祖本纪》载："（乾德三年春，965年）王全斌克剑门，斩首万余级，禽蜀枢密使王昭远、泽州节度赵崇韬。"[4]

又《宋史·王全斌传》载："全斌等击破之，昭远、崇韬皆遁走，遣轻骑进获，传送阙下，遂克剑州，杀蜀军万余人。"[5]

《九国志·李廷珪传》载："（广政）二十八年，王师拔剑门，加廷珪太子太傅，令从元喆统兵以拒王师。至绵州，闻王昭远、赵崇韬之师皆败，元喆惧，退保东川。"[6]

《宋史·王昭远传》载："（王昭远）俄为追骑所执，送阙下，太祖释之，授左领军卫大将军。"[7]

关于赵崇韬的记载终于其兵败被擒。《锦里耆旧传》有孟昶归宋后的后蜀归降官员敕目，王昭远为"右千牛卫上将军"，但未见赵崇韬之名。推测当时崇韬被擒后可能并未被释放，或已然身死。

赵崇韬子承父业，为孟昶后期重要将领，先为殿值将军，后为使持节眉州诸军事、守眉州刺史，历任右卫圣步军都指挥使、北面招讨使，加领洋州武定军节度、山南武定缘边诸砦都指挥副使等职。据《宋史》《十国春秋》记载，广政末年，崇韬有子名赵文亮，尚孟氏公主。

---

[1] 《锦里耆旧传》记作二十四年，参见（宋）勾延庆：《锦里耆旧传》卷七，傅璇琮、徐海荣、徐吉军主编：《五代史书汇编》，第10册，第6050页；《宋史》卷四百七十九《世家二》，第40册，第13874页。

[2] （清）吴任臣撰，徐敏霞、周莹点校：《十国春秋》卷四十九《后蜀二·后主本纪》，第2册，第733页；《宋史》卷一《本纪第一》，第1册，第18页。《九国志》称崇韬与李廷珪等率兵拒之。

[3] （宋）路振：《九国志》卷七《赵崇韬传》，傅璇琮、徐海荣、徐吉军主编：《五代史书汇编》，第6册，第3303页。

[4] 《宋史》卷二《太祖本纪》，第1册，第21页。

[5] 《宋史》卷二百五十五《王全斌传》，第25册，第8921页。

[6] （宋）路振：《九国志》卷七《李廷珪传》，傅璇琮、徐海荣、徐吉军主编：《五代史书汇编》，第6册，第3314页。

[7] 《宋史》卷四百七十九《王昭远传》，第40册，第13886页。

五、墓志铭撰文、书丹与镌刻者

该墓志还留下了与墓志铭成文制作有关的人物信息，如撰文者欧阳炯、书丹者何尧封、镌玉册官武令昇。

1. 欧阳炯

墓志铭撰文者为"门吏翰林学士、正议大夫、行尚书礼部侍郎、知制诰兼知贡举、上柱国赐紫金鱼袋欧阳炯"。欧阳炯，活跃在五代前后蜀至北宋初年，文献关于他的记载较多，《十国春秋》单独立传。《十国春秋》记载欧阳炯为蜀人，曾事高祖、后主，历官武德军判官、翰林学士、中书舍人，曾为赵廷隐长子赵崇祚编纂的《花间集》作序，其作品也被收录其间。此外，《尊前集》也收录有欧阳炯诗词三十一首。

宋勾延庆《锦里耆旧传》卷四，孟昶归宋后，宋太祖对后蜀将吏进行封赏，其中有"欧阳炯，左散骑常侍"的记载[1]。而宋李焘《续资治通鉴长编》卷二亦有"是月（建隆二年五月），蜀以翰林学士承旨、吏部侍郎华阳欧阳炯为门下侍郎、兼户部尚书、平章事"的记录[2]。

此外，"欧阳炯"的事迹，《野人闲话》的"贯休""应天三绝"两则中，蜀中翰林学士欧阳炯曾赠诗与僧贯休；还有翰林学士欧阳炯与景焕为忘形之交，同赏书画同游应天寺的记载。他的名字在文献记载中，还写作"焖""迥""炯"等，甚至为"廻"字。《宋史·西蜀世家》就为"欧阳迥"立传，称迥为成都华阳人，历前蜀后主，前蜀亡，降后唐至秦州为官，于孟知祥入西川后又返回蜀中。孟知祥登位后，迥为中书舍人，孟昶广政十二年除翰林学士，十三年知贡举，之后又"迁礼部侍郎，领陵州刺史，转吏部侍郎，加承旨。二十四年，拜门下侍郎兼户部尚书、平章事、监修国史"[3]。而《十国春秋·后蜀纪》记曰："广政二十四年，自春至于夏无雨，螟蝗见成都。诏以吏部侍郎承旨欧阳迥为门下侍郎兼户部尚书、同平章事。"[4] 观此"欧

---

［1］ 文渊阁《钦定四库全书·史部》之《锦里耆旧传》卷四，第7页；另作"欧阳炯"，（宋）勾延庆：《锦里耆旧传》卷八，傅璇琮、徐海荣、徐吉军主编：《五代史书汇编》，第10册，第6054页。

［2］ （宋）李焘：《续资治通鉴长编》卷二《太祖》，北京：中华书局，2004年，第1册，第46页；（宋）李焘著，（清）黄以周等辑补：《续资治通鉴长编》卷二《太祖》，上海：上海古籍出版社，1986年，第1册，第17页。

［3］ 《宋史》卷四百七十九《欧阳迥传》，第40册，第13894页。

［4］ （清）吴任臣撰，徐敏霞、周莹点校：《十国春秋》卷四十九《后蜀二·后主本纪》，第2册，第730页。

阳迥"生平，尤其是具体官职和任职的时间，与成文于广政十四年的赵廷隐墓志铭的记载相吻合，也与《十国春秋》《锦里耆旧传》《续资治通鉴长编》所载的蜀中欧阳炯生平相符。而嘉靖版《四川总志》[1]，尤其是《十国春秋》中另有一人名欧阳迥，所录生平与《宋史》欧阳迥相同，应摘自《宋史》，却将"迥"误作了"迥"字。古"炯"同"炯"，两者音义相同，结合其活跃的时代、官职与文辞，《宋史》欧阳迥与《十国春秋》"欧阳迥""欧阳炯"及其他文献中的"欧阳炯"应为同一人，即赵廷隐墓志铭的撰文者欧阳炯。可能因时代久远，避讳、文献传抄等诸多因素，出现了不同的写法，直至清代吴任臣编《十国春秋》时，将"欧阳炯""欧阳迥"误作两人分别作传。关于欧阳炯生平研究，不少的研究者都基于文献材料进行了分析和论证[2]。而赵廷隐墓志铭的出土，为更正史料记载的舛错提供了十分珍贵的考古文献资料。

结合考古资料与历史文献推知，欧阳炯，成都华阳人，生于唐乾宁年间，曾事前蜀、后唐、后蜀、北宋，善文章、工诗词、好歌乐，是晚唐五代有名的词人，与景焕为忘形交，与僧可朋、僧贯休等当时的文士僧人交往甚善。后蜀时期，历中书舍人、武德军节度判官、翰林学士、正议大夫、行尚书礼部侍郎、知制诰兼知贡举等职，后领陵州刺史，转吏部侍郎，加承旨，拜门下侍郎、兼户部尚书平章事，勋上柱国赐紫金鱼袋。后蜀亡后随孟昶降，为宋臣，充翰林学士、左散骑常侍等职。

欧阳炯与赵廷隐一族交往甚密。广政三年，炯曾为赵廷隐长子赵崇祚的《花间集》作序，并在序中称"以炯粗预知音，辱请命题，仍为序引"。而廷隐薨后，赵氏子女"以炯素依门馆，请述志铭"。据志文记载，广政初改剑南东川节度使为梓州武德军节度使，昶以赵廷隐为武德军节度、管内观风等使（广政四年罢，加检校官），而《花间集·序》载欧阳炯为"武德军节度判官"[3]，恰为其属官。故而欧阳炯在撰写廷隐墓志铭时自称"门吏"，以示尊敬。欧阳炯两次为赵氏撰文，无论《花间集·序》还是赵廷隐《墓志铭并序》，都是不吝辞藻，文辞华美。欧阳炯撰志，正文以运命之说开篇，仿三国李萧远之《运命论》，将后蜀开国皇帝孟知祥与宋王赵廷隐的临世与相逢，归于时、运、命的结果，如"山出云则申伯匡周，石投水则留侯辅汉"。盛赞赵廷隐跟随后蜀高祖开疆辟土、立国兴邦的功勋，将赵廷隐视作可与汉初

[1] （明）刘大谟、杨慎等纂修：《（嘉靖）四川总志》卷五《郡县志·成都府》，《北京图书馆古籍珍本丛刊》，北京：书目文献出版社，2000年，第42册，第106页。

[2] 王国维：《庚辛之间读书记》，《王国维遗书》，上海：上海古籍书店，1983年，第10、11页；陈尚君：《"花间"词人事辑》，中国社会科学院文研所编：《俞平伯先生从事文学活动六十五周年纪念文集》，成都：巴蜀书社，1992年，第266—271页。

[3] （后蜀）赵崇祚编，杨景龙校注：《花间集校注（典藏本）》，北京：中华书局，2015年，第1册，第1、2页。

的萧何、曹参，唐初的李绩、李靖等并驾齐驱的开国功臣，更是将孟知祥比作汉高祖刘邦、唐高祖李渊之类的开明立国之君。其溢美之词，有"谀墓"之嫌，但所记赵廷隐生平事迹，仍较详尽可靠。

2. 何尧封

墓志书丹者为"门吏前眉州军事判官、将仕郎兼监按御史、赐绯鱼袋何尧封"，史失其载。唐代在节度、观察、招讨、经略、团练等各使之下置判官，为节度幕府成员。五代在各道、州也设置有军事判官，为州府内佐官，负责协理本州府相关的防卫等军务。后蜀的州府官制，大体上延续了唐与后唐的设置。后唐同光二年，中书门下奏："今后诸道除节度副使、判官两使除授外，其余职员并诸州军事判官等，并任本道本州，各当辟举，其军事判官，仍不在奏官之限。"[1] 此时的军事判官可由各道、州的节度使选拔，无须奏充。天成元年（926年），幕府判官需守旧职，若节度使移镇或罢府，则不随流动，其职随罢。到了天成二年（927），敕所设官职应各司其职，州府录事参军不得兼任，尤其是"邺都管内刺史州，不合有防御判官之职，今后改为军事判官"[2]。长兴元年十二月，太常丞孔知邵奏："诸道行军副使、两使判官及防御团练、军事判官，并请依考限欲满一月前，本处闻奏朝廷除替。"[3]

长兴二年中书门下奏议"行军副使、两使判官以下幕僚，及防御团练副使、判官、推官、军事判官，并宜以三十个月为限"。敕"推巡、防御团练推官、军事判官等，并三年与比拟。每遇除授，量与改转官资，或阶勋职次"[4]。宋代军事判官为从八品。将仕郎为隋代所置文散官，唐五代袭之。唐代属于第二十九阶，即从九品下，宋代为九品下。

何尧封原职眉州军事判官，结合赵崇韬当时为"持使节眉州诸军事、守眉州刺史"的官职推测，其为赵崇韬所在州府内的佐官，虽已卸任，但保留了郎官与御史的头衔，与赵崇韬关系较为密切，依赵氏门庭，或因其擅长书法而为赵廷隐墓志铭书丹，并依其品阶与从属关系，对赵崇韬之父宋王赵廷隐也以"门吏"自称。

何尧封"监按御史"一职，少见于其他文献。或类似"监察御史"，属于正八品下，品级虽低，却有分察百官、巡按州县等权限。唐代监察御史有判官二人为佐，务繁则有支使。唐代几经调整后有"监察御史十五人，正八品下。掌分察百寮，巡按州县，狱讼、军戎、祭祀、营作、太府出纳皆莅焉；知朝堂左右厢及百司纲目。凡十道

---

[1] （宋）王溥：《五代会要》卷二十五《幕府》，第395页。

[2] （宋）王溥：《五代会要》卷十九《县令上录事参军附》，第314页。

[3] （宋）王溥：《五代会要》卷二十五《幕府》，第396页。

[4] （宋）王溥：《五代会要》卷二十五《幕府》，第397页。

巡按，以判官二人为佐，务繁则有支使”[1]。成都出土的后蜀广政十八年（955年）《孙汉韶内志》中，撰文者为“门吏前遂、合、渝、泸、昌等州观风副使、将仕郎兼监按御史、赐绯鱼袋王乂”[2]，其与何尧封的身份相当，也为“将仕郎兼监按御史、赐绯鱼袋”。可见在五代，至少在后蜀存在监按御史这一官职，或为州府佐官兼任。

3. 武令昇

墓志镌刻者为武令昇，生卒年不详。广政七年，后蜀门下侍郎、同平章事毋昭裔依照雍都旧本九经，命平泉令张德钊书写并刻石经，并保存于成都学宫[3]。此石经即为《广政石经》，又称《蜀石经》。其中镌刻《尔雅》的就是武令昇。曾宏父《石刻铺叙》有载：“《尔雅》一册二卷，不载经注数目。广政七年甲辰六月，右仆射毋昭裔置，简州平泉令张德钊书，镌者武令昇”[4]。《广政石经》作为后蜀官方刊刻的儒家经典，立于学宫之前，供读书人抄录、校对、研究，并期许流传后世，引人瞻仰。石经必须具有规范性和权威性，参与书写、镌刻的人选均备受重视，当经过多方考量，择其优者而录。书丹者均为官员，悉选“士大夫善书者模丹入石”[5]，而镌刻者能留其姓名的，也是后蜀精于勒石的名匠，如陈德超，颍州郡（今河南许昌）陈德谦以及武令昇、张延族等。故而南宋洪迈赞《广政石经》“孟蜀所镌字体清谨有正观遗风，续补经传殊不逮前”[6]。

志铭中武令昇题署“镌玉册官”。据志文，广政十一年，赵廷隐请辞致仕时，孟昶命使者持节“宣册”制授其“守太傅，封宋王”；又广政十四年二月，赵廷隐下葬之前，孟昶再度命使副持节“册赠为太尉、徐兖二州牧”，并加谥号“忠武”。“册”即玉册，又为“玉策”，为帝王封禅、祭祀和册命时使用的官方文书。有石刻与考古资料显示，唐代中书省就设有镌玉册官，五代时期如后梁、后唐等都有专门的官署玉册院管理玉册官，专门负责玉册文书制造相关事务。后梁开平三年有“玉册院

[1]　（元）马端临：《文献通考》卷五十三《职官七·监察侍御史》，第488页；《新唐书》卷三十八《百官三·御史台》，第4册，第1239、1240页。

[2]　成都市博物馆考古队：《五代后蜀孙汉韶墓》，《文物》1991年第5期；成都文物考古研究所、成都博物院：《成都出土历代墓铭券文图录综释》，上册，第86、87页。

[3]　（清）吴任臣撰，徐敏霞、周莹点校：《十国春秋》卷四十九《后蜀二·后主本纪》，第2册，第713页。

[4]　（宋）曾宏父：《石刻铺叙》卷上《益郡石经》，北京：中华书局，1985年，第1、2页。

[5]　（宋）晁公武撰，孙猛校：《郡斋读书志校证》附志《石经尔雅》，上海：上海古籍出版社，1990年，下册，第1087页；（宋）曾宏父：《石刻铺叙》卷上《益郡石经》，第3页。

[6]　（宋）曾宏父：《石刻铺叙》卷上《益郡石经》，第5页。

李廷珪镌字"[1]。后唐也有玉册院镌字官韩重，后蜀有陈德超等。孟知祥起于后唐，割据东西川，在官制上也延续了唐末与后唐的制度。根据文献记载，武令昇刻《尔雅》时称"镌者"，仅署有名字而没有头衔，而在1977年成都出土的后蜀张虔钊墓志铭中，题署"镌玉册官武令昇"，与赵廷隐墓志文末署名相同。赵廷隐与张虔钊品秩高，均有蜀主追赠谥号，墓志铭皆由镌玉册官进行镌刻。张虔钊墓志铭刻于广政十一年，武令昇可能因广政年间刻蜀石经有功而获升迁，成为有品秩的镌玉册官，可能除制作玉册外，也为具有册命有身份的重臣镌刻墓志铭。

六、余　论

后蜀赵廷隐墓是除前蜀王建墓、后蜀孟知祥墓、前蜀王宗侃墓、后蜀张虔钊墓外，迄今发现的四川五代时期最高等级墓葬。其出土墓志铭，有明确纪年可判定墓葬年代，有确切的墓主身份、墓主生平与家族世系内容，为研究其家族关系、人物传记提供了最具价值的实物资料。志文所保存的大量历史信息，涉及10世纪上半叶发生的一些重大历史事件，补校了现存历史文献资料的部分错漏与缺略，为五代十国人物传记和历史研究提供了十分宝贵的文字材料。所述及的五代官职与封诰制度，也值得进一步的讨论。

该墓志铭汇集蜀地名宦名匠心力而作，在文学、书法、雕饰技艺等方面都有较高的艺术水平。此外，志文书写以楷书为主，兼有部分行楷，并包含数量较多的异写字、避讳字等，对古文字演变发展与古代避讳制度的研究有一定意义。

Study on the Epitaph of Zhao Tingyin in the Later Shu Period

Tong Leixu

(Chengdu Cultural Relics and Archaeology Research Institute)

Abstract: The Zhao Tingyin's tomb is the highest-rank tomb of the Five Dynasties in Sichuan except for the tombs of Wangjian, Meng Zhixiang, Wang Zongkan, and Zhang Qianzhao during the Former and Later Shu periods. The tomb was looted in the early years, and the epitaph was badly broken and scattered when unearthed. This paper publishes the recovered epitaph from the Zhao Tingyin's tomb, and interprets the full text on the basis of the identification of inscriptions. By integrating the excavated materials and historical documents, this article studies Zhao Tingyin's life, family lineage, and social networks. It also studies the

---

[1] 洛阳市文物工作队：《洛阳后梁高继蟾墓发掘简报》，《文物》1995年第8期，第59页。

historical events of the Five Dynasties recorded in the annals, enriches the biographies of the characters, and corrects some mistakes and omissions in the extant historical documents.

Keywords: Later Shu, Zhao Tingyin, Epitaph, Historical Events, Family Lineage

（责任编辑：张亮）

《明故监察御史前翰林院庶吉士李君墓志铭》考释

宋 飞 杨 洋 陈成章 付 祺[*]

摘要： 李佶正德年间被授翰林院庶吉士，嘉靖年间曾任监察御史。仪封刘大谟为李佶撰文，志文内容详细胪列了李佶的迁转履历和一生沉浮，并为研究李氏家族世系、墓地方位等提供了翔实的材料。墓志为研究明清时期金堂县东郊地名称谓的改变、明朝嘉靖五年李福达之狱案的政治事件提供了真实材料。

关键词： 明代 监察御史 李佶 墓志铭 考释

2020年7月，为配合青白江区基本建设，成都市文物考古工作队会同青白江区文保中心对位于城厢镇十五里社区的泉龙山明代墓群进行了考古发掘。

墓葬形制结构明确，部分墓葬随葬品较为丰富。尤为重要的是，墓群出土了一批墓志铭材料。如M6出土的《明故略阳县知县李公墓志铭》（以下简称《李公墓志铭》）、M7出土的《明故监察御史前翰林院庶吉士李君墓志铭》（以下简称《李君墓志铭》）和《显妣孺人何氏述》（以下简称《何氏述》）、M9出土《明故文林郎山西太原府乐平令介菴李公墓志铭》（以下简称《介菴李公墓志铭》）等[1]。

由此判断，墓群中的M6—M10应为李氏家族墓地。分布存在一定规律（图一）：墓葬位序是按照横纵两系规律排列，横向形成同辈兄弟，纵向形成直系子孙的布局。该地应是李氏先祖参照风水堪舆理论，以风水学上的"渴龙饮水"局和五音利姓选定的一处吉穴。

其中M7为双室石室墓（图二），由墓道、封门、甬道、墓门、墓室、壁龛、棺床、排水沟等组成。墓门为仿木结构隔扇门，壁龛四周雕刻有供桌、花瓶、卷草纹等图案。出土随葬品有墓志、武士俑、仪仗俑、侍俑、谷仓罐、龙纹罐等。该墓发现的《李君墓志铭》位于墓道底部略偏西位置，距离墓室封门约1米。由志盖（图三）和志底（图四）组成，上下扣合，外以铁条加固。墓志边长0.72、厚0.05米。志盖平顶，正方形，阴刻篆书"明故监察御史前翰林院庶吉士李君墓志铭"，字体涂有朱砂；志底

* 作者：宋飞，成都，青白江区文物保护中心（304318735@qq.com）；杨洋，成都，成都文物考古研究院；陈成章，成都，四川省文物考古研究院；付祺，成都，成都武侯祠博物馆。

[1] 相关资料正在整理中，现存成都市文物考古工作队。

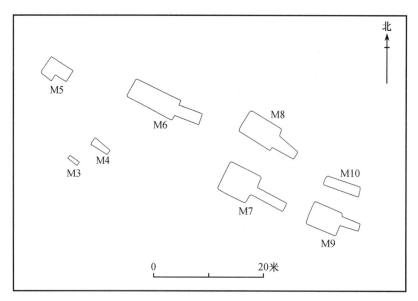

图一　墓葬分布图

图二　M7全景（东—西）

楷书，正文共38行，铭文共计1071字。考古发掘简报整理待刊，资料现存成都市文物考古工作队。

本文拟通过对铭文的释读，并结合相关文献材料，对李佶的生平、仕宦履历、李氏家族世系等进行考察，进而探讨了李氏家族葬地选择、明代停丧习俗，及铭文背后反映的明嘉靖年间的社会政治背景。

图三　李佶墓志铭志盖

（摄影：杨洋；拓片：严彬）

图四　李佶墓志铭志底

（拓片：严彬）

一、墓志释文

墓志录文如下。

明故监察御史前翰林院庶吉士李君墓志铭。

赐进士出身、中宪大夫、都察院右佥都御史，奉敕巡抚四川等处地方、前提督雁门等关兼巡抚山西地方仪封刘大谟撰，赐进士出身、通议大夫、都察院右副都御史天彭刘士元书，赐进士出身、中顺大夫、大理寺右少卿成都顾祕篆。

顾二江大理过余曰："小婿李如柏，子健之子也。"□其母命托仆转徼惠于左右，其母偶梦子健皇皇自外至，问其所从来？则曰："吾在省□丐（丐）巡抚公文以志吾墓。"觉而长号，命如柏来告诚异哉□也。忆余甲申岁来□□藩兴，子健倾盖，一语遂深，相契乎，暨庚子巳十六稔矣。余以起用抚蜀，行至汉州，子健驰书逆之。词音恳切，初不知其病也。至省下遣人相候，则已弗迫。痛念在心，未能勇往，一哭。今乃闻是□盖人有旷百世而相感者，况子健与余曾一晤，言其心已相许乎，且二江忠信人也，决不妄，遂弗辞而志之按状。

君讳佶，字子健，别号石坡。其先本晋人，元季徙秦五丈原。曾祖敬，隐德弗耀，祖春以明经举于乡，署金堂学训，道卒以贫，不能归，遂占籍金堂。父显贵有才名，领成化辛酉乡荐，授略阳令，赠监察御史。母张氏，凤翔五经先生杰之女也，通老经小学，赠孺人。

君生而款异，甫弱冠即以文学著闻。中正德癸酉乡试，登辛巳科进士，改翰林院庶吉士，一时从游者：若御史杨宜、给舍戴嘉猷、郎中陈克昌、主吏侯一元、进士李泂、贡士徐一夔、姚之□，皆英俊士。嘉靖改元授监察御史，守制，接丧庐于墓者。六年起复，除山东道，总掌云南、河南、广东诸道吏，执法奉公不畏强御，有妇人谋杀夫者，属东厂太监之侄，竟置诸死。盐课之弊，两淮为甚，君奉命往巡，先出五禁以肃奸诡之心；次奏添引目，盐法遂通，尤以为贤。□急博采才猷经国者十八人，而疏举之作与学校，掖其秀，诱掖奖劝相继闻连□十人。

婴疾，乞养于家，稍愈，适部檄至，乃束装就道，即上疏言事。如□镇守衙门害人等类皆人所深避者。是岁，上御文华殿听讲，君以学识年资得进讲皋陶谟，伏荷御书白金之赐。及出按浙江，独持风裁，一时赃污吏辄望风解去。申明科举新法，奏革织造太监，非素有威望，其孰能为。寻以刚直触忤时相张璁，都御史汪鋐者，阿意劾之，竟坐闲住君。屏居以来，日与门徒读书谈道，绝不干预时吏。祖茔旁得一古洞，颇幽绝，名曰仁智异，其乐岂且寿也。奈何庚子春痰疾剧作，君知不可，乃作绝命词以自安。八月二十四日端坐而逝，得年仅五十有二。舐母目而获复明，让兄宅而不少愠，奉从母从嫂，恭而有礼，恤外侄外婿，惠而能迪。卓行高风，殆难缕指，其幸存而未泯者，高大光明之体。在正义问答一：集骨鲠节概之气，在奏议条约；是非公直之权衡，在县志一：书豪迈不群之才，在门人辑录篇章。呜呼！君其蜀之人杰也哉，使天假之以年，其所就顾可量耶？宜乎资有识者所共悲也。配何氏，有懿德，封孺人。男一即如栢，聘顾氏，娶苟氏；女一如玉，许嫁什邡庠生曹梓。孙男二熟、然，女二赉、颜。以壬寅正月三日葬于渴龙岗略阳公墓侧。

于法宜铭，铭曰：华之韡韡[1]兮，厥实靡坚。文之炳炳兮，厥功靡全。是岂造物者之所靳兮，莫测其然。噫嘻子健兮，匪于独怜。

嘉靖二十一年壬寅月三日志。

二、铭文的释读

M7出土《李君墓志铭》对于李佶的迁转履历、为官政绩、婚姻子息等情况描述得非常详细，可与史料互证，补其遗逸之处。

（一）李佶生平

李佶，明代中期金堂县（现属于成都市青白江区城厢镇）人氏。《金堂县志》（以下简称《县志》）有载："李佶，正德十四年己卯科举人；十五年，庚辰科进士，杨维聪榜。授翰林院庶吉士。嘉靖初，拜御史，巡按浙江独持风裁。一时，贪墨望风解去。奏革织造太监，以刚直忤时相，遂毅然乞休。缙绅皆重其风节。崇祀乡贤祠。"[2]叙述较为简略，且多有纰漏。

志文提及李佶"讳佶，字子健，别号石坡"，文献中均只载其名，未书其字及别号。

志文"正德癸酉乡试，登辛巳科进士"，可考证李佶于明武宗正德八年（1513

---

[1]　汉语大字典编纂处：《汉语小字典》，成都：四川辞书出版社，1999年，第504页：韡，音wéi，简化字该写为"韡"，但未被简化收录，意为光明。

[2]　四川省金堂县志编纂委员会：《金堂县志》卷五（人民部中），成都：金堂县地方志办公室编印，2008年，第577页。

年）中举人，明武宗正德十六年（1521年）中进士，《县志》有误。

志文"奈何庚子春痰疾剧作，君知不可，乃作绝命词以自安。八月二十四日端坐而逝，得年仅五十有二"。查《二十史朔闰表》可知，庚子年即嘉靖十九年（1540年）[1]，故李佶应生于弘治元年（1488年），卒于嘉靖十九年八月二十四日，享年52岁。

嘉靖二十一年（1542年）正月初三，葬于县东渴龙岗略阳公墓侧。

（二）李佶仕宦履历

《李君墓志铭》详细胪列了李佶所有的迁转履历和一生沉浮，可补史之阙如。

嘉靖元年（1522年）李佶任翰林院庶吉士，监察御史，官职正七品。

嘉靖二年（1523年）至五年（1526年），为父节制守丧。

嘉靖六年（1527年），任监察御史，负责山东、云南、河南、广东官吏监察。墓志中记载"执法奉公不畏强御，有妇人谋杀夫者，属东厂太监之侄，竟置诸死"，由此可看出李佶刚正不阿、秉公执法的清廉形象。

后任两淮巡盐御史，其间，"先出五禁以肃奸诡之心；次奏添引目，盐法遂通，尤以为贤，□急博采才猷经国者十八人，而疏举之作与学校，扳其秀，诱掖奖劝相继闻连□十人"。志文与史料记载基本一致，如《明扬州府学校考（书院社学附）》载"嘉靖七年盐法御史李佶、朱廷立相继捐帑赎，重修学庙"[2]，作于嘉靖七年（1528年）的《李佶禁约》对惩治奸商、优抚煮盐工人、追究处理旧的盐引、救济灶户、解决弊端、禁革包揽等方面提出了具体举措[3]。

李佶为人刚正，大病初愈即上疏弹劾镇守衙门祸国殃民，断案不公，为其余言官皆不敢明言之举。

嘉靖九年，李佶在文华殿为嘉靖皇帝谋划治国方略，因嘉靖皇帝赏识，任浙江巡按御史。其间，李佶整顿贪赃污吏，奏革织造太监，针对科举制度提出进行巡视监督、监考官不能参与主考工作等建议并被采纳。志文所记与文献相合，如《古今图书集成·经济汇编·选举典》载："嘉靖十年，浙江巡按李佶，请经房，阅得俊卷，必发监临，参阅墨卷，以为去取。"[4]又如《礼部志稿》载："嘉靖十年，浙江巡按御

[1] 陈垣：《二十史朔闰表》（附西历回历），北京：中华书局，1978年，第175页。

[2] （清）陈梦雷编纂，蒋廷锡校订：《钦定古今图书集成·方舆汇编·职方典》第七百五十八卷《明扬州府学校考（书院社学附）》，北京：中华书局，1934年，第112册，第9页。

[3] （明）朱廷立等：（嘉靖）《盐政志》卷一〇《禁约·李佶禁约》，《四库全书存目丛书·史部》，济南：齐鲁书社，1996年，第273册，第645页。

[4] （清）陈梦雷编纂，蒋廷锡校订：《钦定古今图书集成·经济汇编·选举典》第八十卷《乡试部》，第662册，第13页。

史李佶言：'各省乡试考官，宜会同监临等官，揭书出题，考试官取定，试卷先期将号数发出，听监临官参之墨卷以定去取。礼部覆议，考试、监临各有职掌……亦不许主考官预构，以防奸弊。以后会试，俱遵照行，乡试录提调官与考试官，序名只照旧规，不许更变。'"[1]

嘉靖十年（1531年），李佶"寻以刚直触忤时相张璁，都御史汪鋐者，阿意劾之"。《县志》载其"遂毅然乞休"，《明世宗实录》载："革前任浙江巡按御史李佶职闲住，佶已升江西南康府（今江西省庐山市）知府，都察院核其行事乖方，克核琐细，失宪体故也……嘉靖十年五月甲申朔，掌都察院右都御史汪鋐，奏劾浙江巡按御史李佶酷刑奇，察失宪臣体，诏下南直隶巡抚逮问。"[2]可以看出，李佶在由监察御史升任江西南康府任知府之际（正七品升正四品），因为刚直的性格[3]在朝事议论中触怒了重臣张璁，被右都御史汪鋐等恶意弹劾。督查院内部调查认定弹劾为事实，李佶还未到任便被革职回乡，赋闲在家。

后数年，李佶在金堂县（现为城厢镇）教书育人，与友人、学生著文论道，期间曾为陆深刊刻的《史通》做《刊正史通序》[4]。

（三）李氏家族世系

关于李氏家族世系，史书记载极为简略。通过该墓地出土的《李公墓志铭》《李君墓志铭》《何氏述》《介菴李公墓志铭》等几方墓志文所载相关信息，可勾勒出金堂李氏家族世系。

---

[1]　（明）林尧俞等纂修，俞汝楫等编撰：《礼部志稿》卷七十一，收录于清官修《四库全书·史部类》，北京：线装书局，2011年，第39页。

[2]　《明实录附校勘记》之《明世宗实录》卷一百四十一，嘉靖十一年八月丙子，台北："中研院"历史语言研究所校勘影印本，1965年，第3286页。该书是明代历朝官修的编年体史书，共十三部，两千九百一十一卷，书中记录了从明太祖至明熹宗共十五代皇帝的大量资料。

[3]　结合前文可知，李佶在朝任职期间已有多次不畏强权直言犯谏之举，也多有刚正不阿、整治官吏的行为。文献与墓志互为印证，可证李佶刚正为官的形象。

[4]　李佶所作通序主要是指出明嘉靖年间所刻《史通》版本之差，脱简讹文较多，不便于研读，序文如下："昔者，孔子尝曰：'吾自卫反鲁，然后乐正，《雅》、《颂》各得其所，味斯言也。'则《雅》、《颂》在当时见者亦众矣。必俟孔子，后正者何也？盖权衡，设轻重，乃昭尺度。悬长短斯别，苟非其人，道不虚行，圣贤者，诚万世之权度哉。愚旧读《史通》，见其缺文复意，繁词冗意，心颇疑之，掩卷而思，展卷而玩，莫可为怀者矣。俨山先生帅蜀之初，乃取而正之。篇章旨趣，各循其轨，意怏而文顺，事核而理莹，自是始为完书。此无他，盖先生以江南巨儒养之翰苑，复三十年。其学邃，故其思精；故其见高，如扁鹊，视人五脏皆见，庖丁游刃，目无全牛，故称量之下，铢两自明，分寸不爽，固其所哉。厥功岂独倍于作者，殆升孔堂以续《雅》、《颂》遗音矣。近世有订周礼之误，以补冬官之缺，或谓事类而功倍，未知然否，且群书之误，尚不止此，先生将次第正之其嘉惠，后学之心益宏且远矣。敬当立雪以俟。嘉靖乙未长至日后学李佶谨志。"参考（唐）刘知几著，刘占召评注：《史通评注》，北京：中央编译出版社，2010年，第460页。

《李公墓志铭》："其先本晋人，元季避乱徙秦，居岐山五丈原下。"《李君墓志铭》："其先本晋人，元季徙秦五丈原。"《介菴李公墓志铭》："其先晋人，避兵徙秦五丈原。"由此可知，李氏先祖来自山西，元末时迁徙至陕西宝鸡市五丈原。

《李公墓志铭》中载："曾祖讳福，祖讳敬，均力田为业，父讳春，宣德乙卯举于乡试，礼部得乙榜，署金堂县学训道，未几卒贫，弗能归，乃以母梁夫人命……成化辛卯，补学官弟子员，七月而举乡试，为一□之冠……兄早世，抚其遗孤，如己出，从子[1]佳秀异，亲教育之……配张氏，生子男二人，长仁，廪于学宫，次佶，进士高第，改翰林院庶吉士，授监察御史，孙男三，如松、如栢、如柟，孙女一俱尚幼。"《县志》载："李显贵，成化七年，辛卯科举人，官某县知县。"

《李君墓志铭》载："曾祖敬，隐德弗耀，祖春以明经举于乡，署金堂学训，道卒以贫，不能归，遂占籍金堂"。

从以上内容可知，李氏家族直系亲属最早可追溯至李福，李福子李敬，李敬子李春。李春即李佶祖父，因在乡试中举，被派至金堂县任学训道，负责管理金堂县秀才及教育，配梁氏。但因家贫病逝后，无法返乡，李佶父亲李显贵就在金堂落户。李显贵有一兄长，其兄之子为李佳。《县志》卷五载："李佳，佶弟，嘉靖中举人……李氏家谱：李佶弟，李仁、李佳具进士。今《通志》无李仁，亦未云李佳进士。"由《李公墓志铭》可知，《县志》记载有误，李佶仅有兄长李仁，弟李佳实为其大伯之子。

《李君墓志铭》中载："让兄宅而不少恨，奉从母从嫂，恭而有礼……配何氏，有懿德，封孺人。男一即如栢，聘顾氏，娶苟氏；女一如玉，许嫁什邡庠生曹梓（笔者注：由《何氏述》可知曹梓后升任湖广咸宁学训），孙男二熟、然，女二贲、颜。"

《何氏述》载："姒生男一，即如栢，配苟氏，知县苟公自箴之女，先母卒，继娶马氏，女一，如玉，嫁湖广咸宁学训曹梓。孙男三，长然配韩氏，次熟充庠生，配杨氏，次照配杨氏，大司马瑞虹公之孙□安太守愷之女也，孙女二，贲嫁偃师知县王表之次子軏。曾孙一，曾孙女二"。

由以上铭文可知：李佶夫妇有子李如栢、女李如玉二人。孙李熟、李然，孙女李贲、李颜（《介菴李公墓志铭》铭文未提及李颜，则李颜或为收养或过继之女，所以铭文中未提及）共四人。

《介菴李公墓志铭》载："娶于苟修武令自箴女配君子，无违德，举三子，长然先卒，妇韩氏；次熟邑诸生，妇杨氏；次照，妇杨氏。女一，婿王軏。孙男五，得培

---

[1]　意为其兄之子。

娶邓氏，得均娶杨氏，得增委杜氏，得堪、得升尚幼。孙女四，长适临安二守，启蒙子何迫；次字广汉王言心，二尚幼"。

由此可知，李如栢有子李然、李熟、李照（因李佶卒于嘉靖十九年，其时李照尚未出生，故《李君墓志铭》未录入），女李贲四人，有孙李得培、李得均、李得增、李得堪、李得升五人，孙女四人。

综上，金堂李氏家族由李福至李得培共计八代，家族人丁渐次兴旺（图五）。

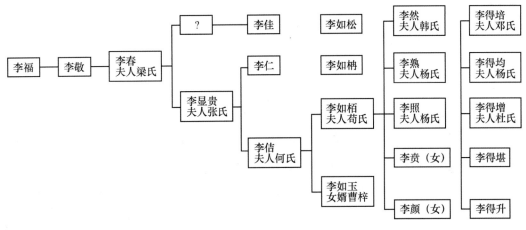

图五　李氏家族家谱

三、志文反映的若干问题

铭文内容还反映出明代的一些丧葬习俗，从中可以看出李氏家族葬地选择和明代的停丧习俗。此外，从铭文提及的品官及其官职也可略窥明嘉靖年间的政治历史事件。

（一）李氏家族墓地的方位

《李公墓志铭》载："以三年正月初三日，葬邑东七里之渴龙岗"。《李君墓志铭》载："以壬寅正月三日葬于渴龙岗略阳公墓侧。"《何氏述》载："嘉靖甲子岁十一月十日葬于渴龙岗先父墓右。"（嘉靖四十三年为1564年）《介菴李公墓志铭》载："墓葬于邑东郊渴龙岗。"

渴龙岗在铭文中多次提及，可知是明代李氏一族选定的家族吉穴所在地，位于明代金堂县治东，毗河北岸。而文献中关于李佶墓葬位置的最早记载，见于清代《县志》："明御史李佶墓，在泉龙山麓。……泉龙山，在治东十里……"可以看出清代嘉庆年间该地既已更名为泉龙山，并沿用至今，更名原因暂不可考。

（二）明代的停丧习俗

李佶卒于庚子年八月，壬寅年正月三日葬于渴龙岗，停丧时间长达一年半。

唐宋以来，一般官吏和百姓丧期在七月以上者比比皆是[1]，雷玉华认为原因有三：一是人们丧葬观念的改变，与风水堪舆理论有关；二是卑者营葬要避尊长之吉凶；三则与客居他乡不能及时归葬有关（主要以官员及其家属为主），如南宋时期从北方南迁之人[2]。

李佶停丧时间如此之久，或与当时的丧葬观念、风水堪舆理论有关。

（三）墓志铭中提及的明代品官

铭文中共提到明代品官三位：分别是刘大谟、刘士元和顾祕。

《李君墓志铭》题云："赐进士出身、中宪大夫、都察院右金都御史，奉敕巡抚四川等处地方、前提督雁门等关兼巡抚山西地方仪封刘大谟撰。"刘大谟（1475—1543年），河南考城县隐贤乡（今河南省兰考县考城镇）人。进士出身，嘉靖二年（1523年），刘大谟任四川布政使司左参政。嘉靖七年（1528年），升任山西巡抚，后改任四川巡抚，任职期间曾组织杨慎、杨名、王元正等重修嘉靖版《四川总志》十六卷和《全蜀艺文志》六十四卷。《李君墓志铭》所记"余甲申岁来□□藩兴，子健倾盖，一语遂深，相契乎，暨庚子已十六稔矣"可佐证李佶是在家为父丁忧时，与时任四川布政使司左参政刘大谟相识，并建立起了深厚情谊。刘大谟作为高才名士，又时任四川巡抚，故义不容辞为李佶作撰。

《李君墓志铭》题云："赐进士出身、通议大夫、都察院右副都御史天彭刘士元书。"《四川通志》载："士元，彭县人，正德六年进士，官御史，巡按畿辅……贬为麟山驿丞……出为湖州知府，迁湖广副使……嘉靖九年迁右副都御史，巡抚贵州。十一年劾免。"[3]

《李君墓志铭》题云："赐进士出身、中顺大夫、大理寺右少卿成都顾祕篆"，查阅文献无此人。但《四川通志》载有品官顾佖：成都人，字民表，正德九年进士。授丰城知县，后因参与平定地方匪盗叛乱，官至大理寺右少卿，以事免官。顾佖与

[1] 如1984年发掘的成都东郊北宋张确夫妇墓。张确卒于元丰四年（1081年），元丰七年葬于成都金泉乡濯锦祖茔之西，元祐八年（1093年）迁葬华阳县积善乡东庙里与妻杜氏合葬。参见成都市博物馆考古队：《成都东郊北宋张确夫妇墓》，《文物》1990年第3期。

[2] 雷玉华：《唐宋丧期考——兼论风水术对唐宋时期丧葬习俗的影响》，《四川文物》1999年第3期。

[3] （清）常明修、杨芳灿等纂修：《四川通志》卷百四十五《人物志三》，成都：巴蜀书社，1984年，第7册，第4401页。

李佶为同时期人，其官职亦与墓志书官职一致，由此判断志文"顾祕"或为"顾佖"[1]。志文之所以如此刻写或与明朝嘉靖五年（1526年）李福达之狱案[2]有关，顾佖受此牵连被下狱，后被贬至云南戍边。受此政治事件影响，故而志文没有使用真实姓名。此外，值得一提的是，在1991年成都市东南郊锦江区桂溪乡（现成都高新区）高攀村考古发掘出土的《江时墓志铭》志文中也提及顾佖："赐进士第出身大理寺寺丞顾佖篆"[3]，该墓志铭刻于嘉靖元年，此时李福达之狱案尚未开始，故用真名。

四、结　语

泉龙山明代墓群M7是成都平原首次发现的明代品官墓葬。M7出土的《李君墓志铭》极大补充了史书记载之阙如，不仅为考察李佶生平行迹提供了第一手珍贵资料，而且对研究金堂李氏家族世系提供了重要的实物资料。但在考证过程中，依然存在一些疑问，诸如《李君墓志铭》中载："顾二江大理过余曰：'小婿李如栢，子健之子也'。……且二江忠信人也……男一即如栢，聘顾氏。"志文所提"二江"和顾氏是否与顾佖有关，是否说明顾佖和李佶已经结为亲家；再如《李君墓志铭》中提及的孙女李颜，为何在《介菴李公墓志铭》铭文未提及，又如李氏家族的后人为何无考，是迁往他地，抑或因政权更迭，家族没落、人员凋零等，仍有待于将来更多的新材料的出土才能解决。

后记：本文写作过程中得到成都文物考古研究院江章华、陈云洪、陈剑诸位先生的悉心指导，提出了宝贵意见，在此谨表谢意。

[1]　（清）常明修、杨芳灿等纂修：《四川通志》卷百四十五《人物志三》，第7册，第4400页。
[2]　《明实录附校勘记》之《明世宗实录》卷七十一，嘉靖五年十二月乙酉，第1620页。该处载："山西巡抚都御史江潮，巡按御史马录，兵科给事中郑自璧等，及给事中秦祐、常泰试、御史邵幽等，各疏劾武定侯郭勋交结妖贼李福达，簸视国法，恶贯已盈，宜加两观之诛，以谨无将之戒，章下所司已，给事中张遄复奏言，妖贼李福达诳惑愚民：'称兵犯顺而，郭勋为之馈书，远嘱诡词称冤，党叛逆而背君父，罪不容诛，乞逮问如律。'上曰：'李福达事情重大，锦衣卫差官逮系来京讯问'"。
[3]　蒋成、王黎明：《明代苏荣墓清理记略》，《成都文物》1992年第1期；成都文物考古研究所、成都博物院：《成都出土历代墓铭券文图录综释》，北京：文物出版社，2012年，中册，第749、750页。

Explanation of *The Epitaph of Li Ji, the Former Supervisory Censor and Bachelor of the National Academy in the Ming Dynasty*

Song Fei[1]   Yang Yang[2]   Chen Chengzhang[3]   Fu Qi[4]

(1. Conservation Center of Cultural Relics, Qingbaijiang District; 2. Chengdu Cultural Relics and Archaeology Research Institute; 3. Sichuan Provincial Cultural Relics and Archaeology Research Institute; 4. Wu Hou Shrine Museum, Chengdu)

Abstract: Li Ji was conferred as bachelor of the National Academy in the Zhengde period, and served as the supervisory censor in the Jiajing period. Liu Damo wrote an article for Li Ji, recorded Li Ji's lifetime career, providing valuable information for the study of Li's family lineage and tomb location. The epigraph also provides authentic material for the change of local names in the Ming and Qing dynasties, and the political event of Li Fuda in the fifth year of the Jiajing period in the Ming Dynasty.

Keywords: Ming Dynasty, Supervisory Censor, Li Ji, Epitaph, Textual Criticisms and Explanations

（责任编辑：张亮）

柳烟与狗尾

——狩猎采集者的栖居系统与考古遗址的形成

〔美〕宾福德 著　吕红亮　徐海伦 译*

摘要： 本文探讨了狩猎采集者的生计栖居策略不同的组织内容——映射式和后勤式。同时，对由此带来的考古学遗址间的差异亦做了阐释。本文认为，不同的策略是狩猎采集者面对其所生活的环境带来的不同安全问题的适应选择。由此，如果从适应性的理论出发，通过对不同环境变量分布的详细了解，我们就可以认识到考古记录中所反映的生计栖居策略和形态的差异。

关键词： 狩猎采集者　后勤式移动　迁居式移动　遗址形成过程　组合间差异

当有人请一位因纽特老人总结他的生活时，老人想了片刻答道："柳烟和狗尾！扎营时，柳烟袅袅，搬家时，狗尾生风。"因纽特人的生活大致如此。

这位老人言简意赅地描述了一种业已消逝的人类生活：为温饱搜寻食物，为遮风挡雨寻访住所，甘于在大地上四处游弋。基于田野调查和长期以来的民族志研究，本文旨在提出一些关于狩猎和采集适应模式的认识。笔者感兴趣的是，是什么原因使人类的移动模式有所不同（如果有的话）；相应地，如何"解读"并"预测"考古遗存中存在的空间关联。

本文是系统论取向的。也就是说，笔者认为人类的适应系统是一系列内在不同要素的组织形式，这些内部的差异造就了人类行为及行为地点的不同特征。这意味着不同遗址在适应系统中扮演的角色并不相同。笔者感兴趣的问题是：有哪些种类的变量表征了历史上狩猎采集者的适应性？不同的考古遗址反映了哪些类型的组织性变异？在不同的考古遗址之间尤其是在被描述为"柳烟和狗尾"的人群所留下的考古遗存中，是否存在某种规律性或确定性的变量？

考古记录充其量不过是空间中不同事物间"关联和协变"的一种静态格局。要赋予这些当下的静态格局以（考古学）意义，就必须了解这种格局产生的过程。因此，为了完成考古学家的任务，我们必须从所观察到的静态遗存中获取对文化适应的动态

* 作者：Lewis R. Binford（宾福德），美国，新墨西哥大学人类学系；吕红亮，成都，四川大学考古文博学院（luhl@scu.edu.cn）；徐海伦，成都，四川大学考古文博学院。

过程的理解。仅从考古遗迹本身是很难做到的。这种情况类似于在医学发展初期，我们希望治疗和预防疾病，但我们能仅仅通过对疾病症状的比较研究来获得对疾病的理解吗？症状是疾病的表现，但它能告诉我们病因吗？同样地，考古记录是文化系统的产物或衍生物，因此它是过去的"症状"。

我们不能指望通过对遗存本身的形式比较来了解遗存的成因，我们必须寻求更深刻的理解，以了解过去的动态过程和现今考古遗存之间的关系。更重要的是，我们要试图了解文化系统之间的差异，以及这种差异是在什么条件下产生的。这是理解跨时段的考古记录中可能存在的模式的第一步。就像先前与医学的类比一样，一旦我们对这种疾病及其原因有所了解，我们就可以对症问诊。同样，在考古领域中，一旦我们把握了文化系统及其遗存之间的关联，我们就有可能从考古遗存中识别过去的文化体系。这些都不是容易完成的任务。

笔者坚信，考古学家只有通过直接介入动态的族群行动，即民族学考古，发展出一套准确"诊断"模式化多样性的科学方法，才有可能获得对过去的足够理解，才能完成赋予考古记录以意义的重任。

笔者对狩猎采集者最丰富的经验来自阿拉斯加中北部的努那缪提（Nunamiut）因纽特人。因此，笔者将根据对因纽特人的观察来尝试建立对栖居形态的"诊断方法"，并将之与其他民族志记载的一些栖居系统进行比较。然后，笔者将检讨不同环境中的狩猎采集者栖居系统会有哪些不同，不同环境中产生的考古遗址的类型，以及不同遗址间可能存在的一些空间关联。好的诊断应该是"有据可依"的，因此，笔者将关注"造成"或"导致"多样性考古记录中所体现的各种模式的因素。

一、觅食者和集食者

在此前关于努那缪提的讨论中，笔者把他们视作"后勤组织式"，并经常把他们与笔者定义的觅食者（foragers）——"桑人（San）"或曰"布须曼人（Bushman）"的生计栖居模式进行比较。

（一）觅食者

图一阐释了觅食模式的一些特征［此图主要基于1972年西尔伯鲍尔（Silberbauer）对格威桑人（G/wi San）的研究报告[1]所绘］。如图一所示，这个模型旨在说明狩猎

［1］ George B. Silberbauer, The G/wi Bushmen, in M. G. Bicchieri, ed., *Hunters and Gatherers Today: A Socioeconomic Study of Eleven Such Cultures in the Twentieth Century*, New York: Holt Rinehart and Winston, 1972, pp.271-326.

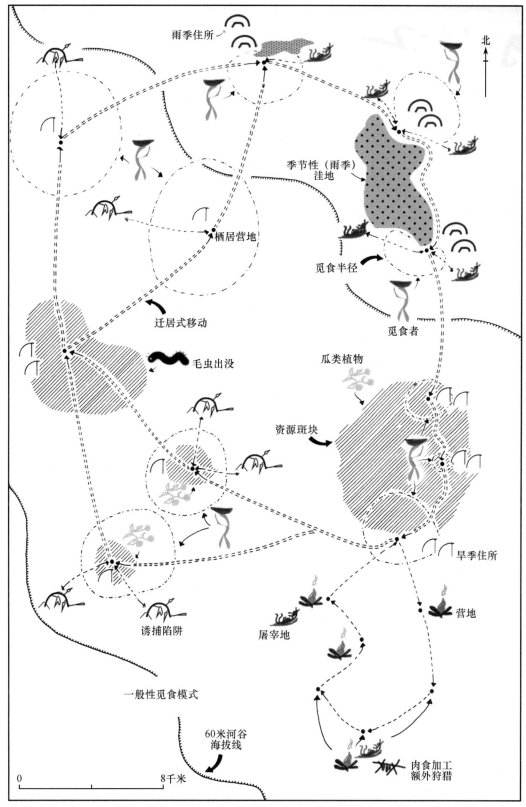

图一　觅食者生计栖居系统特征

采集者在资源斑块中的季节性的驻地式移动。在本案例中，这些资源斑块包含了季节性洼地（pans）、永久性水源地、野生瓜地等。觅食策略可能更适用于环境同质性较高的地区，特别是在热带雨林或者赤道附近。典型的觅食者不储存食物而是每日收集食物，他们收集食物基于"见好就收"的原则，每天下午或晚上返回驻地。图一中，这些栖居营地（residential base）由黑色实点来表示，而双虚线则表示移动轨迹。每个栖居营地外的圈代表觅食半径，即食物采集小组从出发进入资源斑块到返回驻地的活动范围。另外，值得注意的是，不同的觅食人群中群体规模、同一年当中栖居营地移动的频次也不尽相同。在相似或同质性的资源斑块中（图一中右侧双虚线所标识）迁居式移动次数或许会增加，但移动距离却会减少，从而高密度地占据着同一资源斑块。另一方面，如果资源匮乏或衰减，移动人群的规模或许会降低，一些小规模的单位就会分散到一个较大的区域，进一步扩大觅食半径。这种情况如图一左下侧的多次栖居营地间"季节性迁移"所示。笔者想指出的是，当觅食者群体规模越来越小的时候（即5—10人），往往分工也就不存在了，男女将一道收集某一类食物资源。

　　将荒漠中的布须曼人作为觅食策略的典型或许有点误导，因为近赤道的森林觅食者才是最典型的觅食者。表一中概括了这些近赤道人群的一些资料，包括栖居营地搬迁的次数、平均移动的距离，以及年度迁移的总距离等。从中可以看出，觅食者在不同的地点停留时间有很大的差异。对于一些流动性极强的觅食者来说，如哈里森（Harrison）报道的普南人（Punam，即表一中Penum，原文如此）[1]，单一驻地的停留可能非常短暂，几乎没有遗存，考古"可视性"很低。当然，还有另外的因素导致了觅食者群体遗存"可视性"的差异，如年复一年使用同一地点。在前人的描述中我们可以看到，像普南族[2]、瓜亚基族（Guayaki）[3]这些高度流动的觅食者群体基本不会在旧营再驻，所利用的资源分散四处，不像荒漠环境中一些关键资源如水坑的数量有限且分布稀疏，会导致觅食者对此类特定地点年复一年地重复利用。长时段内对某些特殊地点（水源区）重复使用，就类似泰勒（Taylor）所称的"牵制性游牧"[4]。这种空间上离散的资源分布，往往会导致栖居地点被"拴牢"于一些特定的地理区域，而其他远离关键资源的区域则很少被占有。我们可以把典型的觅食者土地利用模式看成一朵雏菊——中心是驻地，外出逡巡的觅食小组则像雏菊的花

[1]　Tom Harrison, Notes on some nomadic Punans, *The Sarawak Museum Journal*, Vol.1 (1949), pp.130-146.

[2]　Tom Harrison, Notes on some nomadic Punans, *The Sarawak Museum Journal*, Vol.1 (1949), pp.130-146.

[3]　Pierre Clastres, The Guayaki, in M. G. Bicchieri, ed., *Hunters and Gatherers Today: A Socioeconomic Study of Eleven Such Cultures in the Twentieth Century*, pp.138-174.

[4]　Walter W. Taylor, Tethered nomadism and water territoriality: An hypothesis, in Brown L., Crowder M., ed., *Acts of the 35th International Congress of Americanists*, Mexico City, 1964, pp.197-203.

瓣。这种模式就如同耶伦（Yellen）所记录的多贝孔族（Dobe!Kung）群体的迁移模式（图二）[1]。

表一　赤道或近赤道狩猎采集者群体人口规模和年度移动性的总结[2]

群体名称	模态人口数量/人	年度迁居式移动次数/次	地点间平均移动距离/千米	年度迁移的总距离/千米	数据来源
Penum	65	45	6.72	312	Harrison[3]
Semang	18	21	11.36	240	Schebesta[4]
Mbuti	120	12	13.28	160	Bicchieri[5]
Siriono	75	26	22.72	592	Holmberg[6]
Guayaki	20—50	50	5.92	352	Clastres[7]
Aeta	45	22	12.8	284.8	Vanoverbergh[8]
Hadza	—	31	13.12	409.6	Woodburn[9]
Dobe!Kung	25	5	23.68	120	Lee[10]
G/wi	18—55	11、12	26.88	308.8	Silberbauer[11]

[1]　Yellen Jhon E., Trip V. itinerary May 24-June 9, 1968, in pilot edition, *Exploring Human Nature*, Cambridge: Educational Development Center, 1972, pp.1-17.

[2]　注：这些数据均由调查者观察后推测或由作者通过这些间接材料推算所得。

[3]　Tom Harrison, Notes on some nomadic Punans, *The Sarawak Museum Journal*, Vol.1 (1949), pp.130-146.

[4]　Paul Schebesta, *Among the Forest Dwarfs of Malaya*, translated by A. Chambers, London: Hutchinson Press, 1929, p.150.

[5]　M. G. Bicchieri, The differential use of identical features of physical habitat in connection with exploitative, settlement, and community patterns: The Bambuti case study, in David Damas, ed., *Contributions to Anthropology: Ecological Essays* (*Bulletin 230*), Ottawa: National Museums of Canada, 1969, pp.66-72.

[6]　Allan R. Holmberg, Nomads of the long bow: The Siriono of eastern Bolivia, in Smithsonian Institution, ed., *Publication-Institute of Social Anthropology Publication No.10*, Washington, D. C.: United States Government Printing Office, 1950, p.230.

[7]　Pierre Clastres, The Guayaki, in M.G. Bicchieri, Holt Rinehart, and Winston, eds., *Hunters and Gatherers Today: A Socioeconomic Study of Eleven Such Cultures in the Twentieth Century*, pp.138-174.

[8]　Morice Vanoverbergh, Negritos of northern Luzon, *Anthropos*, Vol.20 (1925), pp.148-199, 399-443.

[9]　James Woodburn, Ecology, nomadic movement and the composition of the local group among hunters and gatherers: An East African example and its implications, in P. J. Ucko, R. Trineham, and G. W. Dimblebv, eds., *Man, Settlement and Urbanism*, London: Duckworth, 1972, pp.193-206.

[10]　Richard B. Lee, What hunters do for a living, or, how to make out on scarce resources, in Richard B. Lee, Irven DeVore, eds., *Man the Hunter*, Chicago: Aldine, 1968, pp.30-48.

[11]　George B. Silberbauer, The G/wi Bushmen, in M.G.Bicchieri, ed., *Hunters and Gatherers Today: A Socioeconomic Study of Eleven Such Cultures in the Twentieth Century*, pp.271-326.

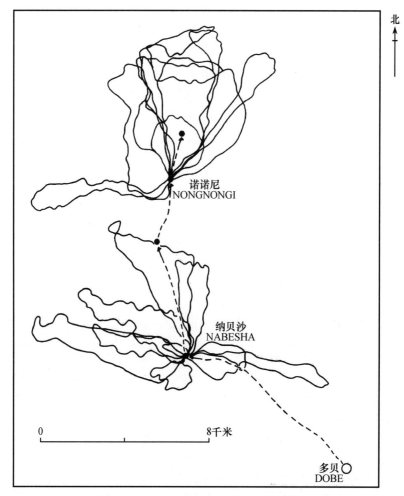

图二　孔族桑人（!Kung San）在营地周边的实际觅食路径

　　值得注意的是，还有一种策略也可能被觅食者偶尔采用。如图一右下角所示，我们可以把它看成一次狩猎远足，几个人离开栖居营地，在搜寻猎物途中搭建过夜营地，通常采用前述"遭遇食物的策略"[1]。如果狩猎获得成功，且动物体型较大，或狩猎地点距离营地较远、气温又高，他们可能会选择在野外将肉晒干，将加工好的肉运回营地（图一右下角风干架所示）。这时，他们可能会选择原路返回栖居营地，而如果需要更多的肉，则有可能选择新的路线返回，这样也许就能猎取更多的肉食资源。这种小小的狩猎之旅代表着另一种不同的策略。这是一个专门的工作队伍，在本例中它由男性组成，他们在远离栖居营地的地方建立临时营地，自我维持生存，也许会进行一些在栖居营地中罕见的特殊活动。这种类型的觅食策略可能会留下非常不同的考古遗存，我们将在下一个模型中进行更详细地探讨。

---

[1]　Lewis R. Binford, *Nunamiut Ethnoarchaeology*, New York: Academic Press, 1978, pp.169-170.

这里有必要描述一下我们对觅食策略所产生的考古遗存的一些推测。首先，遗物基本上倾向发现于两类空间，一类是在栖居营地，正如我们所看到的那样，它是日常生活的中枢，是觅食活动的出发点，也是大多数加工、制造和生存活动的发生地。笔者已经指出，不同的觅食群体在不同遗址上的停留时间、占据空间以及群体规模会有所差异，这些因素都会影响单个占据期所产生的考古遗存的特点。笔者曾提出，觅食者多见于关键资源分布不均的环境中。关键资源仅分布在有限地点，迁居式的移动策略比较容易受限于特殊地点，如水源地等。这导致了一些特定地点被年复一年地利用。重复利用程度越高，留下的考古遗存数量就越多，因此遗存的"可见度"也就越高。这里，笔者基本上遵循了耶伦（Yellen）对卡拉哈里布须曼人（Kalahari Bushman）所做的经验性归纳[1]，以及笔者对努那缪提因纽特人驻地所做的观察[2]。

如果与觅食者所产生的其他类型的考古现象进行对比，栖居营地的特点就更加清晰。觅食者群体很容易产生另外一类遗存：一般地点（location），可被理解为攫取性行为特定发生之地。由于觅食者一般不囤积食物或其他原料，所以这类地点一般都是"低密度"的觅食地，使用时间短，遗存数量少。此外，由于高强度觅食活动的情况很少，因此石器的使用、耗尽和废弃率很低。事实上，基本上不指望有什么石器能被遗留在这些地点。海顿（Hayden）所记述的木材采办地是此类由觅食者所产生的地点的一个绝佳案例[3]：

> 一般来说，它们在空间上与大本营（base camps）相分隔，由特定任务群体在短时间内（通常只有几个小时）占据使用；……所使用的石器通常非常独特，与大本营的石器组合相比有很大差异，……所使用的工具往往是在附近制造，在任务完成后就被遗弃在现场。……如果在灌丛林中踏查，偶尔或可以在腐烂的树根附近看到一个砍砸器，但很少超过两个以上，总体密度约为每2500平方米1个，或更少。

在"低密度"攫取性活动或低程度使用同一地点的情况下，这类地点的考古遗存可能散布在各种景观之中，而不是集中在可被识别为"遗址"的地点中。要了解这些

[1] Jhon E. Yellen, *Archaeological Approaches to the Present: Models for Reconstructing the Past*, New York: Academic Press, 1977, pp.36-136.

[2] Lewis R. Binford, *Nunamiut Ethnoarchaeology*, pp.451-497.

[3] Brian Hayden, Snarks in archaeology: Or, inter-assemblage variability in lithics (a view from the Antipodes), [Stone tool use and distribution of artefacts with special reference to the Pintubi], in Dave D. Davis, ed., *Lithics and Subsistence*: *The Analysis of Stone Tool Use in Prehistoric Economics*, Nashville: Vanderbilt University, 1978, pp.179-198.

遗存，需要一些有别于一般考古材料的收集方式。所谓的 "场外"（off-site）考古策略即适合于这种情况。假定涉及的时间较长，而且某些资源又总是位于特定地点，我们则可以推测一些地点聚集了大量人工制品。但是，这种遗存聚集性通常会缺乏遗迹或者遗物没有分布规律，仅仅是一种埋藏的累积。对这类考古遗存分布的重要研究肇始于大卫·托马斯（David H. Thomas）[1]，纽约大学的罗伯特·弗里（Robert Foley）在肯尼亚安博塞利地区也在开展类似的研究[2]。

觅食者的一般特征可以归纳为：较高的迁居式移动性、低密度生产投入、规律性日常食物策略。这种情况下，栖居遗址中的遗存差异一般会反映出人群活动的季节性（如果有的话）和占据时间的长短。所谓的"特定功能"遗址将相对较少，而考虑到低投入、原材料就地处理的时间短或有限，这些地点的遗存"可视性"也较低。但如果考虑到长时间的土地利用，这些地点很可能会产生大量的"场外"考古遗迹，这一现象已受到了民族考古学界的广泛关注（如布须曼人和澳大利亚中部沙漠的土著人群）。

（二）集食者

集食者与觅食者策略差异明显。后者通过迁居式移动和人群数量调整来追寻食物资源（maps onto resources），而后勤式组织的集食者则通过专门的行动小组满足自需。

图三说明了一些集食者的显著特征。该模型源于笔者对努那缪提因纽特人的田野经验的研究。与觅食者不同，集食者的特征一是存储至少数月的食物，二是具有"物流"特点的食物采办组织。后者对"遗址"的产生具有直接影响，特定的任务小组可能离开栖居营地，并建立起一个野外营地点来规划和执行食物生产生活。如果该类活动进行顺利，那么获得的食物将在野外直接进行加工处理以方便运输，之后提供给栖居营地的消费者。

后勤策略是应对关键资源分布不均或其他限制流动性的状况。换言之，是适应于食物消费者紧邻某一关键资源，但却远离另外同等重要的资源的情况。专门组成的任务小组可以离开栖居营地，迁移一定距离到一个特定资源地点。后勤式组织的任务小组通常规模较小，并由一些有技术和知识的个人组成。他们不是出去随意搜寻所有可能的资源（非遇到什么采集什么），而是去特定环境中寻找特定的生产资源。因而，大多数后勤组织的任务小组都具有特定的采办目标，如在盐渍地（动物舔食岩盐之地）狩猎山羊，或在七月沿着冰川边缘追猎大型北美驯鹿、公牛，或渔猎河鳟或白鱼。这不是简单地出去碰运气式搜寻食物。

---

[1] David H. Thomas, Nonsite sampling in archaeology: Up the creek without a site? in James W. Mueller, *Sampling in Archaeology*, Tucson: University of Arizona Press, 1975, pp. 61-81.

[2] 基于两人通信。

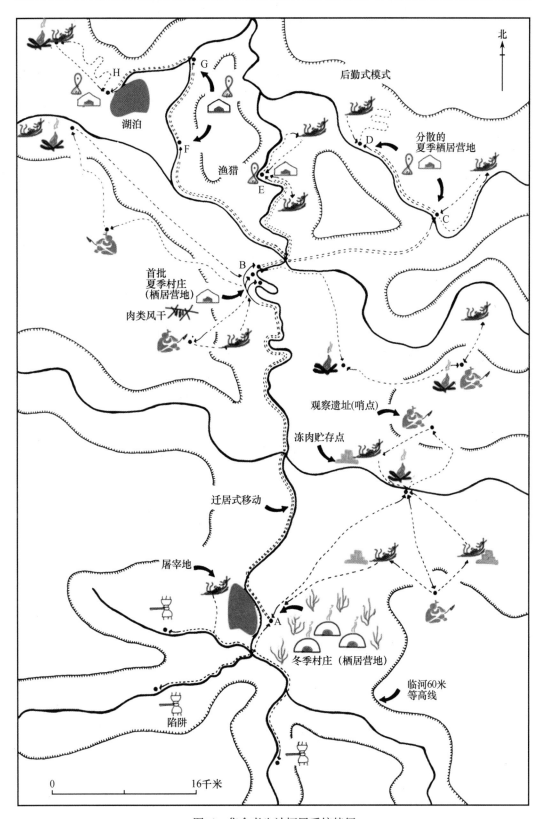

图三　集食者生计栖居系统特征

　　后勤式组织生产策略颇具"专业化"，会产生两类具备特殊功能的遗址。遗址的产生既与后勤组织本身的架构有关，也与狩猎采集何种目标资源有关。

　　对于觅食者，笔者辨认出两类遗址：栖居营地和一般地点。集食者由于其策略的后勤性质，至少会产生另外三类遗址：野外营地（field camp）、哨点（station）和储存点（cache）。野外营地是任务小组日常运作的中心，是离开栖居营地外出执行采办任务小组成员的日常起居之所。野外营地可通过目标资源的不同来进一步区分，如狩猎山羊的野外营地、狩猎北美驯鹿的野外营地以及渔猎营地等。

　　集食者和觅食者一样，实际上多是在不同地点采办或加工原料。但是，由于后勤式组织的任务小组通常是为规模更大的社会团体外出搜寻资源，所以不同的地点所产生的遗存具有很大差异。比如，平原地区成群的野牛屠宰地[1]或在阿纳维克（Anavik）努那缪提人春季截杀驯鹿的地点[2]。在哥伦比亚高原上的围鱼堰或羊驼猎杀点可能是考古学上"可见度"较高的地点，这和由觅食者产生的可见度较低的地点形成鲜明对比。这种规模较大、遗存可视度高的地点通常是后勤组织类型的集食者留下的，他们经常短时间内获取大量物品作为预期消费仓储。

　　哨点和储存点在觅食者的地点中基本见不到。哨点是特定任务小组进行信息收集的地点，比如观察猎物迁移[3]或其他人群，也是进行伏击或进行狩猎策划但并不执行的地点。这类地点是后勤式策略的独特之处，因为特定的资源目标都是经过挑选并且有相应获取策略的，在执行之前一般都必须"了解"猎物的行为。

　　储存点是后勤式策略中常见的组成部分。相对较少的成员为大团体成功采办了大宗物资，这些物资必须带到消费者那里去，虽然偶尔也会刺激消费者地位的重组。不管何种情况，通常都有一个临时储存阶段。这种"野外"储存通常是在常规化的设施中进行的，但有时也需要建造特殊设施来专门处理[4]。从考古学遗存记录的角度来看，我们可以推测栖居营地、一般地点、野外营地、哨点和储存点都有可能是由一个后勤式组织的集食者所产生的。考虑到季节性、资源目标的差别，在上述每一类别遗址中可能会有很多变化。

　　由于所有后勤式策略中的不同功能的地点都是相互依存的，就会产生更多的变化。在一些情况下，野外营地被用作观察点，而在其他情况下又被当作猎杀点。有

　　［1］　Frison George, The Glenrock Buffalo jump, 48CO304: Late Prehistoric period buffalo procurement and butchering, *Plains Anthropologist*, Vol.15: 50(1970), pp.1-45; Wheat Joe Ben, A Paleo-Indian Bison Kill, *Scientific American*, Vol.216:1 (1967), pp.44-53.

　　［2］　Lewis R. Binford, *Nunamiut Ethnoarchaeology*, pp.171-178.

　　［3］　Lewis R. Binford, *Nunamiut Ethnoarchaeology*, pp.223-235.

　　［4］　Lewis R. Binford, Dimensional analysis of behavior and site structure: Learning from an Eskimo hunting stand, *American Antiquity*, Vol.43:3 (1978), pp.330-361.

时，屠宰地就是猎杀点，肉可以在那里进行加工和临时储存。由此推测还有一些其他的组合的情况。答案很简单，一个遗址点的功能类型越多，或有组合的类型就越多，遗址间差别也就越大。

有了前述背景，图三所示或有助于进一步阐明这个模型中的一些情形。首先从图三中下部的冬季村落（遗址）开始，图示了一些逐次发生的情形。冬季村庄由一些房屋组成，周边有大量的杨柳，可作为冬季燃料。村庄的左侧表示了一系列远足之旅，是特定的狩猎（设陷阱狩猎）小组为了冬季衣服所需的皮毛而进行的。村庄的右侧是一系列不同类型的遗址：野外营地——狩猎小组远离栖居营地后的日常起居之所；哨点或观察点——收集猎物迁徙的情报；还有其他几个地点如屠宰地和储存点，都是有可能产生考古堆积的。初夏，迁居式移动开始（遗址B），这次移动使得房屋和食物开始变化——更多地依赖于风干食物而非冬季村庄中常见的冻肉。从这里，后勤式小组出发进行远距离的狩猎，比如猎杀北美驯鹿或山羊。野外营地和哨点、诸如观察点和一系列屠宰地由此产生。不同功能地点的功能组合又增加了其复杂性。例如，图三中右上角是野外营地和观察点（哨点）的组合，而在其他情形下，这两处功能性地点在空间上是分开的。图三中上部表示了另外一次迁居式移动。这次移动伴随着群体规模的缩减，这是因为原先的群体分裂成了不同的家庭单元，而每个家庭单元又都建立了自己的栖居营地，其采取的后勤组织模式并不相同。

至此可以明确，我们并不是在讨论生计栖居系统的两个极值，相反，是在尝试阐述一个从简单到复杂的层级序列。后勤式组织系统包含了觅食者系统中所有的属性，并含有一些额外特征。作为一个系统，当新的组织属性被加入时，既有的部分会做出相应调整，如在缺乏后勤组织策略的移动中，迁居式移动虽然仍会发生，但不再发挥相同的作用。通过阐述这两类基本的策略——"映射式（mapping on）"和"后勤式（logistics）"，可以看出，复合策略要比单一策略复杂得多，这也造就了考古遗存的差异。很显然，在其他条件相同的情况下，我们可以推测，随着栖居生计系统中后勤成分增加，遗址间的变异性会越大。

二、讨　论

上文讨论了狩猎采集者的生计形态，也提供了一些可描述分析狩猎采集者适应特性的建议。笔者一直试图证明，如果以本文所倡导角度来看待狩猎采集者，我们会发现一些有趣的经验模式。

那么，我们可以阐释狩猎采集者的差异了吗？我们可以理解不同人类群体在不同环境中的独特适应性了吗？我们是否能够理解，在哪些情况下适用"后勤式"，而哪些情况下适用"迁居式"策略？或更具体地说，是否存在一些线索说明哪些条件更有利于觅食策略或后勤式策略？如果我们假定技术和社会的性质对生产活动的组织及其形式会产生作用，我们也希望去了解是否存在一些"决定因素"调控着生产方式的格局（即生计形态中技术与社会组织的交融）？换言之，适应系统是一种能量捕获系统，采取何种策略关乎能量，更重要的是关乎产生能量的环境熵结构[1]。我们可以推测，由于"自然选择"的结果，生产技术和社会组织（劳动组织）本身会出现一些冗余，这或许是历史不断走向"最优"的设定。换句话说，技术，无论在"工具"层面上，还是在"劳动"层面上，都是人类发明出来并不断重组以解决谋生环境中能量的"熵结构"问题。

在这种观点之下，我们可以认为，觅食生计可以使得人类在一些环境中生存得很好，但是并非在所有环境中都如此。那么这些条件到底是什么？什么样的环境背景使得狩猎采集者群体可以通过觅食策略获得最优生存安全保障？笔者认为，尽管大多数人把迁居式季节性移动视为狩猎采集者对食物丰度差异的适应策略，但从人类消费者的角度看，大多数人对影响食物丰度的环境条件却不甚了解。这也许可以归咎于影视剧，使得人们普遍认为丛林是食物富裕之地，而沙漠和北极环境则是食物贫乏之地。相应地，大多数门外汉和生态学初学者都会假定最大的迁居式移动发生在北极和沙漠环境中，赤道环境中的非粮食生产者则多倾向于定居策略。笔者简略引用慕道克（Murdock）有关栖居形态的调查资料作为反驳上述观点的依据[2]。慕道克曾评估168个狩猎采集者迁居式移动性的程度，并按照1到4分级[3]：①完全迁移或游牧群体；②半移动群体，在至少半年时间内成员群体性移动，但会在一些季节占据一个固定的栖居点；③半定居群体，成员在不同季节中在固定的栖居点间进行迁移，或多或少占据一个永久性的栖居点，而其中部分人员会季节性地离开至非固定营地；④完全或相对完全永久性定居。

表二总结了这168个案例，并将慕道克对驻地移动性的分级与衡量环境变异性的指标——"有效温度"（effective temperature，ET）交叉制表[4]。这个指标主要反映了一个地方太阳辐射总量和年度分布。换言之，ET是衡量生长季长短和可获得太阳能强度的一个指标。由于生物产量主要是太阳辐射与充足的水量所维持的光合作用结果，

---

[1]　熵（entropy）是1854年由克劳休斯提出的一个用来度量体系混乱程度的单位，主要体现为热力学第二定律熵增原理：在孤立系统中，体系与环境没有能量交换，体系总是自发地向混乱度增大的方向变化，使整个系统的熵值越来越大。

[2]　Murdock George Peter, Ethnographic atlas: a summary, *Ethnology*, Vol.6:2 (1967), pp.109-236.

[3]　Murdock George Peter, Ethnographic atlas: a summary, *Ethnology*, Vol.6:2 (1967), pp.109-236.

[4]　Harry P. Bailey, A method of determining the warmth and temperateness of climate, *Geografiska Annaler*, Vol.42:1 (1960), pp.1-16.

我们可以得到全球性的ET值、生物活性和生物产量之间的关系，即在其他条件相同的情况下，ET值越高，生境中的生物新陈代谢就越快。简而言之，高ET值对应一个"食物丰富"的环境，而低ET值对应一个"食物贫乏"的环境。

表二　慕道克所评估聚落模式的交叉统计表[1]

有效温度/℃	完全移动性	半移动性	半定居性	定居性	小计	指标
25	2	0	0	0	2	
24	1	0	1	0	2	
23	3	1	0	0	4	
22	2	0	0	0	2	
21	1	1	0	0	2	
小计	9（75.0%）	2（16.7%）	1（8.3%）	0	12	1.33
20	1	1	1	0	3	
19	3	1	0	0	4	
18	2	1	0	0	3	
17	1	0	0	0	1	
16	2	1	0	0	3	
小计	9（64.2%）	4（28.5%）	1（7.1%）	0	14	1.42
15	2	11	2	0	15	
14	1	10	1	5	17	
小计	3（9.3%）	21（65.6%）	3（9.3%）	5（15.6%）	32	2.31
13	3	17	4	4	28	
12	1	15	8	1	25	
小计	4（7.5%）	32（60.3%）	12（22.6%）	5（9.4%）	53	2.33
11	2	15	9	3	29	
10	3	6	3	4	16	
小计	5（11.1%）	21（46.6%）	12（26.6%）	7（15.4%）	45	2.46
9	5	3	1	1	10	
8	0	1	1	0	2	
小计	5（41.6%）	4（33.3%）	2（16.2%）	1（8.3%）	12	1.91
总计	35（20.8%）	84（50.0%）	31（18.4%）	18（10.7%）	168	

表二说明了这些激动人心的事实。我们注意到，在近赤道环境中（ET值在21—25℃），75%的狩猎采集群体采用了完全游牧的策略；亚热带环境中有64.2%的案例也显示了高移动性。在温带，完全移动的狩猎采集者比例则大幅下降，只有9.3%，在寒温带的比例更是下降到7.5%。而在北方环境中，该数值又缓慢增加到11.1%，并且，在

---

[1]　有效温度（ET）由世界气候记录计算所得，单位℃。

完全冰原的环境下，突然增长到41.6%。因而，以慕道克的分类为基准推算，最高的流动性发生在全球生物产量最高的赤道环境和最低生物产量的冰原地区。从表二我们还可以看出，在温带和寒带环境中，狩猎者和采集者的定居和半定居程度最高，而在近赤道和亚热带地区最低。这种经验性的模式表明，狩猎采集者的移动性与所处环境而非食物丰度息息相关。在较冷、较少生物产量的环境中，移动性不成比例地降低即可说明此点。

笔者认为，流动是一种"定位"策略，最能反映环境的结构特性，也就是说，特殊食物的分布状况与人们直觉所认为的食物丰度产生的条件并没有必然联系。

不同策略能解决的不同问题的线索，当在前述两类基础策略的对比中来寻找。觅食者通过频繁的迁居式移动把人带向食物；然而集食者则把食物带向人，一般很少进行迁居式移动。前一种策略属于"映射式（摸底）"，所有关键资源都在栖居营地的觅食圈内才会起作用。后勤式策略（集食者）解决了关键资源非均质分布（栖居营地靠近某一关键资源，却同时疏离了其他关键资源）。在空间异质性情况下，迁居式移动并不能解决问题。移动到一个地点会降低对其他地点资源的可获得性。正是在这种情况下，后勤式策略会被青睐。狩猎采集者移动到一个资源附近（通常是最大需求的资源），并通过专门的任务小组把特定资源带回人群（消费者）之中。

由于资源也具有季节性，解决此问题最可能的手段之一是采取存储策略，将其中某些资源在生境中的可用期延长。存储通常采用风干或者冷冻。这虽然降低了资源在时间分布上的不一致性，但是却扩大了空间的异质性。存储使得大量食物在一个地点累积，使得空间异质性加剧，为追寻其他资源利用，迁居式移动的交通成本也会增加。随着对存储依赖性的增加，栖居系统中后勤式的成分必然会增强。最终，可以认为，在各类关键资源都存在时空异质性时，人们会更倾向于采用后勤式策略，而减少或改变迁居式移动性也可能进一步加剧关键资源的异质性。

让我们考虑一下这个假设所产生的两个符合逻辑的推测。必要多样性定律指出，为了获得最大的稳定性，任何系统中同源反应的多样性与其背景面临的挑战多样性相等。因此，我们认为，热带环境越不稳定，自我平衡的有效机制也就越丰富，关键资源的数量也就越多，其他事物也是如此。随着关键资源数量的增加，资源分布的均质性就会降低。所以，季节性温度变化越大，后勤式移动的可能性越大。

假定赤道环境中的不同物种表现出相异的年季生长模式，不同物种的年季交错保证了可获得食物的可持续性，这时觅食策略非常有效。在温带或者更冷一些的环境中，由于生长季的缩短，这种持续性也会随之降低。为了解决越冬生存问题，人们将尝试以下三种方法：①利用能通过狩猎其他动物而自行解决过冬问题的物种（狩猎其他动物）；②在生长季存储大量已加工食物；③在动物资源丰富且易获得的时段进行资源存储。尽管我们必须承认存储并非总是可行，但是在某种程度上，这种行为与生长季缩短相关。反之，存储将加剧资源异质性分布，导致后勤式移动策略的上升、迁居式移动策略的减少（至少是季节性的减少）。这意味在关键资源数量的增加、储存依赖程度背后存在着环境性的共同约束因素。总结上述讨论，我们应该看到，生长季的缩短、迁居式移动降低、储存的依赖性增加存在着联动关系。

应该指出的是，这两种推测都得到了经验性的支持。如表二所示，在ET值低于16℃的环境中，被归类为半定居和半游牧的案例明显增加，我们也会看到在这种环境中，季节性定居现象以及后勤式食物策略的强化。

图四说明了ET（有效温度）和存储依赖性之间的关系，数据源于慕道克和莫洛所记录的31个狩猎者和采集者的民族学样本[1]。存储依赖性的评分由1至6，评分越高代表存储依赖性越强。在这个小样本中可以看到一个有趣的曲线关系（ET的降低代表生长季长度的减少）。当ET值小于15℃时，存储策略会被狩猎采集者所采纳（如在生长季少于200天的环境中）。在这个一般性趋势外，有两个启发性的例外——在温暖的环境下的安达曼人（Andamanese）和琴楚人（Chenchu）。在笔者的印象中，安达曼人的策略并不清晰（miscoded），而琴楚人则毋庸置疑与农业采纳有关。在寒冷端即ET值

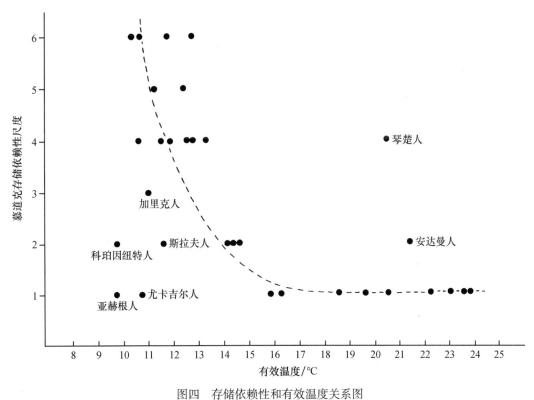

图四　存储依赖性和有效温度关系图

[1]　Murdock George P., Diana O. Morrow, Subsistence economy and supportive practices: cross-cultural codes 1, *Ethnology*, Vol.9:3 (1970), pp.302-330.

最小的区域，也存在一些例外，如尤卡吉尔人（Yukaghir）、亚赫根人（Yahgan）、斯拉夫人（Slave）、科珀爱斯基摩人和英加里克人（Ingalik）等人群。笔者认为，尤卡吉尔人和英加里克人的生计策略繁杂，而其他几个人群确实很例外，他们移动性均较强且不会存储可观的食物过冬。在寒冷环境中不储存食物的例外群体还有米克马克人（Micmac）、大岩湖克里人（Mistassini Cree）、伊格卢利克人（Igloolik）和极地因纽特人，还有一些科珀（Copper）和奈特斯利克（Netsilikmiut）因纽特群体，同时也有温带的塔斯马尼亚人（Tasmanian）。他们中的大多数从技术上说是觅食者，有相对多的迁居式移动，然而他们与近赤道的觅食者相比是不同的类型。

正如上文所指，近赤道的觅食者通过移动栖居营地，以配置劳动力和消费者寻访栖居生境中的食物生产地。寒冷环境中的觅食者是一些专门化的群体：他们按照特定食物的季节性配置人力，采取迁居式移动。我们暂且把这个有趣的问题放在一边。需要明确的是，环境条件的分布有其自然地理特性，这是狩猎采集者必须面对的具体问题。其中有些问题可以通过有组织的后勤式策略来有效地化解。这类策略是对非均质分布的关键资源的响应，空间上的非均质分布也可能受存储策略影响而进一步加剧。存储总是在一些地点生产、积累大量的食物，这也将导致其他关键资源诸如燃料、水、住所等资源非均质分布的可能性增加。较之于通过有组织的后勤物流将其他资源引入食物存储地，固定于某地的大量资源存储行为必须考虑到将其运送至消费者和其他重要资源所在地的成本。

应该指出，如果有其他限制移动性的因素，比如说社会单位数量的增加，多个社会单位之间为获得相近资源的竞争等，那么，我们也可以预期后勤策略生产方式会增加。这里不展开讨论诸如农业的起源、移动性和生产策略依附性等问题，笔者只想指出，在任何限制觅食者或集食者移动的条件下，我们可以预期后勤式生产的程度会增加。

三、结论：栖居系统和组合间差异性

上述对我们理解考古学上的组合、组合差异性及组合形态有重要影响。笔者曾在其他地方指出，我们可以把考古组合看作"一个系统中有组织序列事件的衍生品"[1]。如果组合是多年度事件的累积，则考古遗存和具体事件之间的辨识度很差；但短时间内（如两天的营地）形成的组合，则事件和遗存之间的辨识度较高。在上述区分后，笔者曾做出以下论证。

第一，既然事件是序列化的，且组合的构成是对不同事件的反映，那么组合的辨

---

[1]　Lewis R. Binford, Dimensional analysis of behavior and site structure: Learning from an Eskimo hunting stand, *American Antiquity*, Vol. 43:3 (1978), pp.330-361.

识度越高，则组合间差异性就越大。

第二，控制一类组合辨识度的因素是移动性，高移动性产生高辨识度的组合，低移动性产生低辨识度的组合（进一步讨论见宾福德的相关论述[1]）。

回到我们所说的初始假定（即"事件的序列化差异程度"），从生计角度看，影响事件差异的主要条件是气候季节性变化的两个基本变量：降雨和太阳辐射。因此，可以认为，组合间差异性会随着生长季的缩短而增加，抑或在降雨分布的波动增大时而增加，从而使得组合呈现为中高辨识度[2]。

前文论点主要是指迁居式移动。在本文中，笔者探讨了不同程度的迁居式移动与后勤式移动的相互作用和决定因素。前文述及了狩猎采集者的生计策略中两个基本组织方式。他们或将消费者带到资源地，或通过后勤方式将资源带给消费者。笔者也曾提出，在任何一个特定的生计系统中，两种组织方式所发挥的作用程度不一，也影响着考古遗址间的差异性。觅食者主要采用"映射"策略，一般会产生两类遗址：栖居营地和一般地点。觅食者系统间的差异主要源自迁居式移动的程度和所处环境（生计活动受制于季节周期）的不同。

集食者偏向于采用后勤式策略，这会产生更多类型的考古遗址。除了栖居营地和一般地点之外，还有野外营地、哨所和储存点。在这一系统中，栖居营地及一般地点的特征变化主要与后勤组织的程度相关。

随后，笔者提出了一个有趣的问题，是什么因素决定着两种策略在生计栖居系统中的角色？可以认为，后勤式策略是对区域关键资源非均质分布时的直接反应。由此可进一步推论，随着气候挑战的增加（ET 增加），关键资源的需求种类也会增加，对食物存储的依赖也会随之增加（因为生长季的缩短）。这些特征都是相互关联的，往往随着生长季长度的地域差异而变化。因此，假定其他情况相同，随着生长季的缩短，生计系统中的后勤式策略将扮演更重要的角色。此外，无论是觅食者还是集食者，在有任何因素限制"正常"迁居式移动的情况下，他们都将会更倾向于采用后勤式生计策略。我们或可认为这种倾向与农业的出现有关。

现在，可以把笔者先前关于影响栖居营地中组合间差异性因素的讨论与本文中关于考古记录差异性的论点结合起来了。后者主要源于不同环境中狩猎采集群体所采取的两种不同生计栖居行为。前文讨论中指出，太阳辐射或降雨量的季节性变化增加，使得组合对不同事件反应不同，由此导致栖居营地中组合间差异性的增加。这种情况的前提是假设组合的辨识度大致相同。本文认为，在这种情况下，人们倾向于提高对后勤式移动的依赖，同时降低迁居式移动。由此会导致这些地点遗存辨识度降低。伴

[1] Lewis R. Binford, *Nunamiut Ethnoarchaeology*, pp.488-495.

[2] Lewis R. Binford, *Nunamiut Ethnoarchaeology*, p.484.

随着辨识度的下降，也会降低在相似季节中单一的或相关系统里的栖居营地遗址的组合间差异性。当然，也会增加一个连续占据遗址组合内容的复杂性和规模，也就是说，该组合内容反映了不同的事件。

这种看起来相悖的结果实际上源自迁居式移动和后勤式移动中的季节性差异。例如，在某些环境中，我们可能会看到夏季或生长季的迁居式移动较多；而在冬季的移动较少，同时后勤式移动增加。从区域上来看，这两种条件会导致广泛的组合间差异。我们也可以推测冬季村落的组合之间会有轻微的质的区别（在上述例子中）。它们很可能与夏季栖居营地的迁移有明显的不同，因为夏季栖居营地的差异很大，且包含"噪音"（noisy）。如果对冬季和夏季栖居营地进行比较，显然冬季栖居营地组合间差异小，即"更清晰"（cleaner）、"噪音"较小，组合内部的复杂性却更高。夏季地点间的差异较大，但内部的复杂性却较低。

这里的重点是，不应将"后勤式移动"和"迁居式移动"视为两种对立的模式（尽管各自确有不同趋势），而应将其视为在不同环境中的不同抉择，有时还混合存在。这种混合会产生非常显著的差异，带来令人非常困惑的考古现象。

接下来本文将讨论关于特殊用途遗址的问题。前文提及，后勤策略会产生新的遗址类型：野外营地、哨点和储存点，且随着后勤策略的增强，一般地点的特征和"辨识度"也会发生变化。因此，在其他条件相同的情况下，可以预见遗址间差异与环境的规律性变化：随着生长季的缩短，特殊用途遗址的数量和功能会增加。除了这种数量上的变化，考虑到后勤策略所寻求资源"目标"的专业性更强，我们可以推测特殊用途遗址的重复利用率会增加。而随着对后勤式移动依赖性的增加，某些特定区域内则会产生大量的考古堆积[1]。

最后一点涉及本文没有深入讨论的一个问题，即不同环境背景下狩猎采集者的长期土地利用策略。本文主要讨论的是短期意义上的组织性和策略性差异。这里的"短期"实质上指的是年度周期。笔者认为，有很多环境因素影响着狩猎采集者的短期移动性和土地利用策略。笔者没有认真考虑过狩猎采集者会不会保持定居状态作为一种求稳的策略，除非他们是被迫这样做的。笔者一直怀疑所谓的"伊甸园"原则，即环境中会有一个地方如此"美好"丰裕，没有必要迁移。这种观点完全站不住脚，简直不值得生态学家一驳。然而，这并不意味着，这里所讨论的基于短期视角的策略不足以理解生计栖居系统中丰富的差异。倘若要建立起一套完整的狩猎采集者生计栖居行为的理论，尚需从更广的地理视野、更长的时间单位中，对诸多因素做更详细考量。这对理解考古遗址而言，任重道远。

---

[1] 更详细讨论参见Lewis R. Binford, *Nunamiut Ethnoarchaeology*, pp.488-495.

Willow Smoke and Dogs' Tails: Hunter-Gatherer Settlement Systems and Archaeological Site Formation

Lewis R. Binford

(Anthropology Department, University of New Mexico)

Translated by Lü Hongliang and Xu Hailun

(School of Archaeology and Museology, Sichuan University)

Abstract: Hunter-gatherer subsistence-settlement strategies are discussed in terms of differing organizational components, "mapping-on" and "logistics," and the consequences of each for archaeological intersite variability are discussed. It is further suggested that the differing strategies are responsive to different security problems presented by the environments in which hunter-gatherers live. Therefore, given the beginnings of a theory of adaptation, it is possible to anticipate both differences in settlement-subsistence strategies and patterning in the archaeological record through a more detailed knowledge of the distribution of environmental variables.

Keywords: Hunter-gatherers, Logistic Mobility, Residential Mobility, Site Formation Process, Interassemblage Variability

（责任编辑：李玉牛）

《南方民族考古》投稿须知

1. 本刊为半年刊，主要刊载中国南方以及东南亚地区民族学、考古学、人类学、博物馆学的研究论文、田野报告、研究动态述评、新书评介、理论方法论之探索争鸣，以及与上述内容有关之重要译文。

2. 本刊实行匿名审稿制度，凡来稿将邀请两位学者匿名审查。本刊尊重作者行文，但有权做技术性处理，并会告知作者。

3. 本刊引文注释采用页下注（脚注）方式，以下格式请参照：

（1）专书

汪宁生：《古俗新研》，兰州：敦煌文艺出版社，2001年，第266—268页。

张泽珣：《北魏关中道教造像记研究》，香港中文大学博士学位论文，2003年，第234页。

Harold Bloom, *The Anxiety of Influence: A Theory of Poetry*, Oxford: Oxford University Press, 1973, p.18.

Kwang-chih Chang, *The Archaeology of Ancient China*, New Haven: Yale University Press, 1986, pp.19-28.

（2）析出文献

北京大学考古文博学院、成都文物考古研究所、重庆市文物局：《忠县哨棚嘴遗址2001年发掘报告》，重庆市文物局、重庆市移民局编：《重庆库区考古报告集》（2001卷），北京：科学出版社，2007年，第1530、1531页。

David Wilkinson, Civilizations, cores, world economies, and oikumenes, in André Gunder Frank and Barry K. Gills, eds., *The World System: Five Hundred Years or Five Thousand*, London: Routledge, 1993, pp.221-246.

（3）期刊

苏秉琦、殷玮璋：《关于考古学文化的区系类型问题》，《文物》1981年第5期。

Rowan K. Flad, Divination and Power: A multiregional view of the development of oracle bone divination in early China, *Current Anthropology*, Vol.49: 3 (2008), pp.403-437.

（4）古籍

《魏书》卷一百一十四，北京：中华书局，1974年，第8册，第3053页。

《旧唐书》卷九《玄宗纪下》，北京：中华书局，1975年，第1册，第233、234页。

许慎撰，段玉裁注：《说文解字注》，上海：上海古籍出版社点校本，1998 年，第 582—585 页。

（5）其他

论文、考古简报（报告），若涉及帝王纪年，应标注出相应的公元纪年，如西汉宣帝五凤二年（前 56 年）、南宋高宗绍兴元年（1131 年）。

4. 来稿请附中英文篇名、中英文关键词及各五百字以内的中英文摘要；书评请加附该书作者及书名之英文译名。

5. 来稿凡包含图片者，请提供高质量的电子档案，并请注明来源，如"采自内江市文管所、简阳县文化馆：《四川简阳县鬼头山东汉崖墓》，《文物》1991 年第 3 期，第 23 页，图一一"（期刊），"采自湖北省博物馆编：《曾侯乙墓文物艺术》，武汉：湖北美术出版社，1992 年，第 141 页，图 306"（专书）。"采自李静杰、黎方银：《大足安岳宋代石窟柳本尊十炼图像解析》，重庆大足石刻艺术博物馆编：《2005 年重庆大足石刻国际学术研讨会论文集》，北京：文物出版社，2007 年，第 192 页，图四"（析出文献）。有关图表之版权，请作者先行取得版权持有者之同意。

6. 本刊刊出之论文稍后亦以电子文件形式在网络上发行（一般在出版三年后），若仅同意以纸本形式发表者，来稿时请特别注明。

7. 本刊刊出论文将支付作者稿酬，并送作者样刊两册。

8. 凡向本刊投稿，自投寄之日起三个月未接获采用通知，可自行处理，来稿一律不退。

9. 来稿请同时寄电子文档，写明真实姓名、中文及英文服务单位名称、通信地址、电话、传真和 E-mail 等。

10. 电子文档请 E-mail 发送至本刊邮箱（nfmzkg@163.com），请勿一稿多投。

Manuscripts

Southern Ethnology and Archaeology

Since 1987 Southern Ethnology and Archaeology (*Nan Fang Min Zu Kao Gu*) has been published by Sichuan University under the direction of renowned archaeologist Prof. Tong Enzheng. From 1987 to 1993 the journal gained its reputation through the publication of five volumes containing a number of ground breaking works.

In recent years, with advances in Southern Chinese ethnological and archaeological research, academic institutions, and in response to the encouragement of many departments and professors, Sichuan University Museum, Dept. of Archaeology at SCU, and Chengdu Institute of Archaeology decided to jointly resume the publication of *Southern Ethnology and Archaeology* (*SEA*). We hope to maintain our characteristic academic tradition while broadening the depth and further improving the quality of our journal, making *SEA* a platform for the exchange of information and the advancement of research in Asia. We cordially invite you to join us in making this rebirth of our publication a success by contributing to the journal.

SEA welcomes the submission of manuscripts dealing with archaeology, anthropology, and Ethnohistory. Manuscripts must not exceed 10,000 words (roughly 30 pages of typed text). Please specify the following on the manuscript: author's English and Chinese names, affiliated institution, position, mailing address, and Email. It is necessary to include a computer file with the first submission. The preferred editing program is a recent version of Word. In any case, please note the brand of software used and its version number. Please avoid fancy formatting of the text. To cite online materials, it is required to include the URL, the name of the database, and an access date. The author has sole responsibility for obtaining permission from publishers to use copyrighted materials, such as illustrations, charts, or lengthy quotations. Upon publication, authors will receive two copies of the entire issue, free of charge. Rejected manuscripts are not be returned to the author.

Manuscripts should be addressed as follows:

School of Archaeology and Museology, Sichuan University

No.29, Wangjiang Road, Chengdu, Sichuan, 610064

P. R. China.

Email: nfmzkg@163.com

Tel.86-28-85412567 Fax.86-28-85412567

1.A型卷沿罐（H33：1）

2.B型卷沿罐（T11⑩：1）

3.敛口罐（T9⑩：32）

4.Bb型尊形器（H34：18）

5.D型壶（H34：17）

6.盘（T12⑩：1）

重庆市云阳县塘坊遗址出土陶器

1.Aa型斧（T9⑩：9）

2.B型斧（T12⑩：2）

3.A型锄（T9⑩：10）

4.A型锄（T9⑩：8）

重庆市云阳县塘坊遗址出土打制石器

1．A型打制刮削器（H34：9）

2．B型打制刮削器（T9⑩：30）

3．打制切割器（H34：12）

4．打制敲砸器（T9⑩：28）

5．打制钻（T9⑩：21）

6．磨制斧（T9⑩：25）

重庆市云阳县塘坊遗址出土石器

1.Aa型锛（T11⑩：2）

2.Aa型锛（T11⑩：3）

3.Ab型锛（T9⑩：26）

4.B型锛（T11⑩：10）

重庆市云阳县塘坊遗址出土磨制石器

1. B型锛（T9⑩：27）

2. 凿形器（T9⑩：31）

3. 小刀（T11⑩：11）

4. 小刀（T9⑩：22）

重庆市云阳县塘坊遗址出土磨制石器

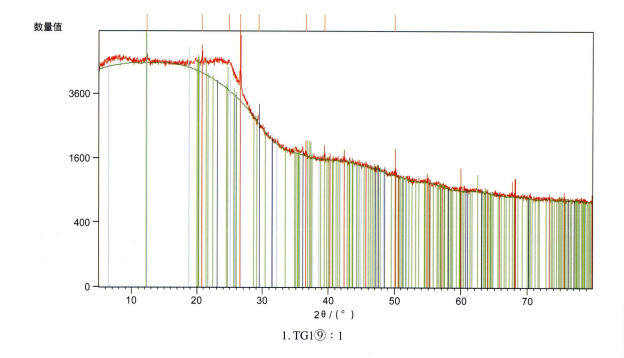

1. TG1⑨：1

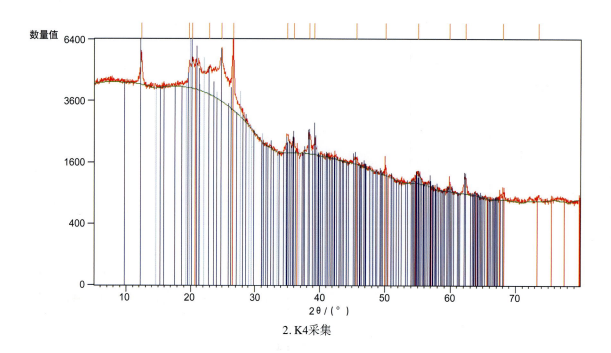

2. K4采集

四川省蒲江县盐井沟盐业遗址出土与采集煤块XRD图谱

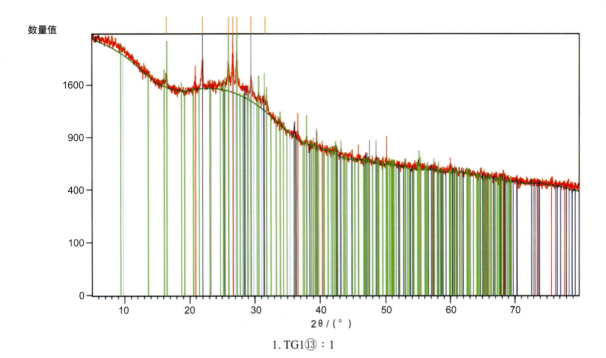

1. TG1⑬：1

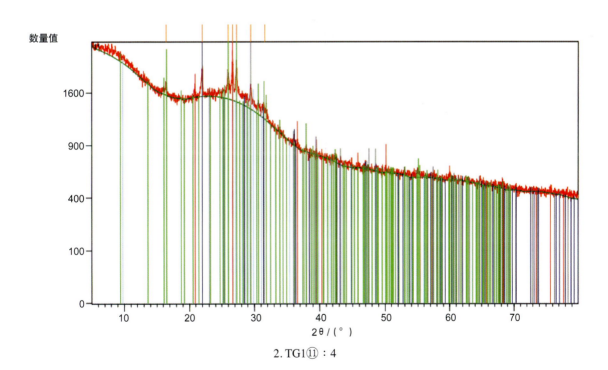

2. TG1⑪：4

四川省蒲江县盐井沟盐业遗址出土炭渣XRD图谱

图版八

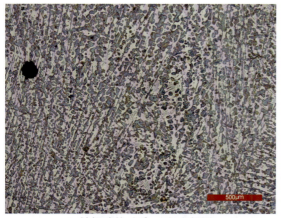

1. 铁锅残块（采：1）金相图

2. 铁锅残块（TG1⑩：1）金相图

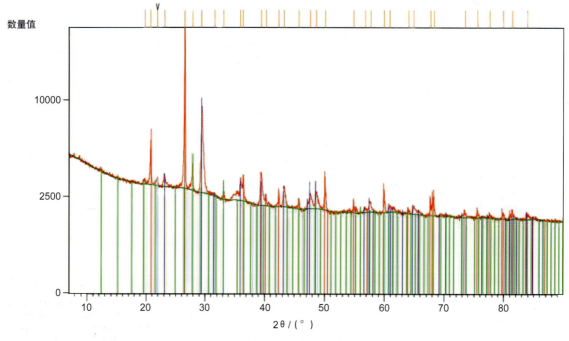

3. 铁锅残块内壁白垢 XRD图谱

四川省蒲江县盐井沟盐业遗址出土铁锅残块金相图及铁锅残块内壁白垢XRD图谱